高职高专汽车类专业技能型教育系列教材

汽车底盘构造与维修

第 2 版

主　编　贺大松
副主编　刘福华
参　编　赵海波　李幼慧

机械工业出版社

本书讲述了汽车传动系统、行驶系统、转向系统、制动系统等维修基础知识，比较系统地介绍了汽车底盘、各总成和部件的结构、工作原理及拆装与检修方法，增加了有关电子差速锁、电子驻车系统、制动辅助系统等新技术的介绍，且每章配有学习目标、小结、练习题和实训项目。

本书通过课程教学和技能实训，可使学生理解汽车底盘各系统、总成的工作原理及结构特点，基本具备汽车底盘拆卸、装配能力以及使用常用维修工具、量具、设备进行底盘各总成、部件检修的技能。

本书可作为各类职业技术学院汽车运用技术、汽车检测与维修、汽车运用工程及相关专业教材，也可作为汽车行业从业人员的岗位培训用书。

图书在版编目（CIP）数据

汽车底盘构造与维修/贺大松主编. —2版. —北京：机械工业出版社，2018.2（2024.8重印）
高职高专汽车类专业技能型教育系列教材
ISBN 978-7-111-58757-6

Ⅰ.①汽… Ⅱ.①贺… Ⅲ.①汽车-底盘-结构-高等职业教育-教材②汽车-底盘-车辆修理-高等职业教育-教材 Ⅳ.①U463.1②U472.41

中国版本图书馆CIP数据核字（2017）第312881号

机械工业出版社（北京市百万庄大街22号　邮政编码100037）
策划编辑：赵海青　责任编辑：赵海青
责任校对：张晓蓉　封面设计：鞠　杨
责任印制：刘　媛
涿州市般润文化传播有限公司印刷
2024年8月第2版第7次印刷
184mm×260mm·21印张·509千字
标准书号：ISBN 978-7-111-58757-6
定价：59.00元

凡购本书，如有缺页、倒页、脱页，由本社发行部调换

电话服务	网络服务
服务咨询热线：010-88379833	机工官网：www.cmpbook.com
读者购书热线：010-88379649	机工官博：weibo.com/cmp1952
	教育服务网：www.cmpedu.com
封面无防伪标均为盗版	金　书　网：www.golden-book.com

"高职高专汽车类专业技能型教育系列教材"
编委会

主　任　蔡兴旺（韶关大学）
副主任　胡光辉（湖南长沙交通职业技术学院）
　　　　　梁仁建（广东轻工职业技术学院）

编　委（按姓氏笔画排序）：
　　　　　万　捷（北京计划劳动管理干部学院）
　　　　　马　纲（江苏城市职业学院）
　　　　　仇雅莉（湖南交通职业技术学院）
　　　　　戈秀龙（嘉兴职业技术学院）
　　　　　王一斐（甘肃交通职业技术学院）
　　　　　王海林（华南农业大学）
　　　　　刘　威（北京计划劳动管理干部学院）
　　　　　刘兴成（甘肃交通职业技术学院）
　　　　　纪光兰（甘肃交通职业技术学院）
　　　　　何南昌（广州科技职业技术学院）
　　　　　吴　松（广东轻工职业技术学院）
　　　　　张　涛（沈阳理工大学应用技术学院）
　　　　　李幼慧（云南交通职业技术学院）
　　　　　李庆军（黑龙江农业工程职业学院）
　　　　　李建兴（宁波城市职业技术学院）
　　　　　李泉胜（嘉兴职业技术学院）
　　　　　陈　红（广州科技职业技术学院）
　　　　　范爱民（顺德职业技术学院）
　　　　　范梦吾（顺德职业技术学院）
　　　　　贺大松（重庆工业职业技术学院）
　　　　　赵　彬（无锡商业职业技术学院）
　　　　　赵海波（沈阳理工大学应用技术学院）
　　　　　夏长明（广州金桥管理干部学院）
　　　　　钱锦武（云南交通职业技术学院）
　　　　　曹红兵（浙江师范大学高等技术学院）
　　　　　黄红惠（江苏城市职业学院）
　　　　　谭本忠（广州市凌凯汽车技术开发有限公司）

序 言

据统计,"十一五"期间中国汽车运用维修人才缺口80万。未来5年汽车人才全面紧缺,包括汽车研发人才、汽车营销人才、汽车维修人才和汽车管理人才等。2003年,教育部启动了"国家技能型紧缺人才培养项目","汽车运用与维修"是其中的项目之一。2006年,教育部和财政部又启动了国家示范性高等职业院校建设计划,其中的一个重要内涵就是以学生为主体,以就业为导向,建立新的职教课程体系、教育模式与教学内容,而教材建设是最重要的一个环节。

为适应目前高等职业技术教育的形势,机械工业出版社汽车分社召集了全国20多所院校的骨干教师于2007年6月在广东省韶关大学组织召开"高职高专汽车类专业技能型教育规划教材"研讨会,确定了本套教材的编写指导思想和编写计划,并于2007年8月在湖南长沙召开"高职高专汽车类专业技能型教育规划教材"主编会,讨论并通过了本套教材的编写大纲。

本套教材紧紧围绕职业工作需求,以就业为导向,以技能训练为中心,以"更加实用、更加科学、更加新颖"为编写原则,旨在探索课堂与实训的一体化,具有如下特点:

1. **教材编写理念**:融入课程教学设计新理念,以学生为主体,以老师为指导,以提高学生实践职业技能和创新能力为目标,理论紧密联系实践,思想性和学术性相统一。理论知识以够用为度,技能训练面向岗位需求,注重结合汽车后市场服务岗位群和维修岗位群的岗位知识和技能要求,使学生学完每一本教材后,都能获得该教材所对应的岗位知识和技能,反映教学改革和课程建设的新成果。

2. **教材结构体系**:根据职业工作需求,采用任务驱动、项目导向的新模式构建新课程体系。理论教学与技能训练有机融合,系统性与模块化有机融合,方便不同学校、不同专业、不同实验条件剪裁选用。

3. **教材内容组织**:精选学生终身有用的基础理论和基本知识,突出实用性、新颖性,以我国保有量较大的轿车为典型,注意介绍现代汽车新结构、新技术、新方法和新标准,加强"实训项目"内容的编写,引导学生在"做"中"学"。内容安排采用实例引导的方式,以激发学生的阅读兴趣,符合学生的认知规律。

4. **教材编排形式**:图文并茂,通俗易懂,简明实用,由浅入深,深浅适度,符合高职学生的心理特点。每一章均结合人力资源和社会保障部职业资格考试要求,给出复习思考题,使教学与职业资格考试有机结合。

此外,为构建立体化教材,方便教师和学生学习,本套教材配备了实训指导光盘和多媒体教学课件。实训指导光盘的内容为实训项目的规范性操作录像和相关资料,附在教材中;多媒体教学课件专供任课教师采用,可在机械工业出版社教材服务网(www.cmpedu.com)注册登录后免费下载。

虽然本套教材的各参编院校在教、学、做一体化教学方面进行了有益的探索,但限于认识水平和工作经历,教材中难免仍有许多不足之处,恳请各位专家、同行给予批评指正。

高职高专汽车类专业技能型教育规划教材编委会

前　言

本书是高职高专院校汽车类专业技能型教育系列教材之一，是根据汽车类专业领域技能型人才培养指导方案，并参照相关行业岗位技能鉴定规范编写的。本书比较系统地介绍了汽车底盘各总成和部件的结构、工作原理及拆装与检修的方法。通过课程教学和技能实训，可使学生理解汽车各系统、总成的工作原理及结构特点，基本具备汽车底盘拆卸、装配能力以及使用常用维修工具、量具、设备进行底盘各总成、部件检修的技能。

本书在编写中力图体现以下特色：

（1）面向职教。本书作者均来自汽车专业教学岗位，有多年专业教学经验和生产实践经验；培养目标符合目前高等职业学校学生的实际情况；教材内容选取符合职业岗位需求。

（2）难易适度、突出技能。本书着重体现理论性够用、应用性强的特点，使整体的理论难度降低，但同时又能保证相应的理论基础，使学生在分析和解决实际问题时具备一定的理论基础。

（3）加强针对性、实用性。力求把传授专业知识和培养专业技术应用能力有机结合，使学生的基本素质得到提高，并能够运用所学的基本知识举一反三；培养学生正确使用工具和设备的能力；帮助学生掌握解决实际问题的方法和手段，养成良好的职业习惯，为学生毕业后基本胜任岗位工作奠定基础。

（4）图文并茂、通俗易懂。本书采用大量示意图，尽量做到形象、直观；表述方面力求通俗易懂，使学生能够自己读懂教材。

（5）以主流车型为实例，把具有典型意义的结构作为重点。

（6）内容反映了汽车底盘新技术和新工艺。

全书由贺大松任主编，刘福华任副主编。具体分工为：重庆工业职业技术学院贺大松编写绪论、第1、2、4、5、7、8、12章，云南交通职业技术学院李幼慧编写第6章，沈阳理工大学应用技术学院赵海波编写第3、10章，宜宾职业技术学院刘福华编写第9、11章。

本书可作为各类职业技术学院汽车运用技术、汽车检测与维修、汽车运用工程及相关专业教材，也可作为汽车行业从业人员的岗位培训用书。

全书由广东韶关学院蔡兴旺教授审阅。他提出了许多宝贵意见和建议，在此表示感谢。对编写中参考的有关著作、论文的编著单位和作者致以衷心的谢意。由于编者的学识和水平有限，疏漏之处在所难免，敬请批评指正。

编　者

目 录

序言
前言
绪论 ·· 1
　复习思考题 ······································ 3
　实训项目　汽车底盘认识 ························ 4
第1章　汽车传动系统 ······························ 6
　1.1　汽车行驶的基本原理 ······················· 6
　　1.1.1　牵引力的产生 ························ 6
　　1.1.2　行驶阻力 ···························· 6
　　1.1.3　汽车行驶的基本条件 ·················· 7
　1.2　传动系统的作用 ··························· 7
　1.3　传动系统的分类 ··························· 8
　　1.3.1　按结构和传动介质分类 ················ 8
　　1.3.2　按传动比变化分类 ···················· 8
　　1.3.3　按传动比的变换方式分类 ·············· 8
　1.4　传动系统的布置形式 ······················· 9
　　1.4.1　发动机前置、后桥驱动的传
　　　　　动系统 ·································· 9
　　1.4.2　发动机后置、后桥驱动的传
　　　　　动系统 ·································· 9
　　1.4.3　发动机前置、前桥驱动的传
　　　　　动系统 ································· 10
　　1.4.4　越野汽车的传动系统 ················· 11
　本章小结 ······································· 11
　复习思考题 ····································· 11
第2章　离合器 ···································· 12
　2.1　离合器概述 ······························ 12
　　2.1.1　离合器的作用 ······················· 12
　　2.1.2　离合器的性能要求 ··················· 13
　　2.1.3　离合器的形式 ······················· 13
　2.2　离合器的构造 ···························· 13
　　2.2.1　摩擦式离合器 ······················· 13
　　2.2.2　膜片弹簧式离合器 ··················· 15
　　2.2.3　周布弹簧式离合器 ··················· 18
　　2.2.4　中央弹簧式离合器 ··················· 22
　　2.2.5　湿式离合器 ························· 23
　2.3　离合器的操纵机构 ························ 23

　　2.3.1　机械式操纵机构 ····················· 24
　　2.3.2　液压式操纵机构 ····················· 24
　　2.3.3　弹簧助力式操纵机构 ················· 26
　　2.3.4　气压助力液压操纵机构 ··············· 26
　2.4　自动离合器 ······························ 26
　2.5　离合器维修 ······························ 28
　　2.5.1　离合器的维护与检修 ················· 28
　　2.5.2　离合器操纵机构的检修与调整 ········· 29
　2.6　离合器常见故障诊断与排除 ················ 31
　　2.6.1　离合器打滑 ························· 31
　　2.6.2　离合器分离不彻底 ··················· 32
　　2.6.3　离合器发响 ························· 33
　　2.6.4　起步时离合器发抖 ··················· 33
　本章小结 ······································· 34
　复习思考题 ····································· 34
　实训项目　离合器及操纵机构的拆装 ············· 35
第3章　手动变速器 ······························· 40
　3.1　变速器概述 ······························ 40
　　3.1.1　变速器的功用 ······················· 40
　　3.1.2　变速器的分类 ······················· 40
　　3.1.3　普通齿轮变速器的基本原理 ··········· 41
　3.2　手动变速器的变速传动机构 ················ 42
　　3.2.1　二轴式手动变速器的变速传
　　　　　动机构 ································· 42
　　3.2.2　三轴式手动变速器的变速传
　　　　　动机构 ································· 47
　　3.2.3　分动器的变速传动机构 ··············· 48
　3.3　同步器 ·································· 48
　　3.3.1　同步器概述 ························· 48
　　3.3.2　同步器的结构和工作原理 ············· 49
　3.4　手动变速器操纵机构 ······················ 52
　　3.4.1　直接操纵式操纵机构 ················· 52
　　3.4.2　远距离操纵式操纵机构 ··············· 53
　　3.4.3　换档锁装置 ························· 54
　3.5　手动变速器的拆装和检修 ·················· 56
　　3.5.1　手动变速器的拆装 ··················· 56
　　3.5.2　手动变速器的检修 ··················· 59

3.6 手动变速器的常见故障与排除 ……… 61
  3.6.1 跳档 …………………………… 62
  3.6.2 乱档 …………………………… 62
  3.6.3 挂档困难 ……………………… 63
  3.6.4 变速器异响 …………………… 63
  3.6.5 变速器漏油 …………………… 64
本章小结 …………………………………… 64
复习思考题 ………………………………… 64
实训项目 手动变速器的结构认识与
        拆装 ……………………………… 65

第 4 章 万向传动装置 ……………………… 69
4.1 万向传动装置概述 …………………… 69
  4.1.1 万向传动装置的作用和组成 … 69
  4.1.2 万向传动装置的类型 ………… 70
  4.1.3 万向传动装置的应用 ………… 70
4.2 万向节 ………………………………… 71
  4.2.1 普通万向节 …………………… 71
  4.2.2 准等速万向节 ………………… 73
  4.2.3 等速万向节 …………………… 74
  4.2.4 挠性万向节 …………………… 76
4.3 传动轴和中间支承 …………………… 77
  4.3.1 传动轴 ………………………… 77
  4.3.2 中间支承 ……………………… 78
4.4 万向传动装置的维修 ………………… 79
  4.4.1 万向传动装置的维护 ………… 79
  4.4.2 万向传动装置的检修 ………… 79
  4.4.3 万向传动装置的装配 ………… 82
4.5 万向传动装置的故障诊断 …………… 83
  4.5.1 传动轴的摆振 ………………… 83
  4.5.2 传动轴发响 …………………… 84
  4.5.3 起动撞击和滑行异响 ………… 84
本章小结 …………………………………… 85
复习思考题 ………………………………… 85
实训项目 万向传动装置的拆装 ………… 86

第 5 章 驱动桥 …………………………… 90
5.1 驱动桥概述 …………………………… 90
  5.1.1 驱动桥的作用和组成 ………… 90
  5.1.2 驱动桥的类型 ………………… 91
5.2 主减速器 ……………………………… 92
  5.2.1 主减速器的功用和类型 ……… 92
  5.2.2 主减速器的构造与工作原理 … 92
5.3 差速器 ………………………………… 96
  5.3.1 普通齿轮差速器 ……………… 96

  5.3.2 强制锁止式差速器 …………… 99
  5.3.3 托森差速器 …………………… 100
  5.3.4 电子差速锁 …………………… 101
5.4 半轴和桥壳 …………………………… 102
  5.4.1 半轴 …………………………… 102
  5.4.2 桥壳 …………………………… 104
5.5 四轮驱动系统 ………………………… 105
  5.5.1 四轮驱动系统 ………………… 106
  5.5.2 全轮驱动系统 ………………… 106
5.6 驱动桥的维修 ………………………… 108
  5.6.1 驱动桥维护 …………………… 108
  5.6.2 驱动桥主要零件的检修 ……… 109
  5.6.3 主减速器总成的装配与调整 … 113
  5.6.4 桑塔纳轿车主减速器和差速器
       的装配与调整 ………………… 117
  5.6.5 驱动桥的磨合与试验 ………… 121
  5.6.6 驱动桥常见故障的诊断与排除 … 122
5.7 电控驱动防滑系统 …………………… 124
本章小结 …………………………………… 127
复习思考题 ………………………………… 127
实训项目 驱动桥的拆装与调整 ………… 128

第 6 章 汽车行驶系统 …………………… 133
6.1 汽车行驶系统的功用、组成和分类 … 133
6.2 汽车行驶系统的受力分析 …………… 134
本章小结 …………………………………… 134
复习思考题 ………………………………… 135

第 7 章 车架与车桥 ……………………… 136
7.1 车架的功用、要求和结构形式 ……… 136
  7.1.1 车架的功用与要求 …………… 136
  7.1.2 车架的分类及结构 …………… 136
  7.1.3 车架的维修 …………………… 138
7.2 车桥概述 ……………………………… 141
7.3 转向桥 ………………………………… 142
7.4 转向驱动桥 …………………………… 144
7.5 车轮定位 ……………………………… 146
  7.5.1 转向轮定位 …………………… 146
  7.5.2 后轮定位 ……………………… 148
  7.5.3 转向轮定位的检测与调整 …… 148
7.6 车桥的维修 …………………………… 150
  7.6.1 转向桥的检修 ………………… 150
  7.6.2 转向驱动桥的检修 …………… 153
本章小结 …………………………………… 158
复习思考题 ………………………………… 159

实训项目　前轮前束和最大转向角
　　　　　的调整 ………………………… 160

第8章　车轮与轮胎 …………………… 162
8.1　车轮 ……………………………… 162
8.1.1　车轮的功用、组成与分类 … 162
8.1.2　车轮的结构 ………………… 163
8.2　轮胎 ……………………………… 164
8.2.1　轮胎的功用与类型 ………… 164
8.2.2　充气轮胎的结构 …………… 165
8.2.3　轮胎的规格表示方法 ……… 169
8.3　车轮和轮胎的维护 ……………… 170
8.3.1　轮胎的日常维护 …………… 170
8.3.2　轮胎的一级维护作业项目 … 171
8.3.3　轮胎的二级维护作业项目 … 171
8.3.4　轮胎的换位和车轮的动平衡
　　　检测 ………………………… 172
8.4　车轮和轮胎的故障诊断 ………… 174
8.5　胎压监测系统 …………………… 177
本章小结 …………………………………… 179
复习思考题 ………………………………… 179
实训项目　车轮和轮胎的拆装 …………… 180

第9章　悬架 …………………………… 183
9.1　概述 ……………………………… 183
9.1.1　悬架作用与组成 …………… 183
9.1.2　悬架的类型 ………………… 184
9.2　弹性元件 ………………………… 185
9.2.1　钢板弹簧 …………………… 185
9.2.2　螺旋弹簧 …………………… 187
9.2.3　扭杆弹簧 …………………… 187
9.2.4　气体弹簧 …………………… 188
9.3　减振器 …………………………… 189
9.3.1　概述 ………………………… 189
9.3.2　双向作用筒式减振器 ……… 190
9.4　非独立悬架 ……………………… 190
9.4.1　钢板弹簧式非独立悬架 …… 190
9.4.2　螺旋弹簧非独立悬架 ……… 192
9.5　独立悬架 ………………………… 193
9.5.1　横臂式独立悬架 …………… 193
9.5.2　纵臂式独立悬架 …………… 195
9.5.3　车轮沿主销轴线移动的独立
　　　悬架 ………………………… 196
9.5.4　多连杆式独立悬架 ………… 197
9.5.5　横向稳定器 ………………… 198

9.6　悬架系统的检修 ………………… 199
9.6.1　非独立悬架的检修 ………… 199
9.6.2　独立悬架的检修 …………… 199
9.7　悬架系统的故障诊断 …………… 200
9.7.1　非独立悬架系统的常见故障 … 200
9.7.2　独立悬架的常见故障 ……… 201
9.8　电控悬架系统概述 ……………… 201
本章小结 …………………………………… 204
复习思考题 ………………………………… 204
实训项目　悬架的拆装与维修 …………… 205

第10章　机械转向系统 ……………… 211
10.1　概述 …………………………… 211
10.1.1　转向系统的基本组成 …… 211
10.1.2　转向系统的类型及工作原理 … 211
10.1.3　转向系统常用术语 ……… 213
10.2　转向器及转向操纵机构 ……… 214
10.2.1　转向器 …………………… 214
10.2.2　转向操纵机构 …………… 217
10.2.3　安全转向操纵机构 ……… 219
10.3　转向传动机构 ………………… 221
10.3.1　与非独立悬架配用的转向传
　　　　动机构 …………………… 221
10.3.2　与独立悬架配用的转向传动
　　　　机构 ……………………… 221
10.3.3　转向传动机构中的主要构件 … 222
10.4　机械转向系统的故障诊断与维修 …… 224
10.4.1　机械转向系统的检查与调整 … 224
10.4.2　机械转向系统的故障诊断 … 226
本章小结 …………………………………… 230
复习思考题 ………………………………… 230
实训项目　转向系统的拆装与维修 ……… 231

第11章　动力转向系统与四轮转向
　　　　系统 …………………………… 236
11.1　概述 …………………………… 236
11.2　普通动力转向系统 …………… 237
11.2.1　组成与类型 ……………… 237
11.2.2　滑阀式动力转向系统的基本工
　　　　作原理 …………………… 238
11.2.3　转阀式动力转向系统的结构与
　　　　基本工作原理 …………… 240
11.3　电控动力转向系统 …………… 243
11.3.1　液压式电控动力转向系统 … 243

IX

11.3.2　电动式电控动力转向系统……… 246
11.4　四轮转向控制系统（4WS）……… 248
　11.4.1　四轮转向汽车的转向特性……… 249
　11.4.2　转向角比例控制……… 250
11.5　动力转向系统的故障诊断……… 253
本章小结……… 254
复习思考题……… 255

第12章　汽车制动系统 ……… 256
12.1　制动系统概述……… 256
　12.1.1　制动系统的功用、组成与分类……… 256
　12.1.2　制动装置的基本结构与工作原理……… 257
　12.1.3　对制动系统的要求……… 258
12.2　车轮制动器……… 258
　12.2.1　鼓式车轮制动器……… 258
　12.2.2　钳盘式车轮制动器……… 265
12.3　驻车制动器……… 267
　12.3.1　中央制动器……… 267
　12.3.2　强力弹簧驻车制动器……… 268
　12.3.3　带驻车制动机构的鼓式制动器……… 269
　12.3.4　带驻车制动机构的盘式制动器……… 271
　12.3.5　驻车制动器常见故障诊断与检修……… 272
　12.3.6　储能弹簧制动系统……… 273
　12.3.7　电子驻车制动系统……… 274
12.4　制动传动装置……… 275
　12.4.1　液压式制动传动装置……… 276
　12.4.2　气压式制动传动装置……… 285
12.5　制动力分配调节装置……… 291
　12.5.1　限压阀……… 292
　12.5.2　比例阀……… 292
　12.5.3　感载比例阀……… 293
　12.5.4　惯性阀……… 294
　12.5.5　组合阀……… 295
12.6　电子制动力分配调节装置……… 297
12.7　制动系统的检修……… 297
　12.7.1　液压制动系统的检查与调整……… 297
　12.7.2　液压制动系统空气的排出……… 299
　12.7.3　气压制动系统的检查与调整……… 299
12.8　制动系统的故障诊断……… 301
　12.8.1　气压式制动系统常见故障诊断与排除……… 301
　12.8.2　液压制动系统常见故障诊断与排除……… 304
12.9　电控防抱死制动系统概述……… 307
12.10　制动辅助系统……… 310
　12.10.1　机械制动辅助系统……… 311
　12.10.2　电子控制制动辅助系统……… 311
　12.10.3　新型的制动辅助系统……… 312
12.11　上坡辅助系统……… 312
12.12　下坡行车辅助控制系统……… 313
12.13　车身电子稳定系统……… 314
本章小结……… 315
复习思考题……… 316
实训项目　制动装置的拆装与调整……… 318

参考文献……… 325

绪 论

学习目标：
- 了解汽车底盘技术的发展概况。
- 掌握汽车底盘的基本组成、作用。
- 了解本课程的主要任务。

汽车底盘是汽车的重要组成部分，是汽车的基础。汽车底盘质量和科学技术应用状况，直接影响汽车使用的经济性和环保性，关系到汽车行驶的安全性和乘坐的舒适性。

1. 汽车底盘技术的发展概况

从汽车的发展历史看，汽车底盘与整体汽车一样，也经历了一个由简单到复杂的发展过程，由机械控制到电子控制，由最初只满足人们对"自行驱动"车辆的需求到今天满足人们对现代汽车各种使用要求的变化过程。

1885 年，德国工程师卡尔·奔驰设计制造出了世界上第一辆装有 0.85 马力、二冲程汽油机的三轮汽车，并于 1886 年 1 月 29 日获得专利认证，后来人们将这一天作为世界上第一辆汽车的诞生日。

早期，汽车底盘的许多零部件都是从自行车的零部件改进而来的。例如，采用钢管构架、滚动轴承、链传动等。

1889 年，法国的别儒成功研制出齿轮变速器、差速器；1891 年，法国首先采用了前置发动机后轮驱动，并成功开发了摩擦片式离合器；1895 年，首先采用了充气轮胎；1898 年，采用密封箱式变速器、万向节传动轴和锥齿轮主减速器；1902 年，采用了流传至今的狄第安后桥半独立悬架，使汽车底盘的发展进入了一个崭新的阶段，人们对汽车的种种愿望逐步得以实现。

1913 年，福特 T 型车在汽车行业率先采用了具有划时代意义的流水线作业方式生产汽车，使这种车型的产量迅速上升，成本大幅下降。

19 世纪末到第一次世界大战爆发的 20 多年，是发达国家汽车工业的初步形成时期。

进入 20 世纪后，科学技术迅猛发展，同时，市场竞争也十分激烈，各汽车厂家密切注视科技发展的新动态，及时引进先进的技术成果，这就为汽车业的迅猛发展创造了良好条件。

1967 年，德国的博世（Bosch）公司研制出 D 型叶特朗尼克（Jetronlc）电子控制燃油喷射系统，装在大众公司 VW1600 轿车上，它开创了汽油喷射系统电子控制的新时代。1979 年，发动机电子控制技术已达到相当高的程度。

随着电子技术的出现及广泛应用，汽车底盘由传统型步入电子控制型。例如，在传动系统中采用了自动变速器电子控制系统、无级变速器电子控制系统、分动器和差速器电子控制系统等电子控制装置；在制动系统中采用电子控制防抱死制动系统；在转向系统中采用电子控制动力转向装置;在行驶系统中采用电子调节主动悬架系统;为了提高安全性能,采用安全气囊、电控雷达防撞装置等。与此同时,其他一些新技术也先后应用在汽车底盘上,如前轮驱动、四轮驱动、盘式制动器、子午线轮胎等。先进技术在汽车上的应用,使汽车越来越先进,日益满足人们的需求,也说明了人类社会在不断进步。

我国的汽车业起步较晚,创业于20世纪50年代。1956年10月,长春第一汽车制造厂正式开始生产解放牌CA10型4t载货车,包括汽车底盘,结束了中国不能制造汽车的历史。1958年9月28日,上海汽车装配厂试制成功第一辆凤凰牌轿车,开创了上海汽车工业生产轿车的历史。1958年清华大学研制的超微型汽车上采用的带传动无级变速器,当时还处于领先地位,只是因为当时传动带的材质不好,很容易断,因此未能在汽车上继续使用。20世纪80年代,荷兰班德尔纳公司在此基础上开发了钢带式无级变速器,解决了传动带的寿命问题。

1985年,我国在"七五"计划建议中提出了要把汽车制造业作为支柱产业的方针。1987年,国务院又确定了发展轿车工业来振兴我国汽车工业的发展战略。在正确方针指引下,我国汽车工业坚持走联合、高起点、专业化、大批量的道路,进入了大发展时期,在此后10年间,我国汽车工业有重点、有选择地引进国外先进技术100多项。整车项目有:与德国、法国、美国合资生产轿车和吉普车;引进日本五十铃轻型货车及日本大发和铃木微型汽车等。其中上海与德国大众公司合资生产桑塔纳轿车,一汽与德国大众公司合资经营生产奥迪100型轿车,北京与美国汽车公司合资生产切诺基吉普车等项目均获成功。由于这些先进汽车技术的引进,我国汽车生产技术(包括底盘技术),得到了迅速发展。自动离合器、电控助力转向系统、电控悬架、空气悬架、轮胎监测系统、电子驻车制动系统、制动辅助系统(BSA)、车辆动态管理系统(VDIM)、防侧倾稳定控制系统、电涡流缓速器、主动泊车系统、防滑控制系统、气动式ABS、巡航控制系统、电子离合器、电子制动力(EBD)、电子差速器(EDS)、上坡起步辅助系统(HAC)等新技术,得到应用。

2023年,我国汽车产销量分别完成3016.1万辆和3009.4万辆,连续15年蝉联全球第一,行业经济效益指标显著增长,对确保宏观经济平稳运行起到了重要作用。

2. 汽车底盘作用及组成

汽车底盘的作用是接受发动机的动力,使汽车产生运动,并保证其正常行驶;同时,支承和安装汽车其他各部件、总成。汽车底盘由传动系统、行驶系统、转向系统和制动系统四大系统组成。其中传动系统的作用是将发动机输出的动力传递给驱动车轮;行驶系的作用是将传动系统传递来的转矩转化为汽车行驶的驱动力,并将汽车构成一个整体,支承汽车的总质量,承受、传递各种力和力矩,减小振动、缓和冲击,保证汽车的平稳行驶;转向系的作用是保证汽车在行驶中能按驾驶人的操纵要求,适时地改变行驶方向,能在汽车受到路面干扰偏离行驶方向时,与行驶系配合,共同保证并完成汽车稳定地按直线行驶;制动系的作用就是使行驶的汽车减速或者停车。

3. 本课程的性质和主要任务

《汽车底盘构造与维修》是汽车运用技术、汽车检测与维修等专业的主干专业课,是一门理论性和实践性都很强的课程。

本课程的主要任务就是讲授现代汽车底盘的构造和工作原理、底盘常见故障的诊断与排除、底盘的维护与修理等知识,使学生系统掌握汽车底盘各总成的功用、结构和基本工作原理，了解汽车底盘的新技术、新工艺，初步具备底盘拆装、故障诊断与排除、合理维护与修理的基本技能，培养学生分析问题、解决问题的能力以及从事汽车运用与维修岗位的职业能力，增强适应职业变化的能力和创新能力，为培养新型汽车行业的专业人才打下良好基础。

复习思考题

汽车底盘的作用是什么？由哪些部分组成？

实训项目　汽车底盘认识

1. 实训目的与要求

1）掌握汽车维修的安全知识。

2）了解常用汽车维修工具的基本使用方法。

3）掌握常见轿车、货车底盘具体组成和构造。

2. 实训设备及工具、量具

1）轿车（普通桑塔纳、捷达、神龙富康轿车和进口轿车）和货车2~5辆，确保每辆4~6人。

2）常用汽车维修工具若干套。

3）两立柱举升器2~4台或维修地沟2条。

3. 学时及分组人数

2课时，各种车辆轮换进行。具体分组视学生人数和设备情况确定。

4. 实训步骤及操作方法

（1）安全规则和工具使用

1）学习汽车维修单位和实习单位的安全规则。掌握工具安全使用、安全用电规则、车底工作时的安全规则、维修作业的安全要求，了解汽油安全使用规则、维修废物的处理规则等。

2）学习常用和专用汽车维修工具使用的基本知识。学习并掌握呆扳手、梅花扳手、套筒扳手、活动扳手、滤清器扳手、轮胎套筒扳手、火花塞套筒、螺钉旋具、锤子的使用方法和注意事项。

学习并掌握千斤顶、双柱举升器等举升设备使用方法和注意事项，介绍螺栓拆装机具、拆装紧配合零件的工具（压床和各种拉器）等使用方法和注意事项。

（2）汽车底盘构造的认识

1）了解驾驶室内仪表和操纵装置。参观并记录仪表板上的汽车速度表（里程表）、发动机转速表、机油压力表、燃油消耗表、故障指示灯和各种指示灯或警告灯等；了解驾驶室内的照明装置、空调开关调节、音响与其他装置的使用方法；了解转向盘、安全气囊、变速杆、离合器踏板（自动变速器无此踏板）、加速踏板、制动踏板、驻车制动装置和点火开关的位置及使用方法。

2）了解汽车发动机室的相关部件。认识散热器、发动机、蓄电池、水泵、燃料混合与供给装置、空气供给装置。

3）了解转向系统、前制动和前钢板弹簧。认识转向机构、传动机构、前制动器、前悬架装置、变速器等，掌握各系统的分类、总成的名称、组成、动力传动过程等。

4）了解汽车后部、后制动、传动轴、主减速器。认识后悬架装置、后轮制动器、传动轴与主减速器、备胎的位置与轮胎的种类（货车的后轮为双胎并装）。掌握各系统的分类、总成的名称、组成、动力传动过程等。

5）了解汽车的外部附件。认识转向灯、前照灯、示宽灯、防雾灯、制动灯、倒车灯、保险杠、拖钩、刮水器、后视镜、油箱等，了解其用途。

5. 实训报告

1）轿车与货车底盘由哪些部分组成？轿车与货车底盘有哪些主要区别？

2）绘制轿车或货车底盘的基本组成和汽车的动力传递路线。

第 1 章 汽车传动系统

📝 学习目标：
- 了解汽车行驶的基本原理。
- 掌握传动系统的作用。
- 掌握传动系统的组成。
- 了解传动系统的布置形式，重点掌握各种布置形式的特点。

1.1 汽车行驶的基本原理

1.1.1 牵引力的产生

汽车要行驶，必须由外界对汽车施加一个推动力 F_t，这个力称为汽车牵引力（驱动力），汽车牵引力产生原理如图 1-1 所示。当汽车行驶时，发动机的输出转矩，通过传动系统传给驱动车轮，使驱动车轮得到一个转矩 M_t；由于汽车轮胎与地面接触，形成一个接触面，在转矩 M_t 作用下，接触面上的轮胎边缘对地面产生一个圆周力 F_0，它的方向与汽车行驶方向相反，其大小由下式表示

$$F_0 = \frac{M_t}{r}$$

式中　M_t——驱动轮上的转矩；
　　　r——驱动轮的滚动半径。

根据作用力与反作用力的关系，路面必然对轮胎边缘施加一个反作用力 F_t，其大小与 F_0 相等，方向相反。F_t 即为外界对汽车施加的一个推动力，即牵引力。当牵引力增大到能克服汽车静止状态的最大阻力时，汽车便开始起步。

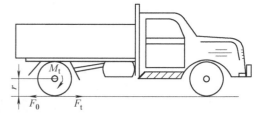

图 1-1　牵引力产生的原理

汽车牵引力的大小，不仅取决于发动机输出转矩和传动装置的结构，同时还取决于轮胎与路面的附着性能。附着力的大小与轮胎和地面的性质、作用在车轮上的附着重力有关。

1.1.2 行驶阻力

汽车在行驶中会遇到各种阻力，主要有滚动阻力、空气阻力、上坡阻力和加速阻力等，这些阻力会影响汽车行驶。其性质、大小和影响因素如下。

1. 滚动阻力

主要是由于车轮滚动时轮胎与路面的变形、车轮轴承内的摩擦所引起的阻力,用 F_f 表示,其大小与轮胎结构、轮胎气压、路面性质及汽车总质量有关。

2. 空气阻力

指汽车在行驶时,其表面与空气相摩擦、车身前部迎风面受到的气体压力、车身后部因空气涡流而产生真空度等因素所引起的阻力,用 F_w 表示,其大小与汽车迎风面积、汽车与空气的相对速度、汽车外廓形状和表面摩擦系数有关。通常,当车速小于 30km/h 时,空气阻力忽略不计。

3. 上坡阻力

指汽车上坡时,由于汽车重力和坡度所引起的阻力,用 F_i 表示,其大小与汽车总质量和道路纵向坡度角有关。汽车在平坦路面上行驶时,$F_i = 0$。

4. 加速阻力

指汽车在起步和加速时,由于惯性作用所引起的阻力,用 F_m 表示,其大小与汽车的加速度和汽车的惯性质量有关。汽车静止或匀速行驶时,$F_m = 0$。

5. 汽车行驶总阻力 $\sum F$

$$\sum F = F_f + F_w + F_m + F_i$$

1.1.3 汽车行驶的基本条件

汽车的行驶情况取决于汽车的受力情况,其关系如下。

1) 当牵引力等于行驶总阻力,即 $F_t = \sum F$ 时,汽车匀速行驶或静止状态。
2) 当牵引力大于行驶总阻力,即 $F_t > \sum F$ 时,汽车加速行驶。
3) 当牵引力小于行驶总阻力,即 $F_t < \sum F$ 时,汽车减速行驶或无法起步。

车辆在泥泞路面上或冰雪地面上行驶,轮胎与路面间的圆周力存在,但小于汽车行驶阻力时,即 $F_t < \sum F$,车辆将打滑。可见,路面与轮胎间的附着性能决定了路面所能提供反作用力(即附着力)的最大值。

附着力是阻止车轮打滑的路面阻力,为使车轮在路面上不打滑,附着力必须大于或等于汽车牵引力。

1.2 传动系统的作用

以奥迪 100 型轿车为例,满载总质量为 1710kg,发动机最大输出转矩为 145N·m,驱动轮上可得到的牵引力最大值为 462N,在良好的路面行驶车速为 175km/h 时,该车的滚动阻力约为 250N,空气阻力约为 895N。可见,若将发动机与车轮直接连接,汽车则无法工作,也不能实现改变车速、倒向行驶、切断动力、差速等功用。

传动系统的作用是将发动机经飞轮输出的动力传给驱动车轮,并改变转矩的大小,以适应行驶条件的需要,保证汽车正常行驶。归纳为以下几个方面。

1) 减速和变速。
2) 实现汽车倒车。
3) 中断动力传递。

4) 差速作用。

因此，在汽车上设置了传动系统，由离合器、变速器、万向传动装置、主减速器、差速器、半轴等总成组成。

各总成的基本功用分别如下。

1) 离合器：在起动、换档时，切断或接合发动机与传动系统之间的动力传递。

2) 变速器：传递发动机动力，改变输出轴转速的高低、转矩的大小以及旋转方向，也可以用于切断动力。

3) 万向传动装置：在变速器输出轴与主减速器两者之间距离较大和轴线夹角变化的条件下，将变速器输出的动力传给主减速器。

4) 主减速器：降低传动轴输入的转速，增大转矩，改变方向，将动力传递给差速器。

5) 差速器：将主减速器传来的动力分配给左右两半轴，并允许左右两半轴以不同角速度旋转，在汽车转弯时，实现左右两驱动轮的差速行驶。

6) 半轴：将差速器传来的动力传给驱动轮，使驱动轮获得旋转的动力。

1.3 传动系统的分类

1.3.1 按结构和传动介质分类

1. 机械式传动系统

按其传动方式可分为齿轮式和摩擦式两类。齿轮式结构简单，传动效率高，故广泛应用于各种客车和轻、中型载货汽车；摩擦式传动效率低，已很少采用。

2. 液力机械式传动系统

由于其操作简单等优点，目前在中高级轿车上广泛应用。

3. 静液式传动系统

通过一个电动机驱动一个高压油泵，使受压液体通过控制阀、管路进入液压马达，从而驱动车轮。目前仅在军车上有所应用。

4. 电力式传动系统

通过发动机带动发电机，再由装在驱动桥或驱动轮上的电动机进行牵引驱动。该传动系统具有良好的动力性，但质量大、效率低，故主要用于大客车或重载自卸车辆。

1.3.2 按传动比变化分类

1. 有级传动系统

传动系统可以得到若干个数值一定的传动比，如齿轮机械传动系统。

2. 无级传动系统

传动比能在一定范围内按无限多级进行变化的传动系统，如液力传动系统和电力传动系统。

1.3.3 按传动比的变换方式分类

1) 强制操纵式。

2) 自动操纵式。

3）半自动操纵式。

1.4 传动系统的布置形式

汽车传动系统的布置形式主要与发动机的类型、汽车的用途和汽车重心的位置有关。其中汽车重心的位置决定了驱动桥的位置。传动系统的布置如图1-2所示。一般有发动机前置、后桥驱动的传动系统（FR方式），发动机后置、后桥驱动的传动系统（RR方式），发动机前置、前桥驱动的传动系统（FF方式），越野汽车的传动系统（4WD方式）等几种形式。

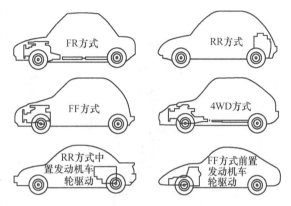

图1-2 传动系统的布置

其中，汽车的驱动形式通常用汽车的全部车轮数乘以驱动轮数表示，如BJ212的4×4，表示四个车轮全部为驱动轮。另外，还用全部车桥数乘以驱动桥数表示，如BJ2020的2×2，表示两个车桥全部为驱动桥。

1.4.1 发动机前置、后桥驱动的传动系统

图1-3所示为发动机前置、后桥驱动传动系统（FR方式）的组成和布置示意图。发动机的动力经离合器、变速器、万向节、传动轴、主减速器、差速器和半轴，最后传给驱动车轮。此种传动系统在载货汽车中应用广泛。

1.4.2 发动机后置、后桥驱动的传动系统

图1-4所示为发动机后置、后桥驱动的传动系统（RR方式）示意图。

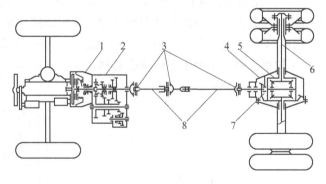

图1-3 发动机前置、后桥驱动传动系统示意图
1—离合器 2—变速器 3—万向节 4—驱动桥 5—差速器
6—半轴 7—主减速器 8—传动轴

它的质量集中于汽车后部，发动机距驱动轮很近，可在最短距离内驱动车轮，驱动后轮车轴附着力大，起动加速时牵引力良好，汽车前部驾驶室宽敞。某些轻型轿车或大型客车采用这种布置形式，更容易做到汽车总质量在前后车桥之间的合理分配。有的车辆采用发动机横置形式（如AK6900），可使汽车后悬缩短，在此情况下，发动机冷却条件较差，发动机和变速器的操纵机构较为复杂且调整维修不便，在超过转弯极限时，就会发生转弯过小的倾向。

1.4.3 发动机前置、前桥驱动的传动系统

根据发动机放置方向不同可分为发动机横置式(如夏利 TJ7100,图 1-5 所示)和纵置式(如桑塔纳 2000 系列轿车,图 1-6 所示)两种。

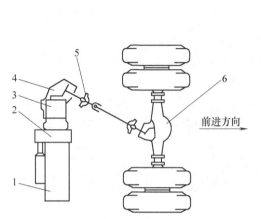
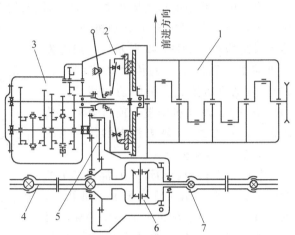

图 1-4 发动机后置、后桥驱动的
大型客车传动系统示意图
1—发动机 2—离合器 3—变速器
4—角传动装置 5—万向传动装置 6—驱动桥

图 1-5 发动机前横置、前桥驱动的
传动系统示意图
1—发动机 2—离合器 3—变速器 4—半轴
5—主减速器 6—差速器 7—万向节

图 1-5 所示为发动机前横置、前桥驱动的传动系统示意图。这种布置形式的传动系统具有结构布置紧凑、可降低车身底板高度、转向稳定、发动机散热条件好、操纵机构布置简单等优点。不足之处在于,上坡时汽车重心后移使前面驱动轮附着力减少,易产生驱动轮打滑,下坡制动时,则由于车辆重心前移,前桥负载加重,高速行驶时易发生翻车事故。目前仅在某些轿车上使用。

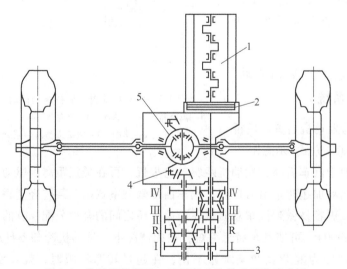

图 1-6 发动机前纵置、前桥驱动的传动系统示意图
1—发动机 2—离合器 3—变速器 4—主减速器 5—差速器

1.4.4 越野汽车的传动系统

图 1-7 所示为越野汽车传动系统。越野汽车的 4WD（全轮驱动）方式起源于以前的军用车，能充分利用所有车轮与地面之间的附着条件，获得尽可能大的牵引力，以实现在坏路或无路区域行驶。其前桥既是转向桥也是驱动桥，左右两根半轴均分为两段，中间用等角速万向节来连接。为了将发动机传给变速器的动力分配给前后两驱动桥，在变速器后增设了分动器。

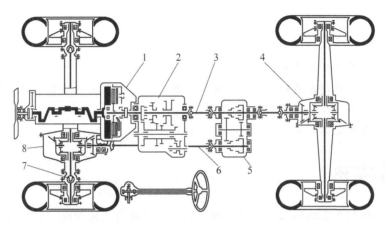

图 1-7 4×4 越野汽车传动系统
1—离合器 2—变速器 3、6—万向传动装置
4、8—主减速器和差速器 5—分动器 7—等角速万向节

本 章 小 结

本章对汽车行驶的基本原理、传动系统的作用、分类、整体组成和几种不同传动系统布置形式做了简单介绍。其中，学习重点是传动系统的功用和应用较多的几种传动系统布置形式：FR、RR、FF 和 4WD 方式。

复习思考题

1. 汽车传动系统的基本作用是什么？
2. 传动系统一般由哪些总成组成？
3. 汽车传动系统有哪几种布置形式？各有什么特点？

第 2 章 离合器

📝 学习目标：

- 掌握离合器的作用、了解离合器的分类。
- 掌握摩擦离合器的基本组成和工作原理，掌握膜片弹簧离合器的构造、拆装和检修。
- 了解离合器的主要操纵机构。
- 掌握离合器常见的故障现象、原因及诊断排除方法。

2.1 离合器概述

离合器安装在汽车发动机飞轮的后端面，其主动部分与飞轮相连，从动部分与变速器输入轴相连，驾驶人通过脚踩踏板来操纵，在自动变速器前面，不需要安装离合器。

2.1.1 离合器的作用

1. 实现汽车平稳起步

汽车起步时，需要接通发动机动力，克服阻力，从完全静止状态转变到行驶状态。汽车起步前，驾驶人用踏板将离合器分离，使发动机与传动系统脱开，起动发动机，再将变速器挂上档位，然后使离合器逐渐接合。同时，应加大节气门，使发动机的转速始终保持在最低稳定转速以上，不致熄火。随着离合器接合程度的逐渐增大，发动机经传动系统传给驱动轮上的转矩也逐渐增加，直至驱动力足以克服汽车起步阻力，汽车从静止状态开始转变为行驶状态，并逐渐加速。

2. 保证传动系统平顺换档

汽车行驶过程中，为了适应不断变化的行驶状况，需要有不同的驱动力和速度，经常换用变速器的不同档位。换档前，必须将离合器分离，切断动力，使原档位的啮合齿轮副脱开，并使待啮合齿轮副的啮合部位圆周速度逐渐相等，实现同步，以减轻啮合时的冲击，保护啮合齿轮。换档完成后，松开离合器踏板，离合器逐渐接合，汽车在新的档位下行驶。

3. 限制所传递的转矩，防止传动系统过载

汽车紧急制动时，驱动车轮突然减速，如果没有离合器，发动机和传动系统刚性连接，也将急剧降低转速，发动机和传动系统中的运动件产生远远超过发动机正常工况下所发生的最大转矩的惯性力矩，使传动系统过载，造成机件损坏。

由于离合器的主从动部分间的摩擦只能传递一定的转矩，其值为发动机输出额定转矩的1.4~2倍，当惯性力矩超过此数值时，离合器则打滑，不能传递超过的力矩。因此，有了离合器，可以依靠离合器主动部分和从动部分之间的相对运动来防止传动系统过载，起到一定的保护作用。

总之，离合器既限制了传动系统可能传递的最大转矩，同时又防止了传动系统过载。

2.1.2 离合器的性能要求

为了保证离合器的上述功用，要求离合器具有以下性能。
1）有足够的作用力，能可靠地传递发动机的最大转矩，而不打滑。
2）具有良好的热稳定性和耐磨性，工作可靠，寿命长。
3）保证发动机与传动系统分离迅速、彻底。
4）保证发动机与传动系统接合平顺、柔和。
5）从动部分转动惯量较小，换档时齿轮冲击小。
6）操纵机构结构简单、操作轻便、检修方便。

2.1.3 离合器的形式

离合器的结构形式有多种，按传递转矩方式的不同可分为摩擦式、液力式和电磁式三类。

1. 摩擦式离合器

离合器的主、从动元件间，利用摩擦力传递转矩，这是目前应用最广泛的一种。

2. 液力式离合器

离合器的主、从动元件间，利用液体介质传递转矩，这种形式常用于轿车、大型公共汽车和载重汽车。

3. 电磁式离合器

离合器的主、从动元件间，利用电磁力的作用来传递转矩。

2.2 离合器的构造

摩擦式离合器结构简单、性能可靠、维修方便，目前应用最广泛。

2.2.1 摩擦式离合器

1. 摩擦式离合器的分类

摩擦式离合器利用主、从动元件间的摩擦力传递转矩，所能传递的最大转矩的数值取决于摩擦面间的压紧力、摩擦系数、摩擦面的数目和尺寸等因素。常用摩擦式离合器之间，因摩擦面数目（从动盘的数目）、压紧弹簧的形式和操纵机构的不同，其总体结构有较大的差异。

1）按从动盘的数目，分为单片式和双片式。
2）按压紧弹簧的形式，分为周布弹簧式、中央弹簧式和膜片弹簧式。
3）按操纵方式，分为机械式、液压式和气压式。
4）另外，还可分为干式和湿式。

2. 摩擦式离合器的基本组成

图 2-1 所示为摩擦式离合器的构造，其结构由主动部分、从动部分、压紧机构、分离机构和操纵机构五部分组成。

主动部分由飞轮 4、压盘 5 和离合器盖 6 组成。飞轮 4 与曲轴 1 固定在一起，离合器盖 6 用螺钉固定于飞轮 4 的后端面，压盘 5 通过传动片与离合器盖 6 相连，可作轴向移动。曲轴 1 旋转，发动机动力通过飞轮 4、离合器盖 6 带动压盘 5 一起转动。

从动部分由从动盘 3 和变速器第一轴 2 组成。双面带有摩擦衬片 17 的从动盘 3 安装于飞轮 4 与压盘 5 之间，通过滑动花键套装在变速器第一轴 2 上。

压紧装置由若干个沿圆周分布的压紧弹簧 16 组成。压紧弹簧 16 安装于压盘 5 与离合器盖 6 之间，把压盘 5、从动盘 3 压向飞轮 4。

滑动花键套装在变速器第一轴 2 上，变速器第一轴 2 通过轴承 18 支承于曲轴 1 后端中心孔内。

分离杠杆 7 到分离叉 11 是分离机构，踏板 12 到拉杆调节叉 14 是操纵机构，两者也合称操纵机构。因此，操纵机构由分离杠杆 7、弹簧 8、踏板 12、拉杆 13、拉杆调节叉 14、回位弹簧 10、15、分离叉 11、分离轴承 9 等组成。

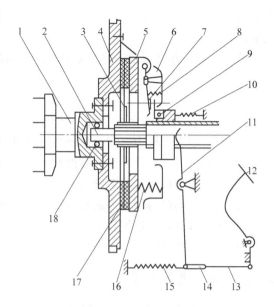

图 2-1　摩擦式离合器的基本组成和工作原理示意图
1—曲轴　2—变速器第一轴　3—从动盘　4—飞轮
5—压盘　6—离合器盖　7—分离杠杆　8—弹簧
9—分离轴承　10、15—回位弹簧　11—分离叉
12—踏板　13—拉杆　14—拉杆调节叉
16—压紧弹簧　17—从动盘摩擦衬片
18—轴承

分离杠杆 7 内端则铰接于压盘 5 上，中部铰接于离合器盖 6 的支架上，弹簧 8 的作用是消除因分离杠杆与分离轴承之间间隙晃动而产生的噪声，分离轴承 9 压装在分离套筒上，分离套筒松套在变速器第一轴轴套上，分离叉 11 是中部带支点的杠杆。

3. 摩擦式离合器的工作过程

(1) 接合状态　发动机工作，飞轮 4 旋转，并带动离合器盖 6 和离合器压盘 5 旋转。在压紧弹簧 16 的作用下，压盘 5 和从动盘 3 被紧压在飞轮 4 上，在从动盘 3 与飞轮 4、压盘 5 的接合面上产生摩擦力矩，并通过从动盘 3 带动变速器第一轴 2 一起旋转，发动机的动力传给变速器。

当从动盘 3 与飞轮 4、压盘 5 间的摩擦力矩 M_f 大于发动机的输出转矩 M_e（$M_f>M_e$）时，从动盘 3 与飞轮 4 等速转动，输出转矩为 M_e；当 $M_f<M_e$ 时，从动盘 3 与飞轮 4 间产生滑转，且两者不等速，输出转矩为 M_f。

(2) 分离过程　当驾驶人踩下踏板 12 时，通过联动件，向右拉动分离叉 11 下端，其上端向左移动，使分离轴承 9 前移，压在分离杠杆 7 上，分离杠杆 7 内端向左，外端向后拉动压盘 5，使压盘 5 产生一个向后的拉力，当拉力大于压紧弹簧 16 的张力时，从动盘 3 与飞轮 4、压盘 5 脱离接触，发动机继续旋转，但不能向变速器输出动力。

(3) 接合过程　当需要恢复动力传递时，缓慢抬起踏板 12 时，分离轴承 9 减少对分离杠杆 7 的压力，从而逐渐减少了作用在压盘 5 上的拉力，在压紧弹簧 16 的作用下，从动盘 3

与飞轮4、压盘5逐渐接合,摩擦力矩M_f逐渐增大,当M_f大于汽车通过传动系统作用在从动盘3上的阻力转矩时,离合器完成接合,从动盘3与飞轮4等速转动,汽车起步。

2.2.2 膜片弹簧式离合器

膜片弹簧式离合器采用膜片弹簧作压紧弹簧,省略了分离杠杆。例如,桑塔纳2000GSi型轿车采用的是膜片弹簧压紧的单片摩擦式离合器。其结构如图2-2所示,由主动部分、从动部分、压紧和操纵机构组成。主动部分由飞轮、压盘、离合器盖等组成;从动部分由从动盘本体、摩擦衬片、花键毂和扭转减振器等组成;压紧及分离机构由膜片弹簧、支承圈等组成;操纵机构如图2-3所示,由离合器踏板8、主缸9、工作缸3、储液罐4、推杆、分离板2和分离轴承11等组成。

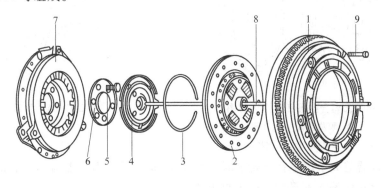

图 2-2 膜片弹簧式离合器零部件分解图
1—离合器总成 2—离合器从动盘 3—卡环 4—压板 5、9—螺栓
6—中间板 7—离合器盖总成 8—离合器分离推杆

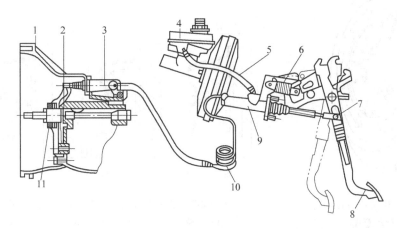

图 2-3 桑塔纳2000GSi型轿车离合器操纵机构
1—变速器壳体 2—分离板 3—工作缸 4—储液罐 5—进油软管 6—助力弹簧及销轴
7—销轴 8—离合器踏板 9—主缸 10—油管总成 11—分离轴承

1. 离合器压盘和盖总成

离合器盖和压盘分解图如图2-4所示。膜片弹簧如图2-5所示,是一个用薄弹簧钢板制成的碟形膜片弹簧,靠中心部分开有18个径向切口,形成弹性分离指端。膜片弹簧式离合器盖和压盘示意图如图2-6所示。膜片弹簧4两侧有钢丝支承环3,支承环3通过9个支

承铆钉 5 安装在离合器盖 7 上,成为膜片弹簧 4 的工作支点。压盘的 3 组(每组 2 片)传动片是连接压盘与离合器盖的弹性钢带,其一端用铆钉铆接在离合器盖上,另一端用铆钉连同分离拉钩一起铆接在压盘上,且在压盘的外缘沿切向布置,其主要作用是将来自发动机飞轮的转矩经过离合器盖传递到离合器压盘上,使飞轮、离合器盖和压盘、膜片弹簧构成一个整体,保证离合器盖、压盘与飞轮同步旋转。膜片弹簧式离合器的工作过程如下。

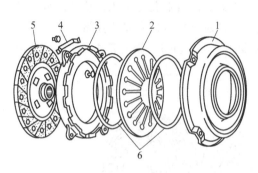

图 2-4　膜片弹簧式离合器盖和压盘分解图
1—离合器盖　2—膜片弹簧　3—压盘
4—传动片　5—从动盘　6—支承环

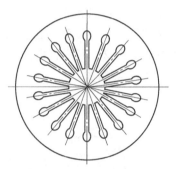

图 2-5　膜片弹簧

(1) 当离合器盖 2 未固定在飞轮上时　如图 2-7a 所示,离合器盖与飞轮的安装面间有一个距离 Δl,膜片弹簧 4 不受力,处于自由状态。

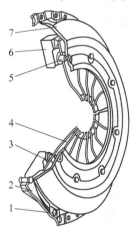

图 2-6　膜片弹簧式离合器
　　盖和压盘示意图
1—铆钉　2—传动片　3—支承环
4—膜片弹簧　5—支承铆钉
6—压盘　7—离合器盖

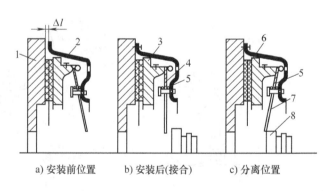

图 2-7　膜片弹簧式离合器工作原理示意图
1—飞轮　2—离合器盖　3—压盘　4—膜片弹簧
5—支承环　6—从动盘　7—分离拉杆　8—分离轴承

(2) 当离合器盖 2 被螺钉固定到飞轮 1 上时　如图 2-7b 所示,离合器盖紧压在飞轮的后端面,此时,钢丝支承环 5 压膜片弹簧,并使之发生弹性变形,进而使膜片弹簧外缘压紧压盘。这样,从动盘被夹紧在压盘与飞轮之间,离合器接合,发动机的动力便依次经飞轮、离合器盖、传动片、压盘传递给夹在压盘与飞轮之间的从动盘,再由从动盘花键毂传给变速器输入轴,将动力传给变速器,向变速器传递转矩。

(3) 当分离离合器时 如图 2-7c 所示,操纵机构使分离轴承 8 左移,推动膜片弹簧的分离指端左移,膜片弹簧以钢丝支承环为支点转动,其外端右移,在传动片工作时拉力所产生的向后分力及膜片通过分离拉钩作用在压盘上的向后拉力的共同作用下,将压盘拉离飞轮。于是从动盘被松开,使离合器分离。

2. 从动盘及扭转减振器

图 2-8 所示为桑塔纳 2000 型轿车从动盘结构示意图。为了提高传动系统零部件的使用寿命和减少振动噪声,以提高乘坐舒适性,桑塔纳 2000 型轿车在离合器从动盘总成中设置了扭转减振器。因此,从动盘主要由两块摩擦衬片 1、2,从动盘本体 14 及波形弹簧片 11 和减振盘 6 组成。

从动盘本体 14 用薄钢板制成,其外缘铆有 8 组共计 16 片波形弹簧片 11,再将两摩擦衬片 1、2 分别铆接在波形弹簧片 11 的波峰和波谷上,以增加从动盘的轴向弹性,使离合器接合更加平稳、柔和。扭转减振器主要由弹性元件和摩擦阻尼元件两部分组成。

如图 2-8 所示,在从动盘毂 8、从动盘本体 14 和减振盘 6 上都有 4 个沿圆周均布的窗孔,在该窗孔中装有两组减振弹簧 10,从动盘本体 14 和盘毂 8 是通过两组扭转减振弹簧 10 弹性地连接在一起的,构成扭转减振器的缓冲机构;盘毂 8 夹在从动盘本体 14 与减振盘 6 之间,两侧同时还夹有二个环状摩擦垫圈 3(即摩擦阻尼元件),用以衰减振

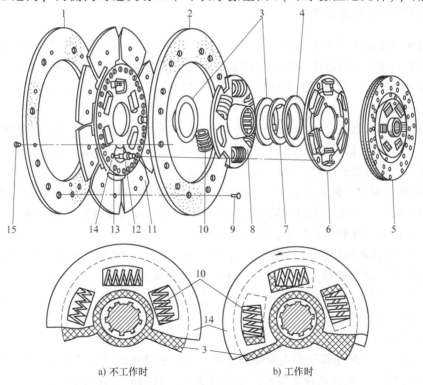

a) 不工作时　　　b) 工作时

图 2-8 带扭转减振器的从动盘

1、2—摩擦衬片　3—摩擦垫圈　4—碟形垫圈　5—从动盘总成　6—减振盘
7—摩擦板　8—从动盘毂　9、15—铆钉　10—减振弹簧　11—波形弹簧片
12—止动销　13—从动钢片　14—从动盘本体

动能量。止动销12将从动盘本体14与减振盘6铆接成一体，而止动销12与从动盘毂8的销孔之间有一定间隙，允许从动盘毂8相对于从动盘本体14与减振盘6转动。

当从动盘不受转矩作用时，减振弹簧保持自由长度，如图2-8a所示。当从动盘受一定转矩时，由发动机经飞轮和压盘传递给从动盘摩擦片的转矩，首先传到从动盘本体及减振盘上，再经过刚度较小的一组弹簧10，减振弹簧被压缩后将转矩传给盘毂，如图2-8b所示。由发动机传来的扭转振动所产生的冲击被减振器缓冲，其共振能量被阻尼环所吸收，减少了对传动系统的影响；来自路面的振动也不会直接影响到发动机。随着所传递转矩的增加，刚度更大的一组弹簧进入工作。这种结构的扭转减振器称为多级变刚度扭转减振器，其工作性能稳定，适用于各种小型货车、轿车。

3. 膜片弹簧离合器的结构特点

1）膜片弹簧既起压紧弹簧的作用又起分离杠杆的作用。

2）膜片弹簧具有自动调节压紧力和高速时压紧力稳定的特点，压紧力几乎与转速无关。

3）膜片与压盘接触面积大，压力分布均匀，压盘不易变形，接合柔和，分离彻底，膜片指端平整，无需调整。

4）结构简单，弹性性能良好，轴向尺寸小，操纵轻便，零件少，容易平衡。

2.2.3 周布弹簧式离合器

单片周布弹簧式离合器的构造如图2-9所示。离合器由主动部分、从动部分和压紧机构、分离机构和操纵机构组成。其中，前四个机构安装在发动机后部的离合器壳内，操纵机构的各个部分分别位于离合器壳内部、外部和驾驶室中。

1. 主动部分

主动部分由离合器盖19、压盘16和传动片33组成。离合器盖19是用低碳钢冲压成的，并用定位销17定位，通过螺栓固装在飞轮上，保证了离合器与飞轮2同心，离合器盖的侧面有通风口，当离合器旋转时，抽出热空气，加强了散热。

压盘16的平面和飞轮2的平面一起组成了主动件的摩擦面，该平面要求平整；压盘利用摩擦力传递转矩，承受很大的机械负荷和热负荷，采用高强度铸铁制成，具有较高的强度和刚度、较好的耐磨性和耐热性能，使用时变形小。

传动片33用弹簧钢片制成，每组两片，共四组，其一端用铆钉32铆在离合器盖上，另一端则用螺钉与压盘相连接，周向均布在压盘和离合器盖之间，用来传递转矩。正常工作时，离合器盖通过传动片拉动压盘旋转。在离合器分离或接合过程中，传动片产生弯曲变形，一端随压盘前后移动。

2. 从动部分

如图2-10所示，从动部分的主要部件是从动盘。从动盘的基本结构是由两片摩擦衬片1和6、从动盘钢片3、从动盘毂5组成。从动盘钢片3通常是用薄弹簧钢板制成，其上开有辐射状的槽，可防止热变形，与从动盘毂铆在一起。

摩擦衬片1和6具有较大的摩擦系数、良好的耐磨性和耐热性，通过铜、铝铆钉铆合或树脂粘接的方法与从动钢片连接。

钢片3上有六个辐射状切槽，将它分成六个扇形面，每个面上有六个孔，其中两孔与前

第 2 章 离合器

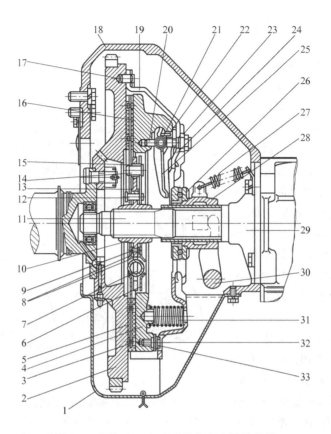

图 2-9 东风 EQ1090E 型汽车离合器示意图

1—离合器壳底盖 2—发动机飞轮 3—摩擦片铆钉 4—从动盘本体
5—摩擦片 6—减振器盘 7—减振器弹簧 8—减振器阻尼片 9—阻尼片铆钉
10—从动盘毂 11—变速器第一轴（离合器从动轴） 12—阻尼弹簧铆钉 13—减振器
阻尼弹簧 14—从动盘铆钉 15—从动盘铆钉隔套 16—压盘 17—离合器盖定位销 18—离合器壳
19—离合器盖 20—分离杠杆支承柱 21—摆动支承片 22—浮动销 23—分离杠杆调整螺母
24—分离杠杆弹簧 25—分离杠杆 26—分离轴承 27—分离套筒回位弹簧 28—分离套筒
29—变速器第一轴轴承盖 30—分离叉 31—压紧弹簧 32—传动片铆钉 33—传动片

衬片 1 铆接；波浪形弹簧片 4 有六块，每块上有两孔与后衬片 6 铆接，有两孔与钢片 3 扇形面上的中间两孔铆接。这种单片离合器从动盘钢片具有轴向弹性结构，当从动盘在自由状态时，后衬片与钢片之间有一定间隙，当离合器接合时，弹性变形使压紧力逐渐增加，产生轴向弹性，使离合器接合柔和、起动平稳。

汽车在不平的道路上行驶，汽车传动系统角速度出现突然变化，引起扭转振动；发动机传到汽车传动系统的转速和转矩呈周期性变化，使传动系统产生扭转振动。这些扭转振动都会对传动系统零件产生冲击载荷，

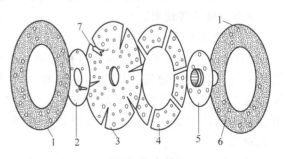

图 2-10 从动盘的组成

1—前摩擦衬片 2—压片 3—从动盘钢片 4—波浪形弹簧片
5—从动盘毂 6—后摩擦衬片 7—平衡片

严重时，损坏零件，缩短其寿命。

为了消除扭转振动、避免共振，防止传动系统过载，多数汽车在离合器从动盘中装有扭转减振器，其构造和工作原理如图2-11所示。

从动盘毂6、从动盘钢片3和减振器盘9上都有六个圆周均布的窗孔，减振弹簧8装在孔中，弹性地与它们连接在一起，构成减振器的缓冲机构。从动盘毂6夹在从动盘钢片3和减振器盘9之间。环状摩擦片4是减振器的阻尼耗能元件，钢片3和减振器盘9用专用铆钉5铆接成一体，铆钉中部和毂上的缺口存在一定的间隙，从动盘毂可在钢片和从动盘上作一定量的相对转动。

经飞轮和压盘传来的转矩，首先传到摩擦衬片1和10，再传到从动盘钢片3和减振器盘9，再经减振弹簧8传给从动盘毂6，如图2-11b所示，工作中，弹簧被进一步压缩，如图2-11c所示。因

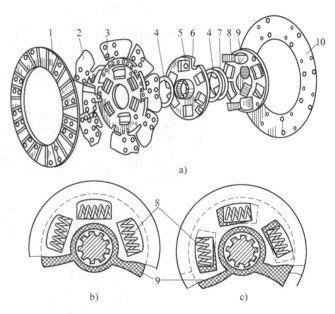

图2-11 扭转减振器的组成及工作原理示意图
1、10—摩擦衬片 2—波浪形弹簧钢片 3—从动盘钢片 4—摩擦片
5—专用铆钉 6—从动盘毂 7—调整垫片 8—减振弹簧 9—减振器盘

此，由发动机曲轴传来的扭转振动所产生的冲击，被弹簧所缓和，被摩擦片所吸收，而不会传到传动系统各总成部件上，来自于不平路面所引起的扭转振动也不会影响发动机工作。

有些汽车上采用刚度不等的弹簧和长度尺寸不等的弹簧窗孔，各弹簧工作时间先后不一，具有了变刚度的特性，避免了传动系统的共振，降低了传动系统的噪声。

有些汽车上采用橡胶弹性元件。

在安装离合器从动盘时，应注意方向性，避免出现花键毂处连接长度不足、摩擦片悬空、顶分离轴承等现象。

3. 压紧机构

如图2-9所示，沿压盘周向对称布置的16个螺旋压紧弹簧31，装配时，拧紧离合器盖螺钉，将螺旋弹簧、压盘和从动盘压向飞轮，使离合器处于接合状态。螺旋弹簧压紧压盘，增大了摩擦片上的摩擦力。工作时，发动机的动力一部分由飞轮经摩擦作用直接传到从动盘上；另一部分由离合器盖、传动片传给压盘，最后也通过摩擦片传给从动盘。

制造时，将压盘上的弹簧座做成凸起的"十"字形肋条，通过减小接触面积，或加隔热垫，以减小压盘向弹簧传热引起退火，降低压紧力。

4. 分离机构

（1）分离叉 分离叉用来传递离合器操纵系统的控制力，与其转轴制成一体，通过轴的两端衬套支承在离合器壳上。

(2) 分离杠杆 如图 2-9 所示，分离杠杆 25 用薄钢板冲压制成，共 4 个，随离合器主动部分一起旋转，其内端与分离轴承相连，其外端与压盘相连，中间由支承柱支承，采用支点移动，重点摆动的综合式防干涉机构。其支承柱 20 的前端插入压盘 16 相应的孔中，中部有方孔，通过浮动销 22 支承在方孔的平面上，并用扭簧使它们靠紧，后端用调整螺母 23 的球面支承在离合器盖 19 相应的孔上。这种方式结构简单，且分离杠杆的高度是通过螺母调整支点高度来调整的。

从离合器的分离过程看，若分离杠杆中间支承是固定铰链，则其外端与压盘铰接处的运动轨迹将是一弧线，而压盘上该点只能作轴向直线运动，这就使分离杠杆产生运动干涉而不能正常运动。要防止这种干涉，在结构上就得使支点或杠杆和压盘连结点处能沿径向移动（平移或摆动）。分离杠杆 25 的中部凹字形的摆动支承片 21 用刀口支于分离杠杆外端和压盘凸块之间，可以利用浮动销在平面上的滚动和摆动支承片的摆动来消除运动干涉。图 2-12 所示为分离杠杆防干涉结构形式示意图。

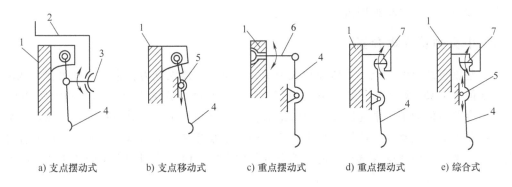

a) 支点摆动式　　b) 支点移动式　　c) 重点摆动式　　d) 重点摆动式　　e) 综合式

图 2-12　分离杠杆防干涉的结构形式示意图
1—压盘　2—离合器盖　3—支承螺柱　4—分离杠杆
5—滚销　6—分离螺钉　7—摆动片

由于从动盘有一定的弹性，飞轮、压盘和从动盘的接触面积也会有一定的翘曲变形。要使离合器彻底分离，就必须使压盘向后移动充分的距离（1～3mm）。这一距离通过一系列杠杆放大，反映到踏板上就是踏板的有效行程。

由于离合器接合过程中存在着滑磨现象，从动盘、压盘和飞轮长期使用磨损后，压盘会向飞轮方向移动，分离杠杆内端相应地要向后移动。如果安装时分离杠杆内端与分离轴承间不留间隙，则磨损后，分离杠杆内端将由于压在分离轴承上而不能自由的后移，使外端牵制压盘不能前移，从而不能压紧从动盘。这将造成离合器打滑，不能保证传递发动机的最大转矩，摩擦副和分离轴承也会很快磨损和烧坏。因此，在离合器接合状态下，分离杠杆内端与分离轴承间留有"自由间隙"，这个间隙反映到离合器踏板上，使踏板产生一个空行程，称为踏板的自由行程。

有效行程与自由行程之和就是踏板的总行程。

5. 分离轴承

离合器分离时，分离套筒沿其轴线移动，推动分离轴承向前移动，推动分离杠杆内端向前摆动，分离杠杆外端使压盘后移。实现离合器分离。

分离轴承广泛采用轴向或径向推力轴承，在轴承装配之前一次加足润滑脂，是封闭式预润滑轴承。在小尺寸的离合器上也采用结构简单的石墨滑动轴承。有的离合器，在分离杠杆内端用卡簧浮动地安装一个分离环，一起转动，利用其环形平面与分离轴承接触传动，降低了滑动接触面的单位压力，减小了磨损。

分离杠杆随离合器主动部分一起旋转，与分离轴承间存在周向滑动和径向滑动，当二者在旋转中不同心时，径向滑动加剧。为了消除因不同心引起的磨损，在膜片弹簧式离合器中广泛采用自动调心式分离轴承。

6. 离合器壳

离合器壳（即飞轮壳）安装在气缸体上，用来连接发动机、离合器、变速器。其前端面与气缸体的后端面间用定位套定位，用螺栓连接，其后端面用螺栓与变速器连接，并用变速器第一轴（即离合器从动轴）的轴承盖凸缘与离合器壳后孔定心。为了保证变速器第一轴与曲轴的同轴度，离合器壳后端面应与曲轴轴线垂直，其后孔应与曲轴轴线同轴。

大多数离合器壳是单独用铸铁或铝合金制成的。

2.2.4 中央弹簧式离合器

在一些重型载重汽车上，为传递较大力矩，减小离合器操纵力，常采用中央弹簧式离合器。如长征 XD2150 型汽车所采用中央弹簧、双从动盘摩擦式离合器，其结构如图 2-13 所示。该离合器由传动销、中间压盘、扭转减振器、从动盘、飞轮、分离杠杆、后压盘、分离弹簧、离合器盖、调整环、拉杆、分离套筒、中央压紧弹簧、平衡盘、支承销、压紧杠杆等组成。传动销 1 的尾部压入飞轮 6 内圆面上的径向孔中，而头部则伸入中间压盘 2 边缘的切

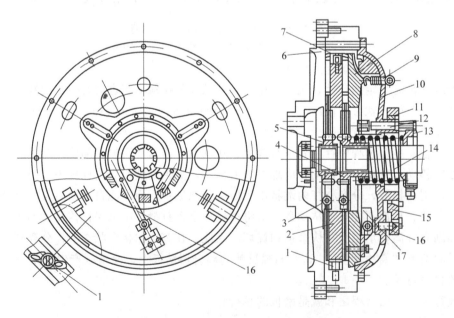

图 2-13 长征 XD2150 型汽车中央弹簧离合器
1—传动销 2—中间压盘 3—扭转减振器 4、5—从动盘 6—飞轮
7—分离杠杆 8—后压盘 9—分离弹簧 10—离合器盖 11—调整环 12—拉杆
13—分离套筒 14—中央压紧弹簧 15—平衡盘 16—支承销 17—压紧杠杆

口内，内表的凸起部嵌入后压盘 8 上相应的切口中。中央压紧弹簧 14 的前端通过一个支承盘支承于离合器盖 10 上，其后端则抵靠着分离套筒 13。轴向安装在分离套筒 13 上的 3 根拉杆 12 分别与 3 根压紧杠杆 17 的内端相连。压紧杠杆 17 以固定在离合器盖上的支承销 16 为支点，其外端与后压盘 8 相接触。于是，中央弹簧的压紧力通过分离套筒 13、拉杆 12 和压紧杠杆 17 将离合器的主从动部分压紧。分离杠杆为等臂杠杆，其两端分别抵靠在飞轮 6 和后压盘 8 的端面上。发动机的动力一部分经飞轮 6 上的传动销传给中间压盘 2，另一部分由飞轮 6 经离合器盖 10，传给后压盘 8。

当踏下离合器踏板时，操纵机构中的分离叉便将分离套筒 13 向前推，进一步压缩中央压紧弹簧 14，同时通过拉杆将压紧杠杆 17 内端向前推移使压紧杠杆 17 外端后移，而与后压盘 8 分离，后压盘 8 便在分离弹簧 9 的拉力作用下离开后从动盘 4。为保证各摩擦面彻底分离，在中间压盘 2 上装有分离杠杆 7，当后压盘 8 后移时，分离杠杆 7 在扭转弹簧作用下使中间压盘 2 后移至飞轮与后压盘 8 的正中位置，从而保证两从动盘 4、5 有同样的轴向游动间隙。

压紧杠杆 17 采用沿压盘内圆切线方向布置，其内臂比外臂长得多，可能获得较大的杠杆比。中央压紧弹簧 14 的压紧力是通过压紧杠杆 17 放大后作用在后压盘 8 上的，这样便可以用较软的弹簧获得较大的压紧力，分离离合器时只需较小的操纵力。

2.2.5 湿式离合器

湿式离合器如图 2-14 所示，采用变速器油（ATF）冷却，通过油压控制离合器摩擦片的分离与结合，其优点是使用寿命长、动力传递平稳、故障较少。现在装车使用的无级变速器、AT 变速器、DSG 湿式双离合变速器都是采用湿式离合器。湿式离合器由液压缸、钢片、摩擦片、回位弹簧、电磁阀等组成。结合时，通过电脑控制电磁阀改变液流方向，控制液压缸工作，再通过液压缸的作用压紧多个钢片和摩擦片使离合器结合，回油后则在弹簧力的作用下使钢片和摩擦片分离。

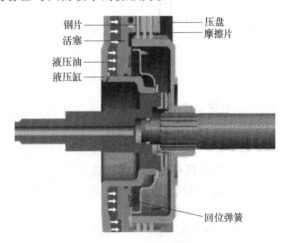

图 2-14 湿式离合器

2.3 离合器的操纵机构

离合器的操纵机构是驾驶人借以既使离合器分离又使之柔和接合的一套机构，它起始于离合器踏板，终止于分离杠杆。

按照分离离合器时所需操纵能源的不同，离合器操纵机构分为人力式和助力式的。人力式又可以分为机械式和液压式；助力式的又可以分为气压助力式和弹簧助力式。人力式操纵机构是以驾驶人作用在踏板上的力作为唯一的操纵能源。助力式操纵机构除了驾驶人的力，还以其他形式的能源作为操纵能源。

本节主要介绍在轿车中应用较多的机械式操纵机构、液压式操纵机构和弹簧助力式操纵机构，其中液压式操纵机构应用最多。

2.3.1 机械式操纵机构

机械式操纵机构有杆系传动和绳索传动两种形式。杆系传动机构如图2-15所示，其结构简单，工作可靠，广泛应用于各型汽车上。如东风EQ1090E型汽车离合器即为杆系传动机构。但杆系传动中杆件间铰接多，摩擦损失大，车架或车身变形以及发动机位移时都会影响其正常工作。

绳索传动机构如图2-16所示，它可消除杆系传动机构的一些缺点，并能采用便于驾驶人操纵的吊挂式踏板。但绳索寿命较短，拉伸刚度较小，故只适用于轻型、微型汽车和轿车。桑塔纳2000GLS、捷达轿车离合器的操纵机构中就采用了绳索传动机构。

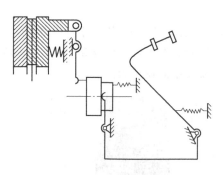

图2-15 杆系传动机构

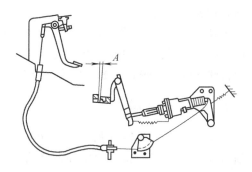

图2-16 绳索传动机构

2.3.2 液压式操纵机构

液压式操纵机构利用液体传递操纵力矩，具有摩擦阻力小、重量轻、操纵轻便、接合柔和、布置方便、不受车身车架变形的影响等优点，采用吊挂式踏板，提高了车身内的密封性，因此，应用日益广泛。

桑塔纳2000GSi型轿车、奥迪系列轿车的操纵机构均采用液压式操纵机构。其中桑塔纳2000GSi型轿车液压操纵机构如图2-3所示，主要由踏板8、主缸9、储液罐4、工作缸3、分离板2、分离轴承11、助力弹簧6及管路系统所组成。

1. 主缸

如图2-17所示，由壳体2、活塞（未标）、推杆11、回位弹簧（未标）、皮碗5等组成，主缸上部是储液室。主缸借助补偿孔A、进油孔B通过软管与制动系统储液罐相通。活塞为铝质结构，中部轻细，为十字形断面，活塞空隙部分与工作缸之间的内腔形成环形油室，活塞两端装有密封圈和皮碗5，活塞中部装有单向阀，经小孔与活塞右方主缸内腔相通。

当踏板未踩下时，活塞被推向最右端，使皮碗位于补偿孔A与进油孔B之间，两孔均开放。通过转动推杆头可改变活塞与补偿孔的距离（即调整主缸活塞的自由行程）。

2. 工作缸

如图2-18所示，工作缸由活塞2、皮碗4、油管接头3、推杆7等组成。推杆除带动离合器分离叉运动外，还可调整离合器膜片弹簧分离指端与分离轴承的间隙。缸体还设有放气螺塞,当管路有空气存在而影响操纵时,可拧出放气螺塞,进行放气。

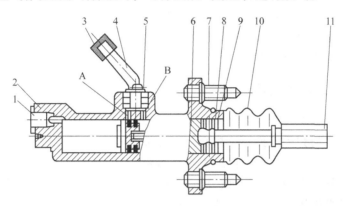

图 2-17 离合器主缸
1—保护塞 2—壳体 3—保护套 4—管接头 5—皮碗 6—阀芯 7—固定螺栓
8—卡簧 9—挡圈 10—防尘罩 11—推杆 A—补偿孔 B—进油孔

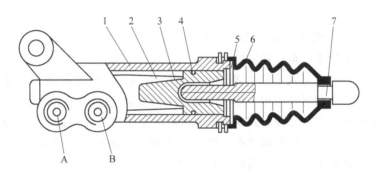

图 2-18 离合器工作缸
1—壳体 2—活塞 3—油管接头 4—皮碗 5—挡圈 6—保护套 7—推杆

如图 2-3 所示,当踏下离合器踏板 8 时,通过推杆带动主缸 9 内的活塞左移,单向阀关闭,皮碗关闭补偿孔 A,密封容积减小,主缸和管路中的油压升高。在油压作用下,工作缸中的活塞被推向左移,工作缸推杆头部直接推动分离板 2 的一端,使其绕支点(分离板座)摆动,从而推动分离轴承 11 向左移动,压向膜片弹簧的分离指端,从而达到分离离合器的目的。

当缓慢释放踏板时,作用在踏板上力的逐渐减少,油压下降,在回位弹簧作用下,膜片弹簧、工作缸和主缸内的活塞逐渐回位,离合器逐渐接合。当压盘与从动盘接合后迅速放松踏板时,由于油液有黏性,产生流动阻力,油液流动慢,工作缸活塞回位速度小于主缸活塞回位速度,在主缸活塞左腔形成一定的真空,低于储液室液体压力,在压力差的作用下,单向阀开启,工作液经进油口、环形油室、单向阀进入主缸左腔,补偿真空,主缸活塞迅速回位。而此时工作缸活塞继续右移,多余的油液经补偿孔 A 回到与制动系统共用的储液罐内。

为了操作轻便,该操纵机构还装有助力器。如图 2-3 所示,当驾驶人踏下踏板 8 时,销轴 7 围绕踏板轴转动,当销轴 7 与踏板助力弹簧及销轴 6、离合器踏板轴在同一直线上时,转动力矩为零,踏板助力器不起作用;而当助力弹簧及销轴 6 位于该直线上方时,踏板助力器内的助力弹簧推动踏板绕踏板轴顺时针转动,给踏板一个附加作用力矩,与驾驶人作用在踏板上的力矩方向一致,减轻驾驶人对踏板的操纵力;反之,当助力弹簧及销轴6位于该直线下方时,踏板助力器内的助力弹簧又推动踏板绕踏板轴逆时针转动,促进踏板迅速自动回位。

2.3.3 弹簧助力式操纵机构

在离合器分离过程中,需要克服压盘弹簧或膜片弹簧、各回位弹簧的弹力,推动分离套筒、分离轴承、压盘、从动盘运动,增大了作用于离合器踏板上的力,增加了驾驶人的劳动强度,因此,在一些车型的离合器操纵机构中采用弹簧助力式操纵机构,减轻驾驶人的劳动强度。

如图2-19所示,将助力弹簧5的两端分别挂在固定于支架和三角板上的两支承销上,三角板3绕其轴销转动。

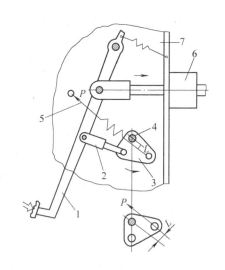

图2-19 离合器操纵机构弹簧助力装置示意图
1—离合器踏板 2—长度可调推杆 3—可转三角板
4—销轴 5—助力弹簧 6—主缸 7—支架板

当离合器踏板完全放松,离合器处于接合位置时,助力弹簧的轴线位于三角板销轴的下方。

当踩下踏板时,通过可调推杆2推动三角板绕其轴销逆时针转动。这时,助力弹簧伸长,其拉力对轴销产生顺时针力矩,阻碍踏板和三角板运动逆时针转动,随着离合器踏板下移,弹簧反力矩减小。当三角板转到使弹簧轴线通过轴销中心时,弹簧反力矩为零。踏板继续下移,助力弹簧拉力对三角板轴销产生逆时针力矩,与踏板力对踏板轴的力矩方向一致,起到助力作用。在踏板处于最低位置时,这一助力作用达到最大。

在踏板的前一段行程中,要消除自由间隙,离合器压紧弹簧的压缩力还不大,加上助力弹簧助力后的总阻力在允许范围内。在踏板后段行程中,压紧弹簧的压缩量和相应的作用力继续增大到最大值。在离合器彻底分离以后,为了变速器换档或制动,踏板需要在最低位置保持一段时间,容易导致驾驶人疲劳,最需要助力作用,助力弹簧起到助力作用。

2.3.4 气压助力液压操纵机构

在中、重型汽车上,为了既减少踏板力,又不致因传动装置的传动比过大而加大踏板行程,一般采用了气压助力液压操纵机构(图2-20)。将发动机带动的空气压缩机作为主要的操纵能源,驾驶人的肌体作为辅助的和后备的操纵能源。驾驶人能随时感知并控制离合器分离和接合程度(依靠气压助力装置的输出压力必须与踏板力和踏板行程成一定的递增函数关系)。当气压助力系统失效时,保证仍能人力操纵离合器。

2.4 自动离合器

随着电子技术在汽车上应用,自动离合器系统也进入了汽车领域,它是以手动档车型为基础,根据自动档车的特点开发的一种离合器控制系统。这种由控制单元(ECU)控制的离合器已经应用在一些轿车上,使手动变速器换档的一个重要步骤——离合器的断开与接合能

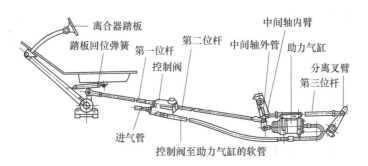

图 2-20 气压助力机构

够自动地适时完成，简化了驾驶人的操纵动作。

传统离合器分有机械式和液压式两种，自动离合器也分为机械电动机式和液压式两种。机械电动机式自动离合器的 ECU 汇集加速踏板、发动机转速传感器、车速传感器等信号，经处理后发送指令驱动伺服电动机，通过拉杆等机械形式驱使离合器动作；液压式自动离合器则是由 ECU 发送信号驱动电动液压系统，通过液压操纵离合器动作。

液压式自动离合器工作原理如图 2-21 所示。

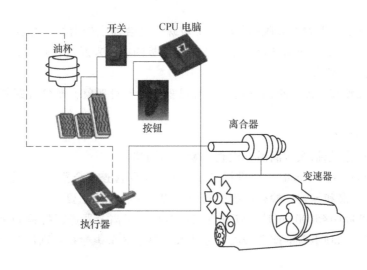

图 2-21 液压式自动离合器工作原理图

液压式自动离合器在目前通用的膜片离合器的基础上增加了电子控制单元(ECU)和液压执行系统，将踏板操纵离合器液压缸活塞改为由开关装置控制电动泵去操纵离合器液压缸活塞。变速器控制单元(ECU)与发动机控制单元是集成在一起的，根据加速踏板、变速器档位、变速器输入/输出轴转速、发动机转速、节气门开度等传感器反馈信息，计算出离合器最佳的接合时间与速度。

自动离合器的加速踏板由电动泵、电磁阀和离合器液压缸组成，当 ECU 发出指令驱动电动泵，电动泵产生的高压油液通过电磁阀输送到离合器液压缸。通过 ECU 控制电磁阀的电流量来控制油液流量和油液的通道变换，实现离合器液压缸活塞的移动，从而完成汽车起动、换档时的离合器动作。

具有自动离合器装置的汽车与自动变速器(AT)和无级变速器(CVT)汽车相比,在运行经济性方面有优势,它的变速器还是手动变速器,因此耗油量比较低,制造成本也低于AT和CVT。

2.5 离合器维修

2.5.1 离合器的维护与检修

1. 正确使用离合器

1)汽车起步和换档时,应遵守一快二慢三快的离合器踏板操作办法,力求接合平稳。防止冲击载荷损坏压盘、摩擦片及传动系统部件。

2)尽量减少离合器使用次数。汽车行驶中,离合器分离和接合一次,都要产生大量的热,过多地使用离合器,会使其温度过高,引起摩擦片急剧磨损或开裂。因此,尽量减少离合器分离和接合次数、半联动次数。

3)在紧急制动或接近停车时,踩下离合器,让汽车滑行减速,以减轻发动机与传动系统的冲击。

4)为保证安全,严禁上坡脱档行驶、下坡踩下离合器空档滑行、挂档猛抬离合器踏板起动发动机;严禁用猛踩加速踏板,猛抬离合器踏板的方法来通过软路面、泥泞路段和冰雪路面等驱动车轮打滑路段。

5)当汽车在泥泞、冰雪路面行驶时,出现驱动轮打滑现象,严禁猛踩加速踏板、猛抬离合器踏板。

2. 离合器的维护

离合器维护主要包括及时润滑、检查、紧固与调整。

汽车行驶6000~8000km时,应进行二级维护,主要检查离合器、分离轴承的工作情况,有无过度磨损、卡滞和异响,检查踏板的自由行程是否符合使用要求。

汽车行驶35000~45000km时,应进行三级维护,对离合器进行拆检和调整,对分离轴承座与变速器第一轴轴承盖的配合表面、分离叉球窝、球头螺栓接合面涂2号锂基润滑脂进行润滑。

对所拆检主缸或工作缸,应用酒精清洗干净,并用压缩空气吹干;活塞、皮碗、皮圈应更换新件,并在其表面涂清洁的制动液;按技术要求进行装配;绝不能使用汽油、煤油之类的矿物油,以免腐蚀液压系统的橡胶件;装配时,从动盘有"飞轮侧"标记的一面应朝向飞轮安装;按规定力矩交叉进行、分几次拧紧飞轮壳与发动机后端面、离合器盖与飞轮的紧固螺栓。

3. 离合器的检修(以桑塔纳轿车为例)

(1)压盘平面度的检查 压盘的常见损伤为工作面磨损、擦伤、龟裂或翘曲等。将直尺放平在压盘上,用塞尺测量,当平面度大于0.20mm、工作面起槽、龟裂时,应进行磨削或更换。

(2)膜片弹簧的检查 离合器膜片弹簧在使用中易出现变形、折断和性能减弱,影响动力传递。当其弯曲时应校正,折断时应更换。如图2-22所示,膜片弹簧高度若发生变化,表示弹力不足，必须更换。可用游标卡尺测量膜片弹簧的高度，与标准高度相差不应大于 0.5mm。膜片弹簧小端与分离轴承接合处磨损的痕迹，深度不大于 0.60mm。其小端应在同一平面内，弯曲变形不超过 0.50mm，否则，用专用工具进行校正。压紧弹簧自由长度应不比标准短 3mm，压缩至规定长度的弹力应不低于原来的 20%～25%，否则应进行更换或加垫。

（3）从动盘的检查 从动盘的常见损伤为摩擦衬片开裂、烧焦、硬化、有油污；摩擦衬片磨损变薄或铆钉外露、松动；从动盘翘曲；从动盘花键槽磨损；扭转减振器弹簧折断等。

1）离合器从动盘径向圆跳动的检查。如图 2-23 所示，在车床上，利用百分表在距从动盘边缘 2.5mm 处检查，离合器从动盘径向圆跳动小于 0.40mm，否则应更换。

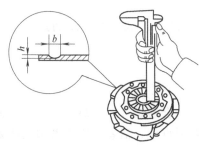

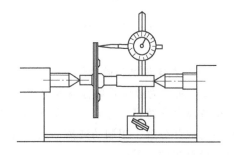

图 2-22 膜片弹簧内端磨损的检查　　　　　　　图 2-23 从动盘的检查

2）摩擦片磨损程度的检查。如图 2-24 所示，利用深度游标卡尺检查摩擦片表面铆钉头深度，小于 0.20mm，应更换；摩擦衬片损伤或扭转减振器弹簧折断应进行更换。

2.5.2 离合器操纵机构的检修与调整

1. 机械绳索式操纵机构的检修

1）检查绳索磨损情况，有必要时应更换。

2）检查分离叉轴两端衬套和分离轴承磨损情况并润滑，有必要时应进行更换。

3）按图 2-25 所示，安装分离轴承导向座回位弹簧。

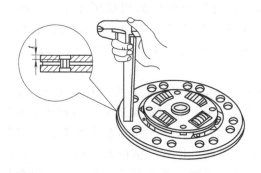

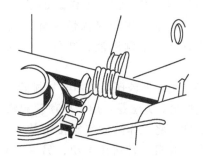

图 2-24 摩擦片磨损程度检查　　　　　　　图 2-25 回位弹簧的安装位置

4）按图 2-26 所示，安装橡胶防尘套，将其推入分离叉轴，使挡圈顶压至尺寸 A 为 18mm 为止。

5）按图2-27所示，安装绳索式离合器驱动臂，安装绳索，并调整踏板自由行程 A 为 15～25mm。用润滑脂润滑绳索连接两端。

图2-26　安装橡胶防尘套

图2-27　离合器驱动臂的安装

2. 液压式操纵机构的检修

图2-3所示为液压式离合器操纵机构。

检查离合器总泵、分泵、液压管路是否漏油。踏下离合器踏板，若离合器分离不彻底，可拆下总成并分解，用制动液清洁后装复，再试用；若因皮碗、活塞、管路磨损造成漏油，则应更换总成件或零件。

（1）离合器主缸的拆卸与分解

1）拆卸。先取下踏板与主缸推杆的连接销，再拆主缸进出油管接头，拧下主缸固定螺栓，取下主缸。

2）分解。排净主缸制动液，取下防尘罩，用卡环钳拆下卡环，取推杆、压盖和活塞。

（2）离合器工作缸的拆卸与分解

1）拆卸。先拆工作缸进油管接头，拧下工作缸固定螺栓，取下工作主缸。

2）分解。拉出推杆，取下防尘罩，用压缩空气吹出工作缸活塞。

（3）主缸、工作缸的检修　当缸筒内壁磨损超过0.125mm，活塞与缸筒间隙超过0.20mm，皮碗老化，回位弹簧失效时，更换相应零件。

（4）离合器主缸、工作缸的装配　装配顺序按拆装与分解的相反顺序进行。应注意：在装配前，用非腐蚀性液体清洗零件，用压缩空气吹干，在活塞、皮碗、缸套等零件表面涂一层制动液，装好后，推杆在缸筒内运动灵活，在工作缸推杆末端涂上润滑脂。

（5）离合器液压系统中空气排除　液压系统检修后，或者怀疑系统中有空气时，要进行空气排除。方法是：用千斤顶顶起汽车，并用支架支住；将主缸储液罐中的制动液加至规定高度；将工作缸放气阀接上软管，下面放置盛油容器；一人在驾驶室慢踩离合器踏板数次，有阻力时踏住不动，另一人拧松工作缸放气阀，让有气泡的制动液流出，再拧紧放气阀；重复上述动作几次，直到流出的制动液无气泡，再拧紧放气阀。再次检查和调整踏板自由行程。

3. 离合器踏板自由行程的调整

离合器在使用、保养与维护中，必须进行调整，常见车型调整数据见表2-1。

表 2-1 常见车型离合器踏板自由行程、分离轴承与分离杠杆间隙

车 型	踏板自由行程/mm	分离轴承与分离杠杆间隙/mm
解放 CA1091	25~35	2.7~3.8
东风 EQ1092	30~40	3~4
桑塔纳 2000	15~25	2.5

（1）踏板自由行程的调整 将有刻度的直尺支在驾驶室地板上，首先测出踏板完全放松时的高度，再测出踩下踏板感到有阻力时的高度，两者之差即为离合器踏板自由行程。自由行程过大，离合器不能完全分离；反之，离合器接合不彻底，容易打滑。

1）机械杆件式踏板自由行程的调整。以东风 EQ1092 为例，其自由行程应为 30~40mm，如图 2-1 所示，通过调节拉杆调节叉 14 上的调整螺母来改变踏板自由行程，旋进自由行程减小，旋出踏板自由行程增大。用止动螺母锁紧。

2）机械绳索式踏板自由行程的调整。以桑塔纳 2000 型轿车为例，如图 2-27 所示，通过转动箭头所指的螺母来调整离合器踏板自由行程。

（2）液压式操纵机构的调整 液压式离合器踏板的自由行程由主缸活塞与推杆之间间隙和分离杠杆内端面与分离轴承之间的间隙之和来保证。不同结构调整方法也不同。以桑塔纳时代超人为例（图 2-3），通过转动主缸、工作缸推杆接头来改变推杆长度，即改变活塞与补偿孔的距离（反映到踏板上的自由行程为 3~6mm）和分离轴承 11 与膜片分离指端的间隙（标准值为 2.5mm）。最后，反映到踏板上的总自由行程为 15~25mm。若两间隙调整合适，但踏板行程不足，则可能是液压操纵系统中渗有空气，应及时将油管中的空气排除。

（3）离合器分离杠杆高度的调整 有分离杠杆的摩擦片式离合器，应先调节分离杠杆，以保证分离杠杆内端面处于与变速器第一轴中心线相垂直的同一平面，外端面到压盘工作面之间的距离应符合要求，如图 2-9 所示为东风 EQ1090E 型汽车离合器，通过旋转分离杠杆调整螺母 23 来改变分离杠杆 25 的高度。调整螺母旋入，分离杠杆抬高；反之则降低。标准高度为 35.4mm（新结构为 32.4mm），且各杆高度差不超过 0.20mm。

2.6 离合器常见故障诊断与排除

2.6.1 离合器打滑

1. 故障现象

1）当汽车起步时，完全放松离合器踏板，发动机动力不能完全传至变速器第一轴，汽车不能起步或起步困难。

2）汽车行驶中加速时，车速不能随发动机转速的提高而加快，造成行驶无力。

3）当满载上坡时，打滑较明显，严重时，摩擦衬片过热，产生焦臭味。

2. 故障原因

1）离合器踏板自由行程太小或没有自由行程，分离轴承经常压在膜片弹簧上，使压盘处于半分离状态。

2）压盘弹簧过软或折断，膜片弹簧弹力下降。

3) 摩擦片磨损过甚变薄、表面硬化、沾有油污或多铆钉外露。

4) 离合器与飞轮连接螺栓松动。

5) 分离杠杆调整不当。

3. 故障的判断与排除

1) 起动发动机，拉紧驻车制动，挂上低速档，缓慢放松离合器踏板并徐徐踩下加速踏板，若车身不动，但发动机继续转动而不熄火，说明离合器打滑。

2) 检查离合器踏板的自由行程，若无自由行程，但能完全抬起，则可调整分离叉拉杆长度，若无效，应检查分离杠杆是否调整过高。

3) 若自由行程正常，可检查分离轴承与套筒有无卡滞现象及离合器盖的固定螺栓是否松动等。若上述均良好，可检查摩擦片是否有油污，若有，可拆下，用汽油清洗并烘干，检查摩擦片是否磨损过薄、硬化或多数铆钉外露，若有，则应更换，仅个别铆钉外露，可加深铆钉孔重新铆合。

4) 分解离合器，检查弹簧（或膜片）弹力，若弹力稍小，可加垫圈继续使用，若弹簧过小或折断，应予更换。

5) 调整分离杠杆高度。在车上调整时，一人在车上缓踏离合器踏板，一人在车下观察分离杠杆端部与分离轴承的接触情况，并对分离杠杆端部与分离轴承的间隙进行调整。

2.6.2 离合器分离不彻底

1. 故障现象

1) 汽车起步时，将离合器踏板踩到底，挂档困难；勉强挂上档，不抬离合器踏板，汽车前移，有时还会造成发动机熄火。

2) 变速时，踩下离合器踏板，换档仍困难，并伴有变速器齿轮撞击声。

2. 故障原因

1) 离合器踏板自由行程过大，踩下踏板，仍然分离不彻底。

2) 摩擦片翘曲、铆钉松动、新更换的摩擦衬片过厚或旧的摩擦衬片破碎。

3) 膜片弹簧分离指端或分离杠杆内端不在同一平面上，个别分离杠杆或调整螺钉折断。

4) 从动盘毂花键槽与变速器第一轴花键齿磨损过甚、锈蚀发卡，影响从动盘的移动。

5) 双片或摩擦片中间主动盘限位螺钉调整不当，分离弹簧过软或折断。

6) 从动盘正反面装反。

7) 离合器液压操纵机构中油管内有空气。

3. 故障的判断与排除

1) 检查并调整离合器踏板的自由行程。

2) 液压式操纵机构，应检查系统是否漏油，检查总泵、分泵工作行程及推杆工作行程，并为系统放气。

3) 检查分离杠杆是否在同一平面内，支承螺栓是否松动，必要时进行调整或拧紧。新换摩擦片过厚，可在离合器盖与飞轮间适当增加垫片进行调整。

4) 若上述检查仍无效，则应将离合器拆下分解，检查各总成部件的技术状况，必要时进行修理或换件；若从动盘装反，应重新组装。

2.6.3 离合器发响

1. 故障现象

使用时,离合器发出不正常响声。一种是在踩下踏板时发响,另一种是在抬起踏板时发响。

2. 故障原因

1)分离轴承缺油、磨损松旷、滚子破损而发出噪声。
2)离合器踏板回位弹簧、分离轴承回位弹簧过软、折断或脱落。
3)离合器踏板无自由行程。
4)分离杠杆弹簧折断或浮动销孔磨损松旷。
5)从动盘钢片铆钉松动、扭转减振器弹簧折断。
6)从动盘毂花键槽与变速器第一轴花键齿磨损过甚。

3. 故障的判断与排除

1)检查操纵机构是否正常,若发动机空档位置一起动就有响声,踩下离合器踏板时响声消失,若放松踏板时,踏板不能彻底回位,则表明踏板回位弹簧过软,应更换;若踏板回位正常,则表示分离套筒回位弹簧折断或脱离,应更换。

2)少量踩下离合器踏板,使分离杠杆与分离轴承接触,有"沙沙"声,为分离轴承响,发动机加油后仍响,为轴承松旷或损坏,若磨损过大或损坏,更换新件。

3)踩下、放松离合器踏板时,出现间断的碰击声,为分离轴承前后滑动响,检查分离轴承复位弹簧,若失效,应更换。

4)若摩擦片磨损过甚或扭转减振器弹簧折断,则应更换。

5)连踩踏板,在离合器刚接触或分开时响,应检查分离杠杆、支架销、孔的磨损情况,是否有松旷、铆钉松动、摩擦片铆钉外露情况,若有,则更换。

2.6.4 起步时离合器发抖

1. 故障现象

汽车起步时,缓抬离合器踏板,离合器接合不平稳,车身发生抖动,不能平稳起步。

2. 故障原因

1)分离杠杆调整不当,各外端高度不一致,不在同一平面内。
2)压盘或从动盘翘曲不平、磨损出槽,从动盘铆钉松动。
3)摩擦衬片破裂变形、有油污或铆钉外露。
4)压紧弹簧弹力不均。
5)离合器与飞轮固定螺钉松动。

3. 故障的判断与排除

1)发动机怠速运转,挂低速档,缓抬离合器踏板,加速,起步,车身抖动,为离合器发抖。

2)检查变速器与飞轮壳、离合器盖与飞轮固定螺钉是否松动。

3)分离杠杆外端高度是否在同一平面内,必要时进行调整。

4)分解离合器,检查从动盘摩擦衬片及压盘是否翘曲、起槽;花键毂与第一轴花键是否锈蚀、积污，若有应予以排除。

本 章 小 结

1. 本章重点学习了离合器的功能、组成和工作原理，具体介绍了周布弹簧离合器、膜片弹簧离合器的具体结构和典型特点。

2. 离合器位于变速器与发动机之间，在发动机飞轮与变速器输入轴之间提供机械连接。离合器从动盘接收来自发动机飞轮和压盘的驱动运动，并将该运动传递到变速器输入轴。

3. 压盘的作用是将离合器从动盘挤压在飞轮上。压盘有两种结构形式。

4. 在离合器分离与接合的过程中，分离轴承平顺移动压盘分离杠杆或膜片弹簧。

5. 离合器操纵机构有机械式和液压式两种，机械式又可分为杆式和绳索式，绳索式应用比较广泛。液压式操纵机构具有阻力小、质量小、布置方便、接合柔和的特点，且具有增力作用。

6. 离合器调整主要包括踏板自由行程调整、分离杠杆高度调整、主缸活塞与推杆间隙调整。

7. 离合器维护、检修方法。

8. 离合器常见故障诊断与排除方法。

复习思考题

1. 传动系统中为什么要装离合器？
2. 简述摩擦式离合器的工作原理。
3. 周向布置螺旋弹簧式离合器由哪些部分组成？
4. 膜片弹簧做压紧弹簧有哪些优点？
5. 叙述液压式操纵机构的调整方法。
6. 助力式离合器的操纵机构有哪些类型？
7. 简述桑塔纳 LX 型轿车离合器膜片弹簧的检修。
8. 桑塔纳 LX 轿车离合器检修时的注意事项有哪些？
9. 简述离合器自由行程的调整方法。
10. 怎样正确使用离合器？

实训项目　离合器及操纵机构的拆装

1. 实训目的与要求
1) 掌握离合器及其操纵机构的拆装方法。
2) 掌握离合器主要零部件的名称、作用。
3) 熟悉离合器各主要零部件的相互装配关系和技术要求。
2. 实训设备及工、量具
1) 轿车(可选用普通桑塔纳、捷达、神龙富康或进口轿车)单片离合器、货车单片离合器、CA1090型汽车膜片弹簧式离合器或双片离合器数台。确保每4~6人有1台。
2) 常用汽车维修工具若干套。
3) 专用离合器夹具、工作台若干套。
3. 学时及分组人数
2学时，每组以一种离合器为重点拆装，然后轮换进行。分组根据实习人数确定。
4. 实训步骤及操作方法
本实训以桑塔纳轿车离合器及操纵机构的拆装为例，其他各车型的拆装可参考相关资料。桑塔纳轿车离合器及操纵机构如图2-28、图2-29所示。

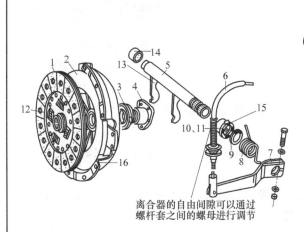
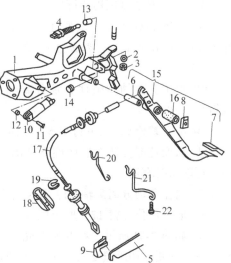

图2-28　桑塔纳轿车离合器总成
1—离合器从动盘　2—离合器压盘总成
3—分离轴承　4—分离套筒　5—分离叉轴
6—离合器拉索　7—分离杠杆　8—回位弹簧
9—卡簧　10—防尘套　11—轴承衬套
12—扭转减振弹簧　13—分离叉
14—黄铜衬套　15—轴承套及密封件
16—离合器盖

图2-29　桑塔纳轿车离合器操纵机构总成
1—安装支架　2—垫圈　3—螺母　4—制动灯开关
5—分离杠杆　6—内隔套　7—踏板垫　8—卡夹
9—护套　10—离合器助力器　11—销钉
12、19—开口挡圈　13—锁圈　14—缓冲块
15—离合器踏板组件　16—外隔套
17—离合器拉索　18—挡管
20、21—线夹　22—螺钉

(1) 离合器及操纵机构的拆卸

1) 离合器踏板总成的拆卸。

① 摘下回位弹簧，松开分离杠杆 5 及离合器踏板组件 15 的相关联接件，取下离合器拉索 17，如图 2-29 所示。

② 有离合器助力器时，应先用钳子拆下开口挡圈，冲出销钉，拆下离合器助力器。然后再摘下卡夹 8，取下离合器踏板组件 15 和内隔套 6、外隔套 16。

2) 离合器总成的拆卸与分解。

① 在离合器盖及飞轮上作装配记号。

② 从发动机飞轮上拆下离合器。

如图 2-30 所示，将芯棒 1 经离合器从动盘插入曲轴后端的滚针轴承空内。用对角线交叉法分几次旋下螺栓 2，取下离合器盖及压板总成 3，再取下离合器从动盘。

③ 在离合器盖、压板、膜片弹簧之间作装配记号。

④ 用专用工具压紧，拆下膜片弹簧装配螺栓，将膜片弹簧、压盘及离合器盖分解。

3) 离合器分离机构的拆卸。

① 如图 2-31 所示，从变速器壳上旋下螺母 16，取出螺栓 14、垫圈 15，拆下分离杠杆 13。

② 取下分离轴承组件 5 及分离轴承固定簧 7。

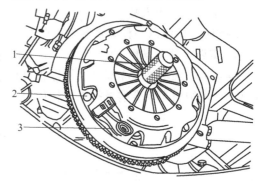

图 2-30 离合器总成的拆卸
1—芯棒　2—螺栓　3—离合器盖及压板总成

③ 旋下螺栓 9，取下衬垫 6、导向套 8。

④ 从变速器壳体 3 后面旋下分离叉轴定位螺栓 19，用尖钳子取出垫圈 18 和防尘套 20，再取出衬套座 11。

⑤ 向左移动分离叉轴 10，移动衬套 12，留出间隙，再向右取出分离叉轴 10。

⑥ 取下回位弹簧 17，取出限位套 22。

⑦ 如图 2-32 所示，在变速器壳 1 前端，将内拉头 A（尺寸为 18.5～23.5mm）与分离叉轴衬套旋紧，用工具 2 拉出分离叉轴衬套。

⑧ 如图 2-33 所示，把拉具 1 放在分离套筒 2 上夹紧，旋转拉具手柄将分离轴承 3 拉下。

(2) 离合器及操纵机构的安装

1) 离合器总成的安装。

① 如图 2-34 所示，减振弹簧 4 突出的一面朝外，用定位芯棒 2 定位，将从动盘 3 装在发动机飞轮上。应确保从动盘 3 在装入变速器输入轴时能可靠对中。

② 将离合器盖及压盘总成 5 装在飞轮上，用扭力扳手 6 按(1)～(6)的顺序拧紧螺栓，拧紧力矩为 25N·m。

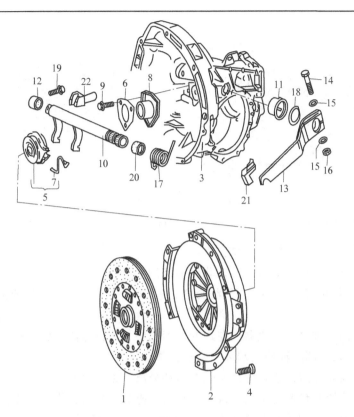

图 2-31 离合器分离机构的拆卸

1—离合器从动盘 2—离合器压盘组件 3—变速器壳体
4、9、14、19—螺栓 5—分离轴承组件 6—衬垫 7—分离轴承
固定簧 8—分离轴承导向套 10—分离叉轴 11—衬套座 12—衬套
13—离合器分离杠杆 15、18—垫圈 16—螺母 17—回位弹簧 20—防尘套
21—护套 22—限位套

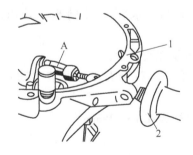

图 2-32 分离叉轴衬套的取出
1—变速器壳 2—拉出工具
A—内拉头

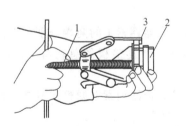

图 2-33 分离轴承的拆卸
1—分离轴承拉具 2—分离套筒
3—分离轴承

2) 离合器内操纵机构的安装。

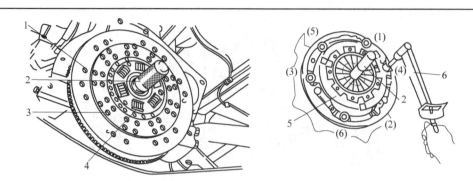

图 2-34 离合器总成的安装
1—飞轮 2—定位芯棒 3—从动盘 4—减振弹簧 5—压盘总成 6—扭力扳手

① 用压具将分离轴承压入分离套筒中。
② 在分离套筒上涂上适量的二硫化钼锂基润滑脂。
③ 用工具将分离叉轴衬套压入变速器壳上,另一衬套压在分离叉轴的衬套座中。
④ 先将分离叉轴穿入变速器壳左边的衬套孔中,再将分离叉轴右端装入变速器壳右边的衬套孔中。在分离叉轴的左端装上复位弹簧。
⑤ 在变速器壳左边,装入分离叉轴衬套和分离叉轴衬套座。
⑥ 在衬垫及导向套表面涂上密封胶,装到变速器壳前面,旋紧螺栓,力矩15N·m。
⑦ 拧紧变速器壳的后面定位螺栓,力矩15N·m,锁住分离叉轴。分离叉轴应能灵活转动,不能左右移动。
⑧ 用尖嘴钳将回位弹簧的一端卡在分离叉上。
⑨ 在分离叉轴的左端装上18mm长的防尘套,再装上挡圈。
⑩ 装上驱动臂。在回位弹簧起作用时,驱动臂与钢索固定螺母架的距离应保持200mm,然后按25N·m力矩,旋紧螺栓。

3)离合器外操纵机构的安装与调整。
① 如图 2-35 所示,在离合器踏板 6 上更换新衬套,装离合器踏板,并用卡夹固定。
② 将离合器钢索 1 的两端分别装在离合器踏板 6 和驱动臂 3 上。
③ 调试离合器踏板的总行程 A,应为 150mm 左右,不符合要求,调节驱动臂 3 的位置。
④ 调节离合器钢索上调整螺母 2,确保离合器自由行程在 15~25mm。

5. 实习报告
1)离合器及操纵机构如何拆装?有哪些技术要求?
2)对照实物、绘简图说明离合器主要零部件名称、作用。
3)单片离合器或双片离合器如何进行调整?
4)液压操纵式离合器踏板自由行程如何进行调整?

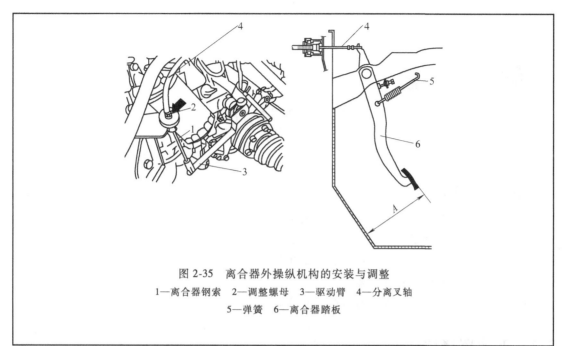

图 2-35 离合器外操纵机构的安装与调整
1—离合器钢索 2—调整螺母 3—驱动臂 4—分离叉轴
5—弹簧 6—离合器踏板

第 3 章 手动变速器

学习目标：

- 对照图和实物画出手动变速器结构简图。
- 对照简图和实物说出手动变速器各档动力传动路线。
- 对照图和实物说明同步器的结构和工作原理。
- 正确拆装、检修手动变速器。
- 对手动变速器常见故障进行诊断和排除。

3.1 变速器概述

3.1.1 变速器的功用

汽车上使用的发动机具有转速高、转矩小的特点，而汽车的实际行驶条件是非常复杂的；另外，发动机只能顺时针转动（从前往后看），而汽车在实际行驶过程中常常需要倒向行驶。因此，需要在汽车的传动系统设置变速器，其具体功用如下。

（1）改变传动比　扩大发动机转速和转矩的变化范围，以满足不同工况的要求。一般来说，主要是通过变速器进行降速增加发动机的转矩，保证汽车足够的牵引力，并降低发动机转速使得汽车具有适当的车速。同时通过不同的传动比（档位）使汽车适应不同的行驶条件。

（2）使汽车能够倒向行驶　利用变速器的倒档可以保证在发动机旋转方向不变的情况下实现车辆的倒向行驶。

（3）中断发动机的动力传动　在某些情况下需要中断发动机的动力传动，变速器可以通过空档来实现这一功用。例如，在发动机的起动和怠速运转时、汽车暂时停车和滑行时都需要中断发动机的动力传动。

3.1.2 变速器的分类

现代汽车上所采用的变速器有多种结构形式，一般可以按照传动比和操纵方式进行分类。

1. 按传动比的变化方式分

变速器按传动比的级数可分为有级式、无级式和综合式三种。

（1）有级式变速器　有级式变速器采用齿轮传动，具有若干个定值传动比。轿车和轻、中型货车变速器多采用3～5个前进档和一个倒档,每个档位对应一个传动比。重型汽车行驶的路况复杂,变速器的档位较多,可有8～20个档位。

齿轮式变速器具有结构简单、易于制造、工作可靠、传动效率高等优点。

这种齿轮式的有级变速器按照结构不同又可以分为二轴式和三轴式。二轴式变速器广泛用于发动机前置前轮驱动的轿车,而三轴式变速器可应用于其他各类型车辆。

(2) 无级式变速器 无级式变速器英文缩写为CVT,它的传动比的变化是连续的。目前的无级变速器一般都是采用金属带传动动力,通过主、从动带轮直径的变化实现无级变速。这种变速器在中、高级轿车的应用越来越多。

(3) 综合式变速器 综合式变速器是由液力变矩器和有级齿轮式变速器组成的,一般都是由计算机来自动实现换档,所以多把这种变速器称为自动变速器。这种变速器的传动比可在最大值与最小值之间的几个间断的范围内作无级变化,目前应用较多。

2. 按变速器操纵方式分

按变速器操纵方式可分为手动变速器、自动变速器和手动自动一体变速器三种。

(1) 手动变速器 手动变速器的英文缩写为MT,即Manual Transmission的缩写。通过驾驶人用手操纵变速杆来选定档位,并直接操纵变速器的换档机构进行档位变换。齿轮式有级变速器大多数都采用这种换档方式。

(2) 自动变速器 自动变速器的英文缩写为AT,即Automatic Transmission的缩写。这种变速器的自动控制系统根据发动机的负荷和车速的变化情况自动地选定档位,并进行档位变换,即自动地改变传动比。驾驶人只需要操纵加速踏板控制车速。

(3) 手动自动一体变速器 这种变速器可以自动换档,也可以手动换档,比较典型的如奥迪A6的Tiptronic、上海帕萨特1.8T。

本章将介绍手动、有级、齿轮变速器,一般简称为手动变速器。

3.1.3 普通齿轮变速器的基本原理

普通齿轮变速器是利用不同齿数的齿轮啮合传动来实现转矩和转速改变的。

齿轮传动的基本原理如图3-1所示,一对齿数不同的齿轮啮合传动时可以实现变速,而且两齿轮的转速比与其齿数成反比。设主动齿轮转速为n_1,齿数为z_1,从动齿轮转速为n_2,齿数为z_2。主动齿轮(即输入轴)转速与从动齿轮(即输出轴)转速之比值称为传动比,用字母i_{12}表示。即

$$i_{12} = \frac{n_1}{n_2} = \frac{z_2}{z_1}$$

当小齿轮为主动齿轮,带动大齿轮转动时,输出转速降低,即$n_2 < n_1$,称为减速传动,此时传动比$i > 1$,如图3-1a所示;当大齿轮驱动小齿轮时,输出转速升高,即$n_2 > n_1$,称为增速传动,此时传动比$i < 1$,如图3-1b所示。

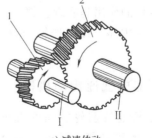

图3-1 齿轮传动的基本原理
Ⅰ—输入轴　Ⅱ—输出轴
1—主动齿轮　2—从动齿轮

这就是齿轮传动的变速原理。汽车变速器就是根据这一原理利用若干大小不同的齿轮副传动而实现变速的。

图 3-2 所示为两级齿轮传动示意图，齿轮 1 为主动齿轮，驱动齿轮 2 转动，齿轮 3 与齿轮 2 固连在一起，再驱动齿轮 4 转动并输出动力，此时传动比为

$$i_{14}=\frac{n_1}{n_4}=\frac{z_2 z_4}{z_1 z_3}=i_{12}i_{34}$$

因此，可以总结为多级齿轮传动的传动比为

i = 所有从动齿轮齿数的乘积/所有主动齿轮齿数的乘积 = 各级齿轮传动比的乘积

对于变速器，各档的传动比 i 就是变速器输入轴转速与输出轴转速之比。即

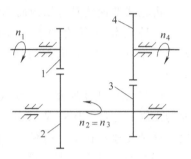

图 3-2 两级齿轮传动示意图
1、3—主动齿轮 2、4—从动齿轮

$$i=\frac{n_{输入}}{n_{输出}}=\frac{T_{输出}}{T_{输入}}$$

当 $i>1$ 时，$n_{输出}<n_{输入}$，$T_{输出}>T_{输入}$，此时实现降速增矩，为变速器的低档位，且 i 越大，档位越低；当 $i=1$ 时，$n_{输出}=n_{输入}$，$T_{输出}=T_{输入}$，为变速器的直接档；当 $i<1$ 时，$n_{输出}>n_{输入}$，$T_{输出}<T_{输入}$，此时实现升速降矩，为变速器的超速档。

例如，桑塔纳 2000 五档手动变速器各档的传动比见表 3-1。其一至三档为降速档，四档为直接档，五档为超速档。

表 3-1 桑塔纳 2000 五档手动变速器各档的传动比

档 位	传 动 比	档 位	传 动 比
一	3.455	四	0.969
二	1.944	五	0.800
三	1.286		

3.2 手动变速器的变速传动机构

手动变速器由变速传动机构和操纵机构两大部分组成。变速传动机构的主要作用是改变传动比和旋转方向；操纵机构的作用是实现换档。

变速传动机构是变速器的主体，按工作轴的数量（不包括倒档轴）可分为二轴式变速器和三轴式变速器。

3.2.1 二轴式手动变速器的变速传动机构

二轴式变速器用于发动机前置前轮驱动的汽车，一般与驱动桥（前桥）合称为手动变速驱动桥。目前，我国常见的国产轿车多采用这种变速器，如桑塔纳、捷达、富康、奥迪等。

前置发动机有横向布置和纵向布置两种形式，与其配用的二轴式变速器也有两种不同的结构形式。发动机横置时，主减速器采用一对圆柱齿轮，如捷达轿车，如图 3-3 所示；发动

机纵置时,主减速器为一对锥齿轮,如奥迪100、桑塔纳2000轿车,如图3-4所示。

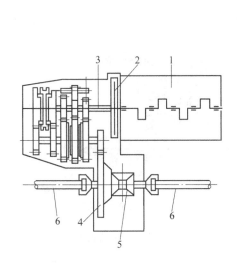

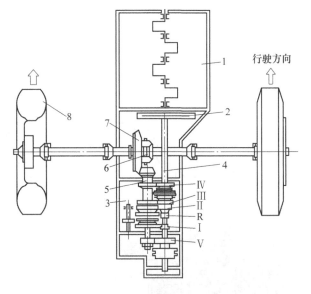

图3-3 发动机横置的二轴式变速器
传动示意图(捷达)
1—发动机 2—离合器 3—变速器 4—主减速器 5—差速器 6—带等角速万向节的半轴

图3-4 发动机纵置的二轴式变速器
传动示意图(桑塔纳2000)
1—纵置发动机 2—离合器 3—变速器 4—变速器输入轴 5—变速器输出轴(主减速器主动锥齿轮) 6—差速器 7—主减速器从动锥齿轮 8—前轮
Ⅰ、Ⅱ、Ⅲ、Ⅳ、Ⅴ——一、二、三、四、五档齿轮 R—倒档齿轮

1. 发动机横向布置的二轴式变速器

(1) 结构 发动机横向布置的二轴式变速器结构如图3-5所示,所有前进档齿轮和倒档齿轮都采用常啮合斜齿轮,并采用锁环式同步器换档。

(2) 动力传动路线

一档:如图3-6所示,一档/二档同步器右移与输出轴一档从动齿轮接合,输入轴一档主动齿轮顺时针转动,逆时针驱动输出轴一档从动齿轮和主减速器主动齿轮轴,顺时针驱动主减速器从动齿轮,输出动力。

二档:从一档向二档换档时,一档/二档同步器与一档从动齿轮分离,并左移与输出轴二档从动齿轮接合。动力传动路线如图3-7所示,输入轴二档主动齿轮顺时针转动,逆时针驱动输出轴二档从动齿轮和主减速器主动齿轮轴,顺时针驱动主减速器从动齿轮,输出动力。

三档:当二档同步器接合套返回空档后,将三档/四档同步器右移与输出轴上的三档从动齿轮接合。动力传动路线如图3-8所示,输入轴三档主动齿轮顺时针转动,逆时针驱动输出轴三档从动齿轮和主减速器主动齿轮轴,顺时针驱动主减速器从动齿轮,输出动力。

四档:将三档/四档同步器接合套从三档齿轮移开,左移与输出轴四档从动齿轮接合。动力传动路线如图3-9所示,输入轴四档主动齿轮顺时针转动,逆时针驱动输出轴四档从动齿轮和主减速器主动齿轮轴,顺时针驱动主减速器从动齿轮,输出动力。

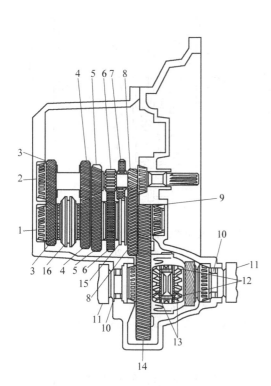

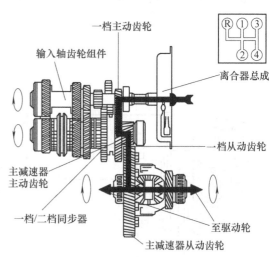

图 3-6 一档动力传动路线

图 3-5 发动机横向布置的二轴式变速器结构
1—输出轴 2—输入轴 3—四档齿轮 4—三档齿轮
5—二档齿轮 6—倒档齿轮 7—倒档中间齿轮
8——档齿轮 9—主减速器主动齿轮 10—差
速器油封 11—等速万向节轴 12—差速器行
星齿轮 13—差速器半轴齿轮 14—主减速器
从动齿轮 15——档/二档同步器
16—三档/四档同步器

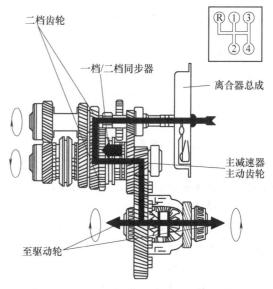

图 3-7 二档动力传动路线

倒档：变速杆位于倒档时，倒档中间齿轮左移同时与倒档主动齿轮和倒档从动齿轮啮合。倒档从动齿轮同时又是一档/二档同步器接合套，同步器接合套带有沿其外缘加工的直齿。倒档中间齿轮改变变速齿轮的旋转方向，使汽车可以实现倒向行驶。动力传动路线如图 3-10 所示，输入轴倒档主动齿轮顺时针转动，逆时针驱动倒档中间齿轮，再顺时针驱动输出轴倒档从动齿轮和主减速器主动齿轮轴，逆时针驱动主减速器从动齿轮，反向输出动力。

2. 发动机纵向布置的二轴式变速器

桑塔纳 2000 轿车二轴式变速器传动机构的结构如图 3-11 所示，图 3-12 为传动示意图。

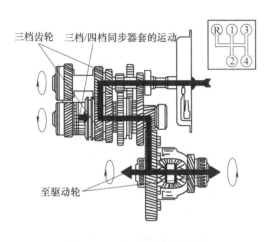

图 3-8　三档动力传动路线

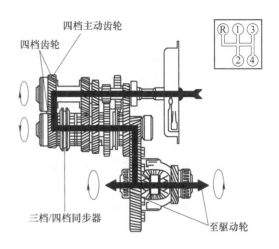

图 3-9　四档动力传动路线

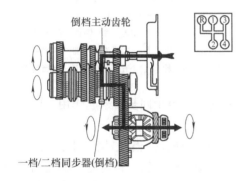

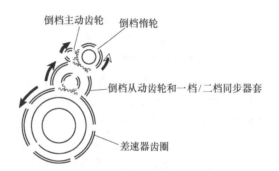

图 3-10　倒档动力传动路线

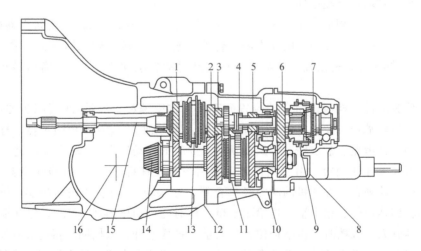

图 3-11　桑塔纳 2000 轿车二轴式变速器传动机构的结构图
1—四档齿轮　2—三档齿轮　3—二档齿轮　4—倒档齿轮　5—一档齿轮　6—五档齿轮
7—五档齿轮接合齿圈　8—换档机构壳体　9—五档同步器　10—齿轮箱体
11—一档/二档同步器　12—变速器壳体　13—三档/四档同步器
14—输出轴　15—输入轴　16—差速器

(1) 结构　该变速器的变速传动机构有输入轴和输出轴两根轴，二轴平行布置，输入轴也是离合器的从动轴，输出轴也是主减速器的主动锥齿轮轴。该变速器具有五个前进档和一个倒档，全部采用锁环式惯性同步器作为换档装置。输入轴上有一至五档主动齿轮，其中一、二档主动齿轮与轴制成一体，三、四、五档主动齿轮通过滚针轴承空套在轴上。输入轴上还有倒档主动齿轮，它与轴制成一体。三档/四档同步器和五档同步器也装在输入轴上。输出轴上有一至五档从动齿轮，其中一、二档从动齿轮通过滚针轴承空套在轴上，三、四、五档齿轮通过花键套装在轴上。一档/二档同步器也装在输出轴上。在变速器壳体的右端还装有倒档轴，上面通过滚针轴承空套着倒档中间齿轮。

(2) 各档动力传动路线

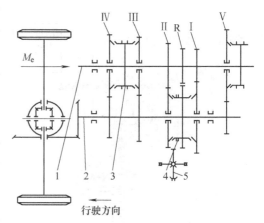

图 3-12　桑塔纳 2000 轿车两轴式
变速器传动机构的示意图
1—输入轴　2—输出轴　3—三档/四档同步器
4——档/二档同步器　5—倒档中间齿轮
Ⅰ——档齿轮　Ⅱ—二档齿轮　Ⅲ—三档齿轮
Ⅳ—四档齿轮　Ⅴ—五档齿轮　R—倒档齿轮

空档：如图 3-12 所示。当离合器接合时，发动机动力传到输入轴，输入轴驱动一档和二档齿轮转动，由于同步器未起作用，因此动力不能传到输出轴，没有动力输出。

一档：驾驶人挂一档时，由空档位置向左前方推变速杆，一档/二档同步器向后移动，与输出轴一档齿轮啮合。发动机的动力经离合器、输入轴、输入轴一档齿轮、输出轴一档齿轮、一档/二档同步器、输出轴，传给驱动桥。此时的传动比为 3.455，输出转矩大，一般用于车辆起步、爬坡等行驶条件。

二档：驾驶人挂二档时，由空档位置向左后方推变速杆，一档/二档同步器向前移动，与输出轴二档齿轮啮合。发动机的动力经离合器、输入轴、输入轴二档齿轮、输出轴二档齿轮、一档/二档同步器、输出轴，传给驱动桥。此时的传动比为 1.944，输出转矩下降，车速增加。

三档：驾驶人挂三档时，由空档位置向正前方推变速杆，三档/四档同步器向后移动，与输入轴三档齿轮啮合。发动机的动力经离合器、输入轴、三档/四档同步器、输入轴三档齿轮、输出轴三档齿轮、输出轴，传给驱动桥。此时的传动比为 1.286，车速进一步增加。

四档：驾驶人挂四档时，由空档位置向正后方推变速杆，三档/四档同步器向前移动，与输入轴四档齿轮啮合。发动机的动力经离合器、输入轴、三档/四档同步器、输入轴四档齿轮、输出轴四档齿轮、输出轴，传给驱动桥。此时的传动比为 0.969，应为直接档。

五档：驾驶人挂五档时，由空档位置向右前方推变速杆，五档同步器向后移动，与输入轴五档齿轮啮合。发动机的动力经离合器、输入轴、五档同步器、输入轴五档齿轮、输出轴五档齿轮、输出轴，传给驱动桥。此时的传动比为 0.800，此为超速档。

倒档：驾驶人挂倒档时，由空档位置向右后方推变速杆，倒档中间齿轮向后移动，同时与输入轴和输出轴倒档齿轮啮合。发动机的动力经离合器、输入轴、输入轴倒档齿轮、倒档中间齿轮、输出轴倒档齿轮、输出轴，传给驱动桥，此时为反向传动。

3.2.2 三轴式手动变速器的变速传动机构

三轴式变速器用于发动机前置后轮驱动的汽车。下面以东风EQ1092中型货车的变速器为例进行介绍,其结构简图如图3-13所示,有三根主要的传动轴:一轴、二轴和中间轴,所以称为三轴式变速器。另外还有倒档轴。

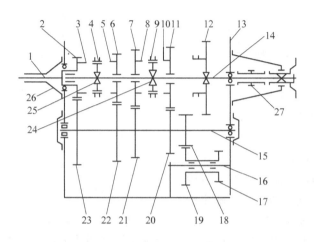

图 3-13　东风EQ1092中型货车的三轴式变速器

1——轴　2—一轴常啮合齿轮　3—一轴常啮合齿轮接合齿圈　4、9—接合套　5—四档齿轮接合齿圈
6—二轴四档齿轮　7—二轴三档齿轮　8—三档齿轮接合齿圈　10—二档齿轮接合齿圈　11—二轴
二档齿轮　12—二轴一、倒档直齿滑动齿轮　13—变速器壳体　14—二轴　15—中间轴
16—倒档轴　17、19—倒档中间齿轮　18—中间轴一、倒档齿轮　20—中间轴二档齿轮
21—中间轴三档齿轮　22—中间轴四档齿轮　23—中间轴常啮合齿轮
24、25—花键毂　26—一轴承盖　27—回油螺塞

该变速器为五档变速器,各档传动情况如下。

空档:二轴上的各接合套、传动齿轮均处于中间空转的位置,动力不传给第二轴。

一档:前移二轴一、倒档直齿滑动齿轮12与中间轴一、倒档齿轮18啮合。动力经一轴常啮合齿轮2,中间轴常啮合齿轮23,中间轴一、倒档齿轮18,二轴一、倒档直齿滑动齿轮12,传到第二轴使其顺时针旋转(与第一轴同向)。

二档:后移接合套9与二轴二档齿轮11的接合齿圈10啮合。动力经件2、23、20、11、10、9、24,传到二轴使其顺时针旋转。

三档:前移接合套9与二轴三档齿轮7的接合齿圈8啮合。动力经齿轮2、23、21、7、8、9、24,传到二轴使其顺时针旋转。

四档:后移接合套4与二轴四档齿轮6的接合齿圈5啮合。动力经件2、23、22、6、5、4、25,传到二轴使其顺时针旋转。

五档:前移接合套4与一轴常啮合齿轮2的接合齿圈3啮合。动力直接由一轴及件2、3、4、25,传到二轴,传动比为1。由于二轴的转速与一轴相同,故此档称为直接档。

倒档:后移二轴上的一、倒档直齿滑动齿轮12与倒档中间齿轮17啮合。动力经件2、23、18、19、17、12,传给二轴使其逆时针旋转,汽车倒向行驶。倒档传动路线与其他档位相比较,由于多了倒档中间齿轮的传动,所以改变了二轴的旋转方向。

3.2.3 分动器的变速传动机构

越野汽车因多轴驱动需要装分动器，将变速器的输出动力分配给各驱动桥。分动器一般有两个档位，其基本结构和工作原理与变速器相同。

图 3-14 所示为三输出轴二档分动器，图示为空档位置，前桥输出轴、中桥输出轴、后桥输出轴都无动力输出。

将换档接合套 4 左移与齿轮 13 的齿圈接合为高速档，动力经输入轴 1、齿轮 3、齿轮 13、换档接合套 4、中间轴 10、齿轮 9，再分别经齿轮 6、齿轮 12 传到后桥输出轴 7 和中桥输出轴 11。由于齿轮 6、齿轮 12 的齿数相同，所以后桥输出轴 7 和中桥输出轴 11 的转速相同。

将前桥接合套 14 右移，使前桥输出轴 15 与中桥输出轴 11 连接，便接上前桥，再将换档接合套 4 右移与齿轮 8 的齿

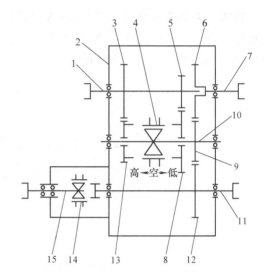

图 3-14 三输出轴二档分动器结构简图
1—输入轴 2—分动器壳 3、5、6、8、9、12、13—齿轮
4—换档接合套 7—后桥输出轴 10—中间轴 11—中桥输出轴 14—前桥接合套 15—前桥输出轴

圈接合为低速档，动力经输入轴 1、齿轮 5、齿轮 8、换档接合套 4、中间轴 10、齿轮 9，再分别经齿轮 6、齿轮 12 传到后桥输出轴 7 和中桥输出轴 11。此时三个轴的转速相同。

3.3 同步器

3.3.1 同步器概述

1. 同步器的功用

同步器是手动变速器换档最常使用的部件，目前绝大多数变速器都是采用同步器换档。它的功用是使接合套与待啮合的齿圈迅速同步，缩短换档时间；且防止在同步前啮合而产生换档冲击。

2. 无同步器的换档过程

以无同步器五档变速器的四、五档互换为例进行介绍，图 3-15 所示为其结构简图。

（1）低档换高档（四档换五档） 变速器在四档工作时，接合套 3 与二轴四档齿轮 4 上的接合齿圈啮合，两者接合齿的圆周速度相同，即 $v_3 = v_4$。欲换入五档时，驾驶人先踩下离合器踏板，使离合器分离，再通过变速操纵机构将接合套 3 左移，处于空档位置。此时仍是 $v_3 = v_4$，因二轴四档齿轮 4 的转速低于一轴常啮合齿轮 2 的转速，即 $v_4 < v_2$。所以在换入空档的瞬间，$v_3 < v_2$，为避免齿轮冲击，不应立即换入五档，应先在空档停留片刻。在空档位置时，变速器输入轴各零件已与发动机中断了动力传递且转动惯量较小，再加上中间轴齿轮有搅油阻力，所以 v_2 下降较快，如图 3-16a 所示；而整个汽车的转动惯量大，导致接合套 3 的

圆周速度 v_3 下降慢，所以在空档等待片刻就会出现同步点（v_3 和 v_2 相交点），即 $v_3 = v_2$。此时将接合套左移与齿轮 2 上的齿圈啮合挂入五档，不会产生冲击。为了加速换档过程，可以在摘下四档后，立即抬起离合器踏板，利用发动机怠速工况迫使一轴更快地减速，v_2 下降较快，如图 3-16a 中虚线所示，同步点出现得早，缩短了换档时间。

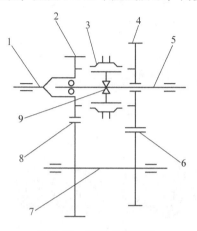

图 3-15　无同步器五档
变速器的四、五档简图

1—一轴　2—一轴常啮合齿轮　3—接合套
4—二轴四档齿轮　5—二轴　6—中间轴
四档齿轮　7—中间轴　8—中间轴常
啮合齿轮　9—花键毂

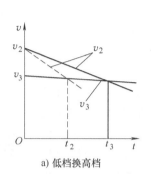

a) 低档换高档

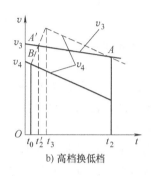

b) 高档换低档

图 3-16　无同步器的换档过程

（2）高档换低档（五档换四档）　变速器在五档工作时以及由五档换入空档的瞬间，接合套 3 与一轴常啮合齿轮 2 接合齿圈圆周速度相同，即 $v_3 = v_2$，因 $v_2 > v_4$，故 $v_3 > v_4$，如图 3-16b 所示。但在空档时 v_4 下降得比 v_3 快，即 v_4 与 v_3 不会出现相交点，不可能达到自然同步状态。所以驾驶人应在变速器退回空档后，立即抬起离合器踏板，同时踩下加速踏板，使发动机连同离合器从动盘和一轴都从 B 点开始升速，让 $v_4 > v_3$，如图 3-16b 中虚线所示，再踩下离合器踏板稍等片刻，当 $v_3 = v_4$（同步点 A），即可换入四档。

从理论上讲，在图 3-16b 中还有一次同步时刻 A'，利用这一点可以缩短换档时间，由于此点是踩加速踏板过程中出现的，要求有熟练的操作技能。

由此可见，欲使无同步器变速器换档时不产生换档冲击，需采取较复杂的操作，使驾驶人容易产生疲劳。

同步器是在接合套的基础上发展起来的，3.3.2 节通过介绍同步器结构和原理使我们进一步了解同步器的功用。

3. 同步器的分类

同步器有常压式、惯性式、自行增力式等种类。惯性式同步器又分为锁环式和锁销式惯性同步器。目前的轿车和轻、中型货车的变速器广泛采用的是锁环式惯性同步器。

3.3.2　同步器的结构和工作原理

1. 锁环式惯性同步器

（1）构造　锁环式同步器的结构如图 3-17 所示，花键毂 7 用内花键套装在二轴外花键上，用垫圈、卡环轴向定位。花键毂7两端与齿轮1和4之间各有一个青铜制成的锁环（同步环）5和9。锁环上有短花键齿圈，其花键的尺寸和齿数与花键毂、齿轮1和4的外花键齿相同。两个齿轮和锁环上的花键齿，靠近接合套8的一端都有倒角（锁止角），与接合套齿端的倒角相同。锁环有内锥面，与齿轮1、4的外锥面锥角相同。在锁环内锥面上制有细牙螺纹，当锥面接触后，可以破坏油膜，增加锥面间的摩擦力。锁环上还有三个均布的缺口12。三个滑块2分别装在花键毂7上三个均布的轴向槽11内，沿槽可以轴向移动。滑块被两个弹簧胀圈6的径向力压向接合套，滑块中部的凸起部位压嵌在接合套中部的环槽10内。滑块两端伸入锁环5的缺口12中，滑块窄、缺口宽，两者之差等于锁环的花键齿宽。锁环相对滑块顺转和逆转都只能转动半个齿宽，且只有当滑块位于锁环缺口的中央时，接合套与锁环才能接合。

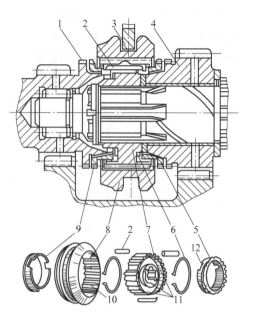

图3-17 锁环式惯性同步器的结构、组成
1——轴待啮合齿轮（接合齿圈） 2—滑块 3—拨叉
4—二轴齿轮 5、9—锁环（同步环） 6—弹簧胀圈
7—花键毂 8—接合套 10—环槽
11—三个轴向槽 12—缺口

（2）工作原理 以二档换三档为例，说明同步器的工作原理，如图3-18所示。

1）空档位置。接合套8刚从二档退入空档时，如图3-18a所示，三档齿轮1、接合套

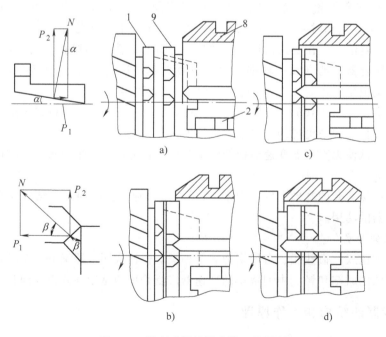

图3-18 锁环式惯性同步器工作原理
1—三档齿轮（接合齿圈） 2—滑块 8—接合套 9—锁环（同步环）

8、锁环9以及与其有关联的运动件,因惯性作用而沿原方向继续旋转(图示箭头方向)。由于齿轮1是高档齿轮(相对于二档齿轮来说),所以接合套8、锁环9的转速低于齿轮1的转速。

2)挂档。欲换入三档时,驾驶人通过变速杆使拨叉(图中未画)推动接合套8连同滑块2一起向左移动,如图3-18b所示,滑块又推动锁环移向齿轮1,使锥面接触。驾驶人作用在接合套上的轴向推力,使两锥面有正压力N,又因两者有转速差,所以产生摩擦力矩。齿轮1作用在锁环上的摩擦力矩,使锁环相对于接合套向前转动一个角度,使锁环缺口靠在滑块的另一侧(上侧)为止,此时接合套的内齿与锁环上错开了约半个齿宽,接合套的齿端倒角面与锁环的齿端倒角面互相抵住。

3)锁止。驾驶人的轴向推力使接合套的齿端倒角面与锁环的齿端倒角面之间产生正压力N,N可分解为P_1和P_2,如图3-18b所示。P_2形成一个企图拨动锁环相对于接合套反转的力矩,称为拨环力矩。这样在锁环上同时作用着方向相反的摩擦力矩和拨环力矩,同步器的结构参数可以保证在同步前(存在摩擦力矩)拨环力矩始终小于摩擦力矩,所以在同步之前无论驾驶人施加多大的操纵力,都不会挂上档,即产生锁止作用,如图3-18b所示。

4)同步啮合。随着驾驶人施加于接合套上的推力加大,摩擦力矩不断增加,使齿轮1的转速迅速降低。当齿轮1、接合套8和锁环9达到同步时,作用在锁环上的摩擦力矩消失。此时在拨环力矩的作用下,锁环9、齿轮1以及与之相连的各零件都对于接合套反转一角度,滑块2处于锁环缺口的中央,如图3-18c所示,键齿不再抵触,锁环的锁止作用消除。接合套压下弹簧胀圈继续左移(滑块脱离接合套的内环槽而不能左移),与锁环的花键齿圈进入啮合。进而再与齿轮1进入啮合,如图3-18d,换入三档。

锁环式同步器尺寸小、结构紧凑、摩擦力矩也小,多用于轿车和轻型车辆。

2. 锁销式惯性同步器

大、中型货车普遍采用锁销式惯性同步器,下面以东风EQ1092汽车五档变速器的四档/五档同步器为例进行简介。

四档/五档锁销式惯性同步器的结构如图3-19所示。

两个带有内锥面的摩擦锥盘2,以其内花键分别固装在带有接合齿圈的斜齿轮1和二轴四档齿轮6上,随齿轮一起转动。两个有外锥面的摩擦锥环3,其上有圆周均布的三个锁销8和三个定位销4,三个定位销4与接合套5装在一起。定位销与接合套的相应孔是滑动配合,定位销中部切有一小段环槽,接合套钻有斜孔,内装弹簧11,把钢球10顶向定位销中部的环槽,使接合套处于空档位置,

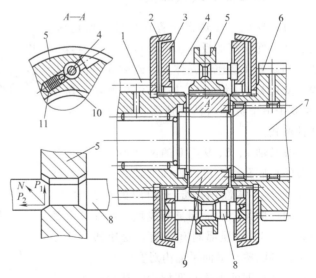

图3-19 四档/五档锁销式惯性同步器的结构
1—斜齿轮 2—摩擦锥盘 3—摩擦锥环 4—定位销
5—接合套 6—二轴四档齿轮 7—二轴 8—锁销
9—花键毂 10—钢球 11—弹簧

定位销随接合套能轴向移动。定位销两端伸入两摩擦锥环3内侧面的弧线形浅坑中,定位销与浅坑有周向间隙,锥环相对接合套在一定范围内作周向摆动。锁销中部环槽的两端和接合套相应孔两端切有相同的倒角;锁销与孔对中时,接合套才能沿锁销轴向移动;锁销两端铆接在锥环相应的孔中。两个锥环、三个锁销、三个定位销和接合套构成一个部件,套在花键毂9的齿圈上。

锁销式惯性同步器的工作原理与锁环式惯性同步器类似。

换档时接合套受到拨叉的轴向推力作用,通过钢球10、定位销4推动摩擦锥环3向前移动。因摩擦锥环与锥盘有转速差,故接触后的摩擦作用使锥环和锁销相对于接合套转过一个角度,锁销与接合套上相应孔的中心线不再同心,锁销中部倒角与接合套孔端的锥面相抵触,在同步前,作用在摩擦面的摩擦力矩总大于拨销力矩,接合套被锁止不能前移,防止在同步前接合套与齿圈进入啮合。同步后摩擦力矩消失,拨销力矩使锁销、摩擦锥盘和相应的齿轮相对于接合套转过一个角度,锁销与接合套的相应孔对中,接合套克服弹簧11的张力压下钢球并沿锁销向前移动,完成换档。

3.4 手动变速器操纵机构

手动变速器操纵机构用于执行驾驶人的换档操作,保证驾驶人能准确可靠地将变速器挂入所需要的档位,并根据需要随时退至空档。

变速器操纵机构按照变速操纵杆(变速杆)与变速器相对位置的不同,可分为直接操纵式和远距离操纵式两种类型。

3.4.1 直接操纵式操纵机构

直接操纵式变速器布置在驾驶人座椅旁,变速杆由驾驶室地板伸出,变速杆及所有操纵装置都设置在变速器壳体上,驾驶人可以直接操纵变速器进行换档。如图3-20所示,解放CA1091中型货车六档变速器操纵机构就采用这种形式。

拨叉轴7、8、9、10的两端均支承于变速器盖的相应孔中,可以轴向滑动。所有的拨叉和拨块都以弹性销固定于相应的拨叉轴上。三、四档拨叉2的上端具有拨块。拨叉2和拨块3、4、14的顶部制有凹槽。变速器处于空档时,各凹槽在横向平面内对齐,叉形拨杆13下端的球头即伸入这些凹槽中。选档时可使变速杆绕其中部球形支点横向摆动,则其下端推动叉形拨杆13绕换档轴11的轴线摆动,从而使叉形拨杆下端球头对准与所选档位对应的拨

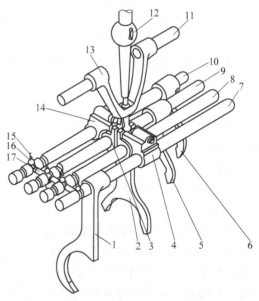

图3-20 解放CA1091中型货车六档
变速器操纵机构

1—五、六档拨叉 2—三、四档拨叉 3—一、二档拨块
4—五、六档拨块 5—一、二档拨叉 6—倒档拨叉
7—五、六档拨叉轴 8—三、四档拨叉轴 9—一、二档拨叉轴 10—倒档拨叉轴 11—换档轴
12—变速杆 13—叉形拨杆 14—倒档拨块
15—自锁弹簧 16—自锁钢球 17—互锁销

块凹槽，然后使变速杆纵向摆动，带动拨叉轴及拨叉向前或向后移动，即可实现挂档。例如，横向摆动变速杆使叉形拨杆下端球头深入拨块 3 顶部凹槽中，拨块 3 连同拨叉轴 9 和拨叉 5 即沿纵向向前移动一定距离，便可挂入二档；若向后移动一段距离，则挂入一档。当使叉形拨杆下端球头深入拨块 14 的凹槽中，并使其向前移动一段距离时，便挂入倒档。

各种变速器由于档位数及档位排列位置不同，其拨叉和拨叉轴的数量及排列位置也不相同。例如，上述的六档变速器的六个前进档用了三根拨叉轴，倒档独立使用了一根拨叉轴，共有四根拨叉轴；而东风 EQ1092 的五档变速器具有三根拨叉轴，其二、三档和四、五档各占一根拨叉轴，一档和倒档共用一根拨叉轴。

3.4.2 远距离操纵式操纵机构

在有些汽车上，由于变速器离驾驶人座位较远，变速杆及其他操纵装置不能安装在变速器壳上，则需要在变速杆与拨叉之间加装一些辅助杠杆或一套传动机构，构成远距离操纵机构。这种操纵机构多用于发动机前置前轮驱动的轿车，如桑塔纳 2000 轿车的五档手动变速器，由于其变速器安装在前驱动桥处，远离驾驶人座椅，需要采用这种操纵方式，如图 3-21 所示。

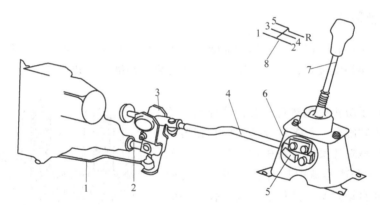

图 3-21 桑塔纳 2000 轿车五档手动变速器的远距离操纵机构
1—支撑杆 2—内变速杆 3—变速杆接合器 4—外变速杆
5—倒档保险档块 6—换档手柄座 7—变速杆 8—换档标记

而在变速器壳体上具有类似于直接操纵式的内换档机构，如图 3-22 所示。

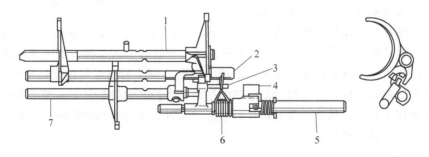

图 3-22 桑塔纳 2000 轿车五档手动变速器的内换档机构
1—五、倒档拨叉轴 2—三、四档拨叉轴 3—定位拨销 4—倒档保险档块
5—内变速杆 6—定位弹簧 7——、二档拨叉轴

另外，有些轿车和轻型货车的变速器，将变速杆安装在转向柱管上，如图 3-23 所示。这种形式在变速杆与变速器之间也是通过一系列的传动件进行传动，也属于远距离操纵方式。

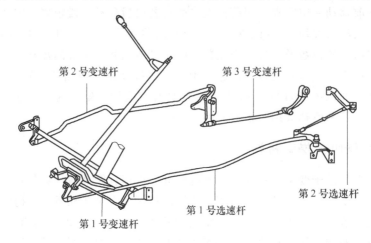

图 3-23　柱式换档操纵机构

3.4.3　换档锁装置

为了保证变速器在任何情况下都能准确无误地换档，并安全、可靠地工作，变速器操纵机构一般都具有换档锁装置，包括自锁装置、互锁装置和倒档锁装置。

1. 自锁装置

自锁装置用于防止变速器自动脱档或挂档，并保证轮齿以全齿宽啮合。大多数变速器的自锁装置都是采用自锁钢球对拨叉轴进行轴向定位锁止。如图 3-24 所示，在变速器盖中钻有三个深孔，孔中装入自锁钢球和自锁弹簧，其位置正处于拨叉轴的正上方，每根拨叉轴对着钢球的表面沿轴向设有三个凹槽，槽的深度小于钢球的半径。中间的凹槽对正钢球时为空档位置，前边或后边的凹槽对正钢球时则处于某一工作档位置，相邻凹槽之间的距离保证齿轮处于全齿长啮合或是完全退出啮合。凹槽对

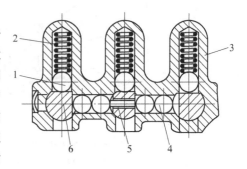

图 3-24　自锁和互锁装置
1—自锁钢球　2—自锁弹簧　3—变速器盖
4—互锁钢球　5—互锁销　6—拨叉轴

正钢球时，钢球便在自锁弹簧的压力作用下嵌入该凹槽内，拨叉轴的轴向位置便被固定，不能自行挂档或自行脱档。当需要换档时，驾驶人通过变速杆对拨叉轴施加一定的轴向力，克服自锁弹簧的压力而将自锁钢球从拨叉轴凹槽中挤出，拨叉轴便可滑过钢球进行轴向移动，并通过拨叉带动相应的接合套或滑动齿轮轴向移动，当拨叉轴移至其另一凹槽与钢球相对正时，钢球又被压入凹槽，驾驶人具有很强的手感，此时拨叉所带动的接合套或滑动齿轮便被拨入空档或被拨入另一档位。

2. 互锁装置

互锁装置用于防止同时挂上两个档位。如图 3-24 和图 3-25 所示，互锁装置由互锁钢球和互锁销组成。

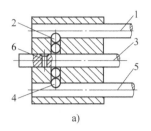 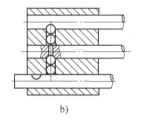 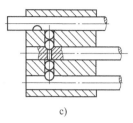

图 3-25　互锁装置工作示意图

1、3、5—拨叉轴　2、4—互锁钢球　6—互锁销

当变速器处于空档时，所有拨叉轴的侧面凹槽同互锁钢球、互锁销都在一条直线上。当移动中间拨叉轴 3 时，如图 3-25a 所示，轴 3 两侧的内钢球从其侧凹槽中被挤出，而两外钢球 2 和 4 则分别嵌入拨叉轴 1 和轴 5 的侧面凹槽中，因而将轴 1 和轴 5 刚性地锁止在其空档位置。若欲移动拨叉轴 5，则应先将拨叉轴 3 退回到空档位置。于是在移动拨叉轴 5 时，钢球 4 便从轴 5 的凹槽中被挤出，同时通过互锁销 6 和其他钢球将轴 3 和轴 1 均锁止在空档位置，如图 3-25b 所示。同理，当移动拨叉轴 1 时，则轴 3 和轴 5 被锁止在空档位置，如图 3-25c 所示。由此可知，互锁装置工作的机理是当驾驶人用变速杆推动某一拨叉轴时，自动锁止其余拨叉轴，从而防止同时挂上两个档位。

有的三档变速器将自锁和互锁装置合二为一，如图 3-26 所示，其中 $a=b$，使同时只能移动一根拨叉轴，实现互锁。

转动钳口式互锁装置如图 3-27 所示。变速杆下端球头置于钳口中，钳形板可绕 A 轴摆动。换档时，变速杆先拨动钳形板处于某一拨叉轴的拨叉凹槽中，然后换入需要的档位，其余两个换档拨叉凹槽被钳形爪挡住，起到互锁作用。

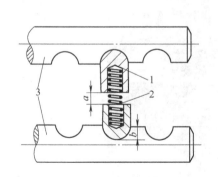

图 3-26　合二为一的自锁和互锁装置

1—锁销　2—锁止弹簧　3—拨叉轴

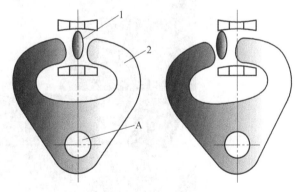

图 3-27　转动钳口式互锁装置

1—变速杆　2—钳形板　A—轴

3. 倒档锁装置

倒档锁装置用于防止误挂倒档。图 3-28 所示为常见的锁销式倒档锁装置。当驾驶人想挂倒档时，必须用较大的力使变速杆 4 下端弹簧 2 压缩，将锁销推入锁销孔内，才能使变速杆下端进入拨块 3 的凹槽中进行换档。这样驾驶人挂倒档时必须对变速杆施加更大的力，才能挂入倒档，起到警示注意作用，以防误挂倒档。

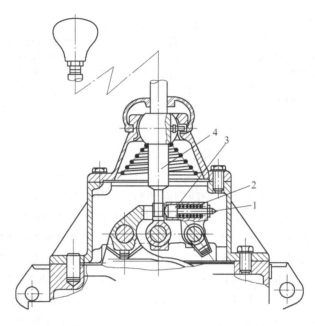

图 3-28 锁销式倒档锁装置
1—倒档锁销 2—倒档锁弹簧 3—倒档拨块 4—变速杆

倒档的解锁有不同方式，最为常见的就是直挂式、提拉式、按压式和按钮式，如图 3-29 所示。

图 3-29 倒档解锁的不同方式

3.5 手动变速器的拆装和检修

3.5.1 手动变速器的拆装

正确地拆装手动变速器是手动变速器故障诊断与检修的前提。下面以桑塔纳 2000 为例介绍手动变速器的拆装,以了解变速器内部结构,掌握其工作过程,并为故障诊断与检修打下基础。

1. 拆装注意事项

1) 变速器解体前要进行清洗,以免拆开变速器后,灰尘、异物进入箱体内。

2) 拆装过程中要使用正确的工具,特别是要按照厂家维修手册的要求使用专用工具。

3) 装配前,必须对零件进行认真的清洗,除去污物、毛刺和铁屑等。尤其要注意各润滑油孔的畅通。

4) 装配轴承、齿轮、键槽时,应涂抹齿轮油进行预润滑。

5) 装配密封衬垫时,应在密封衬垫的两侧涂以密封胶,确保密封效果。

6) 装入油封前,需在油封的刃口涂少量润滑脂,要垂直压入,并注意安装方向。

7) 变速器装配时要按规定的力矩拧紧全部螺栓。

2. 变速器操纵机构的拆装

图3-30所示为桑塔纳2000轿车五档手动变速器操纵机构分解图。

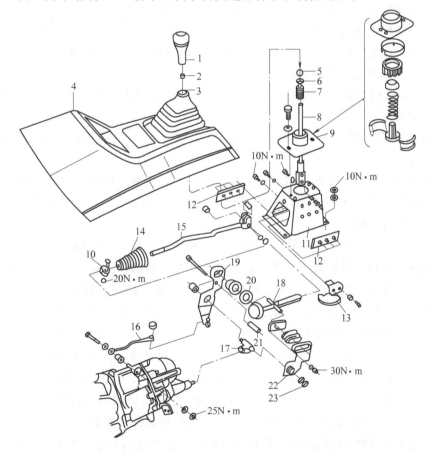

图3-30 桑塔纳2000轿车五档手动变速器操纵机构分解图
1—换档手柄 2—防尘罩衬套 3—防尘罩 4—仪表板 5—锁圈 6—挡圈 7—弹簧
8—上变速杆 9—变速杆支架 10—夹箍 11—变速杆罩壳 12—缓冲垫 13—倒档
缓冲垫 14—密封罩 15—下变速杆 16—支撑杆 17—离合块 18—换档连接套
19—轴承右侧压板 20—罩盖 21—支撑轴 22—轴承左侧压板 23—塑料衬套

(1) 上变速杆的拆卸 拆下换档手柄,取下防尘罩。取下仪表板。拆下固定在上变速杆的弹簧锁圈(注意锁圈一经拆卸,就要更换),取下档圈和弹簧。拆下变速杆支架。拆下变速控制器罩壳,使上、下变速杆脱离。

(2) 上变速杆的安装 上变速杆的安装按照与拆卸相反的顺序进行,但注意以下事项:检查所有零件的完好情况,更换已经损坏的零件;润滑衬套和档圈;调整上变速杆;用快干胶固定换档手柄。

(3) 变速杆支架的拆卸 取下换档手柄和防尘罩。拆下锁圈、档圈和弹簧(锁圈一经拆卸,就要更换)。拆下变速杆支架的固定螺栓,取下变速杆支架。用手取下变速杆支架,变速杆支架零件分解如图 3-31 所示。变速杆支架只有加润滑油时才分解,一旦发现任何零件损坏,就要全部更换。

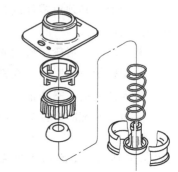

图 3-31 变速杆支架零件分解图

(4) 变速杆支架的安装 用润滑脂润滑变速杆支架内部件,装上变速杆支架,螺栓不用旋紧,将变速杆支架上的孔与变速操纵机构罩壳上的孔对准,用 10N·m 的力矩旋紧螺栓。装上弹簧档圈和新的锁圈。检查各档的啮合情况。装上防尘罩和手柄。

3. 变速器变速传动机构的拆装

变速传动机构包括输入轴、输出轴及其上的齿轮。输入轴和输出轴的分解图分别如图 3-32 和图 3-33 所示。

(1) 拆卸整套齿轮 拆卸变速器;拆下变速器后盖,拆下轴承支座,拆下整套齿轮。

(2) 拆卸输入轴 拆下四档齿轮的卡环,取下四档齿轮、同步环和滚针轴承;拆下同步器锁环,取下三档/四档同步器、三档同步环和齿轮;取下三档齿轮的滚针轴承;取下输入轴的中间轴承内座圈。

(3) 拆卸输出轴 拆下输出轴内后轴承和一档齿轮;取下滚针轴承和一档同步环;取下滚针轴承的内座圈、同步器和二档齿轮;取下二档齿轮的滚针轴承;拆下三档齿轮的卡环、三档齿轮。拆下四档齿轮的卡环、四档齿轮;拆下输出轴的前轴承。

(4) 输入轴、输出轴的安装 装上中间轴承的内座圈;将预先润滑过的三档齿轮滚针轴承装上,把油槽转向二档齿轮;组装三档/四档同步器;装上三档齿轮和三档/四档同步器;装上卡环,装上同步环、滚针轴承和四档齿轮,再装卡环,用 2kN 的力将三档齿轮、同步器和四档齿轮紧紧压在卡环上,把总成固定好;将前轴承装在输出轴上;装上四档齿轮,用手扶住前轴承,齿轮有凸缘的一边应朝向轴承;用卡环将四档齿轮固定好,卡环的厚度有 2.35mm、2.38mm、2.41mm、2.44mm、2.47mm 等几种;安装三档齿轮,凸缘应朝向四档齿轮;用塞尺测量卡环的厚度,根据测量结果,选择适当的卡环装上;安装滚针轴承、齿轮和二档同步环;装配一档/二档同步器,一档/二档同步器在同步器壳体的槽应朝一档齿轮;装上一档齿轮滚针轴承的内座圈,装上一档同步环、一档齿轮、一档齿轮滚针轴承;装上内后轴承,将输入轴和输出轴装在轴承支座上,将轴承支座装在变速器壳体上;将变速器后盖装在变速器轴承支座上。

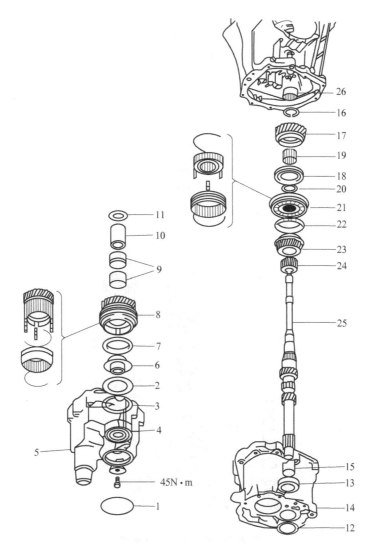

图 3-32 输入轴零件分解图

1—后轴承的罩盖 2—挡油圈 3—卡环 4—输入轴后轴承 5—变速器后盖 6—五档同步套管 7—五档同步环 8—五档同步器和齿轮 9—五档齿轮滚针轴承 10—五档齿轮滚针轴承内座圈 11—固定垫圈 12—卡环 13—中间轴承 14—轴承支座 15—中间轴承内座圈 16—卡环 17—四档齿轮 18—四档同步环 19—四档齿轮滚针轴承 20—卡环 21—三档和四档同步器 22—三档同步环 23—三档齿轮 24—三档齿轮滚针轴承 25—输入轴 26—输入轴滚针轴承

3.5.2 手动变速器的检修

下面以上海桑塔纳 2000 为例介绍手动变速器有关零部件的检修。

1. 齿轮和轴承

检查所有齿轮和轴承的损坏情况。齿面有轻微斑点，在不影响使用的情况下可以用油石修磨。若齿厚磨损超过 0.2mm，齿长磨损超过原齿长的 15%，或斑点面积超过齿面 15% 以上，则应更换齿轮(应成对更换)。装好滚针轴承和内座圈后，用百分表检查齿轮与内座圈之间的间隙，如图 3-34 所示。标准间隙为 0.009～0.060mm，极限为

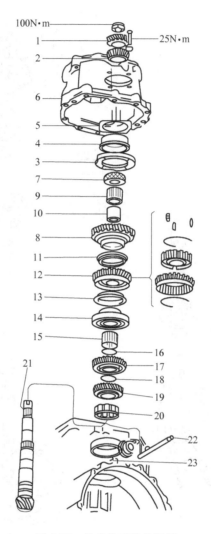

图 3-33 输出轴零件分解图

1—五档齿轮　2—输出轴外后轴承　3—轴承保持架　4—后轴承外圈　5—调整垫片　6—轴承支座　7—输出轴内后轴承　8——档齿轮　9——档齿轮滚针轴承　10——档齿轮滚针轴承内座圈　11——档同步环　12——档和二档同步器　13—二档同步环　14—二档齿轮　15—二档齿轮滚针轴承　16、18—挡环　17—三档齿轮（凸缘应转向四档齿轮）　19—四档齿轮（凸缘应转向主动锥齿轮）　20—输出轴前轴承　21—输出轴　22—圆柱销　23—输出轴前轴承外圈

0.15mm，超过极限应更换轴承。

2. 轴

目视检查各轴，不应有裂纹，轴径及花键不应有严重磨损，轴上的齿轮不应有断齿和严重磨损，否则应更换。检查轴的径向圆跳动，如图 3-35 所示，不应超过 0.05mm，否则应更换或校正。

3. 同步器

将锁环压向换档齿轮的锥面，转动锁环时应有阻力，用塞尺测量环齿与轮齿之间的间隙 a，如图 3-36 所示。间隙 a 的规定值见表 3-2，如果不符合规定，应

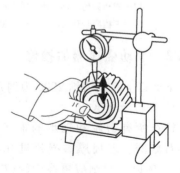

图 3-34 检查齿轮与内座圈之间的间隙

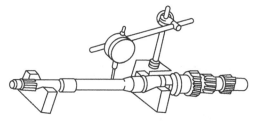

图 3-35 检查轴的径向圆跳动

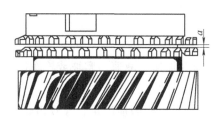

图 3-36 检查同步器间隙

更换锁环。

检查弹簧胀圈是否完好。

表 3-2 同步器环齿与轮齿之间的间隙 a

锁　　环	间隙 a/mm	
	新 零 件	磨 损 极 限
一档和二档	1.10~1.17	0.05
三档和四档	1.35~1.90	0.05
五档	1.10~1.70	0.05

4. 变速器壳体

变速器壳体如有裂纹、砂眼应更换；变速器轴承孔磨损过大应更换；壳体接合面翘曲变形，平面度误差不应大于 0.15mm，如超过应修复或更换。

5. 拨叉

检查拨叉是否弯曲或扭曲变形，如图 3-37 所示。如果变形可用敲击法校正，其他问题可更换。

6. 拨叉轴

如图 3-38 所示检查拨叉轴，如果弯曲应校正或更换。

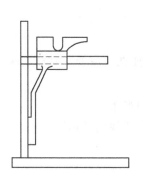

图 3-37 拨叉的检查

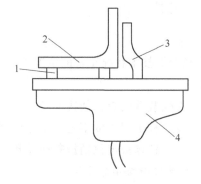

图 3-38 拨叉轴的检查
1—垫块 2—角尺 3—拨叉 4—变速器盖

3.6 手动变速器的常见故障与排除

手动变速器的常见故障主要有跳档、乱档、挂档困难、异响等。

3.6.1 跳档

1. 现象

汽车在加速、减速、爬坡或汽车剧烈振动时,变速杆自动跳回空档位置。

2. 原因

1)操纵机构磨损严重,导致齿轮啮合不能达到全齿长啮合。
2)自锁装置的钢球或凹槽磨损严重,自锁弹簧疲劳过软或折断。
3)齿轮沿齿长方向磨损成锥形。
4)轴、轴承磨损松旷,使一、二轴不平行。
5)二轴上的常啮合齿轮轴向或径向间隙过大。
6)各轴轴向或径向间隙过大。

3. 故障诊断与排除方法

1)进行路试,逐档反复作挂档、退档动作,并体验手感。
2)如果感觉阻力很小,甚至没有自锁钢球落入凹槽的感觉,说明故障是由自锁装置失效引起的,应进一步检查自锁装置。
3)如果手感正常,继续进行路试,采用连续加、减速的方法逐档查找跳档档位。
4)将变速杆挂入跳档档位,发动机熄火,小心拆下变速器盖,观察跳档齿轮的啮合情况。
5)如果跳档齿轮未达到全长啮合,则故障由此引起。
6)如果达到全长啮合,检查啮合部位磨损情况,磨损成锥形,则故障可能由此引起。
7)检查该档齿轮和各轴的轴向和径向间隙,间隙过大,则故障可能由此引起;否则,故障为离合器壳体和变速器壳体的接合平面与曲轴轴线不垂直而引起。

3.6.2 乱档

1. 现象

在离合器技术状况正常的情况下,变速器挂不上所需要档位或者同时挂上两个档位。

2. 原因

1)互锁装置失效,如拨叉轴、互锁销或互锁钢球磨损严重。
2)变速杆下端长度不足、工作面磨损过大或拨叉轴上拨块的凹槽磨损过大。
3)变速杆球头定位销折断或球孔、球头磨损过于松旷。

3. 故障诊断与排除方法

1)挂某档位时,结果挂入了别的档位,可用手摇动变速杆,检查其摆转角度。若超出正常范围,则故障由变速杆下端球头定位销与定位槽配合松旷或球头、球孔磨损过大引起。变速杆摆转360°,则为定位销折断。
2)如摆转角度正常,仍挂不上或摘不下档,则故障由变速杆下端从拨块凹槽中脱出引起,脱出的原因多为变速杆下端工作面磨损或导块凹槽磨损。
3)如果同时挂入两个档,则故障由互锁装置失效引起。

3.6.3 挂档困难

1. 现象

离合器技术状况良好,但挂档时不能顺利挂入档位,常发生齿轮撞击声。

2. 原因

1)同步器故障。

2)拨叉轴弯曲、锁紧弹簧过硬、钢球损伤等。

3)一轴花键损伤或一轴弯曲。

4)齿轮油不足或过量、齿轮油不符合规格。

3. 故障诊断与排除方法

1)检查同步器是否散架、锁环或锥环内锥面螺旋槽是否磨损、滑块是否磨损、弹簧弹力是否过软等。

2)如果同步器正常,检查一轴是否弯曲、花键是否磨损严重。

3)检查拨叉轴是否移动正常。

3.6.4 变速器异响

1. 现象

变速器异响是指变速器工作时发出的不正常的响声,如齿轮撞击声、轴承运转噪声等。

2. 原因

1)齿轮异响:齿轮磨损过甚变薄,间隙过大,运转中有冲击;齿面啮合不良,如修理时没有成对更换齿轮。新、旧齿轮搭配,齿轮不能正确啮合;齿面有金属疲劳剥落或个别齿损坏折断;齿轮与轴上的花键配合松旷,或齿轮的轴向间隙过大;轴弯曲或轴承松旷引起齿轮啮合间隙改变。

2)轴承响:轴承磨损严重;轴承内(外)座圈与轴颈(孔)配合松动;轴承滚珠碎裂或滚道表面烧蚀、剥落,出现麻点等异常。

3)其他原因异响:如变速器内缺油,润滑油过稀、过稠或质量变坏;变速器内掉入异物;某些紧固螺栓松动;里程表软轴或里程表齿轮发响等。

3. 故障诊断与排除

1)变速器发出金属干摩擦声,即为缺油和油的质量不好。应加油和检查油的质量,必要时更换。

2)行驶时换入某档若响声明显,即为该档齿轮轮齿磨损;若发生周期性的响声,则为个别齿损坏。

3)空档时响,而踏下离合器踏板后响声消失,一般为一轴前、后轴承或常啮合齿轮响;若换入任何档都响,多为二轴后轴承响。

4)变速器工作时发生突然撞击声,多为轮齿断裂,应及时拆下变速器盖检查,以防机件损坏。

5)行驶时,变速器只有在换入某档时齿轮发响,在上述完好的前提下,应检查啮合齿轮是否搭配不当,必要时应重新装配一对新齿轮。此外,也可能是同步器齿轮磨损或损坏,应视情况修复或更换。

6）换档时齿轮相撞击而发响，则可能是离合器不能分离或离合器踏板行程不正确、同步器损坏、怠速过大、变速杆调整不当或导向衬套紧等。遇到这种情况，先检查离合器能否分离，再分别调整怠速或变速杆位置，检查导向衬套与分离轴承配合的松紧度。

7）如经上述检查排除后，变速器仍发响，应检查各轴轴承与轴孔配合情况、轴承本身的技术状态等；若完好，再查看里程表软轴及齿轮是否发响，必要时予以修理或更换。

3.6.5 变速器漏油

1. 现象

变速器盖、侧盖、轴承盖、油封等处出现齿轮润滑油，变速器齿轮箱的油量减少。

2. 原因及排除方法

1）润滑油选用不当，或润滑油量太多，产生过多泡沫，此时需更换润滑油或调节润滑油。

2）侧盖太松、密封垫损坏、油封损坏、密封损坏等，此时应更换新件。

3）各处固定螺栓松动，应按规定力矩拧紧。

4）变速器壳体破裂，此时应更换。

5）里程表齿轮限位器松脱破损，必须锁紧或更换；变速杆油封漏油应更换油封。

本 章 小 结

1. 变速器的功用是变速、变矩、中断动力传递、改变动力传递方向、对外输出功率。

2. 变速器的类型：按转动比级数不同分为有级式、无级式、综合式三种；按变速器操纵方式不同分为普通齿轮式和行星齿轮式两种。

3. 换档即改变传动比，通过不同的齿轮啮合传动来实现。

4. 变速器主要由变速传动机构和操纵机构两大部分组成。变速传动机构的作用是改变速比、旋转方向，由齿轮、轴、同步器、壳体和支承件等组成；操纵机构的作用是实现换档，由变速杆、拨块、拨叉、拨叉轴和锁止装置等构成。

5. 变速传动机构是变速器的主体，按照轴的数量分为两轴式和中间轴式两种。

6. 同步器的功用是使接合套与待啮合的轮齿迅速同步，缩短换档时间，防止在同步前啮合而产生轮齿的冲击。

复习思考题

1. 变速器有何功用？有哪些类型？

2. 说明三轴式变速器的结构与工作过程。

3. 同步器的作用是什么？有哪些类型？由哪些部分组成？

4. 变速器操纵机构的定位锁止装置有哪些？各有何作用？

实训项目　手动变速器的结构认识与拆装

1. 实训内容
1）手动变速器的结构认识。
2）手动变速器的拆装。
2. 实训目的与要求
1）掌握手动变速器的基本结构与原理。
2）学会手动变速器的正确拆装。
3. 实训设备及工、量具
1）桑塔纳或捷达等手动变速器若干台，确保每台供4~6人实训。
2）常用汽车拆装、维修工具，拆装工作台，零件存放台等。
4. 学时及分组人数
4学时，4~6人分为一组，配备一台手动变速器，如果变速器种类较多，可以轮换进行。
5. 实训步骤及操作方法
(1) 桑塔纳2000系列轿车手动变速器的结构
桑塔纳2000系列轿车手动变速器采用五档手动变速器，如图3-39所示，由传动机构、操作机构和变速器壳体等组成。

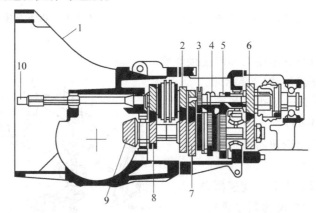

图3-39　桑塔纳2000系列轿车手动变速器的结构
1—变速器壳体　2—输入轴三档齿轮　3—倒档齿轮　4—倒档轴　5—输入轴一档齿轮
6—输入轴五档齿轮　7—输出轴二档齿轮　8—输出轴四档齿轮　9—输出轴　10—输入轴

(2) 桑塔纳2000系列轿车手动变速器的拆装
1）变速器总成的拆卸。
① 拆下蓄电池的搭铁线。
② 拆下离合器的拉索(图3-40)。
③ 升起汽车，将两个传动半轴拆下并支撑好(图3-41)。
④ 拆开内变速杆与操作机构的连接(图3-42)。
⑤ 拆下倒档灯开关插头及速度里程表软轴(图3-43)。

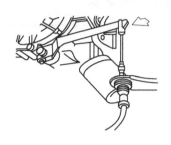

图3-40 拆下离合器的拉索

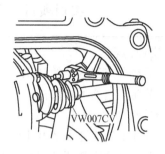

图3-41 拆两个传动轴半轴

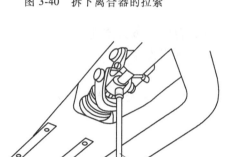

图3-42 拆开内变速杆与操作机构的连接

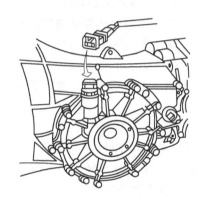

图3-43 拆下车速里程表软轴

⑥ 拆下排气管。

⑦ 拆下发动机与变速器上部的连接螺栓。

⑧ 再次举升汽车，拆下起动机、发动机中间支架及变速器减振垫和减振垫前后支架(图3-44)。

⑨ 拆下发动机与变速器下部连接螺栓，拆下变速器。

2) 变速器总成的安装。变速器总成的安装可按与拆卸相反的顺序进行。如果有必要，调整离合器踏板自由行程。

(3) 变速器的解体与装配

1) 变速器的解体。

① 清洗变速器外表，将其固定在拆装台上。

② 放出机油。

③ 拆下变速器后盖。

④ 拆卸一、二档的锁销，接着把拨叉向左转动。

⑤ 挂入二档，拉下拨叉轴。

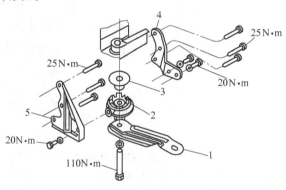

图3-44 拆下变速器减振垫和减振垫前后支架
1—变速器支架 2—变速器减振垫 3—减振垫的隔离物
4—减振垫的后支架 5—减振垫的前支架

⑥ 拆下五档拨叉轴及五档同步器和五档齿轮组件(图3-45)。

⑦ 锁住输入轴,取下输出轴五档齿轮紧固螺母,拆下五档齿轮(图3-46)。

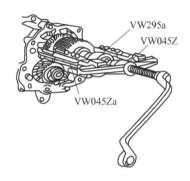

图3-45 拆下五档拨叉轴及五档同步器和五档齿轮组件

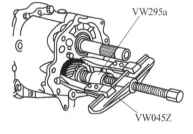

图3-46 拆下五档齿轮

⑧ 取下三、四档的锁销和拨叉轴。

⑨ 拆下倒档自锁装置和倒档拨叉轴。

⑩ 拆下输入轴和输出轴组件(图3-47)。

⑪ 取出倒档轴和齿轮、倒档传动臂。

⑫ 拆卸拨叉轴自锁和互锁装置(图3-48)。

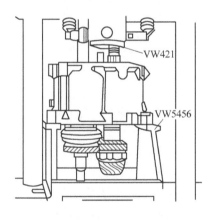

图3-47 拆下输入轴和输出轴组件

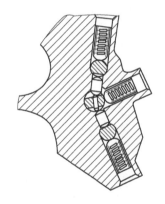

图3-48 拆卸拨叉轴自锁和互锁装置

⑬ 拆下从动齿轮的轴承盖螺栓,取下盖子,取出差速器总成(图3-49)。

2)变速器的装配。变速器的装配可按与拆卸的相反顺序进行。由于桑塔纳轿车的变速器和主减速器是合为一体的整体结构,其变速器的输出轴又是主减速器的输入轴,因此轴的定位和预紧十分重要。在装配变速器输出轴时要特别注意调整垫片的厚度,因为它直接影响主动齿轮的轴向位置。

3)输入轴的拆卸和安装(图3-32)。

① 拆下四档齿轮的有齿锁环,取下四档齿轮、同步环和滚针轴承。

② 拆下同步器锁环。

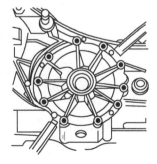

图3-49 拆下差速器总成

③ 拆下三、四档同步器，三档同步环和齿轮，取下三档齿轮的滚针轴承。

④ 拆下中间轴承内圈。

⑤ 输入轴的安装顺序与拆卸顺序相反。

4）输出轴的拆卸和安装（图3-33）。

① 拆下输出轴后轴承和一档齿轮，取下滚针轴承和一档同步环。

② 拆下滚针轴承的内圈、同步环和二档齿轮，取下二档齿轮的滚针轴承。

③ 拆下三档齿轮的锁环、三档齿轮。

④ 拆下四档齿轮的锁环、四档齿轮。

5）拆下输出轴的前轴承。

6）输出轴的安装顺序与拆卸顺序相反。

第 4 章 万向传动装置

学习目标：

- 了解万向传动装置的功用、组成及在车上的应用，了解万向传动机构的等速原理和十字轴刚性万向节的速度特性。
- 掌握十字轴刚性万向节、球笼式/球叉式万向节的结构，掌握十字轴万向节等速安装方式。
- 了解准等速万向节、传动轴、中间支承的基本结构。
- 掌握万向传动装置的常见故障、拆装及检修方法。

4.1 万向传动装置概述

万向传动装置一般由万向节和传动轴等组成。由于发动机与驱动装置之间的位置关系，有时需要将传动轴分成两端，在中部加装中间支承。汽车上任何一对轴线相交，并且相对位置经常发生变化的转轴之间进行动力传递，均需要用万向传动装置。

4.1.1 万向传动装置的作用和组成

1. 万向传动装置功用

万向传动装置在汽车上有很多应用，结构也稍有不同，但其功用都是一样的，即在轴线相交且相互位置经常发生变化的两转轴之间传递动力。

图 4-1 所示为位于变速器与驱动桥之间的万向传动装置，这是在汽车中最常见的应用。因汽车布置、设计等原因，变速器输出轴和驱动桥的输入轴不能在同一轴线；变速器安装在车架（车身）上，其位置是不动的；悬架的变形，引起驱动桥位置经常发生变化，采用万向传动装置可以满足变速器和驱动桥之间的使用、设计的要求。

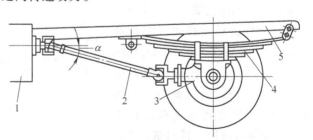

图 4-1 变速器与驱动桥之间的万向传动装置
1—变速器 2—万向传动装置 3—驱动桥
4—后悬架 5—车架

2. 万向传动装置组成

万向传动装置主要包括万向节和传动轴，对于传动距离较远的分段式传动轴，为了提高传动轴的刚度，还设置有中间支承，万向传动装置组成如图 4-2 所示。

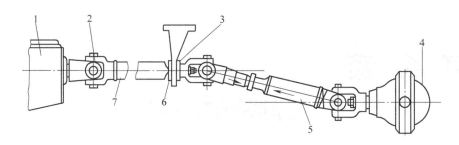

图 4-2 万向传动装置组成

1—变速器 2—万向节 3—中间支承 4—驱动桥 5、7—传动轴 6—球轴承

4.1.2 万向传动装置的类型

万向传动装置可分为闭式和开式两种类型。

如图 4-3e 所示,为闭式万向传动装置,采用单万向节,传动轴被封闭在套管中,套管与车架作球铰链连接,而与驱动桥作固定连接。国产广州标致 505PU 的万向传动装置即为闭式,其最大特点是:传动轴外壳作为推力管来传递汽车的纵向力,从而使传动轴外壳起到了悬架系统导向机构中纵向摆臂的作用,因为螺旋弹簧只能传递垂直载荷,其后悬架采用螺旋弹簧作为弹性元件。闭式万向传动装置目前较少采用。

如图 4-3d 所示,为开式万向传动装置,其结构简单,重量轻,现代汽车广泛应用开式万向传动装置。如解放 CA1091、EQ1090 等汽车,将开式万向传动装置应用于传动系统;一汽奥迪、上海桑塔纳、天津夏利等汽车将开式万向传动装置应用于转向驱动桥。

4.1.3 万向传动装置的应用

万向传动装置在汽车上的应用主要有以下几个方面。

(1) 应用于变速器(或分动器)与驱动桥之间 一般地,汽车

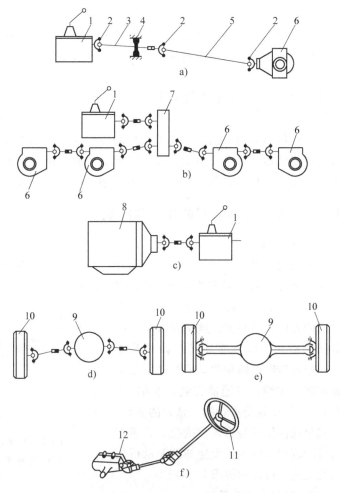

图 4-3 万向传动装置在汽车上的应用

1—变速器 2—万向节 3—中间传动轴 4—中间支承
5—主传动轴 6—驱动桥 7—分动器 8—发动机
9—主减速器 10—驱动轮 11—转向盘 12—转向器

将变速器、离合器与发动机三者合为一体装在车架上，驱动桥通过悬架与车架相连（图 4-1、图 4-3a）。汽车在负荷变化或在不平路面行驶时引起跳动，会使驱动桥输入轴与变速器输出轴之间的夹角和距离发生变化，因此要用万向传动装置。

（2）应用于越野汽车变速器与分动器之间（图 4-3b） 为消除车架变形及制造、装配误差等引起的轴线同轴度误差对动力传递的影响，需装有万向传动装置。

（3）应用于离合器与变速器或变速器与分动器之间（图 4-3b、c） 当离合器与变速器或变速器与分动器之间分开布置时，为了消除制造和装配误差以及车架变形对传动的影响，在其间常设万向传动装置。

（4）应用于汽车转向驱动桥的内、外半轴之间（图 4-3e） 转向时两段半轴轴线相交且交角发生变化，因此要用万向节。

（5）应用于断开式驱动桥的半轴（图 4-3d） 主减速器壳在车架上是固定的，桥壳上下摆动，半轴是分段设置，需用万向节。

（6）应用于转向机构的转向轴和转向器之间（图 4-3f） 万向传动装置有利于转向机构的总体布置。

4.2 万向节

万向节按其在扭转方向的刚度大小，可分为刚性万向节和挠性万向节。刚性万向节靠铰链式连接传递动力，挠性万向节靠弹性元件传动力。刚性万向节按其速度特性可分为普通（不等角速）万向节和等角速万向节。不等角速万向节有十字轴式万向节，等角速万向节有双联式、三销轴式、球叉式和球笼式等几种。

4.2.1 普通万向节

汽车传动系统广泛使用普通万向节即十字轴式刚性万向节，其结构如图 4-4 所示。这种万向节允许相邻两轴在夹角不大于 15°～20° 的情况下工作。

1. 构造

普通十字轴万向节由两个万向节叉、十字轴、滚针轴承、油封和油嘴等组成。十字轴内钻有相互贯通的润滑油道，油道与加油嘴和安全阀相通。十字轴端面上制有凹槽，使油嘴注入的润滑油能够达到滚针轴承工作面上。十字轴装上座圈、油封和挡圈后分别穿进两个万向节叉的孔内，外面装入带滚针的套筒，使套筒的内端面抵靠住十字轴端部。同时，套筒的端口通过挡圈压封，使套筒外端与万向节叉的端面齐平。轴承盖上冲制的凸起部分嵌入套筒顶面的切槽中，用锁片、螺钉固定在叉上，以防止套筒在叉孔内转动和运转中被甩出。润滑油道上的安全阀可自动控制油道内的油压，如油压过高，安全阀被顶开，

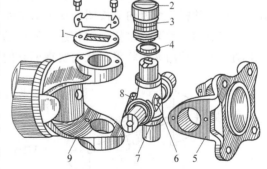

图 4-4 十字轴式刚性万向节
1—轴承盖 2—套筒 3—滚针 4—油封
5、9—万向节叉 6—安全阀
7—十字轴 8—油嘴

使润滑油外溢,防止油封因油压过高而损坏。

2. 十字轴万向节的工作特性

上述刚性万向节结构简单,传动效率高,因此,在现代汽车上广泛采用。但这种刚性万向节,单个使用在两轴之间有夹角的情况下,其两轴的角速度是不相等的,即主动轴等速转一周时,从动轴会出现两次周期性的超越或滞后变化,两轴夹角越大,角速度变化幅度也越大。下面以单个万向节传动情况来分析其不等速性。

如图 4-5 所示,设主动叉轴以等角速度旋转,两叉轴夹角为 α,当主动叉轴转至如图 4-5a 位置时,十字轴上 A 点在该瞬间的圆周速度可从主动叉轴和从动叉轴两方面求出:即 $v_A = \omega_1 r = \omega_2 r \cos\alpha$ 此时 $\omega_2 > \omega_1$。当主动叉轴转至图 4-5b 位置时,十字轴 B 点该瞬时圆周速度也可从主、从动叉轴两方面求出:即此时 $v_B = \omega_1 r \cos\alpha = \omega_2 r$,$\omega_2 < \omega_1$。从以上分析可见,当主动叉轴等角速旋转时,从动叉轴是不等角速的。从图 4-5a 转到图 4-5b 的位置,从动轴的角速度由最大值 $\omega_1/\cos\alpha$ 变到最小值 $\omega_1 \cos\alpha$ 主动叉轴再转过 90°,从动叉轴的角速度又由最小值变到最大值,从动叉轴的角速度变化周期为 180°,即在一圈内有两快两慢。显然从动叉轴出现两次超越和滞后,而不等速的程度是随 α 角增大而增大。但两轴的平均转速是相等的,即主动轴转一圈,从动轴也转一圈。

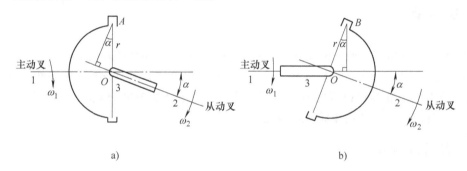

图 4-5 十字轴万向节传动的角速度分析

3. 十字轴万向节等角速传动的条件

单个万向节的不等速性,使得与其相连的各零件除传递正常转矩外,还要承担因加速和减速所产生的附加载荷。这将加剧机件的损坏。为避免这一缺陷,汽车上均采用双万向节传动。用传动轴将 2 个万向节按图 4-6 所示排列方式串联安装,即第一个万向节的从动叉与第二个万向节的主动叉通过传动轴相连,使传动轴两端的万向节叉口在同一平面内;输入轴、输出轴与传动轴的夹角相等,从而实现两轴间的等角速传动。但要保证主、从动轴瞬间角速

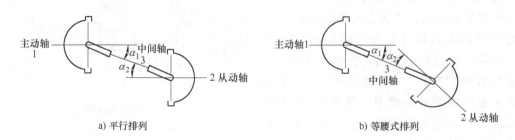

a) 平行排列   b) 等腰式排列

图 4-6 双万向节的等速排列

度相等，必须具备以下两个条件。

1) 传动轴与主动轴之间的夹角 α_1 等于传动轴与从动轴之间的夹角 α_2，即 $\alpha_1 = \alpha_2$。

2) 第一万向节的从动叉与第二万向节的主动叉处于同一平面内。由图 4-6 可知，中间轴传动的角速度 ω_3 与主动轴角速度 ω_1、从动轴角速度 ω_2 的关系为

$$\omega_3 = \frac{\omega_1}{\cos\alpha_1}$$

$$\omega_3 = \frac{\omega_2}{\cos\alpha_2}$$

因此，只要 $\alpha_1 = \alpha_2$，那么 $\omega_1 = \omega_2$。而使 $\alpha_1 = \alpha_2$，在实际传动轴与万向节连接中，有两种连接情况：一种是主动轴与从动轴轴线平行的平行排列；另一种是主动轴与从动轴轴线形成等腰三角形的等腰排列。

4.2.2 准等速万向节

准等速万向节是根据上述双万向节实现等速传动的原理而设计成的。常见的有双联式和三销轴式万向节。

双联式万向节实际上是一套传动轴长度减缩至最小的双万向节等速传动装置。图 4-7 中 3 相当于两个在同一平面上的万向节叉。欲使轴 1 和轴 2 的角速度相等，应保证 $\alpha_1 = \alpha_2$。在双联式万向节的结构中，装有分度机构，以保证双联叉的对称线平分所连两轴的夹角。

三销轴式万向节是由双联式万向节演变而来的准等速万向节。图 4-8 所示为东风 EQ2080 型汽车转向驱动桥中的三销轴式万向节，主要由两个偏心轴叉 1 和 3、两个三销轴 2 和 4 以及六个轴承、密封件等组成。主、从动偏心轴叉分别与转向驱动桥的内、外半轴制成一体。叉孔中心线与叉轴中心线互相垂直但不相交。两叉由两个三销轴连接。三销轴的大端有一穿通的轴承孔，其中心线与小

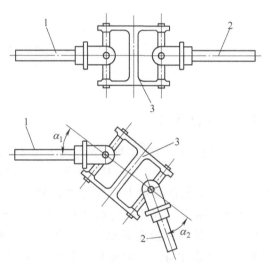

图 4-7 双联式万向节示意图
1、2—轴 3—双联叉

端轴颈中心线重合，靠近大端两侧有两轴颈，其中心线与小端轴颈中心线垂直并且相交。装合时每一偏心轴叉的两叉孔与一个三销轴的大端两轴颈配合，而后两个三销轴的小端轴颈互相插入对方的大端轴承孔内，这样便形成了 $Q_1\text{-}Q_1'$、$Q_2\text{-}Q_2'$、$R\text{-}R'$ 三根轴线。

在与主动偏心轴叉 1 相连的三销轴 4 的两个轴颈端面和轴承座 6 之间装有推力垫片 10。其余各轴颈端面均无推力垫片，且端面与轴承座之间留有较大的空隙，以保证在转向时三销轴万向节不致发生运动干涉现象。

三销轴式万向节的最大特点是允许相邻两轴有较大的交角，最大可达 45°。在转向驱动桥中采用这种万向节可使汽车获得较小的转弯半径，提高了汽车的机动性。其缺点是所占空

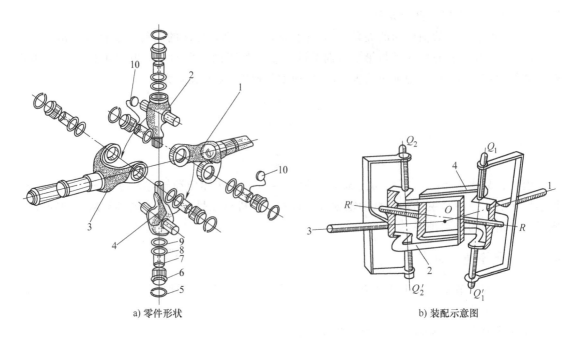

图 4-8 三销轴式准等角速万向节
1—主动偏心轴叉　2、4—三销轴　3—从动偏心轴叉　5—卡环　6—轴承座
7—衬套　8—毛毡圈　9—密封罩　10—推力垫片

间较大。

4.2.3 等速万向节

等速万向节的基本原理是从结构上保证万向节在工作过程中，其传力点永远位于两轴交点的平分面上。图 4-9 为一对大小相同的锥齿轮传动示意图。两齿轮的接触点 P 位于两齿轮轴线交角的平分面上，由 P 点到两轴的垂直距离都等于 r。在 P 点处两齿轮的圆周速度是相等的，因而两个齿轮旋转的角速度也相等。与此相似，若万向节的传力点在其交角变化时，始终位于角平分面内，则可使两万向节叉保持等角速的关系。常见的等速万向节有球叉式和球笼式两种。

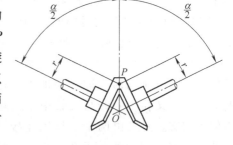

图 4-9 等速万向节的工作原理

球叉式万向节的构造如图 4-10 所示。主动叉 5 与从动叉 1 分别与内、外半轴制成一体。在主、从动叉上，各有四个曲面凹槽，装合后形成两个相交的环形槽，作为钢球滚道。四个传动钢球 4 放在槽中，钢球 6 放在两叉中心的凹槽内，以实现定心。

为顺利地将钢球装入槽内，在中心钢球 6 上钻出一个凹面，凹面中央有一深孔。装合时，先将定位销 3 装入从动叉内，放入中心钢球，然后在两球叉槽中陆续装入三个传动钢球，再将中心钢球的凹面对向末放钢球的凹槽以便装入第四个传动钢球，而后再将中心钢球 6 的孔对准从动叉孔，提起从动叉轴使定位销 3 插入球孔中，最后将锁止销 2 插入从动叉上

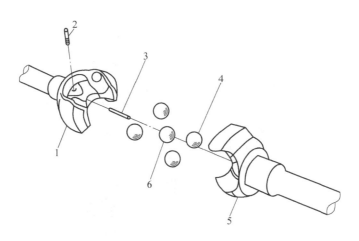

图4-10 球叉式万向节
1—从动叉 2—锁止销 3—定位销 4—传动钢球 5—主动叉 6—中心钢球

与定位销垂直的孔中,以限制定位销轴向移动,保证中心钢球的正确位置。

球叉式万向节的等角速条件是这样实现的(图4-11):主动叉和从动叉凹槽的中心线分别是以O_1、O_2为圆心的两个半径相等的圆,且圆心到万向节中心O的距离相等,因此,在主动轴与从动轴以任何角度相交的情况下,传动钢球中心部位于两圆的交点上,亦即所有传动钢球都位于角平分面上,因而保证了等角速传动。

球叉式万向节结构简单,允许最大交角为32°~38°,球叉式万向节工作时,只有两个钢球传力,反转时,则由另两个钢球传力。因此钢球与曲面凹槽之间的单位压力较大,磨损较快,影响使用寿命。一般应用于中小型越野汽车转向驱动桥中。

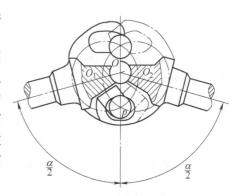

图4-11 球叉式万向节等角速传动原理

近年来,有些球叉式万向节中省去了定位销和锁止销,中心钢球上也没有凹面,靠压力装配。这样,结构更为简单,但拆装不便。

球笼式万向节的结构见图4-12。星形套7以内花键与主动轴1相连,其外表面有六条凹槽,形成内滚道。球形壳8的内表面有相应的六条凹槽,形成外滚道。六个钢球6分别装在各条凹槽中,并由保持架4使之保持在一个平面内。动力由主动轴1经钢球6、球形壳8输出。

球笼式万向节的等速传动见图4-13,外滚道的中心A与内滚道的中心B分别位于万向节中心O的两边,且与O等距离,钢球中心C到A、B两点的距离也相等。保持架的内外球面、星形套的外球面和球形壳的内球面均以万向节中心O为球心,故当两轴交角变化时,保持架可沿内外球面沿动,以保持钢球在一定位置。

由于$OA=OB$,$CA=CB$,CO是共边,则两个三角形$\triangle COA$与$\triangle COB$全等。故$\angle COA = \angle COB$,即两轴相交任意交角时,传力的钢球球心C都位于交角平分面上。此时钢球到主动

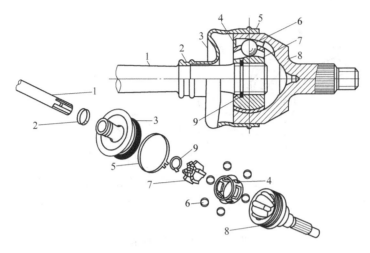

图 4-12 球笼式等速万向节示意图
1—主动轴　2、5—钢带箍　3—外罩　4—保持架（球笼）
6—钢球　7—星形套（内滚道）　8—球形壳（外滚道）　9—卡环

轴和从动轴的距离 a、b 相等，从而保证了从动轴与主动轴以相等的角速度旋转。球笼式等速万向节可在两轴最大交角为 42°情况下传递转矩，且在工作时，无论传动方向如何，六个钢球全部传力。与球叉式万向节相比，其承载能力强，结构紧凑，拆装方便，因此应用越来越广泛。

4.2.4　挠性万向节

如图 4-14 所示，挠性万向节依靠其中弹性元件的弹性变形来保证在相交两轴间传动时不发生机械干涉。弹性元件可以是橡胶盘、橡胶金属套筒、六角形橡胶圈或其他结构形式。由于弹性元件的弹性变形量有限，故挠性万向节一般用于两轴间夹角不大（3°~5°），只有微量轴向位移的传动场合，即常用来连接固定安装在车架上的两个部件（如发动机与变速器或变速器与分动器）之间，以消除制造安装误差和车架变形对传动的影响。此外，它还具有能吸收传动系统中的冲击载荷和衰减扭转振动，结构简单，无需润滑等优点。

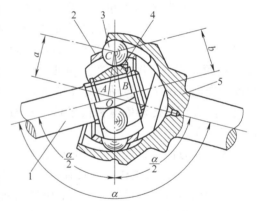

图 4-13　球笼式万向节的等速传动
O—万向节中心
A—外滚道中心　B—内滚道中心
C—钢球中心　α—两轴交角（指钝角）
1—主动轴　2—保持架（球笼）　3—钢球
4—星形套（内滚道）　5—从动轴

弹性连接件的结构如图 4-15 所示。两个橡胶块 1 装在两半对合的外壳 3 中。每个橡胶块中各有一衬套 2。每副弹性连接件中的一个橡胶块用螺栓固定在大圆盘上，而另一橡胶块用螺栓固定于连接圆盘上动力经大圆盘输入，通过衬套传给每一副弹性连接件中的一个橡胶块，再经外壳、另一橡胶块和衬套传给连接圆盘，最后经花键毂和花键轴输出。

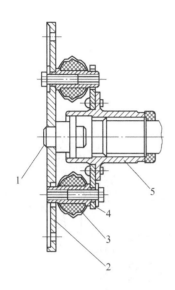 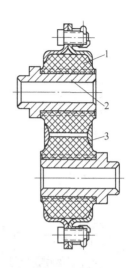

图 4-14 原上海 SE1380A 型自卸车的挠性万向节
1—中心轴 2—大圆盘 3—弹性连接件
4—连接圆盘 5—花键毂

图 4-15 弹性连接件
1—橡胶块 2—衬套 3—外壳

4.3 传动轴和中间支承

4.3.1 传动轴

1. 功用

传动轴是万向传动装置中的主要传力部件。通常用来连接变速器（或分动器）和驱动桥，在转向驱动桥和断开式驱动桥中，则用来连接差速器和驱动车轮。

2. 构造

传动轴有实心轴和空心轴之分。为了减轻传动轴的质量，节省材料，提高轴的强度、刚度，传动轴多为空心轴，一般用厚度为 1.5~3.0mm 的薄钢板卷焊而成，超重型货车则直接采用无缝钢管。

转向驱动桥、断开式驱动桥或微型汽车的传动轴通常制成实心轴。图 4-16 所示为解放 CA1092 汽车的万向传动装置，因传动轴过长时自振频率降低，易产生共振，故将其分成两段并加中间支承。中间传动轴前端焊有万向节叉，后端焊有花键轴，其上套装带内花键的凸缘盘；主传动轴前端焊有花键轴，其上套装滑动叉并在花键轴上可轴向滑动，以适应变速器与驱动桥相对位置的变化；滑动部位用润滑脂润滑，并用油封（即橡胶伸缩套）防漏、防水、防尘；滑动叉前端装有带小孔的堵盖，以保证花键部位伸缩自如。

传动轴两端的连接件装好后，应进行动平衡试验。在质量轻的一侧补焊平衡片，使其不平衡量不超过规定值。为防止装错位置和破坏平衡，滑动叉、轴管上都刻有带箭头的记号。为保持平衡，油封15上两个带箍的开口销应装在间隔180°位置上，万向节的螺钉、垫片等零件不应随意改换规格。为加注润滑脂方便，万向传动装置的滑脂嘴应在一条直线上，且万向节上的滑脂嘴朝向传动轴。

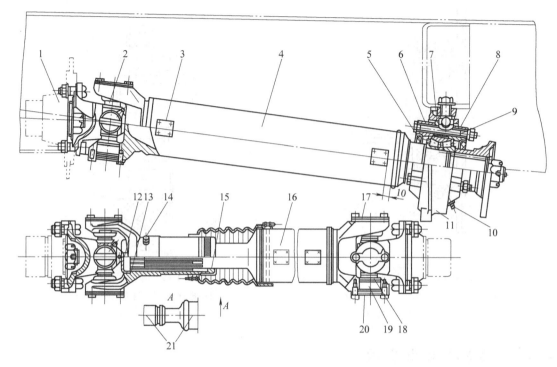

图 4-16 解放 CA1092 汽车的万向传动装置

1—凸缘叉 2—万向节十字轴 3—平衡片 4—中间传动轴 5、15—中间支承油封
6—中间支承前盖 7—橡胶垫片 8—中间支承后盖 9—双列圆锥滚子轴承
10、14—滑脂嘴 11—支架 12—堵盖 13—滑动叉 16—主传动轴
17—锁片 18—滚针轴承油封 19—万向节滚针轴承
20—滚针轴承轴承盖 21—装配位置标记

4.3.2 中间支承

1. 功用

传动轴分段时需加中间支承，中间支承通常装在车架横梁上，它能补偿传动轴轴向和角度方向的安装误差，以及汽车行驶过程中因发动机窜动或车架变形等引起的位移。

2. 结构

中间支承常用弹性元件来满足上述功用，如图 4-16 所示的中间支承是由支架和轴承等组成的，双列圆锥滚子轴承固定在中间传动轴后部的轴颈上。带油封的支承盖之间装有弹性元件橡胶垫环，用 3 个螺栓紧固。紧固时，橡胶垫环会径向扩张，其外圆被挤紧于支架的内孔。

东风 EQ1090 型汽车的中间支承如图 4-17 所

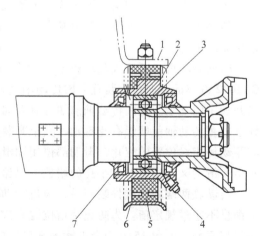

图 4-17 东风 EQ1090 型汽车的中间支承
1—车架横梁 2—轴承座 3—轴承 4—注油嘴
5—蜂窝形橡胶垫 6—U 形支架 7—油封

示。轴承可在轴承座内轴向滑动,轴承座装在蜂窝形橡胶垫内,通过U形支架固定在车架横梁上。

4.4 万向传动装置的维修

4.4.1 万向传动装置的维护

1. 刚性十字轴万向节使用中应注意的问题
1) 检查传动轴十字轴轴承及中间支承有无松旷,如轴承磨损松旷应及时更换。
2) 检查各叉形凸缘螺母的紧固情况;并紧固螺栓或螺母及凸缘连接螺栓。
3) 定期向万向传动装置的轴承加注润滑脂浸润。
2. 球笼式等角速万向节使用中应注意的问题
1) 应经常检查球笼式万向节的防尘罩;因一旦进入灰尘,将引起万向节磨损失效,发现防尘罩破损应立即更换。
2) 保养中应检查球笼式万向节的钢球和滚道有无磨损松旷、卡滞、生锈或损坏。如有应更换新件。
3) 装配球笼式万向节时,应加注润滑脂,并更换防尘罩。

4.4.2 万向传动装置的检修

1. 万向节的检修

(1) 万向节的分解 解放 CA1091 汽车万向节分解时,首先拧下轴承锁片盖板螺栓,取下盖板,再用手推出十字轴滚针轴承壳,取下十字轴,然后从十字轴上取下轴承滚针、油封等。有些车型的万向节十字轴滚针轴承壳用手推不出来,分解时,当盖板拆下后,用手握住传动轴或伸缩套,再用锤子轻敲万向节边缘(图4-18),使十字轴撞击其轴承壳,即可把轴承壳撞击下来。

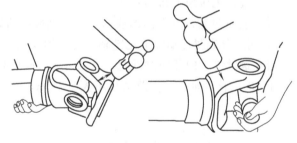

图 4-18 锤击拆卸十字轴示意图

(2) 万向节的检修 万向节分解后要清洗干净,对所有零件必须进行外观检查,然后分清可修零件和报废零件。万向节十字轴不得有裂纹,十字轴各轴颈表面严重拉伤、金属剥落、压痕、滚针碎裂、轴承外圈与万向节叉的轴承配合过松、十字轴轴颈与滚针轴承配合间隙超过 0.25mm、轴承外圈有裂纹及有明显凹陷应更换。

万向节轴承与轴颈的配合间隙应符合原厂规定,检查时把十字轴夹在台虎钳上,滚针轴承套在十字轴轴颈上,用百分表抵住轴承壳外表最高点,用手上下推动滚针轴承壳,百分表指针读数的变化值,就是其径向间隙值,检测方法如图4-19所示。

万向节十字轴轴颈有轻微剥落,可用油石打光、修磨后继续使用。轴颈磨损起槽,深度大于规定值时,应进行修复。其修理方法可采用电镀、镶套或堆焊等。比较广泛采用的方法是电脉冲堆焊(振动堆焊)。

十字轴轴承壳破裂或磨损严重、有沟槽等损伤应更换。十字轴轴承滚柱若磨损严重、疲劳剥落、划痕凹槽及断裂等，一律更换。更换时，滚针规格应相同。

万向节轴承盖板，轴承盖上的止动突起部分应完整无损，螺纹损伤不能多于两牙，否则应修复或更换。

2. 传动轴的检修

(1) 传动轴花键套与花键轴头的检修　传动轴花键套与花键轴头的主要损伤有花键磨损、花键轴头键齿磨损或有横向裂纹。花键套与花键轴头的磨损造成配合侧隙增大，其检查方法如图 4-20 所示。配合侧隙一般不大于 0.30mm。若超过规定值，要根据具体情况进行修复。

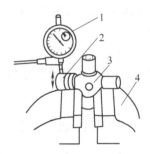

图 4-19　检查万向节轴承与十字轴的配合间隙
1—百分表　2—万向节轴承
3—十字轴　4—台虎钳

花键轴磨损比较严重或键齿有横向裂纹时，可采用局部更换法修复。修复时，首先在车床上车去焊缝，并加工花键轴、万向节叉及轴管上的焊接坡口（花键轴、万向节的坡口为 45°，轴管的坡口为 60°），做好原配合位置的记号，冲去花键轴头或万向节叉，然后对准旧件的记号，压入新件进行焊接。这里应注意两点，一是压入的新件与轴管是过盈配合，过盈量一般为 0.25~0.50mm；二是安装伸缩套后，要保证同一传动轴两端的万向节叉轴承孔轴心线位于同一平面内，位置公差要符合原厂规定。另外还要测量传动轴的全长，其长度应符合原厂规定。花键轴磨损也可进行堆焊修复，堆焊后加工出新键齿。此外，还可用收缩修复法。首先把伸缩套加热至 850℃，用一标准花键轴插入花键套内，在轴套外面压入缩小的压模，压模的内径较轴套外径每次缩小应为 0.50~1mm。按需要缩小量来决定缩小的次数。压模缩小后进行机械加工和热处理。

(2) 传动轴弯曲和凹陷的检修　传动轴弯曲的检查可用 V 形架把传动轴两端支起来（图 4-21），用百分表测传动轴上花键轴及支承轴承结合面的径向跳动量，一般不大于 0.15mm。并测量在键轴管上的径向跳动量，长度小于 1m 的传动轴，径向跳动量不大于 0.80mm；长度大于 1m 的传动轴，径向跳动量不大于 1mm。

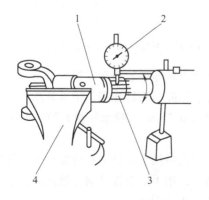

图 4-20　检查传动轴花键轴与花键套的配合间隙
1—花键套　2—百分表　3—花键轴　4—台虎钳

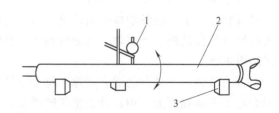

图 4-21　检查传动轴的弯曲度
1—百分表　2—传动轴　3—V 形架

传动轴弯曲变形 5mm 以内，可在压床上进行冷压校正。传动轴若弯曲变形 5mm 以上，应采用加热校直法校正。加热校正时，先把花键轴头和万向节叉切下来（切割时要做记号，装复时应对正），再在轴管内穿上一根比轴管内径略细而较长的钢棒，用支架架起钢棒的两端，然后沿轴管弯曲处加热。当温度达到 600~850℃时，再垫上型锤敲击校正。修复后将花键轴头及万向节叉按原记号对正焊好。

（3）传动轴万向节叉、突缘叉的检修　万向节叉、突缘叉主要损伤是平面磨损、螺纹孔损伤、轴承壳座孔磨损、花键槽磨损等。万向节叉平面磨损可用锉削的方法予以修复；轴承盖及螺纹孔损伤可采用扩大螺纹尺寸法修复；轴承座孔与轴承盖外径配合间隙超标，可用反极电弧焊或铜焊堆焊轴承座孔，然后加工至公称尺寸。若磨损严重，应更换新件。

3．传动轴中间轴承及支架的检修

（1）中间轴承支架的检修　中间轴承支架若有裂损，应及时焊修；油封盖磨损严重，装上油封后松动，应更换；橡胶环老化、腐蚀等，一律更换。

（2）中间轴承的检修　首先对中间轴承进行外观检查，如发现轴承滚珠、滚道及外滚道上有烧蚀、裂纹、刻痕、金属剥落，或发现隔离环圈裂损、螺钉松动等现象，予以更换。

中间轴承通过外观检查合格后，还要进行空载试验检查和轴承内部磨损间隙的测量。空载试验检查是把轴承拿在手上，让其进行空转，观察轴承旋转是否灵活，有无噪声、停滞和卡住等现象。

中间轴承（球轴承）径向间隙的测定如图 4-22 所示，把轴承放在平板上，用百分表的触头抵住轴承外座圈，一手把轴承内圈压紧，另一只手往返推动轴承外座圈，指针所摆动的数值，即为轴承的径向间隙。轴向间隙的测定，如图 4-23 所示，把轴承的外圈搭在两金属垫块上，并使内圈悬空，在内座圈中放一块平铁板（平铁板的两端要抵住内座圈），把百分表触头抵住平铁板的中央，用手上下推动轴承的内座圈，百分表指针所指的最大数值和最小数值之差，即为轴承的轴向间隙。

中间轴承经测定，径向间隙和轴向间隙若超过使用限度，应更换新轴承。

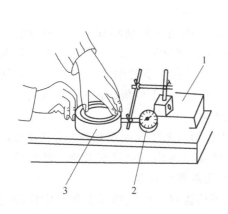

图 4-22　测量轴承径向间隙示意图
1—检验平板　2—百分表　3—轴承

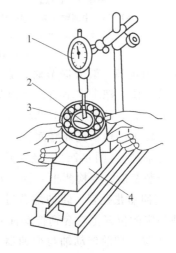

图 4-23　测量轴承轴向间隙示意图
1—百分表　2—平铁板　3—轴承　4—垫铁

4.4.3 万向传动装置的装配

1. 传动轴的组装工艺

解放 CA1091 型汽车传动轴的组装工艺如下。

（1）清洗　把检修合格的传动轴零部件清洗干净，并用压缩空气疏通十字轴等油道和空气孔。

（2）装传动轴中间支承轴承　把中间支承轴承内注满润滑脂，再装入橡胶垫圈，然后连同橡胶圈一同装进轴承支架内。把毛毡油封压入前后轴承盖上，再把轴承盖装在支架的两端（有油嘴的轴承盖必须装在后侧），插入螺栓并紧固。然后把它装到前传动轴上，再装上突缘，用槽形螺母锁紧，最后穿上开口销锁住。在橡胶垫环装入中间支承架前，应检查支架上的垫环及键是否完好，以防止垫环装上后在支架内转动。如图4-24 所示。

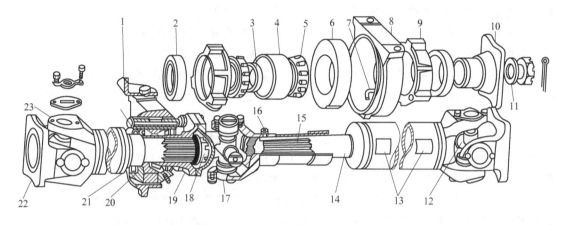

图 4-24　解放 CA1091 型汽车万向传动装置

1—车架中横梁　2—中间轴轴承油封总成　3—隔圈　4—轴承内圈　5、20—中间轴承
6—垫圈及隔套总成　7—定位销　8—中间轴承支架　9—中间轴承后轴承盖
10、19—中间轴突缘　11—垫圈　12—十字轴　13—平衡片　14—传动轴花键轴
15—滑动叉　16—油嘴　17—滚动轴承总成　18—螺母
21—中间轴套管　22—突缘叉　23—焊接叉

（3）装万向节　装万向节时，必须使十字轴上的油嘴朝向传动轴管一方，并和套管上的油嘴保持同位。把十字轴插入万向节叉的轴承座孔中，再把轴承涂上润滑脂，配上油封放入轴承座孔，然后把轴承壳上凹槽与盖板螺栓孔对正，套在十字轴轴颈上（图 4-25）。用铜棒和手锤轻轻敲击轴承壳外底面，使其慢慢进入轴承孔内，装上盖板，再把突缘叉套在十字轴的另一对轴颈上（图 4-26）。最后紧固盖板的固定螺栓。

万向节装复后，要检测十字轴、万向节轴承及万向节叉的轴向间隙是否符合技术标准。

（4）装伸缩花键套　装伸缩花键套时，先在伸缩花键内均匀涂抹润滑脂，然后按着装配记号或规定的位置把它套到传动轴的花键轴上，最后旋紧油封盖。

（5）连接　把前传动轴与变速器第二轴突缘用螺栓连接，中间轴承支架用螺栓固定在车架中间横梁上，再用螺栓把伸缩套突缘与前传动轴中间支架后部突缘连接，后突缘与主减速器主动齿轮轴的突缘相连接。

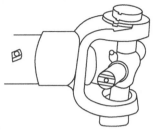 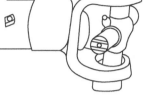

图 4-25　万向节装复（一）　　　　　　图 4-26　万向节装复（二）

2. 传动轴总成总装配时应注意的事项

1）安装传动轴时，两端万向节叉应位于同一平面内，防止由于万向传动机构不等速传动而造成传动轴抖动、发响。

2）传动轴和伸缩花键套有装配记号，装配时必须按原记号对正组装。若修理中更换了部件，要经动平衡检验重新作上装配记号。

3）传动轴的装配要齐全完好，使用可靠。如伸缩套处的油封，不但能防花键齿内润滑脂外流，而且还能防止外界潮湿空气和灰尘的浸入。防尘套必须齐全完整，并用卡子紧固。为保持传动轴的动平衡，两只卡子的锁扣要错开 180°。

4）为保养传动轴，便于加注润滑脂，十字轴切不可反装。油嘴必须朝向传动轴并成一条直线，中间支承轴承盖上的油嘴应装在支架的后面且油嘴朝下。

5）中间支承轴承支架安装时有方向，支架与车架横梁接触面有角度的或支架厚的一面均应朝向前方。

6）十字轴轴承盖板的紧固螺栓或 U 形螺栓，突缘连接的紧固螺栓、螺母等，紧固时必须达到规定的扭力并锁止可靠。

7）传动轴出厂前，厂家进行过动平衡试验，修理或组装时，传动轴上的平衡片，切不可随意增减或去掉。

8）传动轴组装后必须进行动平衡试验。其动不平衡量应符合原厂规定。

4.5　万向传动装置的故障诊断

传动轴在万向节轴承和各连接部位的磨损、松旷、传动轴弯曲、动不平衡等会引起万向传动装置出现故障。常见的有传动轴摆振和噪声，起动撞击和滑行异响等。

4.5.1　传动轴的摆振

1. 故障现象

汽车起步时，有响声，行驶过程中伴有车身振动，人体产生发麻的感觉，变换车速时，响声明显。

2. 诊断方法

将汽车后轮架起，起动发动机并使传动轴高速旋转。如果汽车在起步和行驶时都有响声、传动轴和车身产生振动，中间轴承可能松动；如中间轴承无异常，应检查传动轴花键轴与伸缩管的花键齿配合，用百分表检查其间隙是否因磨损过度而松旷；改变发动机转速，查看传动轴振摆情况,若摆振明显,检查传动轴是否弯曲或平衡片是否脱落;踩制动踏板,如产生沉闷的金属敲击声,可能是后桥骑马螺栓松动;提高车轮转速,如果响声随车速增高而增大,脱档滑行时声音清晰,多为中间轴承损坏或歪斜。

3. 故障原因和排除

1) 传动轴不平衡量偏大。平衡片脱落,使传动轴质心偏离其旋转中心线而产生震抖。应检查传动轴的静平衡和动平衡,焊补平衡片。

2) 传动轴弯曲、径向圆跳动过大。当传动轴出现振动时,可将汽车顶起,转动传动轴,用百分表检查传动轴的径向圆跳动,其值超过极限值时,应对传动轴进行校正或更换。校正方法有冷压校正和热压校正两种。

3) 万向节凸缘叉与花键发卡,更换万向节。

4) 如中间轴承松动歪斜或损坏,应拆下中间轴承检查:如中间轴承损坏,应更换;如歪斜,应进行调整。

4.5.2 传动轴发响

1. 故障现象

汽车行驶时,在汽车中底部发出不正常响声。

2. 诊断方法

传动轴发响,主要是因为万向节十字轴及滚针轴承、传动轴中间轴承松旷发响;传动轴花键轴与花键套、变速器输出轴花键与突缘花键磨损过大,产生间隙,工作时产生冲击,发响;联接螺栓松动,零件撞击,发响。应检查传动轴是否弯曲或平衡片脱落,如正常,拉紧驻车制动器,用手摇动传动轴。如晃动量大,检查传动叉花键齿是否磨损松旷或万向节轴承是否磨损松旷。如不晃动,放松驻车制动器,再用手摇传动轴,如驻车制动毂晃动,可能是变速器输出轴花键与凸缘花键槽磨损过甚。

3. 故障原因和排除

拆解传动轴,检查各轴承、各配合间隙和螺栓螺母连接情况。

1) 如万向节十字轴及滚针轴承磨损或滚针裂碎,更换滚针轴承。

2) 如传动轴中间支承轴的轴承磨损过大发响,应更换中间轴承。

3) 如传动轴花键轴与花键套的花键及花键槽磨损,应校正或更换。

4) 变速器输出轴花键与突缘花键槽磨损过甚,应更换新件。

5) 万向节突缘叉紧固螺母松动,中间轴承支架螺栓或中间突缘螺栓松动,减速器主动齿轮的锁紧螺母松动,均予以紧固。

4.5.3 起动撞击和滑行异响

1. 故障现象

万向传动装置在汽车起步时产生异响。

2. 主要原因及排除方法

1) 万向节产生磨损或损伤,应更换零件。

2) 变速器输出轴花键磨损,酌情修理或更换相关零件。

3) 滑动叉花键磨损或损伤,应更换零件。

4）传动轴连接部位松动，拧紧螺栓即可消除故障。

本 章 小 结

1. 万向传动装置一般由万向节和传动轴组成，有时还加装中间支承。汽车上任何一对轴线相交且相对位置经常变化的轴之间的动力传递，均需通过万向传动装置。除用于汽车的传动系统外，万向传动装置还可用于动力输出装置和转向操纵机构。

2. 目前汽车传动系统中用得最多的是十字轴式刚性万向节。它允许相邻两轴的最大交角为 15°~20°，其等速传动的要求是：①第一万向节两轴间夹角与第二万向节两轴间夹角相等；②第一万向节的从动叉与第二万向节的主动叉处于同一平面内。

3. 准等速万向节是根据双万向节实现等速传动的原理而设计成的。常见的有双联式和三销轴式万向节。双联式万向节实际上是一套传动轴长度减缩至最小的双万向节等速传动装置。

4. 等速万向节的基本原理是从结构上保证万向节在工作过程中，其传力点永远位于两轴交点的平分面上。目前采用较广泛的球叉式万向节和球笼式万向节都是采用钢球进行传力，利用钢球的自动定心特性保证等速要求。

5. 挠性万向节依靠其中弹性件的弹性变形来保证在相交两轴间传动时不发生机械干涉。弹性件可以是橡胶盘、橡胶金属套筒、六角形橡胶圈或其他结构形式。

6. 连接变速器与驱动桥的传动轴部件由传动轴及其两端焊接的花键轴和万向节叉组成。传动轴在高速旋转时，由于离心力作用将产生剧烈振动。因此，当传动轴与万向节装配后，必须满足动平衡要求。传动轴分段时需加中间支承。通常中间支承安装在车架横梁上，应能补偿传动轴轴向和角度方向的安装误差以及车辆行驶过程中由于发动机窜动或车架等变形所引起的位移。

7. 万向传动装置的常见故障、拆装及检修方法。

复习思考题

1. 汽车传动系统中为什么要设有万向传动装置？该装置由哪几部分组成？
2. 万向节可分为哪几种类型？各有何特点？
3. 试述十字轴式万向节传动的不等速性。
4. 等速万向节有哪些结构形式？各有何特点？
5. 简述汽车传动轴的构造，装配时有哪些要求？
6. 为什么要设中间支承？它有哪几种类型？各有何特点？
7. 万向传动装置常见故障有哪些？如何进行诊断与排除？

实训项目 万向传动装置的拆装

1. 实训目的与要求
1) 掌握万向传动装置的拆装步骤及技术要求。
2) 熟悉万向传动装置主要零部件的名称、作用及相互装配关系。
2. 实训设备及工、量具
1) 轿车(普通桑塔纳、捷达、神龙富康和进口轿车)和货车(CA1090、EQ1091)传动轴总成数部。确保每部供 4~6 人实训。
2) 常用汽车维修工具若干套。
3) 专用夹具、工作台若干套。
3. 学时及分组人数
2学时，各种传动轴总成轮换进行。具体分组视情况确定。
4. 实训步骤及操作方法
本实训以桑塔纳轿车万向传动装置的拆装为例，其他各车型的拆装可参考相关资料进行。
(1) 万向传动装置的拆卸
1) 万向传动装置的拆卸(图 4-27)。

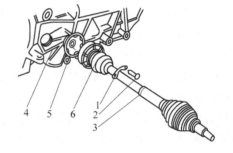

① 在车轮着地时，拆下传动轴与轮毂的紧固螺母。
② 旋下可移动球形接头与下摆臂的紧固螺母，放下下摆臂，但要注意连接位置，并做好安装记号。

图 4-27 万向传动装置的拆卸
1—锁片 2—螺栓 3—万向节轴 4—主减速器
5—驱动凸缘盘 6—等角速万向节

③ 弄直锁片 1，旋下螺栓 2，从主减速器 4 上的驱动凸缘盘 5 上取下传动轴内端的等角速万向节 6。
④ 从车轮轴承内拉出万向传动装置。拆卸后装上一根代替的连接轴，避免损坏前轮总成。
2) 万向传动装置的分解(图 4-28)
① 外万向节的拆卸：用钢锯将外万向节金属环(原先装卡箍)锯开，取下防护罩，用轻金属锤子用力将外万向节从传动轴上敲下。用电蚀笔或油石在外万向节球笼和球形壳上标上星形套的位置。
② 内万向节(VL 型球笼式等速万向节)的拆卸(图 4-29)：拆卸挡圈 2，然后用专用工具 12、13 将内等速万向节 14 从传动轴上压出。
③ 外万向节的分解。旋转球笼与星形套，依次取下 6 个钢球 5，如图 4-30a 所示；用力转动球笼 2，直至球笼上的方孔(箭头所指部位)与球形壳 3 垂直，连同星形套 1 起从球形壳中拆下，如图4-30b 所示；把星形套的扇形齿旋入球笼的方孔，然后从球笼中取下星形套，如图 4-30c 所示。

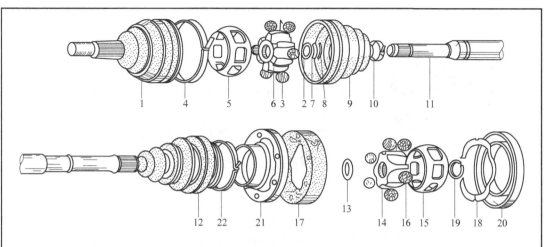

图4-28 万向传动装置的分解图

1—外等速万向节壳体 2、19—卡环 3、16—钢球 4、10、22—卡箍 5—外等速万向节保持架 6—外等速万向节壳星形套 7—止推垫圈 8、13—碟形弹簧 9、12—防尘罩 11—万向节轴 14—内等速万向节壳星形套 15—内等速万向节保持架 17—内等速万向节壳体 18—密封垫 20—塑料罩 21—内等速万向节护盖

④ 内万向节的分解。转动星形套4与球笼5,按箭头方向压出球笼5和星形套4,然后取出钢球;转动星形套4,使其与球笼分开,如图4-31所示。

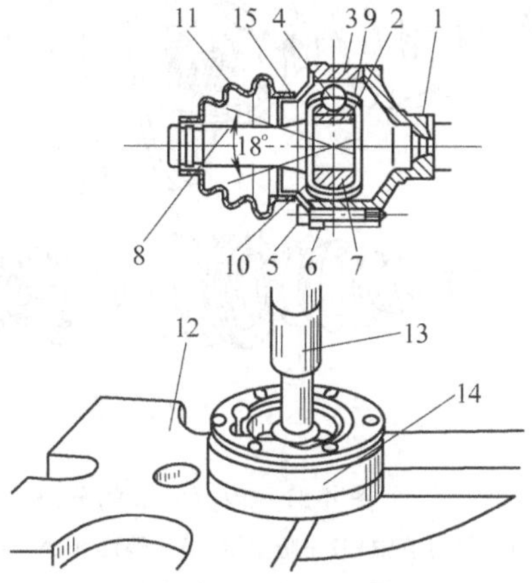

(2)万向传动装置的安装

1)安装外等角速万向节。

① 将说明书规定的润滑脂总量的一半(45g)注入万向节内。

② 将球笼连同球壳一起装入球笼壳体,对角交替地压入钢球,必须保持球壳在球笼壳以及球笼壳内的原有位置。

③ 将弹簧挡圈装入星形套,并将剩余的润滑脂压入万向节。

2)安装内等角速万向节。

① 对准凹槽将星形套1嵌入球笼2内,如图4-32a所示。

② 将钢球与球笼的星形套垂直装入壳体。安装时应注意旋转之后,球笼壳上的宽间隙应对准载上的窄间隙,如图4-32b所示。且球壳内径(花键齿)上的倒角必须对准工具球笼的大直径端。

图4-29 内万向节的拆卸

1—驱动凸缘 2—挡圈 3—内等速万向节壳体 4—钢球 5—螺栓 6—星形套 7—保持架 8—万向节轴 9—密封垫圈 10—碟形弹簧 11—防尘罩 12、13—专用工具 14—内等速万向节 15—卡箍

③ 扭转星形套,这样星形套就能转出球笼使钢球在与壳体中的球槽配合有足够间隙,如图4-32c所示。然后用力压球笼(箭头)使装有钢球3的星形套完全转如球笼内,最后检查万向节功能。

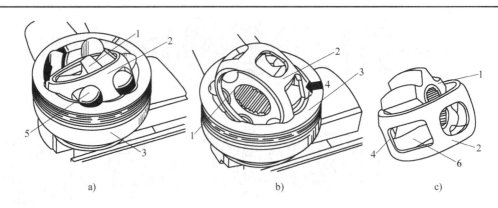

图 4-30 外万向节的分解
1—星形套 2—球笼 3—球形壳 4—保持架的长方形孔 5—钢球 6—星形套的扇形片

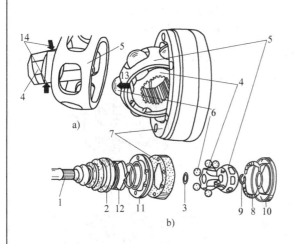

图 4-31 内万向节的分解
1—万向节轴 2—防尘罩 3—碟形弹簧 4—星形套
5—球笼 6—钢球 7—壳体 8—密封垫圈
9—挡圈 10—塑料罩 11—防护盖 12—卡簧
13—钢球的压出方向 14—星形套钢球的运行轨道

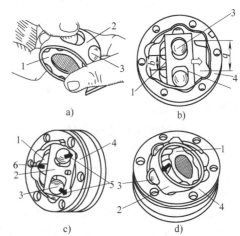

图 4-32 安装内等角速万向节
1—星形套 2—球笼 3—钢球 4—壳体
5—球笼转动方向 6—星形套转动方向

④ 用手能将星形套在轴向范围内来回灵活推动时,则表明该球笼壳组装正确,如图 4-32d 所示。

3) 内、外万向节与传动轴的组装。

① 外万向节与传动轴的连接。在传动轴上套上防护罩、碟形座圈 3;在星形套内放入新的弹簧挡圈 1;用专用工具压入万向节,直至弹簧挡圈 1 和碟形座圈 3 装在与传动轴相配合的位置上,其安装位置如图 4-33 所示。

② 内万向节与传动轴的连接。以同样的方法,用专用工具压入内万向节,装上挡圈和密封垫片(图 4-28)。

③ 安装防尘罩。在万向节上安装防尘罩，由于防尘罩经常会受到挤压，会在防尘罩内部产生真空，成内吸的拆痕。因此装配时在安装防尘罩小口径后，要稍微冲点气，使得压力平衡，然后夹紧软管箍或夹头。

4）安装传动轴总成。装配前应擦净传动轴与轮毂花键上的油，如去除防护剂的残留物，然后按下列步骤安装传动轴。

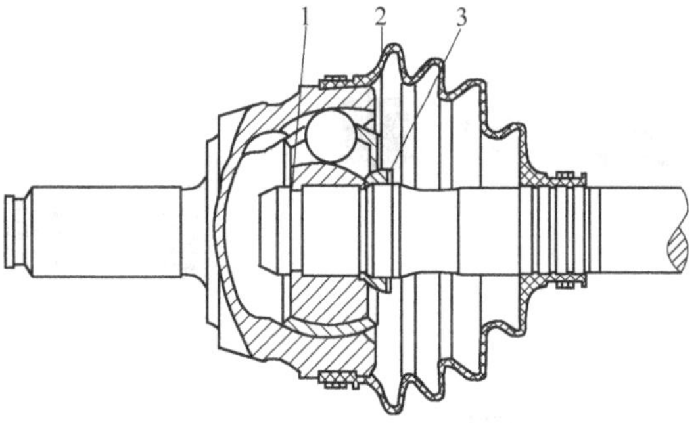

图4-33 弹簧挡圈和碟形座圈的安装
1—弹簧挡圈 2—隔圈 3—碟形座圈

① 在等速万向节上均匀地涂上一圈5mm厚的防护剂D6，再装上传动轴花键套。涂上防护剂D6后，应停车1h方可使用。

② 将球形接头重新装配在原位置，并拧紧螺母，拧紧力矩为50N·m。

③ 必要时应检查前轮外倾角，在前悬架下臂上固定球形接头时，应注意不要损坏波纹管护套。

④ 拧紧轮毂固定螺母，拧紧力矩是230N·m。

5. 实习报告

1）绘图说明发动机前置后轮驱动汽车万向传动装置的布置形式，并说明等速传动的条件。

2）说明常见汽车传动装置的拆装与技术条件。

第 5 章 驱 动 桥

📝 **学习目标：**

- 掌握驱动桥各主要部件的功用和类型。
- 掌握单级、双级主减速器和齿轮式、强制锁止式差速器的工作原理。
- 了解半轴和桥壳的作用。
- 了解四轮驱动系统的组成和工作原理。
- 掌握驱动桥的常见故障和检修方法，掌握主减速器、差速器的装配和调整方法。
- 了解电控驱动防滑系统。

5.1 驱动桥概述

5.1.1 驱动桥的作用和组成

1. 组成

驱动桥是传动系统中最后一个总成，主要由桥壳、主减速器、差速器和半轴等组成。一般汽车的驱动桥总体构造如图 5-1 所示。

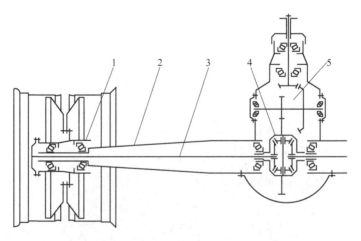

图 5-1 解放 CA1091 型汽车驱动桥示意图
1—轮毂 2—桥壳 3—半轴 4—差速器 5—主减速器

2. 功用

驱动桥的作用是将万向传动装置输入的动力减速增矩、改变动力方向之后，通过半轴将动力传递分配到左右驱动轮。驱动桥各部分的功用如下。

主减速器的作用：降低转速、增加扭矩，且改变转矩的传递方向以适应汽车的行驶方向。

差速器的作用：可使左右轮以不同转速旋转，适应汽车转弯及在不平路面上行驶。

半轴的作用：将转矩从差速器传至驱动轮。

桥壳的作用：安装主减速器、差速器等传动装置。

5.1.2 驱动桥的类型

驱动桥根据结构形式分为整体式驱动桥、断开式驱动桥和转向驱动桥。整体式驱动桥也称为非断开式驱动桥。

1. 非断开式驱动桥

非断开式驱动桥通过悬架与车架相连，主减速器和半轴装在整体的桥壳内。该形式的车桥和车轮只能随路面的变化而整体上下跳动。非断开式驱动桥多用在货车和部分轿车的后桥上。如解放 CA1091、东风 EQ1090、北京切诺基等车的驱动桥。

2. 断开式驱动桥

当驱动桥采用独立悬架时，两侧车轮和半轴可以随路面的变化彼此独立地相对于车架上下跳动，主减速器固定在车架上。这时驱动桥结构多用在断开式驱动桥。断开式驱动桥是指驱动桥制成分段，并用铰链连接。这样，车身不会随车轮的跳动而跳动，提高车辆的平顺性和舒适性。断开式驱动桥的总体结构如图 5-2 所示，断开式驱动桥又分为单铰接摆动桥和双

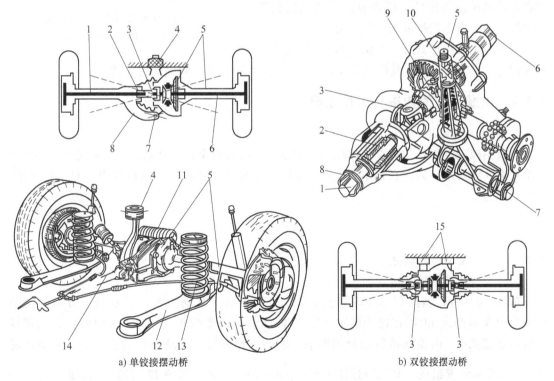

a) 单铰接摆动桥　　b) 双铰接摆动桥

图 5-2　断开式驱动桥

1—摆动半轴　2—伸缩节　3—万向节　4—主减速器壳弹性固定架　5—半轴套管　6—刚性半轴　7—铰链　8—铰链臂　9—差速器　10—摆动半轴垂直支承　11—横向补偿弹簧　12—后延臂　13—悬架弹簧　14—传动轴　15—弹性支架

铰接摆动桥(图5-2a、b)。

当驱动桥同时兼作转向驱动桥时，称为转向驱动桥，如上海桑塔纳、一汽奥迪、天津夏利等轿车的驱动桥。

5.2 主减速器

5.2.1 主减速器的功用和类型

主减速器的主要功用是降低传动轴传来的转速，增大输出扭矩，并改变旋转方向，使传动轴的左右旋转变为半轴的前后旋转。

为满足不同的需要，主减速器具有不同的结构形式。按参加减速传动的齿轮副数目分，有单级式主减速器和双级式主减速器，如图5-3所示。在双级式主减速器中，若第二级减速器齿轮有两副，并分置于两侧车轮附近，实际上成为独立部件，称为轮边减速器。

按主减速器传动比档数分，有单速式和双速式。前者的传动比是固定的，后者有两个传动比供驾驶人选择，以适应不同行驶条件的需要。

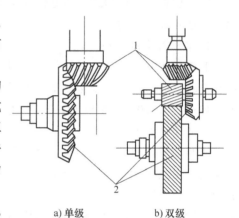

图5-3 主减速器工作原理简图
1—主动齿轮 2—从动齿轮

按齿轮副结构形式分，有圆柱齿轮式(又可分为轴线固定式、轴线旋转式及行星齿轮式)、弧齿锥齿轮式和准双曲面齿轮式。

5.2.2 主减速器的构造与工作原理

1. 单级主减速器

单级主减速器因结构简单、体积小、质量小、传动效率高等优点，可以满足轿车和中型货车动力性的要求，因此在轿车和中型货车中采用较多。其减速传动机构由一对齿轮组成，主传动比为

$$i_0 = \frac{n_1}{n_2}$$

式中 n_1——主动齿轮转速；

n_2——从动齿轮转速。

东风EQ1090E型汽车单级主减速器如图5-4所示。其动力传递过程是：万向传动装置动力由叉形凸缘11经花键传给主动锥齿轮18、从动锥齿轮7，减速变向后，通过螺栓传给差速器壳5，由差速器传给两侧半轴，驱动车轮旋转。其减速传动机构由一对锥齿轮18、7及支承装置组成。其主减速比为 $i_0 = \frac{38}{6} = 6.33$。主动锥齿轮18与输入轴制成一体，通过三个轴承19、17和13支承在主减速器壳4上，构成跨置式支承，保证了主动锥齿轮具有足够的支承刚度。从动锥齿轮7通过螺栓固定在差速器壳5上，差速器壳两侧通过两个圆锥

滚子轴承3支承在主减速器壳上。为限制从动锥齿轮过度变形，在从动锥齿轮啮合处的背面装有支承螺栓6。支承螺栓6在小负荷时与齿轮背面留有一定间隙，当负荷超过一定值时，因从动锥齿轮及支承轴承的变形，抵在支承螺柱端面上，既限制了齿轮的变形量，又承受部分负荷，保护差速器侧轴承。轴承17紧套在轴上，轴承13松套在轴上，二者之间装有隔套和一组厚度不同的调整垫片14。接触面处装有调整垫片9。轴承盖上装有油封12，叉形凸缘上焊有防尘罩10，两个轴承盖1不能互换，有装配记号。轴承3外侧装有调整螺母2。通过调整垫片14的厚度，可以实现圆锥滚子轴承13和17预紧度的调整，目的是保证锥齿轮副的正常啮合。注意，该轴承预紧度的调整必须在齿轮啮合调整前进行。锥齿轮啮合间隙的调整是指齿面啮合印迹和齿侧间隙的调整。通过调整垫片9的厚度可得到正确的啮合印迹；齿侧间隙的调整通过调整螺母2，改变从动锥齿轮的位置得到的。主减速器采用从动锥齿轮转动时将润滑油甩溅到各齿轮、轴承和轴上的方式进行润滑的。为使轴承13和17得到充分

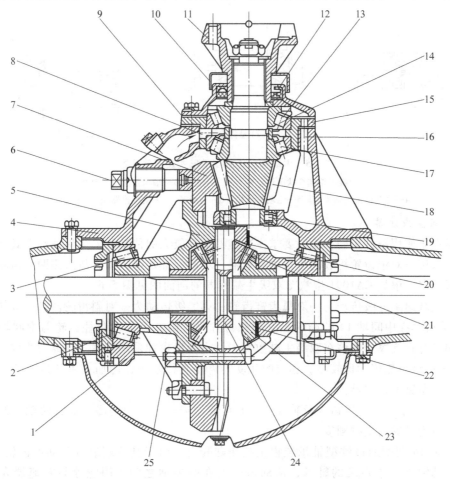

图 5-4　东风 EQ1090E 型汽车单级主减速器及差速器示意图

1—差速器轴承盖　2—轴承调整螺母　3、13、17—圆锥滚子轴承　4—主减速器壳　5—差速器壳　6—支承螺栓　7—从动锥齿轮　8—进油道　9、14—调整垫片　10—防尘罩　11—叉形凸缘　12—油封　15—轴承座　16—回油道　18—主动锥齿轮　19—圆柱滚子轴承　20—行星齿轮垫片　21—行星齿轮　22—半轴齿轮推力垫片　23—半轴齿轮　24—行星齿轮轴（十字轴）　25—螺栓

的润滑,壳体4侧面铸有进油道8和回油道16,差速器壳转动时,将齿轮油飞溅到过油道中,润滑轴承的油又从轴承13的前方经壳体4下方的回油道16流回主减速器壳底部。在桥壳上方有通气孔,防止温度升高时壳体内的气压过高冲开油封而漏油。

主动锥齿轮的支撑方式有跨置式和悬臂式两种。

跨置式是指主动锥齿轮前后方均有轴承支承(图5-5a)。采用这种形式的主动锥齿轮支承刚度大,适用于负荷较大的单级主减速器。当前方两锥轴承出现间隙时,齿轮将会轴向窜动而导致齿面啮合印痕发生变化,但变化较小。

悬臂式是指主动锥齿轮只在前方有支承,后方没有支承,其支承刚度较差。多用于负荷较小的单级主减速器(图5-5b)。部分中、重型汽车的双级主减速器主动锥齿轮也采用这种支承形式。有的重型汽车为提高其支承刚度,主减速器主动锥齿轮采用三个轴承支承(图5-5c)。

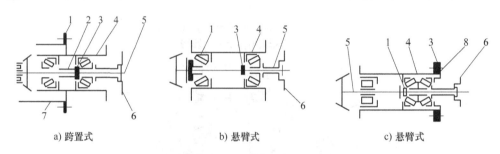

a) 跨置式　　　　　　　　b) 悬臂式　　　　　　　　c) 悬臂式

图5-5　主动锥齿轮的支承形式及调整装置
1—主动锥齿轮啮合状况调整垫片　2—隔套　3—轴承预紧度调整垫片
4—主动锥齿轮轴承座　5—主动锥齿轮　6—凸缘叉　7—主减速器壳　8—油封盖

2. 双级主减速器

根据汽车使用条件不同,有时要求主减速器具有较大的传动比,为保证汽车具有较好的通过性,采用一对锥齿轮构成的单级主减速器已不能保证足够需要,故采用两对齿轮降速的双级主减速器。解放CA1091型汽车双级主减速器的剖面图见图5-6。

该车主减速第一级传动为一对弧齿锥齿轮;第二级传动为一对斜齿轮。第一级从动锥齿轮16加热后套在中间轴14的凸缘上并用螺钉拧紧。第二级主动圆柱齿轮与中间轴制成一体,采用悬臂式支撑。在该车双级主减数器中,主动齿轮轴采用悬臂式支撑的原因有两点。

① 第一级齿轮传动比较小,相应的从动锥齿轮直径较小,因而在主动齿轮外端要再加一个支撑,布置上很困难。

② 传动比小,主动锥齿轮及轴径尺寸有可能做得较大,同时尽可能将两轴承的距离加大同样可得到足够的支撑刚度。

中间轴14两端通过锥型轴承装在主减速器壳上,由于其后端靠近从动锥齿轮受力大,因此,该端轴承大于左端的轴承,从动齿轮夹在两半轴之间,用螺栓与差速器壳紧固在一起。

主动锥齿轮轴轴承的预紧度,可用增减调整垫片8的厚度来调整;为了便于进行锥齿轮副的啮合调整,主动和从动锥齿轮的轴向位置都可以略加移动。通过调整垫片7的厚度,主动锥齿轮11则沿轴向离开从动锥齿轮;反之则相反。若减少左轴承盖4处的调整垫片6,同时将这些卸下来的垫片都加到右轴承盖15处,则从动齿轮16右移;反之则左移。若两

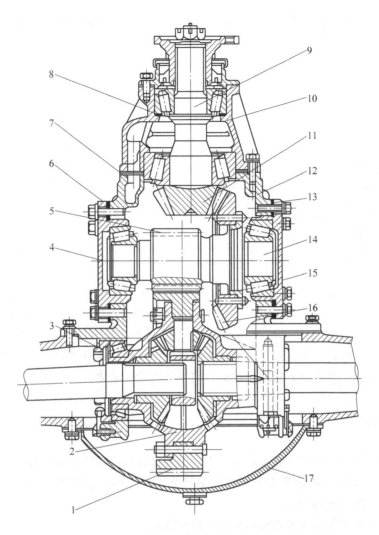

图 5-6 解放 CA1091 型汽车双级主减速器及差速器剖面示意图
1—第二级从动齿轮 2—差速器壳 3—调整螺母 4、15—轴承盖 5—第二级主动齿轮
6、7、8、13—调整垫片 9—第一级主动齿轮轴 10—轴承座 11—第一级主动锥齿轮
12—主减速器壳 14—中间轴 16—第一级从动锥齿轮 17—后盖

组调整垫片 6 和 13 的总厚度的增量和减量不相等,则破坏已调整好的中间轴轴承的预紧度。

3. 贯通式主减速器

在一些多轴越野汽车中,为使结构简化,部件通用性好且便于形成系列产品,常采用贯通式驱动桥。如图 5-7 所示,前面(或后面)两驱动桥的传动轴是串联的,传动轴穿过离分动器较近的驱动桥,通往另一驱动桥。

4. 轮边减速器

在重型货车、大型客车或越野车上,需有较大的主传动比和较大的离地间隙时,可将双级主减速器的第二级减速齿轮机构制成结构相同的两套,其安装位置靠近两侧驱动车轮,称为轮边减速器。轮边减速器分为外啮合圆柱齿轮式、内啮合齿轮齿圈式和行星齿轮式等多种形式。图 5-8 所示为行星齿轮式轮边减速器。外齿圈 6 与桥壳 1 连成整体。半轴 2 与半轴齿轮 3 连成整体。半轴齿轮 3 带动行星齿轮 4 自转、公转，行星齿轮轴 5 随着公转，通过行星架 7 带动车轮旋转。

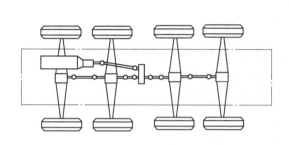

图 5-7 贯通式驱动桥示意图

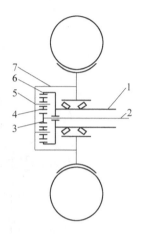

图 5-8 行星齿轮式轮边减速器示意图
1—桥壳 2—半轴 3—半轴齿轮 4—行星齿轮
5—行星齿轮轴 6—外齿圈 7—行星架

轮边减速器的特点：①减小了主减速器的尺寸，提高汽车的通过性；②作用在半轴和差速器上的转矩较小；③有较大的主传动比，同时结构比较紧凑。

5.3 差速器

差速器的作用是：①使左右车轮能以不同的转速进行滚动转向和直线行驶，称为差速特性，即 N 特性；②将主减速器传来的转矩平均分给两半轴，尽量使两侧车轮驱动力相等，称为转矩等分特性，即 M 特性。

差速器按其用途分为轴间差速器和轮间差速器。

防滑差速器常见的形式有强制锁止式齿轮差速器、高摩擦自锁差速器（包括摩擦片式、滑块凸轮式等）以及自由轮式差速器等。

5.3.1 普通齿轮差速器

普通齿轮式差速器有锥齿轮和柱齿轮式两种，由于锥齿轮差速器结构简单、紧凑、工作平稳，因此，目前应用最为广泛。

图 5-9 为行星锥齿轮差速器。它由行星锥齿轮 4、十字轴 7、两个半轴锥齿轮 2、两个半差速器壳 1 和 5、垫片 3 和 6 组成。主减速器从动圆柱齿轮 8 夹在半差速器壳 1 和 5 之间，用螺栓将它们固定在一起，十字轴的两个轴颈嵌在两个半差速器壳端面半圆槽所形成的孔中，行星锥齿轮 4 分别松套在四个轴颈上，两个半轴锥齿轮 2 分别与行星锥齿轮啮合，以其轴颈支承在差速器壳中，并以花键孔与半轴连接。行星锥齿轮背面和差速器壳的内表面，均制成球面，以保证行星齿轮的对中性，使其与两个半轴锥齿轮能正确啮合，行星齿轮和半轴锥齿轮的背面与差速器壳之间装有推力垫片 3 和 6，用以减轻摩擦，降低磨损，提高差速器的使用寿命，同时还可以用来调整齿轮的啮合间隙。

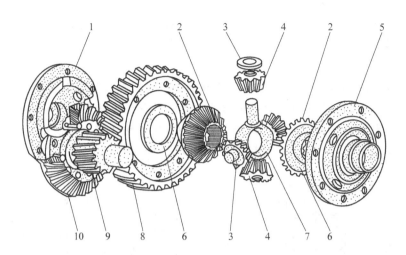

图 5-9 行星锥齿轮差速器

1、5—半差速器壳 2—半轴锥齿轮 3—行星锥齿轮球形垫片 4—行星锥齿轮
6—半轴锥齿轮推力垫片 7—十字轴 8、9、10—主减速器齿轮

差速器壳的十字轴孔是在左、右壳装合后加工而成的，装配时不能周向错位。

差速器靠主减速器壳内的润滑油来润滑，因此差速器上开有供润滑油进出的窗孔，为了保证行星齿轮和十字轴轴颈之间的润滑，在十字轴轴颈上铣有平面，并在行星齿轮的齿间钻有油孔与其中心孔相通。同样，半轴齿轮上也钻有油孔，与其背面相通，以加强背面与差速器壳之间的润滑。

工作时，主减速器的动力传至差速器壳，依次经十字轴 7、行星锥齿轮 4、半轴齿轮 2 传给半轴，再由半轴传给车轮。

在中型以下的货车或轿车上，因传递的转矩较小，故可采有两个行星齿轮，相应的行星齿轮轴 5 是一根直轴。如图 5-10 所示为桑塔纳轿车的差速器，差速器壳为一整体框架结构。

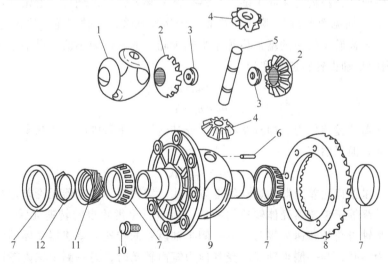

图 5-10 桑塔纳轿车差速器

1—复合式推力垫片 2—半轴齿轮 3—螺纹套 4—行星齿轮 5—行星齿轮轴 6—止动销 7—圆锥滚子轴承 8—主减速器从动锥齿轮 9—差速器壳 10—螺栓 11—车速表齿轮 12—车速表齿轮锁紧套筒

行星齿轮轴 5 装入差速器壳后用止动销 6 定位，半轴齿轮 2 背面也制成球形。其背面的推力垫片与行星齿轮背面的推力垫片制成一个整体，称为复合式推力垫片。螺纹套 3 用来紧固半轴齿轮。

图 5-11 所示为差速器的运动原理图。差速器壳 3 与行星齿轮轴 5 连成一体，并由主减速器从动锥齿轮 6 带动一起转动，是差速器的主动件，设其转速为 n_0。半轴齿轮 1 和 2 为从动件，设其转速分别为 n_1 和 n_2。A、B 两点分别为行星齿轮 4 与半轴齿轮 1 和 2 的啮合点。C 为行星齿轮 4 的中心。A、B、C 到差速器旋转轴线的距离相等。

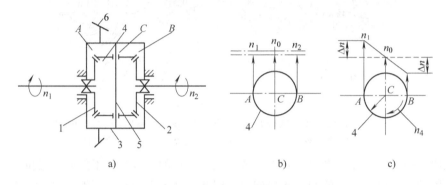

图 5-11 差速器的运动原理图
1、2—半轴齿轮　3—差速器壳　4—行星齿轮　5—行星齿轮轴　6—主减速器从动锥齿轮

差速器行星齿轮有三种运动状态，即公转、自转和既公转又自转。当汽车直线行驶时行星齿轮相当于一个等臂的杠杆保持平衡，即行星齿轮不自转，而只随行星齿轮轴 5 及差速壳体一起公转，所以两半轴无转速差（图 5-11b），差速器不起差速作用。

即
$$n_1 = n_2 = n_0$$
且
$$n_1 + n_2 = 2n_0$$

当汽车转弯行驶时，行星齿轮 4 除了随差速器壳体一起公转，还绕行星齿轮轴自转，设其自转的速度为 n_4，方向见图 5-11c，则半轴齿轮 1 的转速加快，半轴齿轮 2 的转速减慢，因 $AC=CB$，所以，半轴齿轮 1 转速的增加值等于半轮齿轮 2 的转速减小值。设半轴齿轮转速的增加值为 Δn，则两半轴齿轮转速分别为

$$n_1 = n_0 + \Delta n$$
$$n_2 = n_0 - \Delta n$$

这就是差速器的差速作用。即汽车在转弯或其他情况下行驶时，两侧车轮可以不同的转速在地面上滚动，但仍然有

$$n_1 + n_2 = 2n_0$$

上式即为行星锥齿轮差速器的运动特性方程式。它表明，差速器无论差速与否，两半轴齿轮转速之和始终等于差速器壳体转速的两倍，而与行星齿轮自转转速无关。由上式可知：①当任何一侧半轴齿轮的转速为零时，另一侧半轴齿轮的转速为差速器壳体的两倍；②当差速器壳体转速为零时，当一侧半轴齿轮受其他力矩而转动时，另一侧半轴齿轮以相同的速度反转。差速器起差速作用的同时，还要分配转矩给左右两侧的驱动轮。图 5-12 为行星锥齿轮差速器转矩分配示意图。主减速器传至差速器壳体的转矩 M_0，经行星齿轮轴和行星齿轮传给两半轴齿轮的转矩分别为 M_1、M_2。

当行星齿轮不自转时，即 $n_0 = 0$，$M_T = 0$（M_T 为行星齿轮自传时内孔和背面所受的摩擦力矩），行星齿轮相当于一个等臂杠杆，均衡拨动两半轴齿轮转动，所以，差速器将转矩 M_0 平均分配给两半轴齿轮，即 $M_1 = M_2 = M_0/2$。当行星齿轮按图 5-12 所示方向自转时，（即 $n_1 > n_2$）行星齿轮所受的摩擦力矩 M_T 与其自转方向相反，从而使行星齿轮分别对半轮齿轮 1、2 附加作用了两个大小相等方向相反的圆周力 F_1 和 F_2，F_1 使传到转得快的半轴齿轮 1 上的转矩减小，而却使传到转得慢的半轴齿轮 2 上的转矩增大，且 M_1 的减小值等于 M_2 增大值，等于 $M_T/2$。所以，当两侧驱动轮存在差速时（$n_1 > n_2$），

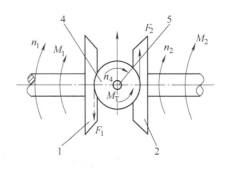

图 5-12 行星锥齿轮差速器转矩分配示意图
1、2—半轴齿轮 3—差速器壳体（图中未画出）
4—行星齿轮 5—行星齿轮轴

$$M_1 = (M_0 - M_T)/2$$
$$M_2 = (M_2 + M_T)/2$$

即转得慢的车轮分配到的转矩大于转得快的车轮分配到的转矩，差值为差速器内部摩擦力矩 M_T，由于 M_T 很小，可忽略不计，则

$$M_1 = M_2 = M_0/2$$

可见，无论差速器差速与否，行星齿轮差速器都具有转矩等量分配的特性。上述普通锥齿轮差速器转矩等量分配的特性对于汽车在好路面上行驶是有利的，但汽车在坏路面上行驶却会严重影响其通过能力。当汽车的一个驱动轮处于泥泞的路面因附着力小而打滑时，即使另一个车轮处于附着力大的路面上未滑转，此时附着力小的路面只能对驱动轮作用一个很小的反作用力矩。由于差速器等量分配转矩特性，附着力大的驱动轮也只能同样分配小的转矩，以至于总的驱动力不足以克服行驶阻力，因此汽车便陷入泥泞的路中不能行驶。采用普通锥齿轮差速器，使汽车通过坏路面的行驶能力受到了限制，为了提高汽车在坏路面上的通过能力，一些越野汽车、高速小客车和载重汽车装用了防滑差速器。汽车上常用的防滑差速器有人工强制锁止式和自锁式两大类。前者通过驾驶人操纵差速锁，人为地将差速器暂时锁住，使差速器不起差速作用。后者是在汽车行驶过程中，根据路面情况自动改变驱动轮间的转矩分配。自锁式差速器又有摩擦片式、滑块凸轮式和托森式等多种结构型。

5.3.2 强制锁止式差速器

强制锁止式差速器就是在普通行星锥齿轮差速器上设计了差速锁。当一侧驱动轮滑转时，利用差速锁使差速器不起作用，保证了汽车的正常行驶。

图 5-13 所示为奔驰 20026A 型汽车强制锁止式差速器。它的差速锁由牙嵌式接合器及操纵机构两大部分组成。牙嵌式接合器的固定接合套 26 用花键与差速器壳 24 左端连接，并用弹性挡圈 27 轴向限位。滑动接合套 28 用花键与半轴 29 连接，并可轴向滑动。操纵机构的拨叉 37 装在拨叉轴 36 上并可沿导向轴 39 轴向滑动，其叉形部分插入滑动接合套 28 的环槽中。当汽车在好路面上行驶不需要锁止差速器时，牙嵌式接合器的固定接合套 26 与滑动接合套 28 不嵌合，即处于分离状态。

当汽车通过坏路面需要锁止时，通过驾驶人的操纵，压缩空气由进气管接头 30 进入气

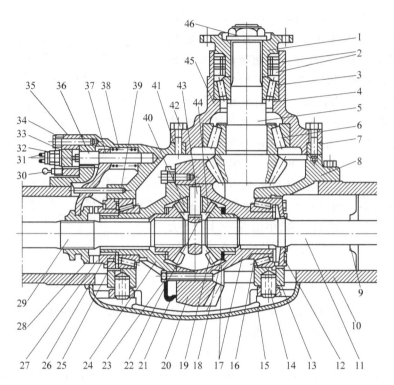

图5-13 奔驰20026A型汽车强制锁止式差速器结构示意图

1—传动凸缘 2—油封 3、6、16—轴承 4—调整垫圈 5—主减速器主动齿轮轴 7—调整垫片 8—主减速器壳 9—挡油盘 10—桥壳 11、29—半轴 12—带挡油盘的调整螺母 13—轴承盖 14—定位销 15—集油槽 17、24—差速器壳 18、44—推力垫片 19—半轴齿轮 20—主减速器从动齿轮 21—锁板 22—衬套 23、42—螺栓 25—调整螺母 26—固定接合套 27—弹性挡圈 28—滑动接合套 30—气管接头 31—带密封圈的活塞 32—差速锁指示灯开关 33—调整螺钉及其锁紧螺母 34—缸盖 35—缸体 36—拨叉轴 37—拨叉 38—复位弹簧 39—导向轴 40—行星齿轮 41—密封圈 43—十字轴 45—轴承座 46—螺母

动活塞缸左腔,推动活塞对右移,并经调整螺钉33和拨叉轴36,推动拨叉37压缩复位弹簧38右移,从而拨动滑动接合套28右移与固定接合套接合,将左半轴29与差速器壳24连成一个整体,则左右两半轴被连锁成一体转动,即差速器被锁止,不起差速作用。这样,转矩可全部分配给好路面上的车轮。

当解除差速器的锁止时,放掉气缸内压缩空气,拨叉及滑动接合套在复位弹簧38作用下左移复位,接合器分离,差速器恢复差速作用。

强制锁止式差速器的特点是:结构简单,易于制造,但操纵不便,一般要在停车时进行。

5.3.3 托森差速器

托森差速器采用了蜗轮-蜗杆传动的基本原理。在整车的传动系统中的位置如图5-14。托森差速器是一种中央轴间差速器,适用于四轮驱动汽车,其结构如图5-15所示。托森差速器主要由空心轴2、差速器外壳3、后轴蜗杆5、前轴蜗杆9、蜗轮轴7和蜗轮8等组成。

第 5 章 驱动桥

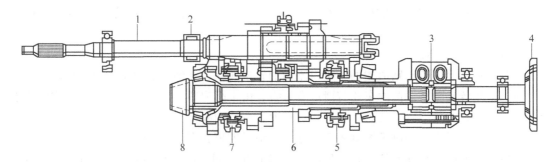

图 5-14 奥迪全轮驱动轿车变速器和托森差速器传动位置
1—输入轴 2—三、四档传动齿轮副 3—托森差速器 4—驱动轴凸缘盘 5—五档和倒档传动齿轮副 6—空心轴 7—一、二档传动齿轮副 8—差速器齿轮轴

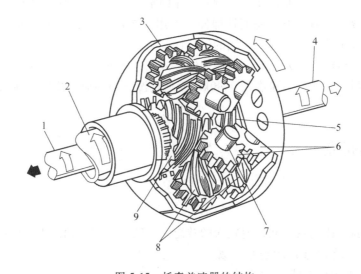

图 5-15 托森差速器的结构
1—差速器齿轮轴 2—空心轴 3—差速器外壳 4—驱动轴凸缘盘
5—后轴蜗杆 6—直齿圆柱齿轮 7—蜗轮轴 8—蜗轮 9—前轴蜗杆

当汽车驱动时，来自发动机的驱动力通过空心轴 2 传至差速器外壳 3，差速器外壳 3 通过蜗轮轴 7 传到蜗轮 8，再传到蜗杆，前轴蜗杆 9 通过差速器齿轮轴 1 将驱动力传至前桥，后轴蜗杆 5 通过驱动轴凸缘盘 4 将驱动力传至后桥，从而实现前后驱动桥的驱动牵引作用。当汽车转向时，前、后驱动轴出现转速差，通过啮合的直齿圆柱齿轮相对转动，使一轴转速加快，另一轴转速下降，实现差速作用。差速器可使转速低的轴比转速高的轴分配得到的驱动转矩大，即附着力大的轴比附着力小的轴得到的驱动转矩大。

5.3.4 电子差速锁

差速锁的主要功能是当一个驱动轮打滑时，用差速锁将差速器壳与半轴锁紧成一体，使差速器失去差速作用，这样可以把全部扭力移到另一侧驱动轮上，从而对汽车的加速打滑进行控制。

差速锁分类：根据锁止位置不同分成中央差速锁、前后轴锁止，根据操作方式分为机械差速锁、电子差速锁。

电子差速锁（EDS），英文全称为 Electronic Differential System。它是 ABS 的一种扩展功能。

EDS 的工作原理如下。

因为差速器允许传动轴两侧的车轮以不同的转速转动，并倾向于将动力分配到阻力更小的一侧，如果传动轴某一侧的车轮打滑或者悬空，由于阻力很小，它将从差速器吸收到几乎全部动力，形成车轮一侧空转另一侧静止的局面，造成功率损失。

汽车加速过程中，当电子控制单元根据轮速信号判断出某一侧驱动轮失去着地摩擦力，出现打滑时，EDS 就自动开始工作。EDS 电子差速锁通过 ABS 的传感器，自动探测到由于车轮打滑或悬空而产生的两侧车轮转速不同的现象时，通过 ABS 液压控制单元对该车轮进行适当强度的制动，对打滑车轮进行制动，这样差速器会将驱动力传递给非打滑侧的车轮，从而避免牵引力的损失，从而提高另一侧驱动轮的附着利用率，提高车辆的通过能力。当车辆的行驶状况恢复正常后，电子差速锁即停止作用。同普通车辆相比，带有 EDS 的车辆可以更好地利用地面附着力，来提高车辆的运行性。

一般情况下，EDS 电子差速锁有速度限制，只能在车速低于 40km/h 启动，主要是防止起步和低速时打滑。例如，当速度低于 40km/h 通过湿滑路面时，EDS 可锁死打滑车轮，提高行车安全性。

5.4 半轴和桥壳

5.4.1 半轴

半轴在差速器与驱动轮之间传递较大的转矩，一般都是实心轴。半轴的内端一般用花键与半轴齿轮连接，外端与轮毂连接。现代汽车常用的半轴支承形式主要有全浮式和半浮式两种。半轴的支承形式决定了半轴的受力情况。

1. 全浮式半轴支承

图 5-16 为全浮式半轴支承形式的驱动桥示意图。这种支承形式的半轴除受转矩外，两端均不承受任何弯矩，故称为全浮式。全浮式半轴用内端花键与差速器半轴齿轮相连。外端有凸缘盘，通过螺柱与轮毂 4 固定在一起，轮毂通过两排圆锥轴承 5 支承于桥壳 1 上。路面对驱动轮作用力反映到车桥上的情况是：除切向反力 X 作为该轮的牵引力传到半轴使半轴受转矩外，切向反力 X、垂直反力 Z、侧向反力 Y 以及由它们所产生的弯矩，都经两轴承 5 直接传到桥壳上，由桥壳承受。

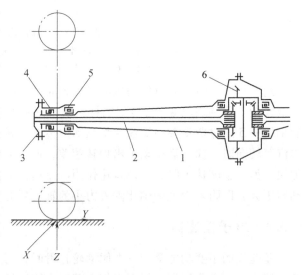

图 5-16 全浮式半轴支承示意图
1—桥壳 2—半轴 3—半轴凸缘 4—轮毂
5—轴承 6—主减速器从动锥齿轮

图 5-17 为 EQ1090E 型汽车的全浮式半轴支承外端与轮毂、桥壳的连接情况。半轴 6 外端锻出凸缘，借螺柱 7 与轮毂 9 连接，轮毂 9 通过两个相距较远的锥轴承 8、10 支承在半轴套管 1 上。半轴套管与桥壳 12 压配成一体。

全浮式支承的半轴易于拆装，只需拧下半轴凸缘上的螺钉，即可抽出半轴，而车轮与桥壳照常支持汽车。这种支承形式在汽车应用最为广泛。

2. 半浮式半轴支承

图 5-18 为半浮式半轴支承形式的驱动桥示意图。车轮的各种反力都经过半轴传给桥壳，使半轴不仅要传递转矩，而且要承受各种反力及其引起的各种弯矩。因这种半轴

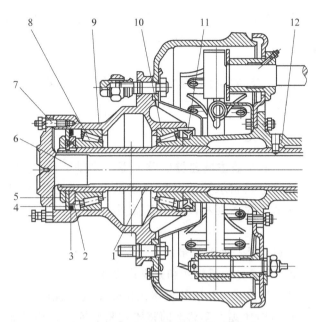

图 5-17 全浮式半轴支承结构示意图
1—半轴套管　2—调整螺母　3、11—油封　4—锁紧垫圈　5—锁紧螺母
6—半轴　7—螺柱　8、10—锥轴承　9—轮毂　12—桥壳

内端不受弯矩，外端承受全部弯矩，故称为半浮式支承。半浮式半轴的内端通过花键与半轴齿轮连接。靠外端处与桥壳之间只用一轴承支承。车轮与桥壳无直接联系而支承于半轴外端，距支承轴承有一悬臂 b。

图 5-19 为轿车的半浮式半轴外端的支承结构。支承在桥壳内的轴承 5 被用螺栓固定于

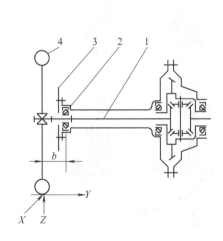

图 5-18 半浮式半轴支承示意图
1—半轴　2—锥轴承　3—轴承盖　4—车轮

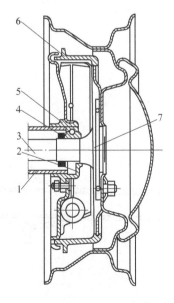

图 5-19 半浮式半轴的外端支承结构示意图
1—桥壳　2—轴承盖　3—半轴　4—定位环
5—轴承　6—制动鼓　7—半轴凸缘盘

桥壳凸缘上的轴承盖2轴向定位。外端带凸缘盘的半轴3支承在轴承5上并靠圆角处的凸肩和热压配在半轴上的定位环4进行轴向定位。制动鼓6和轮毂分别用螺钉和螺栓安装在半轴凸缘盘7上。

半浮式支承具有结构紧凑，质量小，但半轴受力情况复杂且拆装不方便等特点。广泛应用于反力弯矩较小的各类轿车上。

5.4.2 桥壳

桥壳是安装主减速器、差速器、半轴、轮毂和悬架的基础件，使左右两侧的车轮位置相对固定。它承受驱动轮传来的各种反力、力矩，并经悬架传给车架或车身。桥壳应具有足够的强度和刚度，质量小，便于主减速器的拆装和调整。其结构尽可能地便于制造。

1. 驱动桥壳的结构形式

驱动桥壳分为整体式和分段式两种。

（1）整体式 铸造的整体式桥壳刚度和强度较大，但质量也大，目前仍广泛应用。图5-20为CA1091型汽车铸造的整体式驱动桥壳。其中部分为一环形空心的桥壳7，用球墨铸铁铸成。两端压入半轴套管8，并用止动螺钉2止动。半轴套管露出部分安装轮毂轴承，端部制有螺纹，用于安装轮毂轴承调整螺母和锁紧螺母。凸缘盘1用来固定制动底板，桥壳7的端部加工有油封颈，与轮毂油封配合，以密封轮毂空腔，防止润滑脂外溢。主减速器壳前后端面与中间轴支承孔轴线定位，保证主减速器、差速器和半轴之间的正确位置关系。桥壳后端面的大孔可用来检查主减速器的技术状况，平时用后盖6封住。后盖6上有螺塞5，用以检查油面高度。

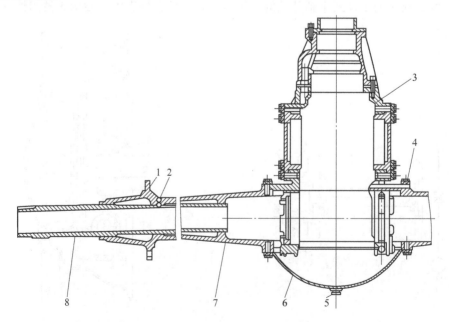

图5-20 整体式桥壳结构示意图

1—凸缘盘 2—止动螺钉 3—主减速器壳 4—固定螺钉 5—螺塞 6—后盖 7—桥壳 8—半轴套管

钢板冲压焊接式桥壳具有质量小、工艺比较简单、成本低等优点。目前，在轿车和轻型货车上采用较多。

整体式桥壳的优点是强度、刚度较大，且检查、拆装和调整主减速器、差速器方便，不必把整个桥从汽车上拆下来，因此适用于各类汽车。

（2）分段式　分段式桥壳一般由两段组成，也有三段甚至多段的，各段之间用螺栓连接。图5-21为一两段组成的桥壳，用螺栓1连成一体。它主要由铸造的主减速器壳10、盖14、两段钢制半轴套管4组成。有的分段式桥壳各段之间可相对运动，应用于独立悬架。分段式桥壳上的主减速器、差速器维修不方便。

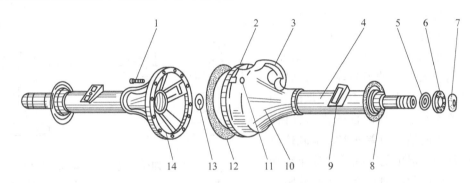

图 5-21　分段式桥壳

1—螺栓　2—注油孔　3—主减速器壳颈部　4—半轴套管　5—调整螺母　6—止动垫片　7—锁紧螺母
8—凸缘盘　9—钢板弹簧座　10—主减速器壳　11—放油孔　12—垫片　13—油封　14—盖

2. 桥壳的材料及密封

桥壳经常承受冲击性载荷，应允许有少量变形，防止断裂，因此，铸造式桥壳多用可锻铸铁或球墨铸铁。汽车桥壳有的也采用铝合金制造。

驱动桥为防止主减速器内的润滑油经半轴与桥壳间的环形空间流至桥壳两端，都有密封装置。有的在桥壳外端，如图5-17中在轴承8外侧有油封3用锁紧螺母5拧紧在半轴套管上，与轮毂内表面间形成密封。有的在半轴套管内端处有压紧油封，与半轴相应的油封颈处形成密封。这种油封的刃口应朝向主减速器，装半轴时应使半轴居中通过油封，否则易顶出油封。还有的在桥壳内装有挡油盘。

5.5　四轮驱动系统

越野汽车可将四个车轮全部作为驱动轮，这样有效地改善汽车在泥泞、雪地等条件下行驶驱动性能，同时改善在汽车转弯时的操纵性能，使动力作用在四个车轮上。一些高性能的轿车也装备了四轮驱动来改进汽车的操纵性能。

四轮驱动系统又可分为四轮驱动(4WD)和全轮驱动(AMD)。

四轮驱动系统装有分动器，并由驾驶人控制，来选择将动力传到两轮或四轮，如图5-22所示。而全轮驱动系统不使用分动器。驾驶人不能选择两轮或四轮驱动。发动机的动力通过轴间差速器、液力耦合器把动力同时送给前桥和后桥，永远以四轮驱动行驶。全轮驱动车型不适用于越野行驶，而是设计成在不良附着力情况下（如在有冰或雪的道路上）来改善汽车的性能。全轮驱动系统通过把大部分发动机动力传递到有最大附着力的驱动桥上，从而使汽车具有最大的驱动力。

5.5.1 四轮驱动系统

典型四轮驱动系统由前置发动机、变速器、前后传动轴、前后驱动桥及分动器等组成。分动器有一电子开关或操纵杆，由驾驶人选择控制分动器将动力传至四个车轮、两个车轮或不传递至任何一个车轮。为了改善汽车的驱动条件，许多分动器均设有高低档。大多数的四轮驱动的越野汽车使用了前轮锁定毂。当两轮驱动时，它可以使前轮不接合，此时前轮作为自由轮转动，但整个前轴、前差速器、前减速器、前传动轴及分动器中的某些零件停止转动，减少了这些部件的磨损，降低了行驶阻力。当四轮驱动时，前轮必须锁定。锁定毂是一种使轮毂脱离半轴外端啮合的离合器。

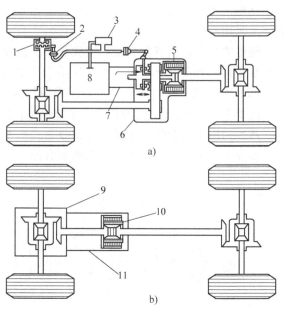

图 5-22 四轮驱动和全轮驱动的比较
1—前桥断开 2、4—真空马达 3—开关 5—带离合器组件的差速器 6—分动器 7、11—变速器 8—2WD 和 4WD 选择器 9—发动机 10—轴间差速器

当转动锁定毂至锁定位置时轮毂与半轴被锁定，从而一起转动。当锁定毂脱离锁定时，半轴并不转动，车轮在毂的轴承上自由运转，而不带动差速器、前传动轴等发生转动。

转动一个位于锁定毂中心的锁柄可锁定轮毂或使轮毂脱离锁定。这个控制手柄施加或释放在毂离合器上的弹簧力。当毂处于锁定位置时，弹簧力使离合器与半轴相连的内毂接合（图 5-23）。由于离合器连接到外毂，所以离合器的接合将半轴与毂连接起来。在脱离锁定的位置，离合器不与内毂接合，车轮可以在轴承上自由旋转。

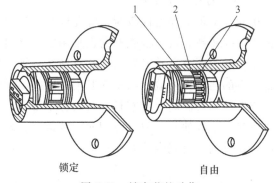

图 5-23 锁定毂的动作
1—内离合器环 2—压力弹簧 3—半轴套环

5.5.2 全轮驱动系统

典型的全轮驱动系统如图 5-24 所示，由发动机、变速器、轴间差速器、传动轴及前后驱动桥组成。大多数全轮驱动设计采用一个轴间差速器来分流前、后桥之间的动力，轴间差速器可自动锁定，或者由驾驶人用开关手动锁定。全轮驱动系统也可使用液力耦合器来使驱动桥的速度产生变化。

轴间差速器可以使前、后驱动桥之间产生速度差，防止因前后轮速度不同而使轮胎产生跳跃或拖曳。对于四轮驱动的汽车，装有轴间差速器还可以防止分动器的损坏。液力耦合器

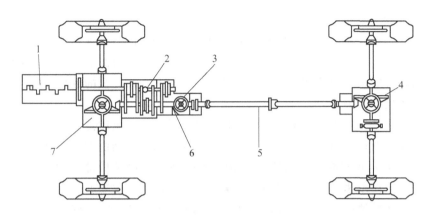

图 5-24 典型的全轮驱动系统
1—发动机 2—手动变速器 3—轴间差速器 4—后桥总成 5—传动轴
6—变速器第二轴 7—前桥总成

（图 5-25）上是由一个内装若干紧配合的薄圆钢盘、充满黏稠液体的圆筒而组成的。一组圆盘连于前车轮，另一组与后车轮连接（图 5-26）。当一个桥明显要求更大转矩时，液体变热并立刻改变黏度。这种黏性变化在圆盘上发生反应，转矩根据驱动桥的实际需要被分流。

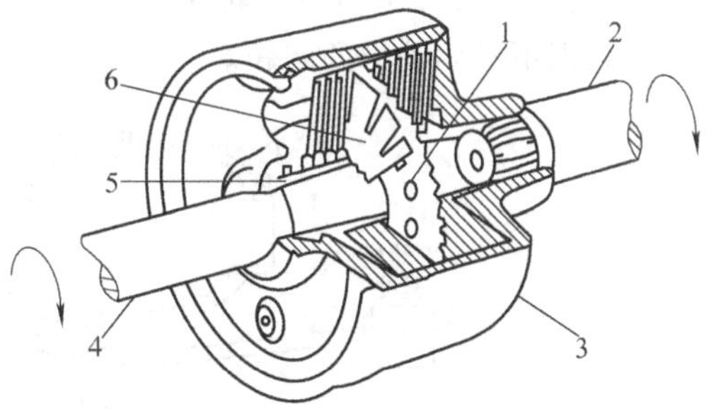

液力耦合器也可以在前桥和（或）后桥差速器中用作防滑装置。当两轴在力作用下旋转时，它们在两轴之间提供一个持久的力。与防滑差速器一样，当另一个车轮有较小驱动力

图 5-25 典型的液力耦合器
1—外盘 2—输出轴 3—联接器壳
4—输入轴 5—毂 6—内盘

时，液力耦合器把转矩传递到具有更大驱动力的车轮。常用液力耦合器来代替轴间差速器。一旦需要改变车轮驱动力，液力耦合器便自动运行。

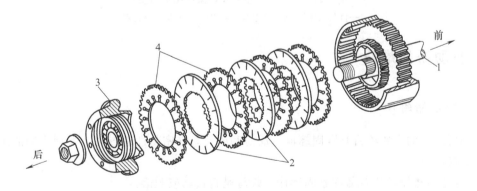

图 5-26 液力耦合器分解图
1—输入轴 2—内盘 3—输出盘 4—外盘

高性能的全轮驱动汽车在轴间和后差速器中使用一液力耦合器来改善汽车处于高速状态时的转弯和操纵性能。轴间差速器液力耦合器与开式前、后差速器的组合可改进汽车制动力

的分配,并与反锁定制动系统相一致。

在典型的液力耦合器中,两轴中具有外花键的一根轴与液力耦合器壳的内花键接合,同时也与液力耦合器接合。另一轴在壳上旋转。内装的紧配合的薄圆盘为钢制,上面开有专门的槽。内盘有从外径边缘开的槽,外盘有从其内径边缘开的槽。盘的数目和尺寸依据设计取决于液力耦合器的转矩传送能力。

目前,许多自动全轮驱动系统是由电子控制的,并以前轮驱动传动系统为基础。按需求启动的四轮驱动系统仅在第一驱动桥开始分离之后才向第二驱动桥供给动力。全轮驱动系统电子控制装置亦称为变速器控制装置或ECU。为把动力传递到后部,使用了多盘离合器。这种离合器用作轴间差速器,并使得前、后驱动桥之间产生速度差。传感器监视前、后驱动桥的速度、发动机转速以及发动机和动力传动系统统上的负载。电子控制装置接收来自传感器的信号,并控制在负载循环(也称跳动循环)上运行的螺线管,从而控制接合分动器离合器的液流(图5-27)。负载螺线管的脉动非常迅速地循环开和关,这种循环产生一种受控制的分离状况。结果,分动器离合器的运行有如一个轴间差速器,使得动力从95%前轮驱动和5%后轮驱动分流至50%前轮驱动和50%后轮驱动。这种动力分流发生得相当迅速,以致驾驶人意识不到驱动力的问题。

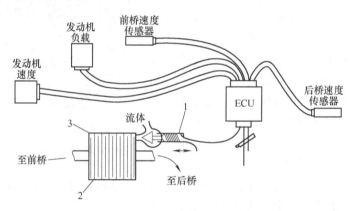

图5-27 电子控制全轮驱动系统结构简图
1—负载螺线管 2—多盘离合器组件 3—轴间差速器

5.6 驱动桥的维修

5.6.1 驱动桥维护

驱动桥维护的主要项目有紧固螺栓、润滑和密封。在密封性检查时,发现半轴油封出现漏油应更换油封。

1) 经常检查驱动桥各部件紧固螺栓、螺母是否松动或脱落。

2) 目测变速器与主减速器有无渗漏,检查油液液面,根据需要添加准双曲面齿轮油。定期更换主减速器的润滑油和轮毂的润滑脂。主减速器为准双曲面齿轮,必须按规定加注准双曲面齿轮油,否则,将导致准双曲面齿轮的快速磨损。夏季用28号准双曲面齿轮油,冬季用22号准双曲面齿轮油。润滑脂为锂基润滑脂2号。

3）由于半轴凸缘传递的转矩很大，并且承受冲击负荷，因此必须经常检查半轴螺栓的紧固情况，防止半轴螺栓因松动而断裂。需更换半轴油封时，按以下步骤进行：

① 放出变速器内的齿轮油。

② 拆下传动轴，拧下半轴固定螺栓，拉出半轴。

③ 重新安好传动轴。

④ 撬出半轴油封时，在新油封刃口间填充多用途润滑脂，然后用专用工具压入油封。

⑤ 装入半轴，以 20N·m 力矩拧紧其紧固螺栓。

4）新车行驶 1500~3000km 时，拆下主减速器总成，清洗减速器桥壳内腔，且更换润滑油，以后每年冬、夏各换一次。

5）汽车行驶 6000~8000km 时，应进行二级维护。维护时应将轮毂拆下，清洗轮毂内腔及轮毂轴承，在轴承内圈滚珠和保持架之间的空隙加满润滑脂，然后装复，按规定调整轮毂轴承。装配时注意检查半轴套管和轴承螺母螺纹是否损坏。如果严重碰磕或配合间隙过大，就必须更换。检查并补充后桥内的润滑油，检查通气塞，使之保持清洁、畅通。

6）检查等速万向节防尘罩等有无渗漏和损坏。

5.6.2 驱动桥主要零件的检修

1. CA1091E 型主减速器及差速器的检修

（1）CA1091E 型主减速器及差速器的分解

1）拆下驱动桥壳的放油螺塞，将油放净，再拧下左、右半轴和主减速器与驱动桥壳相连接的固定螺栓，将主减速器取出。

2）把主减速器总成放在清洗机或碱水中进行清洗。

3）分解主减速器总成。把主减速器总成放在专用工作台上，松开差速器轴承盖的紧固螺栓，并在轴承盖上作上装配记号。然后取下差速器轴承盖及调整螺母，并分别把左、右调整螺母和轴承外圈划上标记，把差速器连同圆柱从动齿轮从桥壳中取出，用专用拉器拉出差速器轴承内座圈。

4）分解差速器总成先拧下差速器的固定螺栓，在左、右侧盖上作出装配记号，然后把左、右侧盖分开，取出差速器十字轴及差速齿轮等（注意十字轴所对应组装的行星齿轮、球形垫圈不能错位）。

5）拆圆柱主动齿轮轴（中间轴）左右侧盖固定螺栓，取下侧盖（左右侧盖下的调整垫片不能错位，要作好标记），把主动圆柱齿轮连同被动锥齿轮取出，再用专用拉器拉下主动圆柱齿轮轴承内座圈。

6）拆下主动锥齿轮轴承座与主减速器壳固定的螺栓，拆下主动锥齿轮、轴承座等零部件。

7）分解主动锥齿轮先把主动锥齿轮轴上的槽形螺母开口销拔下，拧下槽形螺母，然后取下突缘，再用专用工具拆下油封。用压具或手锤垫上软金属把主动锥齿轮轴从前轴退出，取下调整垫片，从轴颈上拉下后轴承内座圈。

（2）CA1091E 型主减速器及差速器的检查与维修

1）驱动桥齿轮的检修。检查主减速器主动齿轮、从动齿轮、行星齿轮和半轴齿轮的轮齿表面接触情况，看是否有刮伤、裂纹或严重磨损，必要时应更换不合格的齿轮。主减速器主、从动齿轮必须成对更换。

① 主减速器主、从动齿轮工作面上不得有明显斑点、剥落及缺损。对轻微的斑点、剥落可打磨后继续使用。轮齿工作表面上斑点面积不应大于工作面的30%，且不超过齿高1/3，齿长方向不大于1/5。齿端部缺损，不得超过齿高2/3，沿齿长方向不超过1/10。齿面不得有锐角和毛刺，修磨后在不影响正常啮合间隙时允许使用，否则应予以更换。

② 行星齿轮和半轴齿轮工作面上，不允许有明显的疲劳剥落。齿面上轻微的锈蚀和擦伤，允许继续使用，齿轮背面的环形擦伤宽度超过1/3时，修磨后可继续使用。

2) 检查主减速器齿轮的啮合间隙。用百分表触头垂直抵住从动锥齿轮轮齿大端的凸面（图5-28），对圆周均匀分布的不少于3个齿进行测量啮合间隙，载货车装配齿轮啮合间隙为0.15~0.40mm，轿车和轻型汽车的啮合间隙0.13~0.18mm，如齿隙超过规定则应调整差速器侧向轴承的预紧力。

3) 检查半轴齿轮的齿隙。装配间隙应为0.05~0.20mm，如间隙不当可选用不同厚度的止推垫圈予以调整，如图5-29。

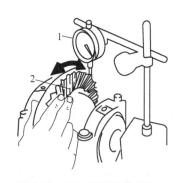

图5-28 减速器齿轮间隙检查
1—百分表 2—从动锥齿轮

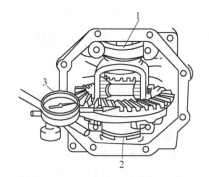

图5-29 半轴齿轮间隙检查
1、2—侧垫圈 3—百分表

4) 检查从动锥齿轮的偏摆量，如图5-30。

(3) 主减速器壳、差速器壳及轴和轴孔的检修

1) 差速器壳不允许有任何性质的裂纹，壳体与行星齿轮垫片、差速器半轴齿轮之间的接触处应光滑，若有轻微磨损或沟槽，可修磨后继续使用，若有裂纹、严重磨损或沟槽，应予更换或修理。

2) 差速器壳上行星齿轮轴孔与行星齿轮轴的配合间隙不得大于0.1~0.15mm，半轴齿轮轴颈与壳孔的配合为间隙配合，应无明显松旷感觉，否则应予更换或修理。

3) 轴承与轴颈的配合间隙，应符合装配的技术规范要求。主动锥齿轮轴承与齿轮轴颈的配合，内轴颈为过盈配合，外轴颈为间隙配合，径向应无间隙感，超过规定应予更换或修理；差速器壳两端轴颈与轴承配合为过盈配合。如不符合规定应予修复。

4) 主减速器壳体应无裂纹，壳体上各部螺纹损伤应不得多于2牙，否则应予更换。

(4) 驱动桥壳的检修 驱动桥壳常发生弯曲变形、断裂等损伤，经检查驱动桥壳弯曲变形超过大修允许极限值时，应进行校正。弯曲变形的检查应在上、下方向，也可在前、后方向。

1) 整体式桥壳检查方法。

① 用比桥壳长 50mm、直径比桥壳内径小 2mm 的钢管插入壳内。如能自动转动，即为符合要求。

② 用细线穿过壳体两端，并拴上重物，细线如能与壳壁贴合，即为符合要求。为提高检验准确度，可使壳体每转过 45°测量一次。分开式桥壳，采用测量从制动底板突缘到两半壳体结合面之间的距离，要求相对位置测得的距离差不超过 2mm。超过时，可在压床上进行冷压校正。当弯曲严重时可采用加热校正，但加热温度不得超过 700℃，以免影响材料的强度。

2）裂纹的检修可用检视或敲击法检查，如有裂纹则予以更换。

（5）半轴的检修

1）半轴内端花键齿或半轴齿轮花键齿磨损，会使半轴齿轮与半轴花键配合间隙变大，应予以更换。

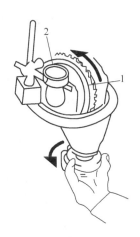

图 5-30 减速器从动锥齿轮偏摆量检查
1—从动锥齿轮　2—百分表

2）半轴不得有裂纹或断裂，否则应予更换。

3）半轴突缘螺栓孔磨损应予修复。

4）半轴内端键齿扭斜应予更换。

5）半轴弯曲检查采用百分表测量半轴中部的偏转量。摆差不得超过 2mm。否则应予更换或校正；半轴突缘平面应与半轴中心线垂直，当以半轴中心线为回转中心，检查半差速器及从动锥齿轮轴突缘平面时，半轴应无弯曲，偏摆量应不大于 0.20mm。

2. 桑塔纳轿车主减速器及差速器的检修

（1）主减速器及差速器的分解　变速器前壳体前置驱动装置的结构，如图 5-31 所示。

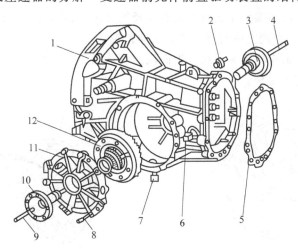

图 5-31 前置驱动装置的结构
1—变速器前壳体　2—变速器油耗指示开关　3、10—联轴器　4、8、9—六角螺栓
5—密封垫　6—加油螺塞　7—放油螺塞　11—差速器轴承盖　12—差速器及从动锥齿轮

将从车上拆下的驱动桥总成固定在工作台架上。

1）拆下半轴及差速器轴承盖紧固螺栓，从变速器壳体上取下半轴、主减速器轴承盖及差速器总成。

2)拆除行星齿轮轴锁销或卡簧,取出行星齿轮轴,转动半轴齿轮取出行星齿轮,拆下半轴齿轮及复合式止推片。

3)用拉出器从差速器壳上拉出里程表驱动齿轮、差速器轴承,如图5-32、图5-33所示。用内拉出器从变速器壳体和差速器轴承盖上向内侧拉出轴承外圈,如图5-34、图5-35所示。取出调整垫片,拆下油封。

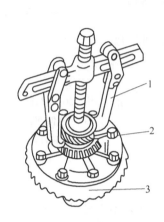

图5-32 拉出里程表齿轮
1—双臂拉出器 2—里程表齿轮 3—从动锥齿轮

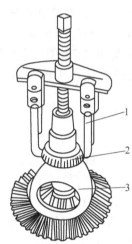

图5-33 拉出差速器轴承
1—双臂拉出器 2—差速器轴承 3—差速器壳

4)拆下从动锥齿轮与差速器壳间连接螺栓,压下从动锥齿轮。

(2)主减速器及差速器主要零件的检修

1)主减速器主、从动锥齿轮轮齿应无裂纹及明显的剥落现象,齿端缺损不得超过齿长的1/10或齿高的1/5。否则应成对更换主、从动齿轮。

2)行星齿轮和半轴齿轮应无裂纹,齿面疲劳剥落面积应不大于15%,齿厚磨损量不应大于0.20mm,否则应予更换。

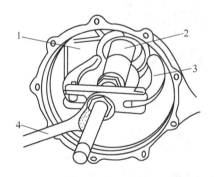

图5-34 从变速器罩壳内拉出差速器轴承外圈
1—变速器罩壳 2—内拉出器
3—支架 4—梅花扳手

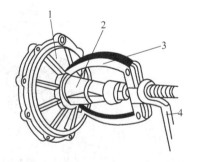

图5-35 从差速器轴承盖内拉出差速器轴承外圈
1—双臂拉出器 2—内拉出器
3—支架 4—梅花扳手

3)行星齿轮轴轴颈与行星齿轮内孔的配合间隙大于0.4mm,则与差速器壳承孔的配合松动,应予更换行星齿轮轴。

4)行星齿轮与差速器壳间隙为0.15~0.25mm,半轴齿轮与差速器壳的间隙为0.20~

0.40mm，如过大应更换球形止推垫片总成。

5）差速器支承轴承出现疲劳剥落及烧蚀，轴承外圈与壳体配合松动；里程表齿轮及从动锥齿轮磨损严重，均应更换新件。

6）差速器壳体出现裂纹，差速器壳突缘端面的跳动量大于0.30mm，轴承磨损松旷，均应更换新件。

5.6.3 主减速器总成的装配与调整

驱动桥装配调整必须按技术规范要求进行，以保证装配质量。例如，内部机件配合不当，将会加速机件磨损和损坏等故障，从而影响汽车行驶的可靠性、安全性。

1．CA1091E主减速器总成的装配

（1）主、从动锥齿轮的装配 主、从动锥齿轮装配时，其装配质量检查主要进行主、从动齿轮啮合间隙的检查和主、从动锥齿轮轴承预紧度的检查。双级主减速器的装配，应先进行主、从动齿锥齿轮的装配。下面以CA1091E主减速器总成的装配与调整为例进行讲解。

1）主动锥齿轮及轴承座的装配。

① 装配前，将轴承等清洗干净，先用压力机将主动锥齿轮前后轴承外圈压入轴承座内，压时应将外圈锥面大端向外，如图5-36所示。再将前轴承的内圈压到主动锥齿轮轴颈上，使其紧靠齿轮大端部，并把后轴承的内圈，压靠在台肩上。如图5-37所示。

② 利用压具把后轴承压装到主动锥齿轮轴轴颈上，从壳体的大端将主动锥齿轮装入轴承座内，如图5-38所示。从壳体的小端装上调整垫片，压入前轴承总成（图5-39）、油封、万向节突缘、平垫圈，拧入槽型锁紧螺母，并按规定力矩拧紧，锁死开口销。

2）从动齿轮及轴承的装配。将双级主减速器中间轴轴颈分别压入左右轴承的内圈，安装好左右轴承，将装有轴承内圈的中间轴、轴承、从动锥齿轮一起，从主减速器壳一侧，装入，将轴承外圈工作表面涂一层润滑油，依次装入轴承外圈、调整垫片、左、右两侧轴承盖，锁紧螺钉。然后按差速器安装顺序，把差速器装入减速器壳内。

对单级主减速器，先用压力机将差速器壳两轴颈外端压入左、右滚子轴承内圈，装上滚子轴承的滚动体、外圈，在轴承外圈工作面上涂一层润滑油，再装上差速器轴承盖、调整螺母，按规定转矩拧紧，锁死锁片。

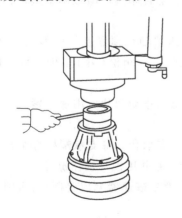

图5-36 压入轴承外圈

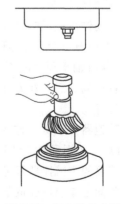

图5-37 压入轴承内圈

图 5-38　装入主动锥齿轮及后轴承

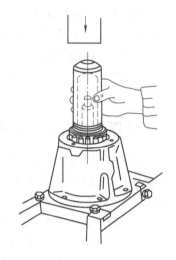

图 5-39　压入前轴承总成

（2）差速器的装配　在差速器轴孔、齿轮的工作面及轴颈、垫片等处涂上润滑油,用压力机把差速器壳的轴颈压入左、右轴承内座圈,将左右差速器壳放在工作台上,将半轴齿轮支承垫圈连同半轴齿轮一起装入。将已装好行星齿轮及支承垫圈的十字轴装入左差速器壳的十字切槽中,并使行星齿轮与半轴齿轮啮合,在行星齿轮上装上边的半轴齿轮、支承垫圈,对准左右壳体上的标记右差速器壳合到左壳上,从右向左插入螺栓,在螺栓端套上锁片,用螺母紧固。将从动锥齿轮装到差速器左壳上,用螺栓紧固,然后用锁片锁住螺母。

（3）主减速器及差速器总成的装复

1）将主动锥齿轮后轴承的外圈装入主减速器壳的座孔中。

2）将差速器总成装入主减速器壳中。将轴承的外圈套上,再将调整螺母装在主减速器壳的螺纹部分,然后将左右轴承盖装上（注意:左右盖按记号装复,不可调换位置）,对好螺纹,装上锁片用螺栓紧固。

3）慢慢拧动两端的调整螺母,调整差速器轴承的预紧度,调好后用锁片将螺母锁紧。

4）将主动锥齿轮及轴承座总成装入主减速器壳内。

5）用改变调整垫片的厚度来调整主、从动锥齿轮的啮合印痕。增减调整垫片,可使主动锥齿轮向前或向后移动。

6）主、从动锥齿轮的啮合间隙调整,可用拧动差速器轴承预紧度的调整螺母来实现。由于轴承预紧度已预先调好,因此调整齿轮啮合间隙时,一侧松（紧）多少,另一侧应紧（松）多少,以保持轴承预紧度不变。

7）以上各项调好后,在差速器轴承盖上装上调整螺母止动锁片,用螺栓紧固,并用锁片将螺栓头部锁住。

8）在主减速器壳左侧,拧入从动锥齿轮支承螺柱及支承套。将支承螺柱拧至与从动锥齿轮背面接触后,再退回约1/4圈,然后再用拧紧螺母拧紧并用锁片锁住螺母。

9）将已装复的主减速器及差速器总成装入桥壳（注意主减速器总成要摆正,否则不易装入）,用扳手紧固主减速器壳的螺栓和后盖螺栓。

10）将左右半轴装入半轴套管内,其花键部分插入半轴齿轮的内花键孔,旋上装在凸缘上供拆装用的螺栓,最后装上锥套及弹簧垫圈,最后用螺母拧紧。

2. CA1091E 主减速器的调整

主要进行主、从动锥齿轮轴承预紧度的调整、齿轮间隙和啮合印痕的调整。

（1）轴承预紧度的调整

1）主动锥齿轮轴承预紧度的调整。测量预紧度应在主动锥齿轮和轴承装复后，不装油封的条件下进行，调整方法有预紧力矩调整法和量具测量法。

预紧力矩调整法：把轴承座夹在台虎钳上，并把轴承盖推向突缘，使其定位缺口与轴承座脱离接触，用弹簧秤沿突缘的切向测量主动锥齿轮的预紧力矩，应达到达到 1.5~3.5N·m，相当于作用在凸缘螺栓中心孔处的圆周力为 25~58N，如图 5-40 所示。如果所测转矩过大，说明轴承过紧，应增加前轴承内座端面上的调整垫片，反之，则应减少调整垫片。调整完成后，在轴承盖上涂一层密封胶，用螺栓将轴承盖紧固在轴承座上。相关车型主动锥齿轮轴承预紧度检验数据见表 5-1。

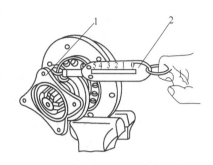

图 5-40　测量主动锥齿轮轴承预紧度图
1—主动锥齿轮　2—弹簧秤

表 5-1　相关车型主动锥齿轮轴承预紧度检验数据

车　　型	锁紧螺母拧紧力矩/(N·m)	弹簧秤读数/N	转动突缘力矩/(N·m)
东风 EQ1090	196~294	16.7~29.4	1.0~1.5
解放 CA1091E	196~294	16.7~29.4	1.5~3.5
北京 BJ2020	120~150	9.8~19.6(装油封)	

量具测量法：在使用这种方法时，重要的是确定调整垫片厚度。如图 5-41，在主动锥齿轮装配过程中，不装调整垫片（隔套），用百分表测出主动锥齿轮轴上端面与突缘平面间的距离 h_1；再装上一个固定厚度 B 的标准垫圈（隔套），并按规定力矩拧紧螺母，测出上述距离 h_2，计算出两次测得的差值 $h_3 = h_1 - h_2$，并取 $h_4 = h_3 - 0.05$，其中，0.05mm 是轴承装合后的一般轴向间隙。则选用的调整垫片厚度 $\Delta h = B - h_4$。然后，取下标准垫圈，放上厚度为 Δh 的调整垫片，按装配顺序重新装配，一边转动主动锥齿轮，一边把锁紧螺母按 196~294N·m 的转矩拧紧，并保证轴承滚子与座处于正确的啮合位置。最后在轴承盖的装配面上涂一层密封胶，用螺栓将轴承盖紧固在轴承座上。

2）从动锥齿轮预紧度的调整。EQ1090 型汽车采用单级主减速器，其从动锥齿轮轴承预紧度是利用差速器壳支承轴承两端的环形调整螺母来进行调整的。CA1091E 型汽车采用双级主减速器，其从动锥齿轮轴承预紧度是利用增加或减少侧盖与壳体之间调整垫片的厚度来进行调整的。

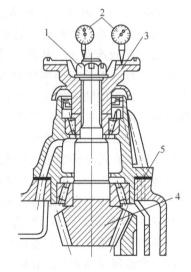

图 5-41　用测量法选择调整垫片厚度
1—锁紧螺母　2—百分表　3—万向节突缘　4—主动锥齿轮　5—调整垫片

在测量预紧力前,应在左右轴承外圈工作表面涂一层润滑油,将左右盖连同调整垫片装入减速器壳,用80~90N·m力矩拧紧左右盖固定螺栓。用手转动从动锥齿轮应能灵活转动,无阻滞现象,用弹簧秤测预紧力矩,应保证左、右轴承有1.5~3.5N·m的预紧力,否则,增减调整垫片数量。

（2）主、从动锥齿轮间隙的检查　主、从动锥齿轮间隙,是齿轮工作时侧向间隙,用来保证轮齿的润滑。间隙过小,不能在轮齿之间形成一定厚度的油膜,轮齿工作润滑和冷却不够,产生噪声和发热,导致齿轮卡死;间隙过大,齿面产生冲击载荷,破坏油膜,产生冲击响声,两种情况均会加速齿面磨损,严重时轮齿折断。

如图5-42所示,采用百分表检查啮合间隙,测量位置在从动锥齿轮沿圆周大致均布的三个轮齿上测量,即把百分表触头抵住从动锥齿轮轮齿大端的凸面上,固定主动锥齿轮,用手转动从动齿轮,读取百分表读数,即为侧隙。啮合间隙标准应在0.15~0.40mm。

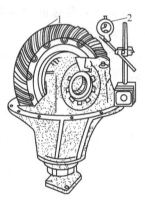

图5-42　齿轮啮合间隙测量
1—从动齿轮　2—百分表

（3）啮合印痕的检查　汽车行驶中,特别是在较大载荷作用下,由于存在轴、轴承、壳体变形和装配调整误差,两齿轮略有偏移,引起载荷偏向轮齿一端,造成应力集中,磨损剧烈和轮齿折断。制造时规定,两齿轮只沿齿长方向接触1/2~2/3,接触区偏向小端。齿轮啮合位置是否正确,一般用啮合印痕来判断。在从动齿轮等距分布的三个齿面上均匀地涂上一薄层红丹粉调和油,转动齿轮,使主、从动齿轮啮和数次;观察从动齿面印痕的位置是否符合标准,要求印痕位于齿长方向中部,偏向小端和齿高方向,印痕距小端2~4mm,且印痕长度应是齿长的2/3,如图5-43所示。否则应予调整。

（4）主减速器主、从动齿轮啮合间隙和啮合印痕的调整　主减速器主、从动齿轮啮合间隙与啮合印痕不符合装配技术规范要求时,应予调整。调整必须在主减速器主、从动齿轮轴承预紧度调整合格后进行,齿轮正确的啮合印痕和间隙靠移动主、从动齿轮的轴向移动来进行。两齿轮靠近,

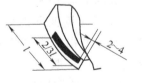

图5-43　从动锥齿轮凸面的啮合印痕

侧隙减小,两齿轮离开,侧隙增大。在上述两种调整时,印痕大小与间隙大小是相互影响的。如调整印痕时,齿轮的侧隙发生变化,而调整啮合间隙时,印痕又发生变化。

根据啮痕在传递转矩的重要性大于齿隙的要求,调整时应以满足啮合印痕的要求为主,齿隙可适当放大一些,但最大不能超过啮合间隙的极限值,否则应重新调整。

常见的不正确啮合印痕有偏大端、偏小端、偏齿顶、偏齿根几种。常见啮合状况的调整方法如图5-44所示。例如,啮合印痕偏大端,可向主动齿轮轴线方向移动从动锥齿轮。在保证轴承预紧度情况下,调整差速器壳两端的调整螺母,一端旋入几圈,另一端必须相应旋出几圈。即根据移动方向:旋松移动方向的轴承调整螺母若干角度,再旋紧另一端轴承调整螺母若干角度,而使从动齿轮轴移动了一个位置,以满足调整的需要。

偏大端:把从动锥齿轮向主动齿轮靠拢,如发现间隙过小,可将主动齿轮稍向外移。如图5-44d所示。

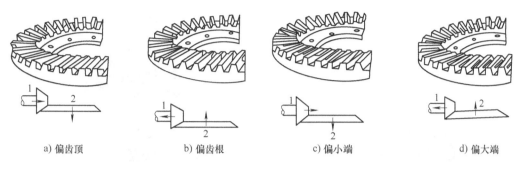

图 5-44 准双曲面齿轮啮合状况的调整方法
1—主动齿轮 2—从动齿轮

偏小端：把从动锥齿轮移离主动齿轮，如发现间隙过大，可将主动齿轮稍向内移。如图 5-44c 所示。

偏齿根：把主动锥齿轮移离从动齿轮，如发现间隙过大，可将从动齿轮稍向内移。如图 5-44b 所示。

偏齿顶：把主动锥齿轮向从动齿轮靠拢，如发现间隙过小，可将从动齿轮稍向外移。如图 5-44a 所示。

上述调整方法简化为：大进从，小出从，顶进主，根出主。

不同车型的后桥，其结构不同，应采用不同的调整方法。主要通过调整垫片、调整螺母来改变其主动齿轮、从动齿轮的位置，保证啮合印痕和标准间隙。

对于双级主减速器从动齿轮轴的轴向移动是通过两端轴承盖与壳体间垫片来调整的，将抽出的一端垫片垫到另一端，保证轴承预紧度不变。CA1091E 主动锥齿轮的轴向位移，是用改变主动锥齿轮轴承座和主减速器壳端面间的调整垫片的厚度来实现的。增加垫片，主动齿轮远离从动齿轮；减少垫片，主动齿轮移近从动齿轮。

5.6.4 桑塔纳轿车主减速器和差速器的装配与调整

桑塔纳轿车主减速器及差速器调整，目的是使主、从动齿轮保证正确的啮合印痕及啮合间隙，即保证主、从动齿轮通过专用检测仪器所得出的最佳工作位置。

1. 主减速器和差速器的装配

1) 用专用工具将轴承外圈和 1.2mm 厚的调整垫片一起压装到变速器前壳体的轴承孔中，将没有调整垫片的轴承外圈压装到差速器轴承盖上相应的承孔中。

2) 用专用工具将半轴油封压入差速器轴承盖的承孔中。

3) 将从动锥齿轮加热到 100℃ 左右，迅速安装在差速器壳上，并用定心销导向，用专用螺栓以 70N·m 的力矩对称紧固好。将圆锥滚子轴承加热到 120℃，安装在差速器壳上，并压装到位，如图 5-45 所示。

4) 将差速器支承轴承加热到 100℃ 左右，然后用专用工具分别压装到差速器壳两端的支承轴颈上，然后装上车速里程表主动齿轮和锁紧套筒，如图 5-46 所示。

5) 将复合式止推片涂上齿轮油装入差速器壳内。

6) 通过螺纹套和半轴来安装半轴齿轮，安装法兰轴，并用专用螺栓紧固。

7) 将两个行星齿轮错开 180°装入差速器壳内，并与半轴齿轮相啮合，并转动半轴，使

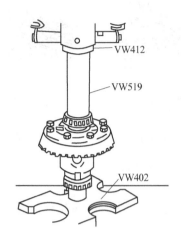

图 5-45 压入差速器另一侧轴承

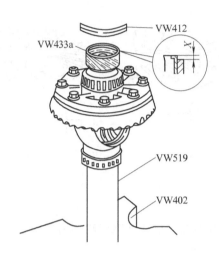

图 5-46 安装车速里程表主动齿轮和锁紧套筒

行星齿轮向内摆动。

8) 对准行星齿轮轴孔、复合式止推垫片、差速器罩壳，推入行星齿轮轴，并用锁销（或锁环）锁止。

9) 用适当的齿轮油润滑差速器轴承，然后将差速器装入变速器壳体内，并将差速器轴承盖用专用螺栓紧固到变速器壳上，将里程表从动齿轮安装到差速器轴承盖上。

10) 拆下变速器后盖和轴承支座，用扭力扳手转动差速器，检查摩擦力矩，新轴承最小应为 2.5N·m。

11) 调整从动齿轮。

12) 装上变速器后盖、轴承支座及半轴突缘。拨动内变速杆，检查各档工作是否平顺。向变速器内注入齿轮油（API-GL4 或 SAE80）1.71L。

2. 调整

桑塔纳轿车通过改变主动齿轮调整垫片厚度 S_3 和从动齿轮调整垫片厚度 S_1、S_2 来调整的主、从动齿轮的啮合间隙及轴承预紧度，其调整垫片位置如图 5-47 所示。

1) 在进行主、从动齿轮的调整时，应求出主动齿轮调整垫片厚度 S_3 及差速器调整垫片 1 和 4 的总厚度。当更换变速器壳体、主减速器、差速器壳、差速器滚柱轴承、主动锥齿轮、从动锥齿轮中任何一件时，需重新调整主、从动锥齿轮，并对调整垫片厚度进行测量与计算，更换新件后应尽可能达到这个测量数值。调整垫片实际的位置与理论位置的偏差为 r，在生产中，有的将 r 标在主动齿轮上，有的未将 r 标在主动齿轮上。未标 r 的，调整时，应重新测量 r。

调整垫片厚度计算方法如下。

将主动齿轮与垫片一同安装好，罩壳

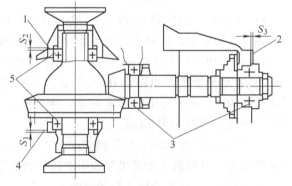

图 5-47 调整垫片的位置
1、2、4—调整垫片 3—主动锥齿轮轴承 5—差速器轴承

上的垫片为 1.2mm，盖上的测量值与预紧量之和设定为 0.70mm（即测量值为 0.30mm，预紧量为 0.40mm）。安装夹紧套筒。上下移动夹紧套筒，读出表针的摆差值。据此可求出主动齿轮调整垫片及差速器调整垫片的总厚度，即总厚度＝摆差值＋预紧量（0.40mm）＋原垫片厚度（1.20mm）。

调整垫片厚度计算过程如下。

① 拆下从动锥齿轮盖，取出调整垫片，将圆锥滚子轴承的外圈和 1.2mm 的标准垫片一同推入罩壳，直至与挡块相抵靠。

② 将设有调整垫片的圆锥滚子轴承外圈装在从动锥齿轮盖上；并将设有调整垫片的另一圆锥滚子轴承外圈推入从动锥齿轮盖上，直至挡块。

③ 将不带转速表齿轮的差速器轴承端压入罩壳内，再装上轴承盖，以 245N·m 的力矩再次分别拧紧固定螺栓。

④ 安装 VW521/4（夹紧套筒）和 VW521/8（套筒），如图 5-48 所示。上下移动夹紧套筒，不要转动，记录下百分表的摆差。

⑤ 总厚度＝摆差＋预紧量（常数值 0.40mm）＋标准垫片厚度。如测得摆差值为 0.50mm，则总厚度＝0.50＋0.40＋1.20＝2.10（mm）。

需加垫片厚度为：总厚度－原垫片厚度＝2.10－1.20＝0.90（mm）

2）主动锥齿轮调整垫片厚度 S_3 的测量与计算，即

$$S_3 = e + r$$

式中　　e——测量值；

　　　　r——偏差值。

确定 S_3 值有两种情况：第一种为更换主动齿轮双列圆锥滚子轴承，或齿轮箱罩壳，或第一档齿轮轴承支座和滚针轴承，所换主、从动齿轮上无偏差值 r 标记时，则按下述方法进行调整。按下述方法调整：

① 安装 VW381/11（专用压板），如图 5-49 所示。旋松变速器罩壳的螺钉，用两个螺栓旋紧压板，使压板与主动齿轮轴保持垂直位置，以 2N·m 力矩拧紧螺栓。

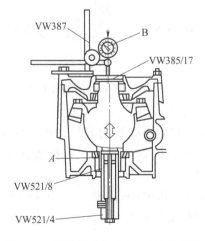

图 5-48　测量调整垫片（S_1、S_2）总厚度

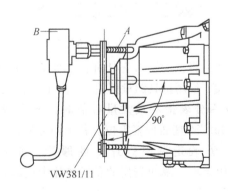

图 5-49　压板（VW381/11）安装位置

② 拆下差速器，将通心棒VW385放在变速器壳内，转动测量心棒，直至表针指至最大值。此值即为与标准值的偏差值，换装新零件后应尽可能达到此值。

③ 换装新零件后，将双列圆锥滚子轴承外环与调整垫片2，一同压入轴承支座内，连同预装好的联轴齿轮装入轴承支座，并压入双列圆锥滚子轴承的第一内环，以100N·m力矩拧紧联轴齿轮螺母。再装入新密封圈，将轴承支座和联轴齿轮一同装入齿轮箱罩壳内，旋紧紧固螺栓。

④ 装入新的密封环，将轴承支座与联轴齿轮一起安装进入齿轮箱，拧紧螺栓螺母，用测量心棒重新测量安装位置。若测得的数值较小，装入较厚的垫片；若测得的数值较大，装入较薄的垫片2。例如，换件前测量值为0.60mm，换件后测量值为0.50mm，若垫片厚度为0.70mm，则应安装的调整垫片$S_3 = 0.70 + (0.60 - 0.50) = 0.80(mm)$。所需厚度的垫片可由备件中选用。

第二种为更换主、从动齿轮，且齿轮上给出偏差值r，则按以下方法进行调整。首先应测量出安装位置。

① 将双列圆锥滚子轴承压入轴承座（不包括调整垫片2）。

② 将主动齿轮装入轴承支座，并压入双列圆锥滚子轴承，用钳口护板将齿轮轴夹持在台虎钳上，并用100N·m扭力拧紧主动齿轮螺母。

③ 装入新密封垫，将轴承支座与主动齿轮一同装入齿轮箱罩壳，装上压板VW381/11，并保持压板与齿轮轴的垂直位置，用螺栓将该压板紧固在罩壳上，用2N·m扭力拧紧螺母。

④ 将测量心棒（VW385/1）的调整环调整到$a = 35mm$，滑动调节环调至$b = 60mm$，如图5-50所示。

⑤ 调整VW385/16长度为12.3mm，调节量规（VW385/30）$RO = 50.7mm$，并安装至测量心棒上，再将百分表调零，调整范围为3mm，并带有2mm的预紧力。如图5-51所示。

⑥ 将VW385/33块规，放至主动锥齿轮端部，并将测量心棒放入壳体内，如图5-52所示。

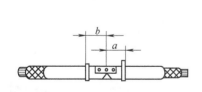

图5-50 测量心棒VW385/1

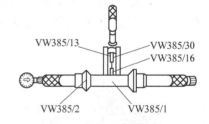

图5-51 测量心棒的组装调整

⑦ 将主动轴承盖与轴承外圈安装在一起并用螺栓固定。

⑧ 使用量具测量偏差e：测量时，先移动调整环，将定心垫片向外拉，转动测量心棒直至百分表指示最大量程值时，即为偏差e的值。拆下测量心棒后，应检查调节量规VW385/30能否回复零位。若未回复零位，应重新测量。

⑨ 确定调整垫片2的厚度：如$e = 0.15mm$，$r = 0.45mm$，则$S_3 = 0.15 + 0.45 = 0.60(mm)$，从可选用的备用垫片中选取。备用垫片的厚度为0.15~1.20mm（每片之间递增0.05mm）。

3）调整主、从锥齿轮的啮合间隙。

① 将主动齿轮与垫片 2 安装好，壳上垫片厚度为 1.2mm，盖上测量值加预紧量为 0.40mm。

② 将差速器转动几次，固定锥滚柱轴承，安装百分表。

③ 用 2N·m 的力矩，将压紧板两个对角螺钉交叉拧紧，并使压盘与主动齿轮位置垂直，通过压板使主动齿轮拧紧在变速器壳上。

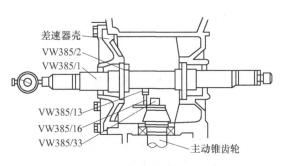

图 5-52 从动锥齿轮中心到主动锥齿轮端面

④ 将从动齿轮转至挡块，百分表调零，转动从动齿轮，读出啮合间隙，并记录读数。

⑤ 拧松差速器上夹紧套筒的螺钉及主动齿轮上的压板，把从动齿轮转动 90°，再重复测量 3 次，那么将 4 次测量数值相加后，求得平均啮合间隙值。如测得平均啮合间隙值为 0.46mm。当平均啮合间隙值超过 0.50mm 时，主、从动齿不能正常工作，应复查装配工作。

⑥ 确定调整垫片 1 的厚度：S_2 = 垫片厚度 - 啮合间隙平均值 + 0.15，即

$S_2 = 1.2 - 0.46 + 0.15 = 0.89 (\text{mm})$

由表 5-2 知，取 $S_2 = 0.90\text{mm}$

表 5-2 调整垫片 1、2、4 的规格　　　　　　　　（单位：mm）

S_1、S_2	0.15	0.20	0.30	0.40	0.50	0.60	0.70	0.80	0.90	1.00	1.20	
S_3	0.15	0.20	0.25	0.30	0.40	0.50	0.60	0.70	0.80	0.90	1.10	1.20

⑦ 计算调整垫片的厚度：S_1 = 总厚度 - S_2 = 2.10 - 0.90 = 1.20 (mm)

⑧ 按求出的厚度安装垫片 S_1、S_2。按步骤装好，重新进行啮合间隙复查，必须保证多点啮合间隙必须在 0.10~0.20mm，测量偏差应小于 0.05mm。不符合要求，重新进行调整。

⑨ 拆下压板 VW381/11、夹紧套筒 VW521/4、套筒 VW521/8、摆杆 388、百分表支架 VW387 和百分表。

⑩ 装上变速器后盖和相应的密封垫片和调整垫片。将里程表从动齿轮安装到差速器轴承盖上。

5.6.5 驱动桥的磨合与试验

1. 磨合试验的目的和规范

驱动桥装配后，应按规定加注润滑油进行磨合试验。驱动桥磨合试验的目的是改善零件相互配合表面的接触状况，提高零件摩擦表面的质量、耐磨性、疲劳强度等，检查驱动桥修理装配的质量，及时发现和清除在零件修理和装配中偏离技术条件而引起的缺陷和故障，为驱动桥承受使用负荷做好准备。

驱动桥的修理装配质量，可以在磨合试验中从齿轮的啮合噪声、轴承区的温度和结合密封处有无漏油等情况来判断。

桑塔纳轿车驱动桥与变速器共用一个壳体，驱动桥磨合时，将变速器和主减速器一同磨合。磨合要求是：选用黏度低的润滑油，主轴以 1500r/min 左右转速进行正反转，有负荷、无负荷试验，各档运转时间均不少于 15min，总用时不少于 1.5h。磨合中，应无噪声及高低变化的敲击声；

磨合后，轴承温升不高于50℃，油温升不高于40℃，放掉齿轮油，用煤油、柴油质量为1∶1的混合油清洗干净。磨合后的检查内容：齿轮啮合接触印痕应在轮齿中部，新齿啮合面不少于轮齿工作面的1/2；不符合要求时可用油石、手砂轮修磨或成对更换齿轮。

货车磨合时，主轴转速一般为1400~1500r/min，（EQ1090型汽车原厂规定为800~1300r/min），在此转速下进行正反转、无负荷和有负荷的阶段磨合试验。各项试验不得少于10min。试验过程中，各轴承温升应不高于60℃，用手摸外壳及轴颈处，不应有过热的感觉。齿轮的啮合不允许有高低变化的敲击声，驱动桥运转应无异响，各结合部位不允许有漏油现象。否则应将驱动桥解体，检查各机件的技术状况，并加以相应修理及调整。加载磨合试验时，加在每根半轴上的力矩值应符合有关技术规范的规定，见表5-3。

表5-3　不同车型半轴加载的转矩

型　号	每根半轴加载的转矩/(N·m)	型　号	每根半轴加载的转矩/(N·m)
重型	500~550	轻型	100~150
中型	300~350	轿车	60~100

磨合试验合格后，应放出驱动桥磨合用润滑油，并对驱动桥各磨合机件、壳体用煤油或柴油清洗，最后加注符合规格要求的齿轮油。

2. 磨合试验设备

图5-53所示为主减速器、差速器试验台。试验时，由电动机驱动后桥主减速器、差速器，主减速器和差速器通过相连的轴带动平衡发电机工作。将电动机调至试验所需的转速，可作正、反转和有负荷、无负荷试验。将发电机的离合器分离或截断励磁电流，可进行无负荷试验；将发电机离合器接合或导通励磁电流，可进行有负荷运转实验。有负荷运转时，通过控制左右发电机输出不同的功率，以测试差速器的工作情况。

5.6.6　驱动桥常见故障的诊断与排除

驱动桥在使用中，由于承受较大转矩与负荷，并受到起步、紧急制动时造成传动件的冲击，所以驱动桥内齿轮、花键及轴承配合件产生不同程度磨损、损伤以及壳体变形，会使汽车在起步、加速、转弯及行驶时产生故障。常见故障有：驱动桥有异响、驱动桥局部过热、驱动桥漏油。

1. 驱动桥异响

（1）现象

1）汽车挂档行驶时驱动桥发出较大的响声，而在滑行或低速行驶时响声减弱或消失。

2）汽车转弯时驱动桥发出较大的响声，而直线行驶时响声减弱或消失。

3）汽车起步或突然改变车速时，驱动桥发出"吭吭"的响声，汽车低速时驱动桥发出"咯啦、咯啦"的撞击声。

（2）原因

1）齿轮或轴承严重磨损或损坏。

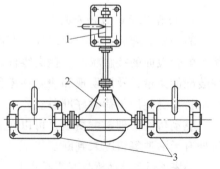

图5-53　主减速器、差速器试验台
1—电动机　2—主减速器、差速器
3—平衡发电机

2）主、从动锥齿轮配合间隙过大。

3）从动锥齿轮紧固螺栓松动。

4）差速器行星齿轮、半轴内端或半轴齿轮键槽磨损松旷。

5）齿轮油不足或齿轮油牌号不对。

(3) 诊断与排除

1）驱动桥有异响时，可将驱动桥架起，起动发动机并挂上档，然后急剧改变车速，查听驱动桥响声来源，以判断故障所在部位。随即熄灭发动机并挂入空档，在传动轴停止转动后，用手转动主动锥齿轮凸缘，若有明显松旷感觉，说明齿轮啮合间隙过大；若无活动感觉，则说明啮合间隙过小。间隙不当时应予调整。

2）汽车在行驶中，如车速越高，响声越大，而滑行时响声减小或消失，一般是因轴承磨损松旷或主、从动锥齿轮间隙偏大；如急剧改变车速或上坡时发响，则为齿轮啮合间隙过大，应予以调整。如是轴承松旷引起，则应对轴承进行调整，必要时，应更换轴承。

3）如汽车转弯时发响，而低速直线行驶时响声减弱，一般是差速器行星齿轮与半轴齿轮的啮合间隙过大或半轴齿轮及键槽磨损松旷所致，此时应对行星齿轮和半轴齿轮的技术状况进行检查与调整，必要时更换齿轮。

4）行驶中若驱动桥突然发响，多半为齿轮损坏，应立即停车检查排除。如继续行驶，将会打坏轮齿而使汽车停驶。

2. 驱动桥发热

(1) 现象　汽车行驶一段路程后，用手触摸后桥时，有难以忍受的烫手感觉。

(2) 原因

1）轴承装配过紧，转动时摩擦加剧，发热增加，温度升高。

2）齿轮啮合间隙过小。

3）油封过紧。

4）驱动桥内缺少齿轮油，齿轮油变质，或使用的齿轮油不符合规定要求。

(3) 诊断与排除

1）汽车行驶一定里程后，用手触摸驱动桥各个部位。查看是局部过热还是整体过热。

① 若油封处局部过热，则是油封太紧所致，应对油封技术状况进一步检查，并视情更换。若轴承处局部过热，则是轴承太紧所致，应重新进行调整。其他局部过热情况可结合发热部位逐项进行检查并予以排除。

② 若整体过热，首先应检查后桥壳齿轮油平面。若液面太低，应按规定加注齿轮油；如正常，则用手捻试齿轮油，检查其黏度是否过高、润滑性能是否太差或其规格是否符合要求，并视情况更换齿轮油。

2）松开驻车制动，变速器置空档，轻轻地周向晃动驱动桥凸缘盘，检查主、从动锥齿轮的啮合间隙。必要时进行调整。

3）若上述均正常，则应检查差速器行星齿轮与半轴齿轮的啮合间隙，并视情进行调整。

3. 驱动桥漏油

(1) 故障现象　停车时，地面发现油渍，后桥主减速器油封或衬垫处出现油渍。

(2) 故障原因　后桥主减速器油封、衬垫、半轴凸缘密封不严，向外渗漏。齿轮油黏度过低。

① 主减速器油封损坏，衬垫损坏，半轴油封损坏，密封不良。

② 与油封接触的轴颈磨损，表面有沟槽。

③ 紧固螺栓松动。

④ 齿轮油黏度过低或加注过多。

(3) 故障诊断与排除

① 齿轮油自半轴突缘周围渗出，系半轴油封不良。更换油封。

② 主减速器主动齿轮凸缘处漏油，说明该处油封不良或凸缘轴颈磨损，产生沟槽。拆解主减速器，更换油封或相关轴。

③ 其他部位漏油，如桥壳裂纹产生油迹，可根据油迹查明原因，并予排除。

5.7　电控驱动防滑系统

驱动防滑转控制(Acceleration Slip Regulation，ASR)系统，也被称为牵引力控制系统(IRC)、驱动力控制系统(TCS)，是通过调节车轮的驱动力实现车轮滑转控制。其作用是在驱动过程中防止驱动车轮发生滑转，并在起步和加速时根据路面情况给出一个最佳的驱动力。在湿滑路面上起步、加速或转向时，能提高车辆驱动过程中方向稳定性、转向控制力和加速性能。

从控制车轮和路面的滑移率来看，ASR 和 ABS(制动防抱死)系统采用了相同的技术，但两者所控制的车轮滑移方向是相反的，可见 ASR 系统与 ABS 系统密切相关，故常将它们合在一起使用，构成汽车防滑控制系统，保证行驶安全。这样，ASR 和 ABS 可共用许多电子元件，可用共同的系统部件来控制车轮的运动。

ASR 的基本组成及工作过程如下。

ASR 通过调节作用于驱动车轮的驱动力矩和制动力矩，在驱动过程中防止车轮发生滑转。其控制方式有：发动机输出转矩控制、驱动车轮制动控制、防滑差速锁(ISD)控制、发动机与驱动轮之间的转矩控制以及综合控制五种。

调节作用于驱动车轮的驱动力矩可以通过调节发动机的输出转矩、变速器的传动比、差速器的锁紧系数实现。目前，调节变速器的传动比、差速器的锁紧系数的方式在 ASR 中尚采用较少，而调节发动机的输出转矩又可以通过调节节气门开度、点火提前角、燃油喷射量以及中断燃油喷射和点火来实现。由于发动机已经实现了电子控制，因此，可以通过发动机电子控制系统对发动机进行点火和供油控制，对发动机转矩进行调节。虽然中止部分气缸的点火可以使发动机的输出转矩迅速减小，但如果不能及时完全地中断相应气缸供油，将会对催化转化装置造成严重损害，因此，中止部分气缸点火的方式在 ASR 中也很少应用。所以，目前在 ASR 中通常通过控制节气门开度和点火提前角的方式调节发动机的输出转矩，从而对作用于驱动车轮的驱动力矩进行调节。

为了使驱动车轮的转速迅速降低，或者使两侧驱动车轮获得不同的牵引力，通常 ASR 都通过对驱动车轮施加一定的制动力矩实现。

在 ASR 中，为了确定驱动车轮是否滑转，可以利用 ABS 中的车轮转速传感器获得车轮的转速信号，ASR 电子控制单元(ECU) 可以是独立的，也可以与 ABS 共用，ASR 制动压力调节器通常与 ABS 制动压力调节器共用。为了控制节气门开度，通常设有电动控制的副节气门及节气门开度传感器，点火提前角的控制则通过发动机电子控制系统进行。因此，ASR 通常都与 ABS 和发动机电子控制系统交织在一起。此外，ASR 中都具有 ASR 关闭和工作指示灯。图 5-54 所示是一种较为典型的具有制动防抱死和驱动防滑转功能的 ABS/ASR 防滑控制系统。其中，ABS 和 ASR 共用车轮转速传感器和电子控制单元(ECU)，只在通往驱动车轮制动轮缸的制动管路中增设一个 ASR 制动压力调节器。在由加速踏板控制的主节气门上方增设一个由步进电动机控制的副节气门，并在主、副节气门处各设一个节气门开度传感器，即可实现驱动防滑控制。

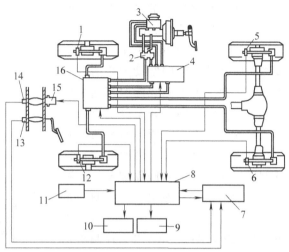

图 5-54　典型 ABS/ASR 系统组成

1—右前车轮转速传感器　2—比例阀和差压阀　3—制动主缸　4—ASR 制动压力调节器　5—右后车轮转速传感器　6—左后车轮转速传感器　7—发动机/变速器电子控制单元(ECU)　8—ABS/ASR 电子控制单元(ECU)　9—ASR 关闭指示灯　10—ASR 工作指示灯　11—ASR 选择开关　12—左前车轮转速传感器　13—主节气门开度传感器　14—副节气门开度传感器　15—副节气门驱动步进电动机　16—ABS 压力调节器

图 5-54 所示 ABS/ASR 中的 ASR 在汽车驱动过程中，ABS/ASR 电子控制单元(ECU)根据各车轮转速传感器产生的车轮转速信号，确定驱动车轮的滑动率和汽车的参考速度，当 ABS/ASR 电子控制单元判定驱动车轮的滑动率超过设定的限值时，就使驱动副节气门的步进电动机转动，减小副节气门的开度。此时，即使主节气门的开度不变，发动机的进气量也会因副节气门开度的减小而减小。如果驱动车轮的滑动率仍未降低到设定的控制范围内，ASB/ASR 电子控制单元(ECU)又会控制 ASR 制动压力调节器和 ABS 制动压力调节器，对驱动车轮施加一定的制动压力，就会有制动力矩作用于驱动车轮。

图 5-54 所示 ABS/ASR 中的 ASR 制动压力调节器主要包括制动供能装置和电磁控制阀总成两部分，制动供能装置主要由电动泵和储能器组成，电磁阀总成中有三个二位二通电磁阀，ASR 制动压力调节器与 ABS 制动压力调节器所组成的制动液压系统如图 5-55 所示。

当 ABS/ASR 电子控制单元(ECU)判定需要对驱动车轮施加制动力矩时，ABS/ASR 电子控制单元(ECU)就使 ASR 制动压力调节器中的三个二位二通电磁阀都通电，电磁阀Ⅲ将制动主缸至后制动轮缸的制动管路封闭，电磁阀Ⅱ将储能器至 ABS 制动压力调节器的制动管路沟通，电磁阀Ⅰ将 ABS 制动压力调节器至储液室的制动管路沟通。储能器中具有一定压力的制动液就会经过处于开启状态的电磁阀Ⅱ和电磁阀Ⅳ和Ⅴ进入两后制动轮缸，驱动车轮的制动力矩随着制动轮缸制动压力的增大而增大；当 ABS/ASR 电子控制单元(ECU)判定需要保持两驱动车轮的制动力矩时，ABS/ASR 电子控制单元(ECU)就使 ABS 制动压力调节器中的两个三位三通电磁阀Ⅳ和Ⅴ的电磁线圈中通过较小的电流，使电磁阀Ⅳ和Ⅴ都处于中间位置，将两后制动轮缸的进、出液管路都封闭，两后制动轮缸的制动压力就保持一定；当ABS/ASR电子控制单元判定需要减小两驱动车轮的制动力矩时，就使电磁阀Ⅳ和Ⅴ的电磁线圈中都通过较大的电流，使电磁阀Ⅳ和Ⅴ分别将两后制动轮缸的进液管路封闭，而将两后制动轮缸的出液管路沟通，两后制动轮缸中的制动液就会经电磁阀Ⅳ和Ⅴ、电磁阀Ⅰ流回制动主缸储液室，两后制动轮缸的制动压力就会减小。在ASR制动压力调节过程中，ABS/ASR电子控制单元根据车轮转速传感器输入的车轮转速信号，对驱动车轮的运动状态进行连续监测，通过控制电磁阀Ⅳ和Ⅴ的通电情况，使后制动轮缸的制动压力循环往复地进行增大—保持—减小过程，从而将驱动车轮的滑动率控制在设定的理想范围内。如果ABS/ASR电子控制单元（ECU）判定需要对两驱动车轮的制动力矩进行不

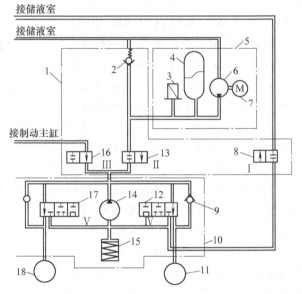

图 5-55 典型ASR制动液压系统
1—ASR电磁阀总成 2、9—单向阀 3—压力开关 4—储能器
5—制动供能装置 6—泵 7—电动机 8—电磁阀Ⅰ 10—制动ABS压力调节器 11—左后驱动车轮 12—电磁阀Ⅳ 13—电磁阀Ⅱ 14—回油泵 15—储液器 16—电磁阀Ⅲ 17—电磁阀Ⅴ
18—右后驱动车轮

同控制，ABS/ASR电子控制单元（ECU）就对电磁阀Ⅳ和Ⅴ进行分别控制，使两后制动轮缸的制动压力进行各自独立地调节。当ABS/ASR电子控制单元（ECU）判定需对驱动车轮实施防滑转控制时，ABS/ASR电子控制单元（ECU）使各个电磁阀均不再通电，各电磁阀恢复到如图5-55中所示的状态，后制动轮缸中的制动液可经电磁阀Ⅳ和Ⅴ流回制动主缸，驱动车轮的制动力矩将完全消除，在解除驱动车轮制动的同时，ABS/ASR电子控制单元（ECU）还控制步进电机转动，将副节气门完全开启。目前，在各种车型上装备的ASR系统的具体结构和工作过程不尽相同，但在如下几个方面却是相同的。

1）ASR可以由驾驶人通过ASR选择开关对其是否进入工作状态进行选择，在ASR进行防滑转调节时，ASR工作指示灯会自动点亮；如果通过ASR选择开关将ASR关闭，ASR关闭指示灯会自动点亮。

2）ASR处于关闭状态时，副节气门将自动处于全开位置，ASR制动压力调节器也不会影响制动系统的正常工作。

3）如果在ASR处于防滑转调节过程中，驾驶人踩下制动踏板进行制动，ASR将会自动退出防滑转调节过程，而不影响制动过程的进行。

4）ASR通常只在一定的车速范围内才进行防滑转调节，而当车速达到一定以后（如120km/h或80km/h），ASR将会自动退出防滑转调节过程。

5）ASR在其工作车速范围内通常具有不同的优先选择性，在车速较低时以提高牵引力作为优先选择；此时，对两驱动车轮施加的制动力矩可以不同，即对两后制动轮缸的制动压力进行分别调节。而在车速较高时则以提高行驶方向稳定性为优先选择；此时，对两驱动车

轮施加的制动力矩将是相同的,即对两后制动轮缸的制动压力进行一同调节。

6) ASR 都具有自诊断功能,一旦发现存在影响系统正常工作的故障,ASR 将会自动关闭,并向驾驶人发出警示信号。

本 章 小 结

1. 驱动桥的功用是减速增矩,改变动力传递方向,通过半轴将动力传递到驱动轮。
2. 驱动桥由桥壳、主减速器、差速器和半轴组成。
3. 主减速器主动小齿轮根据发动机布置形式的不同而不同。对于发动机横置前置前驱汽车,主减速器小齿轮是圆柱齿轮;而对于发动机纵置前置前驱汽车,主减速器小齿轮是锥齿轮。
4. 一般普通差速器只能使左、右车轮以不同转速旋转,而其传递的转矩总是相等的。
5. 半轴轴承支承汽车的重量并减少滚动摩擦。
6. 主减速器差速器的主要调整项目有:主从动齿轮啮合间隙调整、啮合印痕调整、轴承预紧力调整。
7. 驱动防滑转控制系统(ASR),通过调节车轮的驱动力实现车轮滑转控制。

复习思考题

1. 驱动桥起什么作用?它由哪些部件组成?
2. 主减速器具有几种类型?
3. 主减速器起什么作用?简述单级主减速器的构造和工作原理。
4. 差速器有几种类型?它起什么作用?由哪些主要机件组成?简述差速器的构造及工作原理。
5. 半轴按支承形式分几种?驱动桥壳按结构分几种类型?
6. 驱动桥常见故障有哪些?其主要原因是什么?如何进行判断与排除?
7. 驱动桥的调整有哪些内容?简述其调整过程及要求。
8. 为什么驱动桥装配后要进行磨合试验?磨合时有哪些技术要求?
9. 驱动桥检修应检测哪些项目?有何技术要求?
10. 试述差速器的装配与调整过程。
11. 叙述上海桑塔纳 LX 轿车的主减速器及差速器的分解、装配与调整过程。
12. 简述电控防滑系统的工作原理。
13. 简述电子差速锁的工作原理。

实训项目 驱动桥的拆装与调整

1. 实训目的与要求
1) 掌握主减速器和差速器的拆装步骤及技术要求。
2) 熟悉驱动桥主要零部件的名称、作用及相互装配关系。
3) 掌握主减速器的轴承预紧度与齿轮啮合间隙的调整方法。
4) 熟悉主减速器和差速器的工作原理。
2. 实训设备及工、量具
1) 轿车(普通桑塔纳、捷达、神龙富康和进口轿车)和东风 EQ1090 型单级主减速器或 CA1091 双级主减速器数台。确保每台 4~6 人。
2) 常用汽车维修工具若干套。
3) 专用轴承拉器、吊车、工作台、翻转拆装台若干套。
3. 学时及分组人数
2 学时,各种传动轴总成轮换进行。具体分组视情况确定。
4. 实训步骤及操作方法
本次实训以解放 CA1091 型汽车驱动桥的拆装与调整为例进行,其他车型驱动桥的拆装与调整可以参考相关资料进行。
解放 CA1091 型汽车驱动桥拆装与调整如下。
(1) 驱动桥的拆卸与分解
1) 半轴的拆卸。
① 拆卸半轴前,用举升器举起汽车或停在平坦的地面上(将前轮用楔木楔住),松开驻车制动器。
② 拆卸时,松开并拧下全部半轴紧固螺母及垫圈。
③ 用两个长 35mm 的 M12 螺栓(可用紧固减速器壳的螺栓)拧进半轴凸缘上的螺孔内,即可将半轴顶出。
2) 主减速器总成的拆卸。
① 首先将桥壳下部的放油螺塞拧下,放出桥壳内的润滑油。
② 拆下主动锥齿轮凸缘与传动轴的连接螺栓。
③ 卸下后制动软管与三通接头的连接。
④ 用专用的支承小车将减速器壳支承好,然后拆下主减速器壳与后桥壳之间的连接螺栓,将主减速器总成从后桥壳下取下。
3) 主减速器总成的解体(图 5-56)。
① 主减速器总成解体前,应在差速器左、右轴承盖上做出标记,以免装配时将左、右轴承盖装错。
② 把差速器轴承盖螺母锁片松开后,拧下螺母,取下轴承盖后,用双手抓住差速器总成两边的轴承孔,将差速器总成取下后,将轴承盖按原位装复。
③ 拆下主动锥齿轮轴承座与主减速器壳的连接螺栓,取下主动锥齿轮轴承座总成,拆卸时应注意不得将主动锥齿轮轴承座的调整垫片损坏或丢失。

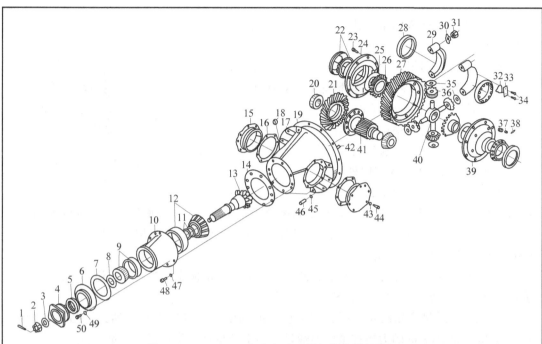

图 5-56 CA1091 型汽车主减速器与差速器的分解

1、38—开口销 2—主动锥齿轮凸缘螺母 3—垫圈 4—主动锥齿轮凸缘 5—油封 6—油封座 7、19—密封圈 8—主动锥齿轮凸缘止推垫圈 9—主动锥齿轮前轴承 10—主动锥齿轮前轴承座 11、14、16—调整垫片 12—主动锥齿轮后轴承 13—主动锥齿轮 15—从动锥齿轮轴承盖 17—副主减速器壳 18—加油孔螺塞 20—主动圆柱齿轮轴承 21—从动锥齿轮 22—轴承 23、34、44、46、48、50—螺栓 24—差速器右壳 25—半轴齿轮支承垫 26—半轴齿轮 27—从动圆柱齿轮 28—差速器轴承调整螺母 29—差速器轴承盖 30、33—锁片 31、37—螺母 32—止动片 35—行星齿轮支承垫 36—行星齿轮 39—差速器左壳 40—十字轴 41—主动圆柱齿轮 42—螺柱 43、45、47、49—弹簧垫圈

④ 拆下主动锥齿轮。先拆下紧固主动锥齿轮凸缘的开口销和槽形螺母。然后用专用工具将主动锥齿轮及后轴承内圈总成压出，如图 5-57 所示。如果轴承未损坏，其内、外圈可不必拆下，如需更换，应配对更换。

⑤ 拆下主减速器轴承盖紧固螺栓，取下盖及调整垫片，取出从动锥齿轮及主动圆柱齿轮总成，如图 5-58 所示。拆卸时应把主减速器左、右轴承盖及调整垫片做上标记，以免装配时装错。

4）差速器总成的解体。

① 先检查差速器两端轴承有无损坏，如无损坏则不必拆下轴承；如有损坏，应与内、外轴承座圈一起更换。

② 拆下紧固差速器壳与从动圆柱齿轮槽形螺母的开口销，并拧下螺母，取出螺栓。

③ 将左、右差速器壳与从动圆柱齿轮外缘的相对位置做好标记，然后再用铜锤轻轻敲击从动圆柱齿轮外缘，将差速器拆散。

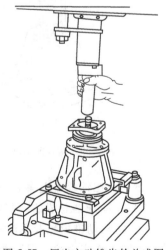

图 5-57 压出主动锥齿轮总成图

④ 清洗所有拆散的主减速器、差速器总成的零件，并按次序放好。

⑤ 检查拆下的轴承、齿轮及其他零件是否有烧蚀、剥落、麻点及磨损超限等缺陷，视情况予以更换或修复。

（2）驱动桥的装配与调整

1）主动锥齿轮及轴承座的装配与调整。

① 先将主动锥齿轮前后轴承外圈压入轴承座内。压入时应将轴承外圈的锥面大端向外。

图 5-58 取出从动锥齿轮及主动圆柱齿轮总成

② 再将后轴承内圈压到主动锥齿轮轴上，压入时应将轴承锥面小端朝向齿轮。注意压入轴承和座圈时，应将内、外座圈压到底，确保无间隙。

③ 在轴承外圈的工作表面上涂上一层润滑油，然后把轴承座倒置，将装配好的主动锥齿轮及后轴承装入轴承座。

④ 将装入主动锥齿轮的轴承座倒置，并把主动齿轮顶住，装入调整垫片，再将前轴承总成压到主动锥齿轮轴上，如图 5-59 所示。

⑤ 装入主动锥齿轮凸缘垫圈、密封垫、前轴承盖，然后再装入油封、凸缘、平垫圈，以 200~290N·m 的力矩拧紧槽形螺母，插上开口销。将槽形螺母锁紧。

注意：拧紧螺母时，应不断转动主动锥齿轮，使轴承的滚子处于内、外座圈表面的正确位置；按规定转矩拧紧螺母时，应以插上开口销为准，不能将螺母反转后插开口销。

⑥ 把轴承盖推向凸缘，使其定位止口与轴承座脱离接触，用弹簧秤测量主动锥齿轮轴承的预紧力矩应达 1.5~3.5N·m；相当于作用在凸缘螺栓中心孔处的圆周力为 25~58N，如图 5-60 所示。如预紧度不符合要求，可通过调整片进行调整。

 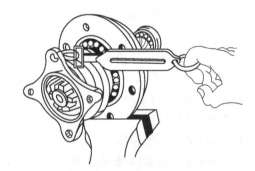

图 5-59 压入前轴承总成　　　　图 5-60 测量主动锥齿轮轴承的预紧度

最后，在轴承盖上涂上一层密封胶，用螺栓将轴承盖紧固在轴承座上。

2）主减速器总成的装配与调整。

① 将从动锥齿轮及主动圆柱齿轮总成装入减速器壳内，在左、右两侧减速器壳盖的轴承外圈工作表面涂一层润滑油。然后将左、右盖连同调整垫片装在减速器壳上，调整

垫片的数量，可先按原来的数量装上，再根据所测预紧力矩值，调整左、盖中调整垫片的数量。调整后应保证轴承有 1.5~3.5N·m 的预紧力矩。在测量预紧力矩前，应将左、右盖固定螺栓，用 80~90N·m 力矩拧紧。测量方法如图 5-61 所示。

② 将主动锥齿轮轴承座总成装到减速器壳上。安装时，应注意使主动锥齿轮轴承座与减速器壳上的油孔畅通。

③ 锥齿轮啮合痕迹与齿轮啮合间隙的检查和调整。检查时在从动锥齿轮上，沿圆周大致等距离分布的 3 个齿的凸面上，均匀地涂上一薄层红丹粉调合油，用手转动主动锥齿轮轴承主动锥齿轮凸缘，带动从动锥齿轮旋转，其齿轮凸面的啮合印痕应符合图 5-62 所示的要求。啮合印迹应位于齿长方向中部偏小端和齿高方向的中部。

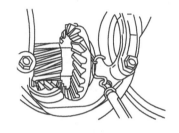

图 5-61 测量从动锥齿轮轴承的预紧度

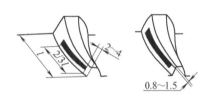

图 5-62 从动锥齿轮凸面的啮合印痕

锥齿轮的齿侧间隙应为 0.15~0.40mm，测量位置应在从动锥齿轮沿圆周大致等距分布的 3 个齿上，且垂直于齿的大端凸面方向上，用百分表检查，如图 5-63 所示。当啮合印痕及齿侧间隙不符合上述要求时，应重新调整，直至符合要求。

3）差速器总成的装配与调整。

① 用压力机将轴承内圈压入左右差速器壳的轴颈上。

② 把左差速器壳放在工作台上，在与行星齿轮、半轴齿轮相配合的工作表面涂上机油，将半轴齿轮支承垫圈连同半轴承齿轮一起装入，将已装好的行星齿轮及其支承垫圈的十字轴总成装入左差速器壳的十字槽中，并使行星齿轮与半轴齿轮啮合。

③ 在行星齿轮上装上右边的半轴齿轮、支承垫圈，将从动圆柱齿轮、差速器右壳合到左壳上，注意对准壳体上的标记。从右向左装入螺栓，以规定力矩拧紧螺母。

④ 检查半轴齿轮与支承垫片之间的间隙，此间隙应不大于 0.50mm，如不符合要求，更换新的支承垫片。

图 5-63 检查锥齿轮的齿侧间隙

⑤ 将调整好的差速器总成装入主减速器壳中，装上两端的轴承外圈、轴承盖及调整螺母，通过调整螺母调整轴的预紧度，同时使两圆柱齿轮全长啮合。

（3）后桥的装复

1）将密封垫片、已装复好的主减速器及差速器总成装入桥壳，用 78~98N·m 的力矩将紧固主减速器壳的螺栓拧紧。

2）装复后盖及密封垫片，要求在密封垫片两面涂密封胶，并按 78~98N·m 力矩拧紧。

5. 实习报告

1）绘制简图分别说明前轮驱动与后轮桥的驱动桥的动力传动路线。
2）比较说明单级减速器与双级减速器的异同之处。
3）说明主减速器与差速器的工作原理。
4）叙述主减速器的调整部位与调整方法。

第6章 汽车行驶系统

📝 学习目标：

- 掌握行驶系统的分类、组成和功用。
- 了解行驶系统的受力分析。
- 了解履带式行驶系统结构形式和特点。

6.1 汽车行驶系统的功用、组成和分类

1. 汽车行驶系统的功用

1) 接受由传动系统传来的转矩，并通过驱动轮与路面间附着作用，产生路面对汽车的牵引力。

2) 传递并承受路面作用于车轮上的各种反力及其所形成的力矩。

3) 应尽可能地缓和行驶时由于路面不平对车身造成的冲击和振动，并且与转向系统很好地配合，实现汽车行驶方向的正确控制，从而保证汽车行驶平顺性和操纵稳定性。

4) 将全车各部件连成一个整体，支承汽车的总质量。

2. 汽车行驶系统的组成和分类

（1）行驶系统的分类　行驶系统的基本组成和结构形式主要取决于汽车行驶路面的性质。汽车行驶在比较坚实的道路上，行驶系统中直接与路面接触的是车轮，称为轮式行驶系统；轮式汽车应用得最为广泛；行驶系统直接与路面接触的部分是履带，称为履带式行驶系统；行驶系统直接与路面接触的部分有车轮和履带，称为半履带式行驶系统。水陆两用汽车除具有一般轮式汽车的行驶系统，还备有一套在水中航行的行驶机构。因此，汽车行驶系统主要有轮式、半履带式、全履带式、车轮-履带式和水陆两用式等几种形式。

（2）行驶系统的基本组成　轮式汽车行驶系统一般由车架、车桥、车轮和悬架组成，如图6-1所示。车架1是全车的装配和支承的基础，它将汽车的各相关总成连接成一整体。前后轮5和4分别安装在从动桥6和驱动桥3上。为减少车辆在不平路面上行驶时车身所受到的冲击和振动，在车桥与车架之间又安

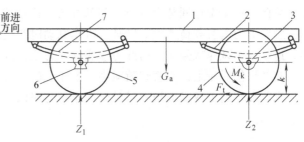

图6-1　汽车行驶系统的组成及部分受力情况
1—车架　2—后悬架　3—驱动桥　4—后轮
5—前轮　6—从动桥　7—前悬架

装了弹性系统——前悬架 7 和后悬架 2。在某些没有整体车桥的行驶系统中，两侧车轮的心轴也可分别通过各自的弹性悬架与车架连接，受力作用时互不干扰，即独立悬架。

半履带式汽车其结构特点：前桥装有滑撬或车轮，用来实现转向，后桥上装有履带，以减少对地面的单位压力（比压），控制汽车下陷，同时履带上履刺也加强了附着作用，具有很好的通过能力，主要用在雪地或沼泽地带行驶。

若汽车前后桥上都装有履带，则称为全履带式汽车（图 6-2）。

车轮-履带式汽车有着可以互换使用的车轮和履带（图 6-3）。

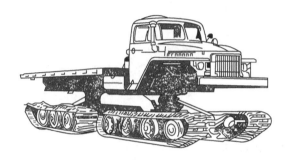

图 6-2　全履带式汽车

图 6-3　车轮-履带式汽车

6.2　汽车行驶系统的受力分析

汽车行驶系统的受力情况如图 6-1 所示，在垂直方向上，汽车总重力 G 通过前、后车轮传到地面，地面产生作用于前轮和后轮的垂直向上的反力 Z_1 和 Z_2；在水平方向上，当汽车动力通过传动系统传到驱动轮 4 上时，产生扭矩 M_k，通过车轮与路面的附着作用，产生推动汽车前进的纵向反力——驱动力 F_t；在汽车制动时，同时产生一个与 M_k 相反的制动力矩，作用于车轮上便产生一个与汽车行驶方向相反的制动力，迫使汽车减速或停车。

汽车的驱动力 F_t 一部分必须用以克服驱动轮本身滚动阻力，其余大部分则依此通过驱动桥壳、后悬架传到车架 1，用来克服作用于汽车上的空气阻力、坡道阻力和加速阻力；还有一部分驱动力由车架经过前悬架传至从动桥，作用于自由支承在从动桥两端转向节上的从动轮中心，使前轮克服滚动阻力向前滚动。只有当驱动力足以克服上述各种阻力之和时，汽车才能保持前进。

由于驱动力是作用在驱动轮边缘上的，此力对车轮中心产生的反力矩力图使驱动桥壳旋转，从而使得车架连同整个汽车前部都有向上抬起的趋势。具体表现为前轮上的垂直载荷减小，后轮上的垂直载荷增大。同理，汽车制动时产生的制动力，由车轮经车桥和悬架传给车架，迫使汽车减速或停车。由此力形成的反力矩传到车架后，也有使汽车后部向上抬起的趋势，其结果使后轮上的垂直载荷减小，前轮上的垂直载荷增大。

汽车在弯道上或横向坡上行驶时，车轮与路面之间产生侧向力，此力也是由行驶系传递和承受的。

本　章　小　结

1. 学习汽车行驶系统的功用。

2. 汽车行驶系统主要结构形式有轮式、半履带式、全履带式、车轮-履带式和水陆两用式等几种形式，其中轮式汽车应用得最为广泛。

3. 行驶系统的基本组成和结构形式，主要取决于汽车行驶路面的性质。轮式汽车行驶系统一般由车架、车桥、车轮和悬架组成。

4. 对轮式汽车行驶系统的受力情况进行了简要分析，为后续几章的学习奠定了一定的理论基础。

复习思考题

1. 汽车行驶系统的功用是什么？
2. 轮式汽车行驶系统一般由哪些部分组成？各有什么作用？
3. 轮式汽车与履带式汽车相比，各自的特点是什么？

第 7 章 车架与车桥

学习目标：

- 掌握车架的功用、分类和典型车架形式，了解综合式车架的结构形式和特点。
- 掌握车架的维修方法。
- 理解转向轮定位的四个内容、基本作用和定位方法。
- 掌握转向桥和转向驱动桥的拆装方法。
- 掌握驱动桥的常见故障和检修方法。

7.1 车架的功用、要求和结构形式

7.1.1 车架的功用与要求

汽车车架俗称大梁，它是跨接在前后车桥上的桥梁式结构，是整个汽车的基础。其上装有发动机、变速器、传动轴、前后桥和车身等总成和部件。车架的作用是支承、连接汽车各零部件和总成，并使它们之间保持正确的相对位置，承受来自地面和车上的各种载荷。

汽车静止时，车架承受着垂直载荷。汽车行驶时，车架会受到比静止载荷大 3~4 倍或更大的弯曲应力，若路面不平，还将受到转矩的作用。因此，对车架的要求如下。

1）满足汽车总体布置要求。
2）具有足够的强度、适当刚度，保持车架上的各总成和部件之间的相对位置。
3）结构简单、重量轻。
4）应尽可能降低汽车的重心和获得较大的前轮转向角，以保证汽车行驶的稳定性和转向的灵活性。

7.1.2 车架的分类及结构

汽车车架按结构形式可分为边梁式、中梁式、综合式和无梁式。

1. 边梁式车架

边梁式车架由左、右两根纵梁和若干根横梁组成，并通过铆接法或焊接法接将纵梁和横梁连接成坚固的刚性构架，被广泛应用在货车和特种汽车上。

纵梁用低碳合金钢板冲压而成，其断面形状根据不同需要有较多变化，常见的纵梁断面多为槽形，也有做成工字形或箱形断面。

第 7 章 车架与车桥

横梁不仅用来连接左、右两个纵梁，使之成为一个完整的框架构件，保证车架的扭转刚度和承受纵向载荷，还可支承发动机、散热器等主要部件。通常，货车有 5~8 根横梁。

边梁式车架的结构特点是便于安装车身，包括驾驶室、车箱、特种装备等，便于布置其他总成，有利于改装变形车。

边梁式车架根据汽车总体结构布置的需要，可制成前宽后窄、前窄后宽、前后等宽等形式，如图 7-1 所示。载重汽车大多采用前后等宽式，如图 7-2 所示，这是为了简化制造工艺，避免纵梁宽度转折处（波纹区）应力集中，提高车架的使用寿命。某些越野汽车在车架纵梁前端两侧加有加长梁，便安装绞盘装置和专用保险杠；轿车为降低重心，车架前端较窄，后端局部向上曲，采用 X 形横梁，以提高车架扭转刚度。大型客车的车架在前后两车桥的上面有较大的弯度，保证了汽车重心和底板都低，提高了行驶稳定性。

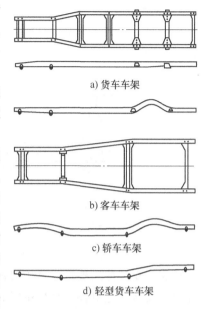

a) 货车车架
b) 客车车架
c) 轿车车架
d) 轻型货车车架

图 7-1 车架的结构形式

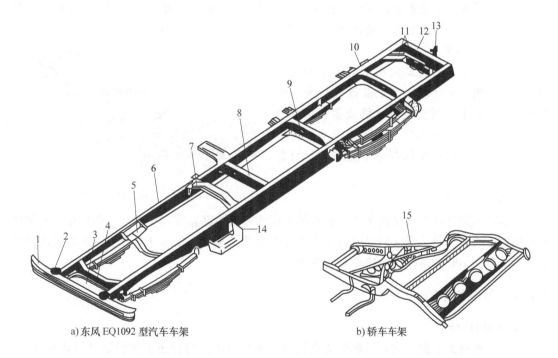

a) 东风 EQ1092 型汽车车架　　b) 轿车车架

图 7-2 车架的结构形式

1—保险杠　2—挂钩　3—前横梁　4—发动机前悬横梁　5—发动机后悬支架和横梁
6—纵梁　7—驾驶室后悬横梁　8—第四横梁　9—后钢板弹簧前支架横梁
10—后钢板弹簧后支架横梁　11—角撑横梁组件　12—后横梁
13—拖拽部件　14—蓄电池托架　15—轿车车架

2. 中梁式车架

中梁式车架又称脊梁式车架，它由一根贯穿汽车纵向的中央纵梁和若干根横向悬伸托架构成，如图7-3所示。

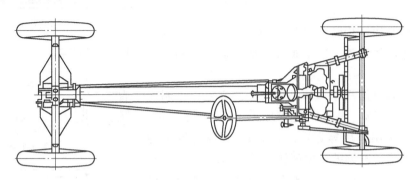

图7-3 具有中梁式车架的轿车底盘

中梁式车架的结构特点是中梁的断面可做成管形或箱形。中梁上的悬伸托架用以支承汽车车身和安装其他机件。采用中梁式车架有较大的扭转刚度并使车轮有较大的运动空间，便于采用独立悬架，常用在某些轿车和货车上。车架较轻，减小了整车重量，重心也较低，行驶稳定性好。车架的强度和刚度较大，不易产生变形。传动轴在中梁内穿过并被脊梁密封，可防尘。主减速器壳通常固定在中梁的尾端，形成断开式后驱动桥。但这种车架制造工艺复杂，精度要求高，总成安装比较困难，保养和维修也不方便，故目前应用不多。

3. 综合式车架

综合式车架是由边梁式和中梁式车架结合而成的，如图7-4所示。车架前段或后段近似边梁结构，便于分别安装发动机或驱动桥。中段是中梁式，用伸出来的支架固定车身。传动轴从中间穿过。这种结构制造工艺复杂，目前应用也不多。

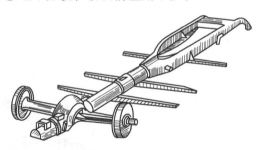

图7-4 综合式车架

4. 无梁式车架

无梁式车架是以车身兼代车架，所有的总成和零部件都安装在车身上，作用于车身的各种力和力矩均由车身承受。所以这种车身也称为承载式车身，如图7-5所示。上海桑塔纳轿车、一汽奥迪100型轿车均采用承载式车身。

7.1.3 车架的维修

1. 车架的检测

在对车架检测之前，应先用机械法或化学法将车架表面的泥土、油污及锈迹清除干净，然后再进行检测。

（1）用车体矫正机检测 车架的科学检测方法是用车体矫正机对车架进行检测，即利用车体矫正机上的测量系统测出被检测车架的各种数据，然后与标准数据比较，找出误差值，并直接用牵引装置进行牵引矫正，最终达到标准。若车架损伤严重，可用矫正机工具库中的工具进行修理，然后再用矫正机检测，直到符合标准。若没有车体矫正机，只能用普通

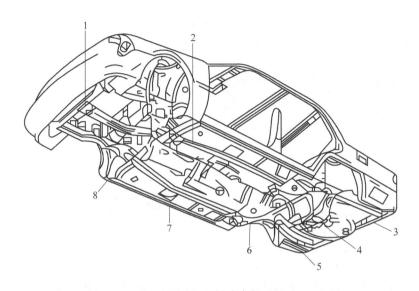

图 7-5 无梁式车架

1—发动机固定中心梁 2—前底板加强梁 3—后底板横梁 4—后底板加强横梁
5—后侧底板构架 6—后底板边梁 7—底板边梁 8—转向器支承梁

方法检测了。

（2）车架变形的检测

1）车架宽度的检测。用卷尺或专用游标卡尺测量，车架宽度应不超过基本尺寸的±3mm。

2）纵梁直线度检测。用拉线法或直尺检查车架纵梁上平面及侧面纵向的直线度，在任意 1000mm 长度上的直线度误差应不大于 3mm，在全长上的直线度误差应不大于车架长度的 1/1000，如图 7-6 所示。

3）纵、横梁垂直度的检测。用专用角尺进行测量，车架纵梁侧面对上平面的垂直度误差应不大于纵梁高度的 1/100；车架各主要横梁对车架纵梁直线度的检测。

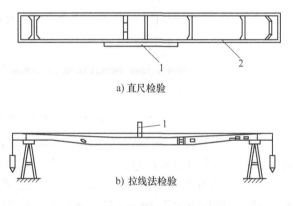

a）直尺检验

b）拉线法检验

图 7-6 车架纵梁直线度检测

1—直尺 2—车架

纵梁的垂直度误差应不大于横梁长度的 2/1000，如图 7-7 所示。

4）钢板弹簧支架销孔中心距及对角线的检测。用拉线法或卷尺直接进行测量。检测车架是否歪斜，可测量对角线加以判断。为保证前后桥轴线平行，必须使铆装在车架上的钢板座销孔中心前后左右距离相适应，如图 7-8 所示。当汽车轴距在 4000mm 以下时，左右距离相差不大于 2mm，轴距在 4000mm 以上时，左右距离相差不大于 3mm；测量

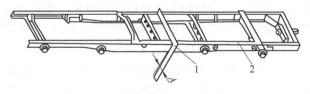

图 7-7 纵、横梁垂直度检测

1—角尺 2—纵梁

1与2、3与4、5与6各段对角线长度,其差值均不大于5mm,车架对角线交点距车架中心线距离不得大于2mm;沿车架测量两纵梁对中心线的距离差不得大于2mm。

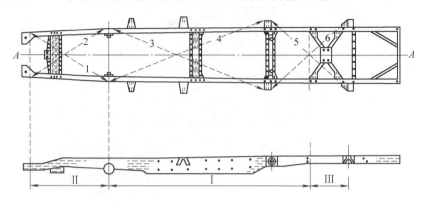

图7-8 车架钢板弹簧座孔中心距及对角线的检测

5)左、右钢板弹簧固定支架销孔同轴度的检测。为使前、后桥安装后,确保两轴心线平行,进一步减小汽车行驶阻力和配合件的早期磨损,必须对左、右钢板支架销孔同轴度进行检测。检测方法如图7-9所示,其同轴度误差不超过1mm。

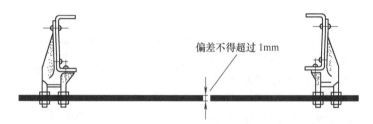

图7-9 左、右钢板支架销孔同轴度的检测

(3)车架裂纹及铆接质量的检测 可用直观检视法和敲击法进行检测。车架应无裂纹,各铆接部位的铆钉应无松动现象。若出现裂纹,应采用焊接修理。

(4)车架附件的检测 后牵引钩不得有裂损,最大磨损量不应大于5mm。牵引钩与衬套的配合间隙应不大于2mm,缓冲弹簧应无断裂现象且调整得当(用手能转动牵引钩且无轴向松旷感),锁扣应开启灵活,闭合时应能自动进入锁止位置。车架上各支架、托架应连接可靠,无明显变形及裂纹。

2. 车架的修理

(1)车架变形的修理 车架弯曲、扭曲或歪斜变形超过允许值时,应进行矫正。若变形不大,可用专用液压机具(车体矫正机)进行整体冷压矫正。变形严重时,可将车架拆散,对纵、横梁分别进行矫正,然后重新铆合,必要时可采用中性氧炔焰或木炭火将变形部位局部加热至暗红色进行热矫正(加热温度不得超过700℃,以免影响车架的性能)。

(2)车架裂纹的修理 车架出现裂纹应采取手工电弧焊进行焊修,其操纵步骤如下。

1)焊前准备用砂布或钢丝刷等将裂纹附近清洗干净;在裂纹端头前方10mm处钻一直径为3~6mm的止裂孔,以防裂纹断续扩展;用手砂轮在裂纹处开V形坡口,如图7-10所示(图中虚线指用砂纸打磨的范围)。

2)施焊,用反极直流焊接法焊接,焊接电流为100~140A,焊接电弧应尽量短些,采

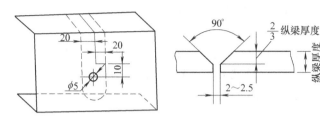

图 7-10 焊前裂纹处理

用直径为 4mm 的 J526 焊条,焊条与其运动方向成 20°~30°倾角,堆焊高度不大于基体平面 1~2mm,焊后要锉平焊缝,修磨光滑。

3) 用腹板加强裂纹较长或在受力较大部位时,焊后应用腹板进行加强。腹板可用焊接或铆接结合的方法固定到车架上。采用焊钢结合的方法时,应先焊后铆,铆钉排列如图 7-11 所示。焊接腹板时,阴影区禁施焊,如图 7-12 所示。长焊缝应断续焊接,如图 7-13 所示。冷天施焊时,焊接部位应适当预热(100~150℃),焊后应将焊渣清除干净,焊缝应光滑、平长焊缝焊接整齐,无焊瘤、弧坑、气孔、夹渣等缺陷,咬边深度应不大于 0.5mm,咬边长度不大于焊缝长度的 15%。

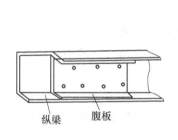

图 7-11 腹板的铆接

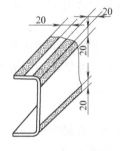

图 7-12 车架纵梁禁焊区

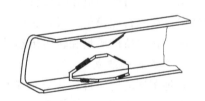

图 7-13 长焊缝焊接

(3) 车架的重铆 车架上的铆钉出现松动或被剪断时,用直径略小于铆钉的钻头钻除铆钉,并重新进行铆合。铆合可采用冷铆或热铆。冷铆质量较高,但需大功率铆合设备,其铆合力较大。热铆的方法是先将铆钉放入炉中加热到樱红色(1000~1100℃),然后用气动铆枪或手锤铆合。因其铆合力较小,故应用较广。铆合后,铆钉与铆接面应紧密贴合,缝隙不得超过 0.05mm,铆钉头应无裂纹、歪斜、残缺等现象。原设计用铆钉连接部位不得用螺栓代替。

(4) 车架附件的修理 车架上各支架、托架出现明显变形及裂纹时,应更换新件。出现连接松动时,应重新铆接或紧固。后拖钩磨损严重、出现裂损或缓冲弹簧断裂时,应换用新件。牵引钩轴向松旷时,应对缓冲弹簧进行调整。后拖钩与衬套配合间隙过大时,应更换新衬套。锁扣开闭不灵活或不能可靠锁止时,应更换新件。

7.2 车桥概述

车桥两端安装车轮,它通过悬架与车架相连。当汽车行驶时,车轮受到的滚动阻力、驱动力、制动力、侧向力、弯矩和转矩均通过车桥传递给悬架与车架,同时,车架上的载荷也通过车桥传递给车轮。故车桥的作用是安装车轮、传递车架与车轮之间的各个方向的作用力及其产生的弯矩和转矩。

车桥根据悬架结构形式的不同，可分为非断开式和断开式两种。当采用非独立悬架时，车桥中部是刚性的实心和空心（管状）梁，这种车桥即为非断开式；断开式车桥中部为活动关节式结构，与独立悬架配合使用。

根据车桥作用的不同，车桥又可分为转向桥、驱动桥、转向驱动桥和支持桥四种类型。其中转向桥和支持桥都属于从动桥。一般，货车前桥多为转向桥，后桥或中、后两桥为驱动桥，越野汽车的前桥为转向驱动桥，挂车的车桥为支持桥。

驱动桥已在传动系统中叙述，支持桥除不能转向外，其他功能和结构与转向桥基本相同。下面主要讲述非断式转向桥和转向驱动桥。

7.3 转向桥

1. 转向桥的作用与要求

汽车的前桥一般都是转向桥，其作用是利用铰接装置，使装在其两端的车轮偏转一定角度来实现汽车转向，同时，承受车轮与车架之间的垂直载荷，纵向的道路阻力、制动力和侧向力以及这些力所形成的力矩。

由于汽车行驶的道路条件较为复杂，所以要求转向桥应该具有足够的强度和刚度。为了使转向轻便和行驶稳定，减轻轮胎磨损，应使转向轮具有正确的定位角与合适的转向角。应尽量减小转向桥的质量和转向传动件的摩擦阻力。

2. 转向桥的组成

各种车型的转向桥，其结构基本相同，都是由前轴、转向节、主销和轮毂等四部分组成的，图 7-14 所示为 CA1092 型汽车转向桥的组成。

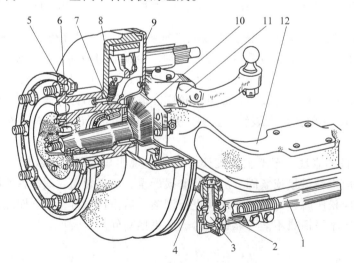

图 7-14 CA1092 型汽车转向桥

1—转向横拉杆 2—横拉杆接头 3—横拉杆球头销 4—梯形臂 5—轮毂
6—轮毂轴承 7—前轮毂内轴承 8—制动鼓 9—制动底板
10—转向节 11—转向节臂 12—前轴

3. 转向桥的主要零部件

（1）前轴 前轴由中碳钢锻造，采用抗弯性较好的工字形断面，其结构见图7-15。为了提高抗扭强度，接近两端略呈方形。前轴中部下凹使发动机的位置降低，进而降低汽车质心，扩展驾驶人视野，减小传动轴与变速器输出轴之间的夹角。前轴两端向上翘起呈拳形，其中有通孔，主销插入孔内可将前轴与转向节铰接。在主销孔部位有锥形孔，以安装锥形锁销，防止主销转动。前轴上平面有两处用以支承钢板弹簧的加宽面，其上钻有安装U形螺栓用的4个通孔和1个位于中心的钢板弹簧定位坑。此外，在前轴两端还制有前轮最大转向角限位块（或限位螺钉）。

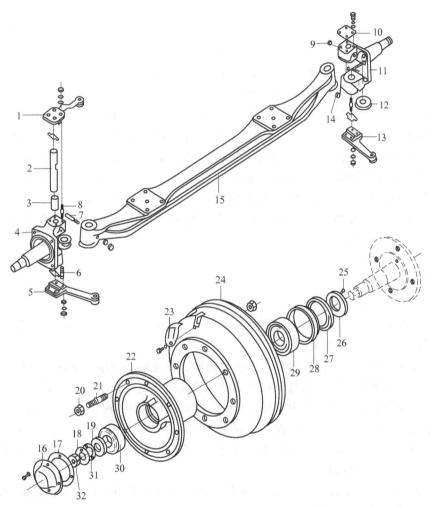

图7-15 东风EQ1092型汽车转向桥分解图

1—左转向节上臂 2—主销 3—衬套 4—左转向节 5—左转向节臂 6、8—双头螺柱
7—锁销 9—滑脂嘴 10—右转向节上臂 11—右转向节 12—推力轴承
13—右转向节臂 14—限位螺钉 15—前桥 16—轮毂盖 17—衬垫 18—止推垫圈
19、20—螺母 21—螺栓 22—前轮毂 23—检查孔堵塞 24—制动毂
25—定位销 26—油封内圈 27—油封总成 28—油封外圈
29—前轮毂内轴承 30—前轮毂外轴承 31—垫圈 32—锁紧螺母

(2) 转向节　转向节是车轮转向的铰节，由上、下两叉和支承轮毂的轴构成。上、下两叉制有安装主销的同轴孔，孔内压入青铜套或尼龙衬套，在衬套上开有润滑油槽，向装在转向节上的滑脂嘴注入润滑脂，润滑脂便通过转向节上的油道、衬套油槽进入主销与衬套之间进行润滑。为使转向灵活轻便，还在转向节下叉的上方与前轴之间装有推力轴承；在转向节上叉与前轴之间，装有调整垫片，用以调整轴向间隙。转向节轴上有两道轴颈，内大外小，用来安装内外轮毂轴承。靠近两叉根部有呈方形的凸缘，其上的通孔用来固定制动底板。一般，在左、右转向节的下叉上各有一个带键槽的锥孔，分别安装左右梯形臂。在左转向节的上叉上也有一个带键槽的锥孔，用以安装转向节臂。

(3) 主销　主销的作用是插入前轴的主销孔内，铰接前轴与转向节，使转向节绕着主销摆动以实现车轮转向。由于各种车型前轴的结构不同，其主销形式也不相同，常见的有实心圆柱形、空心圆柱形、圆锥形和阶梯形四种。主销中部一般都切有凹槽，通过带螺纹的楔形销将主销固定在前轴拳部孔内，防止主销在孔内转动。

(4) 轮毂　轮毂通过内外两个滚锥轴承套装在转向节轴颈上，用于连接制动鼓、轮盘和半轴凸缘。轮毂外端装有冲压的金属端盖，防止泥水或尘土浸入。轮毂内侧装有油封(有的油封装在转向节轴颈的根部)，有的还装有挡油盘。一旦油封失效，则外面的挡油盘仍可防止润滑脂进入制动器内。轴承的松紧度可以由调整螺母调整，调好后的轮毂应能正、反方向自由转动而无明显的摆动。然后用锁紧垫圈锁紧。在锁紧垫圈外端还装有止推垫圈和锁紧螺母，拧紧后应把止推垫圈弯曲包住锁紧螺母或用开口销锁住，以防自行松动。

7.4　转向驱动桥

能够实现车轮转向和驱动两种功能的车桥称为转向驱动桥，一般应用于全轮驱动的越野汽车上。其结构如图7-16所示。

转向驱动桥具有一般驱动桥所具有的主减速器、差速器和半轴，也具有一般转向桥所具有的转向节、主销和轮毂等。它与单独的驱动桥和转向桥相比，不同之处是：由于转向的需要，半轴被分成两段，分别叫做内半轴(与差速器相连)和外半轴(与轮毂相连)，二者用等角速万向节连接起来。同时主销也因此分成上、下两段，分别固定在万向节的球形支座上。转向节轴颈部分做成空心的，外半轴从中穿过。转向节的连接叉是球状壳体，既能满足转向的需要，又适应了转向节的传力需求。

目前，发动机排量2L以下的中低档轿车中有90%以上采用了发动机前置和前轮驱动的布置形式，其前桥既是转向桥又是驱动桥。图7-17所示为上海桑塔纳2000轿车前桥总成，它采用滑柱连杆式(又称麦弗逊式)独立悬架。前桥上端通过减振支柱座与车身连接，下端通过左、右下摇臂与固定在车身上的副车架连接，从而达到固定前轮的作用。悬架下摇臂通过两个金属橡胶支承关节与副车架相连，车轮上下跳动时，摇臂绕支承关节摆动。下摇臂通过球形接头与转向节连接。为了减小车辆转弯时的倾斜度，在副车架与下摇臂之间还装有横向稳定杆。

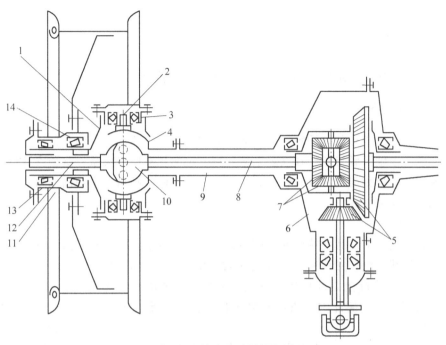

图 7-16 转向驱动桥示意图

1—转向节壳体 2—主销 3—主销轴承 4—球形支座 5—主减速器 6—主减速器壳 7—差速器 8—内半轴 9—半轴套管 10—万向节 11—转向节轴 12—外半轴 13—轮毂 14—轮毂轴承

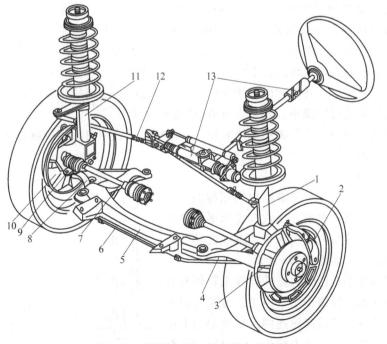

图 7-17 桑塔纳 2000 轿车转向驱动桥

1、11—悬架 2—前轮制动器总成 3—制动盘 4、8—下摆臂 5—副车架 6—横向稳定器 7—传动半轴总成 9—球形接头 10—车轮轴承壳 12—转向横拉杆 13—转向装置总成

7.5 车轮定位

车轮定位包括转向轮定位(也称前轮定位)和后轮定位。

7.5.1 转向轮定位

为了保证汽车直线行驶的稳定性和转向操纵的轻便性,减少轮胎和其他机件的磨损,转向轮、转向节和前轴三者与车架在安装上应保持一定的相对位置关系,这种安装位置关系称为转向车轮定位,也称前轮定位。转向轮定位包括:主销后倾角、主销内倾角、前轮外倾角和前轮前束四个参数。

1. 主销后倾角

主销安装在前轴上,其上端略向后倾斜,称为主销后倾。在垂直于汽车支承平面的纵向平面内,主销轴线与汽车支承平面垂线之间的夹角 γ 叫主销后倾角,如图7-18所示。它实际上是前桥后倾程度上的反映。主销后倾的作用是:形成回正力矩,保证汽车直线行驶的稳定性,并使汽车转向后回正操纵轻便。

主销后倾后,它的轴线延长线与路面的交点 a 位于轮胎与地面接触点 b 之前,这样 b 点到主销轴线的垂直距离为 l。若汽车转弯,则汽车的离心力将引起路面对车轮的侧向反作用力 F,F 通过 b 点作用于车轮上,形成稳定力矩 $M=Fl$,其方向与车轮旋转方向相反。它有使转向轮自动恢复到原来中间位置的趋势。主销后倾角越大、车速越高,回正力矩越大,转向轮偏转后自动回正的能力也越强,但主销后倾角也不宜过大,主销后倾角一般不超过3°,否则在转向时为了克服此力矩,驾驶人需在转向盘上施加较大的力,使转向沉重。此外,有些汽车由于采用超低压轮胎,弹性增加,转向时因轮胎弹性变形而使轮胎与路面的接触点后移,使回正力矩增加,故主销后倾角可以减小,甚至为负值(即主销前倾)。

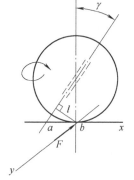

图7-18 主销后倾示意图

主销后倾角是由前轴、悬架和车架装配在一起时,使前轴向后倾斜或依靠钢板弹簧座间加装楔形垫块而形成的。

2. 主销内倾角

主销安装在前轴上,其上端略向内侧倾斜,这种现象称为主销内倾。在垂直于汽车支承平面的横向平面内,主销轴线与汽车支承平面垂线之间的夹角称为主销内倾角,如图7-19a所示。

主销内倾的作用是使转向轮转向操纵轻便和自动回正。当转向轮在外力作用下由正前方位置向左右偏转一个角度时,将转向轮连同汽车前部向上抬起一个相应的高度。一旦外力消失,转向轮就在汽车前部重力的作用下,力图恢复到原来的直线行驶位置,使前轮自动回正。

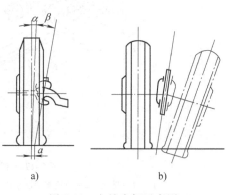

图7-19 主销内倾示意图

主销内倾角既不宜过大，也不宜太小。主销内倾角越大或转向轮转角越大，则汽车前部抬起就越高，转向轮自动回正作用越强烈，但转向就越费力。所以，主销内倾角一般不大于8°。如图7-19a所示，主销内倾角存在，缩短了转向臂 a，减小了阻力臂，使得转向轻便，也减小从转向轮传到转向盘上的冲击力。

主销后倾角的回正作用随着车速的增高而增大，而主销内倾的回正作用几乎与车速无关。

对于整体式转向桥，在制造前轴时，销孔轴线上端向内倾斜，形成主销内倾角。主销内倾都不能调整其大小。

3. 前轮外倾角（转向轮外倾角）

前轮（转向轮）安装在转向节上时，其旋转平面上端向外倾斜，这种现象称为前轮（转向车轮）外倾。前轮旋转平面与垂直于车辆支承面的纵向平面之间的夹角 α，称为前轮外倾角，如图7-19a所示。

前轮外倾的作用在于提高前轮工作的安全性和转向操纵的轻便性。前轮设置外倾角后，地面对前轮的反作用力沿前轮旋转轴线的分力将前轮压向转向节内侧，防止汽车行驶中前轮向外脱出；前轮外倾也使前轮所承受的重力集中到较大的内轴承上，保护了较小的外轴承和转向节轴外端的锁紧螺母，有利于行驶安全。前轮外倾和主销内倾相配合，地面反力的作用线更接近于转向节轴的根部，进一步缩小了转向臂 a 的距离，使汽车转向更为轻便。但是将使轮胎横向偏磨加剧，油耗增多。

前轮外倾角一般为0.5°~2°。前轮外倾角是由转向节的结构确定的，当转向节安装在前轴上后，其转向节轴相对于水平面向下倾斜，从而使前轮安装后出现外倾。有的汽车其前轮外倾角为负值，见表7-1，这样，在汽车转向时可避免车身过分倾斜。前轮外倾一般不能调整其大小，在使用独立悬架的车型上，有的可以调整。

4. 前轮前束（转向轮前束）

汽车两个前轮安装后，左右两前轮的旋转平面不平行，前端略向内收束，这种现象称为前轮前束。左右两前轮间后端距离 A 与前端距离 B 之差（$A-B$）称为前轮前束值，如图7-20所示。前轮前束值一般为 0~12mm。

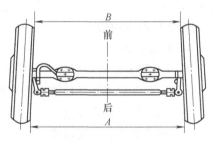

图7-20 前轮前束示意图

前轮前束的作用是消除或减小汽车行驶过程中因前轮外倾而使两前轮前端向外张开的不利影响，保证车轮不向外滚动，防止车轮侧滑、减轻轮胎的磨损和降低燃料消耗。由于前轮外倾，汽车行驶时，两个车轮的滚动类似于两个锥体的滚动，其轨迹不再是直线，而是逐渐向各自的外侧滚开，如图7-20所示。但因受车桥和转向横拉杆的约束，两侧车轮不可能向外滚开，这样，车轮在路面上滚动行驶的同时又被强制地拉向内侧，产生向内的侧滑，从而加剧轮胎的磨损。有了前束，车轮滚动的轨迹是向内侧偏斜，只要前束值与车轮外倾角配合适当，车轮向内、外侧滚动的偏斜量就会相互抵消，使车轮每一瞬间的滚动方向都朝着正前方，从而消除了侧滑，减轻了轮胎的磨损。

前轮前束可通过改变横拉杆的长度来调整。调整时可根据各厂家规定的测量位置和方法进行。表7-1为几种国产汽车的转向轮定位值。

表 7-1 几种国产汽车的转向轮定位值

汽车型号	主销后倾角	主销内倾角	转向轮外倾角	转向轮前束/mm	最大转向角
东风 EQ1090E	2°30′	6°	1°	1~5	右 30°30′
东风 EQ1092	2°30′	7°30′	1°	1.5~3	—
解放 CA1090	1°30′	8°	1°	2~4	左 38°
解放 CA1092	1°30′	8°	1°	2~6	—
一汽捷达	1°30′±30′	14°	−30′±20′	—	—
上海桑塔纳	30′	—	−30′±20′	−1~3	—
富康	1°30′±30′	10°45′±40′	0°30′±30′	空载 −2~0 满载 −3~−1	外 31°40′ 内 38°50′

7.5.2 后轮定位

现代一些采用独立悬架的车辆，除了设置转向轮定位，非转向的后轮也设置定位。将后轮与后轴之间安装的相对位置，称为后轮定位。包括后轮外倾角和后轮前束。为保护外轴承和外锁紧螺母设置后轮外倾，为避免后轮外倾带来的前展设置后轮前束。后轮前束一般用前束角表示，如上海桑塔纳轿车后轮前束为 25′±15′，定位最大允差 25′，后轮外倾角为 −1°40′±20′，左右最大允许误差 30′。

7.5.3 转向轮定位的检测与调整

车轮定位不仅影响车轮的磨损程度，同时还对操纵稳定性和行车安全产生进一步的影响。因此，除了平时经常检查车轮定位，在车桥拆装后和轮胎发生异常磨损、车辆的操纵稳定性变坏时，必须检查和调整车轮定位。桑塔纳 2000GSi 型轿车的后轮定位不可以调整，只有前轮定位可以调整。

1. 检查准备

检查前轮定位前，车辆应先满足以下条件，否则检查结果无效。

1）汽车停放水平场地或专用检测台上，车轮在直线行驶位置且无负载。
2）轮胎气压符合规定。
3）车轮平衡，悬架活动自如。
4）转向系调整正确。
5）前悬架弹簧无过大的间隙和损坏。

2. 前轮定位的调整

前轮定位的检查和调整顺序是：首先检查和调整主销后倾角和左右轮的差值，然后检查和调整前轮外倾角和左右轮的差值，最后检查和调整前束。

（1）前束调整　如前束不当，会出现高速摆振和明显的单侧磨损。若前束值不符合原厂规定，必须进行调整。调整时，汽车车型不同，调整方法略有不同。

首先检查轮胎气压是否符合规定值，转向机构、轮毂轴承紧度及各拉杆连接的间隙是否正常。然后把汽车前轴架起，使两前轮悬空成水平状态，转动转向盘，使两轮毂摆成直线，用前束尺或钢直尺进行测量。把前束尺对准两轮胎中心平面，如图 7-21 所示。测量两前轮两端离地面相等处或两轮胎内侧轮辋边缘外的距离，然后把两前轮转动 180°，再在同一位置测量两前轮后面距离，前、后两距离之差值，即为前束值。如图 7-20 所示。

桑塔纳 2000GSi 型轿车调整前束除使用光学测量仪外，还需要专用工具 3075。调整前束是通过改变两侧转向横拉杆的长度来实现的。

1）将转向器置于中间位置。

2）拧出转向中间轴盖上的螺栓。

3）将带有挂钩"B"的专用工具安置在左转向横拉杆的紧固螺母上，如图 7-22 所示。

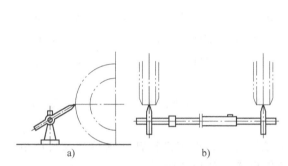

图 7-21 用指针式前束尺测量前束

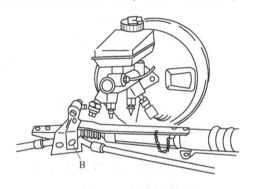

图 7-22 前束的调整图

4）用提供的螺钉将作衬垫的间隔件固定到标有"C"记号的转向器孔中。注意：不得使用一般螺钉，因为一般螺钉太短，会碰坏转向盘的螺纹。

5）总前束值分为两半，分别在左、右转向横拉杆上调整。

6）固定转向横拉杆。

7）必要时调整转向盘。

8）拆下专用工具 3075。

9）重新拧紧转向中间轴盖上的螺栓，拧紧力矩为 20N·m。

解放 CA1091 和东风 EQ1092 型汽车调整时，先把横拉杆两端接头锁紧螺栓松开，再用管钳转动横拉杆，横拉杆伸长，前束值增大，反之，前束值减小。前束值调好后，拧紧横拉杆左右两端接头螺栓。

（2）前轮外倾角 当前轮外倾角不正确时，轮胎会出现单边磨损（吃胎）。另外，外倾角过大，高速时车身晃动加剧，转向发"飘"，不易掌握；外倾角过小，转向太沉，回位不良，左右轮外倾角差值过大，会使汽车侧滑跑偏，轮胎磨损不匀。

调整前轮外倾角时车轮应着地，通过球头销在下摇臂长孔中的位移来调整。

1）松开下摇臂球头销的固定螺母。

2）把外倾调整杆插入图 7-23 中箭头所示的孔中。

调整左侧时，从后面插入调整杆；调整右侧时，应从前面插入调整杆。

3）横向移动球头销，直至达到外倾角值。

4）紧固螺母并再次检查外倾角值，需要时重新进行调整。

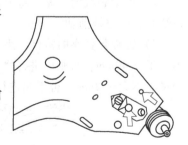

图 7-23 外倾调整杆安装位置

5）必要时调整前束。

（3）主销后倾角　桑塔纳 2000GSi 型轿车的主销后倾角是不能调整的。

（4）主销内倾角　主销内倾角不可调整，它是靠前轮外倾角的正确性来保证的。

7.6　车桥的维修

7.6.1　转向桥的检修

1. 转向桥的拆卸与装配

（1）拆卸　以东风 EQ1092 型汽车转向桥拆卸解体为例，首先用三角木掩好后轮，用卧式千斤顶举升汽车前端，架好保险凳。合理选用拆卸工具，拆下轮胎后进行分解，具体步骤如下。

1）拆下挡灰盖螺栓，取下挡灰盖及衬垫；剔平止动垫圈，依次拆下锁紧螺母、止动垫圈、锁紧垫圈和调整螺母，拆下前轮。

2）取下轮毂及轮毂外轴承，装上转向节锁紧螺母，以防碰伤螺纹；拆卸车轮制动器及制动底板总成。

3）拆下转向节直拉杆球头开口销，拆下锁紧螺母，拆卸横拉杆和纵拉杆及转向节总成；拆卸左转向节上臂和左转向节臂；拆除前钢板弹簧 U 形螺栓。

4）用小车将转向桥推出，到专用拆装台上，拆卸主销上、下盖板锁紧螺母，冲出楔形锁销；采用压力机压出主销，若采用锤击法拆卸，应用铜棒抵住主销。

5）从前轴上取下左转向节、止推轴承及调整垫片，并以相同的方式依次取下右转向节及各部件，如图 7-15 所示。

（2）装配　转向桥的装配按上述拆卸步骤的相反顺序操作。要求装配前，必须对零部件进行清洗、检验合格；所有橡胶件更换新件；调整垫片应保持平整，厚度不允许任意变动；螺栓、螺母紧固要可靠，开口销齐全完整，止动垫圈锁止固定可靠，球头销润滑可靠，各部分转动灵活，无松旷。

2. 转向桥主要零件的检修

（1）前轴的检修　前轴在工作中，主要承受钢板弹簧传来的垂直载荷、地面传来的纵向力和侧面水平力，引起弯曲变形、扭曲变形及疲劳裂纹。与钢板弹簧座和主销之间存在挤压和摩擦的作用，引起弹簧座上定位孔和 U 形螺栓孔、钢板弹簧座平面、主销孔及其上下端面的磨损，影响汽车的前轮定位和行车安全性，并加剧轮胎的磨损。

1）前轴裂纹的检修。将前轴清洗干净后，用磁力探伤法或浸油敲击法进行检测，出现裂纹时，应更换前轴。

2）钢板弹簧座的检修。用直尺、塞尺检测，如图 7-24 所示。钢板弹簧座平面度误差应不大于 0.40mm，否则应进行修磨，或刨削、铣削等方法进行加工，但钢板弹簧座的厚度减少量应不大于 2mm，否则应进行堆焊修复或换用新件。钢板弹簧座上 U 形螺栓孔及定位销

图 7-24　钢板弹簧座平面度检查

孔的磨损量应不大于1mm，否则进行堆焊修复。

3）前轴变形的检测与校正。可用前轴检测仪或其他简易方法检测前轴的弯、扭变形。利用前轴检测仪检测，测量结果准确、精度高、快捷方便，但需专用仪器，主要用于生产规模较大的维修企业。对中小型维修企业，一般用直尺、塞尺、水平仪、试棒、角尺及拉线法等进行测量。

（2）两钢板弹簧座之间变形的检测

1）用直尺、塞尺检测两钢板弹簧座，应在同一平面内，按图7-25a所示进行检测，其平面度误差应不大于0.80mm。

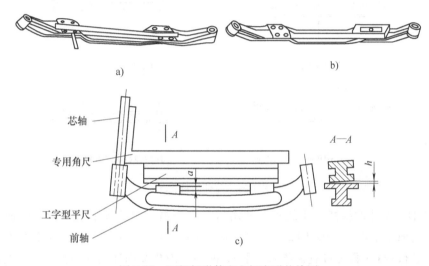

图7-25 两钢板弹簧座之间变形的检测

2）用水平仪检测将前轴固定于台钳或专用支架上，利用水平仪将一侧的钢板弹簧座调整成水平。然后再把水平仪放于另一弹簧座上进行检测，如图7-25b所示。若水泡不在水平仪中间位置，表明两弹簧座之间存在垂直方向弯曲或扭曲变形。

3）前轴变形的检测方法也可以采用如图7-25c所示角尺检验法，通过测量a、b值可以判断前轴是否有弯曲和扭转变形。

前轴两钢板弹簧座之间存在明显的弯、扭曲变形时，应予以校正。

（3）钢板弹簧座与主销孔之间变形的检测

1）用试棒、角尺检测按图7-26a所示，安放好试棒及角尺（角度与被测车型主销内倾角相同），如果试棒与角尺之间存在间隙，表明前轴存在垂直方向的弯曲变形。

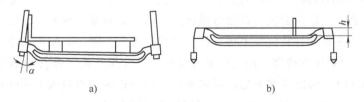

图7-26 钢板弹簧座与主销孔之间变形的检测

2）拉线检测按图7-26b所示，在前轴主销孔上端中间拉一细线，然后用直尺测量两钢板弹簧座平面与拉线之间的距离h，测得值不符合原厂设计值时，表明前轴存在垂直方向的弯曲变形。若拉线偏离钢板弹簧座中心（偏离程度应不大于4mm），表明前轴两端存在水平方向的弯曲或扭曲变形。

（4）前轴的校正　前轴变形校正必须在钢板弹簧座和定位孔、主销孔磨损修复后进行，以便减少检验、校正的积累误差，提高生产率。一般是采用冷压校正法。前轴弯曲、扭曲变形的校正一般在专用液压校正器上进行，即利用校正器上的液压油缸对前轴的相应部位施加压力或扭力进行校正，如图7-27所示。

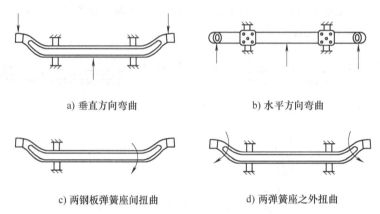

图7-27　前轴的校正

（5）前轴主销孔的检修　主销承孔使用后存在磨损，用游标卡尺测量，前轴主销孔与主销的配合间隙轿车不大于0.10mm，载货汽车不大于0.20mm。不符合规定要求的，可按修理尺寸法进行修理（数据可查阅维修手册）。前轴主销孔按修理尺寸加大后，要换用相应尺寸的主销与之配合，以恢复配合间隙，并按同级修理尺寸选配推力轴承和加工转向节主销衬套孔。前轴主销孔磨损超过极限，到达最后一级修理尺寸时，可镶套修复或更换前轴。

为保证主销内倾角符合标准，锥削前轴主销孔时，应以两钢板弹簧座为基准。

（6）前轴主销孔上、下端面的检修　前轴主销孔上、下端面在使用过程中会发生磨损，其端面磨损沟槽应不大于0.50mm，否则应用锪钻修平。前轴主销孔端面修理后，其厚度减少量应不大于2mm，否则应堆焊修复或换用新件。

（7）转向节的检修　转向节在工作过程中，由于垂直和纵向弯矩的反复作用，将导致承受力矩最大的转向节轴径根部产生疲劳裂纹甚至断裂，转向节内、外轴承轴颈及主销孔产生磨损，转向节轴颈端部的螺纹有时会被破坏，主销孔上下端面也会发生磨损。

1）转向节裂纹的检修。转向节的油封轴颈处，其断面的急剧变化，应力集中，是典型的危险断面，容易产生疲劳裂纹，以致造成转向节轴疲劳断裂酿成重大的交通事故。用磁力探伤法或浸油敲击法检测，转向节不得有任何裂纹出现，否则，应换用新件，不许焊修。

2）转向节轴颈磨损的检修。用内径量表及外径千分尺测量轴颈与轴承配合间隙，轴颈直径不大于40mm时，轴颈与轴承配合间隙为0.040mm；轴颈直径大于40mm时，配合间隙为0.055mm。轴颈磨损过大时，可进行电镀修复或换用新件。

3）转向节轴端螺纹的检修。用检视法检查，螺纹损伤不多于2牙。锁止螺母应只能用扳手拧入，若能用手拧入，说明螺纹中径磨损松旷，应堆焊修复，并重新车制螺纹或更换转向节。

4）转向节主销孔的检修。用内、外径量具检测，主销衬套内孔磨损超过0.07mm或衬套与主销的配合间隙超过 0.20mm，应更换衬套；主销直径磨损超过 0.10mm，应更换主销。更换时，旧衬套应该用冲子冲出或用专用工具压出，严禁用于锤直接敲击衬套表面。压入新衬套时，必须对正油孔。新套压入后，有的汽车只要在衬套孔内涂抹润滑脂后，即可装配使用，不必进行加工（如东风 EQ1092），有的则需要镗销或铰销衬套后，方可装配使用（如解放 CA1091）。

转向节主销孔两内端面磨损起槽时，应修磨平整，并使其对主销孔公共轴线的端面全跳动误差符合原设计要求。

5）与转向节臂等杆件配合的锥孔的磨损，应使用塞规进行检验，其接触面积不得小于 70%，与锥孔配合的锥颈的推力端面沉入锥孔的沉入量不得小于 2mm。否则，更换转向节。

7.6.2 转向驱动桥的检修

1. 转向驱动桥的拆卸

如图 7-16 所示转向驱动桥，拆卸时，首先用三角木掩好后轮，用卧式千斤顶举升汽车前端，架好保险凳，合理选用拆卸工具，拆下轮胎，然后进行分解。

1）松开前轮轮胎螺栓，拆下前轮。
2）拆下轮毂凸缘、轮毂、制动底板及转向节轴套。
3）拆下转向节油封座圈及油封等零件。
4）拆下主销两端的转向节臂、主销下盖及调整垫片，取下止动销及上下主销。
5）轻轻敲击，使转向节壳和半轴套管分离，然后从半轴套管中取出半轴。

2. 转向驱动桥主要零件的检修

（1）内、外半轴的分解与组装

1）分解。将已取出的半轴清洗干净，一端用台虎钳夹住，用冲子冲出万向节中心定位销的锁销，如图 7-28 所示。

提起半轴，使外半轴朝下，并轻轻敲击，使中心钢球的定位销落入外半轴的中心孔中。转动中心钢球，使其凹面朝向某一传力钢球，产生间隙，传力钢球松动，从万向节凹槽中取出该传力钢球，并依次取出其他钢球，最后取出定位销。

对于球叉式万向节，中心定位钢球无凹槽、定位销及锁销，拆卸时，扳动内、外半轴，至最大夹角位置，然后取出传力钢球。其结构如图 7-29 所示。

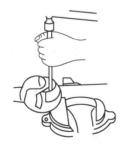

图 7-28 冲出定位锁销

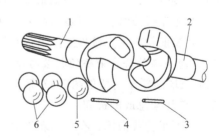

图 7-29 内、外半轴结构
1—外半轴 2—内半轴 3—锁销 4—定位
5—定位钢球 6—传力钢球

2）组装。先将定位销装入外半轴中心孔中。再将中心定位钢球及3个传力钢球依次安放到内、外半轴叉的凹槽中。转动中心钢球，使其凹面朝向未放钢球凹槽，然后，放入最后一个传力钢球。再转动中心钢球，使其中心孔对准半轴中心孔。提起半轴，使定位销滑入定位钢球中心孔中。最后将锁销插入外半轴的锁销孔中，以保证中心钢球的正确位置。

对于球叉式万向节，无定位销，可先在两叉之间放好中心钢球及3个传力钢球，然后把内、外半轴扳至最大夹角位置，装入最后一个传力球。

（2）内、外半轴的检修　用磁力探伤法或浸油法进行检查，半轴应无裂纹。用百分表检测，内、外半轴轴端花键与花键孔的配合间隙，应符合规定要求，否则应更换半轴总成。万向节钢球不得有损伤，同一组钢球直径差不得大于0.15mm，否则应更换新件。外半轴与转向节轴套内衬套的配合间隙也应符合规定要求，否则也要更换新件。

（3）转向节的检修　用磁力探伤法或浸油敲击法检验，转向节不得有任何裂纹出现，否则应换用新件。用检视法检测，转向节轴外端螺纹损坏应不超过2牙，否则，应堆焊修复，并重新车制螺纹；用内径量表及外径千分尺测量，轮毂外轴与轴颈的配合间隙应不大于0.040mm，内轴承与轴颈的配合间隙应不大于0.055mm。轴颈磨损过大时，可进行电镀修复或换用新件；转向节主销小端与衬套配合应不大于0.10mm，衬套与球关节上承孔的配合不得松旷，否则应更换新件。主销大端与转向节壳上承孔配合间隙大于0.10mm，或与滚针轴承配合松旷，应更换主销或滚针轴承，或对承孔进行镶套修复。

3. 转向驱动桥的装配与调整

转向驱动桥各零件检修完毕后，可按以下顺序进行装配和调整。

1）按内、外半轴组装顺序，组装半轴总成。

2）在半轴万向节叉两端安放好适当厚度的止推垫圈，要求两侧垫片厚度应相同，然后将半轴总成装入半轴套管中。

3）将转向节与半轴球关节壳扣合在一起，装好上、下主销及滚针轴承，安装好止动销、调整垫片、转向节臂及主销下盖，要求转向节上、下垫片厚度差应不大于0.05mm。

上下扳动转向节壳应无松旷感，无卡滞现象，过松或过紧，应调整转向节与上、下盖之间垫片厚度。垫片厚度减小、预紧力增大，反之预紧力减小。

4）更换并紧固转向节油封、油封座圈等零件。

5）安装转向节轴套、制动底板总成。

6）安装轮毂，并调好轮毂轴承预紧度。

7）紧固轮毂凸缘，并对各滑脂嘴加注润滑脂。

8）安装前轮轮胎，按规定扭矩拧紧螺栓。扳动轮胎，转动自如，无松旷和卡滞。

4. 上海桑塔纳轿车前桥的拆装与维修

上海桑塔纳轿车前桥如图7-17所示。

（1）前悬架总成的拆卸

1）拆下车轮装饰罩，在车轮着地时，拆下轮毂与传动轴紧固螺母。

2）抬高并垫起汽车前轮，拧松车轮轮胎紧固螺母，拆下车轮。

3）拧下制动摩擦片磨损信号灯线束固定支架的固定螺栓，卸下其固定支架。拆下制动钳紧固螺栓，取下制动盘，拆下制动软管支架，并用铁丝将制动钳固定在车身上。

4）如图7-30所示，卸下转向横拉杆球头销螺母，并用专用工具球头销拆卸器卸下转向横拉杆球形接头。

5）如图 7-31 所示，拆下制动摩擦片及横向稳定杆。

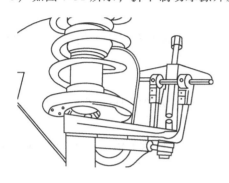

图 7-30 压出横拉杆球形接头

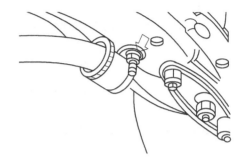

图 7-31 拆下稳定杆

6）拆下传动轴上的轮毂（VL节）的固定螺母，向下按压下臂，从车轮传动轴承壳内拉出传动轴，或者利用压力装置 V.A.G1389 拉出传动轴，并将其放好，使内侧传动轴保持在差速器内，以免变速器内润滑油流出。

7）如图 7-32 所示，取下支撑柱盖子，用内六角扳手阻止活塞杆转动，从下面撑住悬架支承轴或沿反方向固定，旋下活塞杆螺母，用专用工具使转向节孔与减振器筒松开，将转向节向下拉出。

（2）副车架、下摇臂及横向稳定杆的拆卸　拆下副车架与车身的固定螺栓，拆下下摇臂与稳定杆组合件。旋松副车架与下摇臂连接橡胶轴套的螺栓、螺母，拆下摇臂。旋松稳定杆与下摇臂及副车架的连接螺栓，拆下稳定杆。用专用工具压出副车架前后橡胶支承及下摇臂两端橡胶支承。

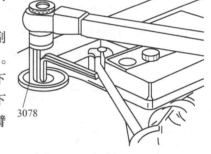

图 7-32 旋下活塞杆螺母

（3）前桥的检测与修理

1）检测悬架螺旋弹簧是否有裂纹和变软的现象，弹簧尾部是否出现擦亮部分，若存在上述情况，则应更换新件。

2）检测减振器是否漏油，是否有异响。如果减振器发出异响或漏油过多，则应更换减振器。在拆卸及安装减振器时，要求先用拉具拉住弹簧座圈，压缩螺旋弹簧，再进行开槽螺母和螺母盖的拆卸及安装。

3）用专用工具压出轮毂，拉出轴承内座圈，检查前轮毂轴承、轴承壳是否损坏；轮毂轴承应转动灵活、无卡滞；轴承应无裂痕、变形、异响和疲劳点蚀，轴向、径向没有明显的间隙感，否则应更换新件。

4）副车架、下摇臂横向稳定杆拆下后，检查各部位橡胶轴承是否损坏，是否产生扭裂、磨耗、老化现象，如有损坏，应更换新件。

5）检查零件是否有变形，各焊接部位是否有裂纹、脱焊现象，如有损坏则应更换新件。

6）不要对前悬架总成进行焊接或整形处理，如前悬架不合格，应更换新的总成。所有自锁螺母拆卸后必须更换新件。

(4) 安装

1) 安装弹簧挡圈。将轴承涂上润滑油并压装到位，装上内弹簧挡圈，用专用工具将轮毂压入轮轴。

2) 安装减振支柱。装上螺旋弹簧、减振器护套、限位缓冲器。用专用工具压紧弹簧，再拧紧螺母，拧紧时，用内六角扳手阻止活塞杆转动。

3) 擦净传动轴和花键上的油污，涂上锂基润滑脂。

4) 装上螺母盖，在等速万向节花键上涂上一圈 5mm 的防护剂 D6，然后装上传动轴花键套。

5) 将球头销重新装配在原来位置，并拧紧螺母。在安装球头销时，不能损坏波纹管护套。

6) 必要时检查前轮外倾角。

7) 车轮落地后，拧紧轮毂螺母。

注意：

① 安装稳定杆时，必须注意安装方向，弯曲部分应位于下面。安装时，最好先使夹箍处于较松状态，然后经短距离试车，这时橡胶衬套会自动滑入规定位置，再将稳定杆固定。

② 副车架安装固定在车身上时，其内部要用防腐剂进行处理，其连接螺栓应按车辆行驶方向，以如下顺序拧紧：后左螺栓→后右螺栓→前左螺栓→前右螺栓。

③ 安装时所有螺栓和螺母均应按规定的拧紧力矩予以紧固，各部位拧紧力矩见表 7-2。

表 7-2 悬架装置连接拧紧力矩

序号	连接部位	拧紧力矩/(N·m)	序号	连接部位	拧紧力矩/(N·m)
1	独立悬架与车身	60	10	驱动轴与凸缘	45
2	独立悬架轴承与活塞杆	50	11	下摇臂与副车架	60
3	独立悬架螺栓、螺母	150	12	副车架与车身	70
4	转向横拉杆与独立悬架	30	13	横向稳定杆与副车架及下摇臂	25
5	制动分泵缸体与制动机构支架	35	14	后桥与支承座	70
6	制动钳体与独立悬架	50	15	支承座与车身	45
7	球形接头与轮毂	50	16	减振器与后桥	70
8	球形接头与下摇臂	65	17	减振器与车身	35
9	轮毂与驱动轴	230	—	—	—

5. 上海桑塔纳后桥的拆装和维修

后桥的分解如图 7-33 所示。

(1) 后桥的整体拆卸

1) 松开连接件：将驻车制动拉索、制动管和制动软管从后桥体上分开；松开车身上的轴承支承座；拆下排气管吊环。

2) 用专用工具撑住后桥横梁。

3) 取下车厢内减振器盖板，从车身上拆下弹簧支柱。

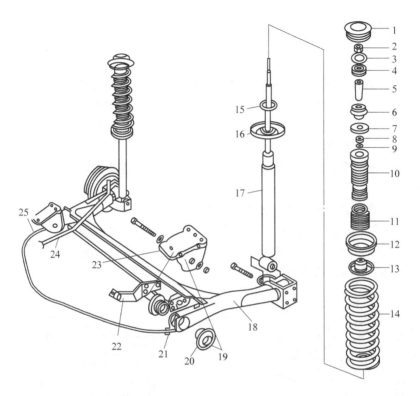

图 7-33 后桥和后悬架的分解图

1—盖 2—自锁螺母 3—衬垫 4—上轴承环 5—隔套 6—下轴承环 7、15—垫圈
8—隔圈 9—卡簧 10—缓冲块 11—波纹橡胶管 12—上弹簧座 13—护盖
14—螺旋弹簧 16—上弹簧座 17—减振器 18—后悬臂 19、20—橡胶金属支承
21—驻车制动钢丝绳支架 22—调节弹簧支架
23—支承座 24—制动管 25—驻车制动钢丝套管

4）拆下车身上左右轴承支承座。

5）慢慢升起车辆，将驻车制动拉索从排气管上拉出。

6）将后桥从车身底下拆出。

7）拆下金属橡胶支承座，用专用工具将金属橡胶支承逐一拉出，如图 7-34、图 7-35 所示。

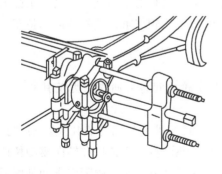

图 7-34 拆卸橡胶金属支承图

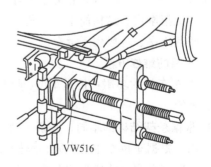

图 7-35 拉出另一半橡胶支承

(2) 后桥的检查和维修

1) 检查螺旋弹簧是否有裂纹、磨损和变软现象,减振器是否漏油,如有损坏,更换新件。

2) 检查后轮轴承磨损情况,应转动灵活、无卡滞;轴承应无裂痕、变形、异响和疲劳点蚀,轴向、径向无明显间隙,否则,应更换。安装新的轴承外圈应用专用工具压入。

3) 检查后轮毂短轴,其根部应无裂纹,分三点测量短轴直径,短轴磨损严重时,测量误差超过 0.25mm,应更换短轴。

4) 检查桥架是否有变形,后桥焊接件是否有裂纹,如有问题,不允许对桥架焊接,只能更换新件。

5) 检查各橡胶衬套是否老化、破裂,如有,更换新件。

(3) 后桥的整体安装　安装的顺序与拆卸顺序相反,但要注意以下几点。

1) 安装新金属橡胶支承时,应使其扇形体和沟槽互相嵌在一起,如图 7-36 所示。安装深度 a 为 61.6~62.0mm,如图 7-37 所示。

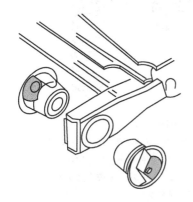

图 7-36　橡胶金属支承的安装位置

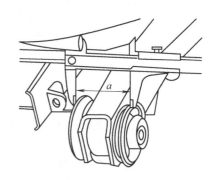

图 7-37　橡胶金属支承的安装深度

2) 支承座与后桥桥梁架呈 18°±1°角。

3) 各连接螺栓、螺母的拧紧力矩应符合表 7-2 的规定。

本 章 小 结

1. 车架的作用:支承连接汽车的各零部件,并承受来自车内外的各种载荷。车架可分为边梁式、中梁式、综合式和无梁式等。边梁式车架是最早出现的车架类型,具有很强的承载能力和抗扭刚度,结构简单,工艺要求较低,但钢制边梁比较沉重,此外还影响整车的布局和空间利用率,一般用于货车。

2. 车架的维修方法。

3. 汽车车桥的功用:传递车架(或承载式车身)与车轮之间各方向作用力及其所产生的弯矩和转矩。

4. 根据悬架结构的不同,车桥分为非断开式和断开式两种,分别与非独立悬架和独立悬架配用;根据车桥作用的不同,车桥又可分为转向桥、驱动桥、支持桥和转向驱动桥四种类型。一般汽车多以前桥为转向桥,而以后桥或中、后两桥为驱动桥。越野汽车和某些轿车的前桥为转向驱动桥。有些单桥驱动的三轴汽车(6×2 汽车)的中桥(或后桥)为支持桥。

5. 转向桥主要由前轴、转向节、主销和轮毂等四部分组成；转向节由上下两叉和支承轮毂的轴颈构成，汽车转向时使转向节绕主销摆动。转向驱动桥具有一般驱动桥的结构，也具有一般转向桥的结构。但由于转向的需要，与转向轮相连的半轴被分为两段，其间用万向节连接；同时主销也因而分制成上下两段；转向节轴颈部分做成中空，以便外半轴穿过。

6. 转向车轮、转向节、主销和转向轴之间安装的相对位置称为转向轮定位。当汽车后轮具有一定程度的外倾角和前束时可使后轮获得合适的侧偏角，提高汽车高速行驶的操纵稳定性。故一些高档轿车设置四轮定位，不仅要求前轮定位，还要有后轮定位。转向轮定位参数有主销后倾角、主销内倾角、前轮外倾角和前轮前束。主销后倾角的作用是当汽车直线行驶时，保持其方向稳定性，当汽车转向时能使前轮自动回正；主销内倾角的作用是使转向轮自动回正，转向轻便；前轮外倾角的作用是使转向轻便和提高前轮工作的安全性；前轮前束的作用是消除因前轮外倾使汽车行驶时向外张开的趋势，减少轮胎磨损和燃料消耗。

7. 转向桥和转向驱动桥的拆装方法。

8. 驱动桥的常见故障和检修方法。

复习思考题

1. 车架的作用是什么？它有哪几种类型？各有什么特点？
2. 车架检测有几种方法？简述其检测过程。
3. 简述用电弧焊焊修车架裂纹的操作过程。
4. 车桥的作用是什么？它有哪几种类型？
5. 简述转向桥和转向驱动桥在结构上的异同点。
6. 简述 EQ1092 型汽车转向桥的拆装过程。
7. 汽车前轴检修的内容有哪些？
8. 简述转向驱动桥的拆装过程。
9. 什么是车轮定位？车轮定位包括哪些参数？各起什么作用？
10. 上海桑塔纳轿车前桥的检测内容有哪些？
11. 简述前轮前束的检测与调整步骤。

实训项目　前轮前束和最大转向角的调整

1. 实训目的与要求
1) 了解常见轿车和货车的车架和车桥的结构及工作情况。
2) 了解转向驱动桥的基本结构和工作原理。
3) 掌握常见轿车和货车的车轮定位的检查与调整方法。
2. 实训设备及工、量具
1) 轿车(神龙富康、捷达、桑塔纳 2000、进口轿车)和解放 CA1090 各 1 辆。保证每辆 4~6 人，分小组进行实训。
2) 车轮定位仪 1~2 套，各组交换使用。
3) 拆装工作台若干张。常用和专用汽车维修工具若干套。
4) 举升器或地沟各小组 1 套。
3. 学时及分组人数
2 学时，不同车型的车轮定位、最大转向角的检测和调整轮换进行，具体分组视情况确定。
4. 实训步骤及操作方法
本次实训以解放 CA1090 型汽车神龙富康轿车为例进行，其他不同车型的车轮定位、最大转向角的检测和调整可以参考相关资料进行。
(1) 前轮最大转向角的检查和调整　将前轮转向角调到最大是为了获得最小转弯半径，以保证汽车具有良好的通过性能。最大转向角见表 7-1 所列。
在没有仪器的情况下，可用简易的方法进行检查。
1) 检查方法
① 将前桥顶起，使前轮处于直线位置。
② 左右轮胎下面垫一块木板和白纸(固定在板上)，将木尺紧靠轮胎外边缘，用铅笔在纸上划出车轮平行的直线，再把转向盘向右转到底划出第二条线，然后用量角器测量出右转向角。
③ 用同样的方法检查左轮的左转向角。
2) 调整方法。经测量转向角不符合规定时，可旋出或旋入转向节上的转向角限位螺栓，或转动转向节壳上的一个调整螺栓进行调整，调整完毕后，必须旋紧锁紧螺母。
转向角最简易检查调整方法是：将转向盘向左或向右打到底，前轮胎不与翼子板、钢板、直拉杆等机件碰擦，并有 8~10mm 的距离为合适。各种车辆规定不同的转向角，就是从既能保证转向的灵活性，又能保证轮胎不与其他机件碰擦而予以规定的。
(2) 前轮前束的测量与调整　试验表明车轮前述不仅对汽车行驶稳定性及轮胎磨损有较大影响，而且对汽车的油耗也有很大关系。
前束测量方法：
1) 将被测汽车停置在平坦场地上，并使左右转向车轮呈直驶位置。
2) 用千斤顶支起转向桥，在胎冠表面以粉笔涂色，转动车轮用金属划针画出胎冠中线。

3) 放松千斤顶,使转向车轮着地(此时左右转向车轮仍应保持直驶位置)。

4) 将前束尺置于被测量车轮的前方,尺杆与车桥平行,调整两指针使尖端距离地面垂直高度等于被测车轮的半径值,旋转游标尺使之与标尺对准零位,松开活动尺杆的固定螺钉,调整尺杆长度,使两指针分别指至被测车轮的胎冠中心线处,但有的车是测量胎侧,然后将尺杆固定。

5) 将前束尺移至被测车轮的后方,使前束尺固定指针至一只车轮的胎冠中心线,旋转游标尺带动活动指针移动。当活动指针尖端指至另一只车轮的胎冠中心线上时,标尺上的读数即为被测车轮的前束值。

应该注意的是:游标尺如果向外移动(即增加两指针距离),前束值为正;若游标尺向内移动(即缩短两指针距离),则前束值为负。

对有的前束值不大的车型的车轮前束均为 2~4m,这样小的数值,是应用精度高的仪器来测定,并规定统一的测量部位。

6) 前束的调整方法。调整时汽车应停在平整场地上,顶起前轴,使车轮处于直线行驶位置,松开横拉杆上的卡箍螺栓,用管钳转动横拉杆用以改变横拉杆的长度的方法即可调出所需的前束数值。调整时可在左右轮胎的胎面的花纹中心线处作一"十"字记号,在前轴正前方测得 B 值,然后将记号转到正后方测得 A 值,前束即为 A、B 两数差值。

上述两车型的前轮前束值参见表 7-1 所列。调整好后,将卡箍螺栓拧紧。

5. 实习报告

1) 整体式车桥和断开式车桥各有什么特点?它们分别与哪种悬架配合使用?为什么?

2) 转向轮的定位参数有哪些?各起什么作用?

3) 车轮定位不准会导致哪些故障?

4) 实操并说明桑塔纳 2000 轿车的前轮定位如何检查和调整。

第 8 章 车轮与轮胎

学习目标：

- 掌握汽车车轮的功用、结构和分类。
- 掌握汽车轮胎的功用、结构形式和规格表示方法。
- 了解汽车车轮和轮胎的维护保养方法。
- 掌握车轮和轮胎的故障诊断方法。

8.1 车轮

车轮和轮胎作为汽车行驶系统中的重要部件，安装在车架上，绕车轴转动，沿地面滚动，将汽车发出的作用力传给地面，将地面的反作用力传给汽车，推动汽车运动；影响着汽车的动力性、经济性、平顺性、通过性、制动性及操纵稳定性，其质量和使用寿命在很大程度上决定着汽车的安全性和可靠性。

现代汽车均采用充气的弹性轮胎，其作用是支承全车的重量，使汽车承载；吸收、缓和由路面传来的冲击力，改善承载条件；传递驱动力、制动力、转向力，使驾驶人能对汽车的运动进行控制；在保证汽车正常转向行驶的同时，通过轮胎产生自动回正力矩使汽车保持稳定的直线行驶方向；减少行驶阻力和能量消耗；提高汽车通过性。

8.1.1 车轮的功用、组成与分类

汽车车轮的作用是安装轮胎、连接半轴或转向节，并承载汽车重量，传递半轴或转向节传来的力矩。车轮由轮毂、轮辋和轮盘等组成。轮毂通过轴承支承在半轴套管或转向节轴上，轮辋用来安装轮胎，轮盘用来连接轮毂和轮辋。

根据轮辋和轮盘的连接形式可分为组合式和整体结构式。组合式结构将轮辋和辐板用焊接或铆接方式连接，主要用于钢制车轮，整体式结构将车轮将轮辋和辐板用铸造或锻造方式连接，主要用于合金制造车轮。

根据轮盘的不同结构，分为辐板式（盘式）和辐条式（辐式）两种。

1. 辐板式车轮的构造

图 8-1 所示为辐板式车轮。它主要由挡圈、轮辋、轮毂、辐板和气门嘴伸出孔等组成。用来连接轮毂和轮辋的轮盘做成辐板，轻型汽车的辐板，由于盘板较薄，常常冲压成多层起伏形状，以提高其刚度，重型汽车的辐板将轮毂和轮辋铸成一体。辐板式车轮结构的辐板上开有几个大孔，以减轻重量，也利于轮毂拆装、充气和制动鼓散热。

货车后轮负荷比前轮大,为使后轮轮胎不过载,前、后轮的轮胎寿命近似相等,后桥一般装双式车轮,在后毂上并装两套相同的辐板和轮辋。采用双螺母固定辐板时,为防止汽车行驶中固定辐板的螺母自行松脱,汽车两侧车轮的辐板固定螺栓一般采用旋向不同螺纹,左侧用左旋螺纹,右侧用右旋螺纹;采用单螺母固定辐板时,使用球面弹簧垫圈防止螺母自行松脱,左右两侧辐板固定螺栓均可用右旋螺纹。

2. 辐条式车轮的构造

辐条式车轮是用几根辐条将轮辋和轮毂组装在一起,辐条与轮毂可铸造制成一体,也可用螺栓连接,辐条有钢丝和铸造辐条两种构造,轮辋通过螺栓和特殊形状的衬块与辐条相连,为了使轮辋和辐条很好地对中,在二者连接处都制有配合锥面。辐条式车轮一般仅用于赛车和某些高级轿车。图 8-2 所示为铸造辐条式车轮,辐条与轮毂铸造制成一体,用于装载质量较大的重型汽车。

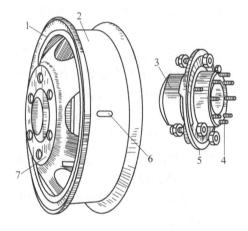

图 8-1 辐板式车轮

1—挡圈 2—轮辋 3—轮毂 4—螺栓 5—凸缘
6—气门嘴伸出孔 7—辐板

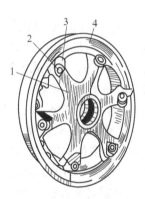

图 8-2 辐条式车轮

1—轮辐与轮毂 2—螺栓
3—衬块 4—轮辋

8.1.2 车轮的结构

1. 轮辋

轮辋也称钢圈,用于安装轮胎。它由轮辋、挡圈和锁圈等组成。按其结构特点的不同,可分为深槽式轮辋、平底式轮辋和可拆式轮辋三种,如图 8-3 所示。

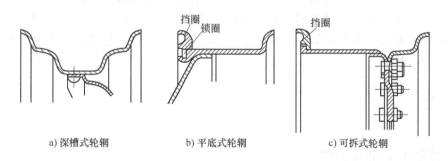

图 8-3 轮辋的形式

（1）深槽式轮辋　如图8-3a所示为深槽式轮辋的断面结构。它用钢板冲压成整体结构，它有带肩的凸缘，用来安装外胎的胎圈，其肩部略向中间倾斜5°±1°，为便于外胎拆装，中部制成深凹槽，凹槽两侧略倾斜。这种轮辋结构简单、刚度大、重量小，适用于安装尺寸小，弹性较大的轮胎。它主要用于轿车及轻型越野车（如BJ2020）上。

（2）平底式轮辋　如图8-3b所示为平底式轮辋断面结构。这种轮辋的底面呈平环状，它的一边有凸缘，另一边用可拆卸的挡圈作凸缘，它用一个具有弹性的锁圈来防止挡圈脱出。安装时，先将轮胎套在轮辋上，然后套上挡圈，并将它向内推，越过环形槽，最后将锁圈嵌入环形槽。这种轮辋的优点是便于安装轮胎，一般用于大中型货车，如东风EQ1092和解放CA1092型汽车。

（3）可拆式轮辋（对开式）　如图8-3c所示为可拆式轮辋断面结构。它将平底式轮辋制成可拆开的两部分，其中一部分与轮盘制成一体，两部分用螺栓连成一体。拆装轮胎时，只需拧下螺栓的螺母即可。挡圈也是可拆的。这种轮辋只能装单个轮胎，主要用于大、中型越野车上。

（4）国产轮辋的规格代号　轮辋轮廓类型主要有深槽式轮辋，代号DC；深槽宽轮辋，代号WDC；半深槽轮辋，代号SDC；平底式轮辋，代号FB；平底宽轮辋，代号WFB；全斜底轮辋，代号TB；可拆式轮辋，代号DT，轮辋的结构形式根据其主要由几个零件组成分为一件式轮辋和多件式轮辋。

我国汽车轮辋规格，用轮辋断面宽度（in）、轮辋名义直径（in）以及轮缘高度代号（用拉丁字母作代号）来表示。直径数前面的符号表示轮辋结构形式代号，符号"—"表示该轮辋为两件以上的多件式轮辋，符号"×"则表示该轮辋为一件式轮辋。

例如，东风EQ1092型汽车轮辋为7.0—20，其含义为：7.0表示轮辋断面宽度为7in；20表示该轮辋名义直径为20in；"—"表示为多件式轮辋。

北京BJ2020型汽车轮辋为4.5E×16，表示轮辋名义宽度为4.5in；16表示该轮辋名义直径为16in，轮缘代号为E的一件式轮辋。

新设计轮辋用以下方式表示。

1）轿车：10×3.5C；15×6JJ。

2）轻型货车：16.5×6.00；15—5.50F（SDC）。

3）中型、重型货车：22—8.00V；22.5×8.25。

2. 轮毂

轮毂用于连接制动鼓、轮盘和半轴凸缘，一般由圆锥滚柱轴承套装在半轴套管或转向节轴颈上。轮毂的形式因车轮的不同，其结构有所不同。辐板式车轮轮毂多用于轻型和中型汽车上，如图8-1所示。辐条式车轮轮毂是把它与辐条制成一体，强度大，多用于重型车上，其结构如图8-2所示。

8.2　轮胎

8.2.1　轮胎的功用与类型

轮胎安装在轮辋上，直接与路面接触。它的作用是：支承汽车的总重量；传递驱动力和制动力;与悬架起相同作用,吸收和缓和汽车行驶时所受到的部分冲击与振动;以保证汽车有良好的乘坐舒适性和行驶平顺性,保证轮胎与路面的良好附着,以提高汽车的动力性、制动性和通过性。

轮胎必须具有适宜的弹性和承受载荷的能力,胎面部分应具有花纹,以增强附着力。汽车轮胎按胎体结构不同,可分为充气轮胎和实心轮胎。现代汽车绝大多数都采用充气轮胎。

充气轮胎的分类方法有很多种。按其组成结构不同,可分为有内胎和无内胎两种。

按其胎体内帘线排列方向的不同,又可分为普通斜交轮胎和子午线轮胎,在汽车上得到广泛使用。

按其胎内工作气压大小不同,可分为高压胎(0.5~0.7MPa)、低压胎(0.2~0.5MPa)和超低压胎(0.2MPa以下)三种,因低压胎具有良好弹性、断面宽、触地面积大、壁薄、散热好,提高了使用寿命,目前,轿车和货车主要使用低压胎。

按其轮胎胎面花纹的不同,可分为普通花纹轮胎(图8-4a、b)、越野花纹轮胎(图8-4d、e)和混合花纹轮胎(图8-4c)。

a) 纵向花纹　　b) 横向花纹　　c) 混合花纹　　d) 马牙形花纹　　e) 人字形花纹

图8-4　轮胎花纹

8.2.2　充气轮胎的结构

充气轮胎按结构组成,可分为有内胎轮胎和无内胎轮胎两种。

1. 有内胎的充气轮胎

有内胎的充气轮胎由外胎、内胎和垫带组成,如图8-5所示。

(1) 外胎　外胎是用耐磨橡胶制成的具有高强度和弹性的外壳,直接与地面接触,保护内胎不受损伤。它由胎圈、缓冲层(带束层)、胎面、帘布层等组成,如图8-6所示。

1) 胎圈。胎圈使外胎牢固地装在轮辋上,有很大的刚度和强度,由钢丝圈、帘布层包边和胎圈包布组成。

2) 缓冲层。缓冲层位于胎面与帘布层之间,用胶片和两层或数层挂胶稳稀帘布制成,弹性大,能缓冲汽车在行驶时所受到的不平路面冲击,并防止紧急制动时胎面与帘布层脱离。

3) 胎面。胎面是外胎的外表面,它包括胎冠、胎肩和胎侧三部分。

胎冠与地面接触,直接承受冲击与磨损,并保护胎体免受机械损伤。胎冠上制有各种形式的花纹,以使轮胎与地面有良好的附着性能,防止汽车纵横向滑移,胎冠上常见花纹形式如图8-4所示。

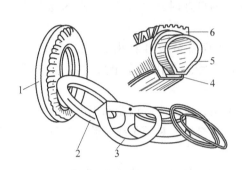

图 8-5 充气轮胎的组成
1、6—外胎 2、5—内胎 3、4—垫带

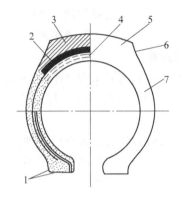

图 8-6 外胎的结构
1—胎圈 2—缓冲层 3—胎面 4—帘布层
5—胎冠 6—胎肩 7—胎侧

普通花纹轮胎的特点是花纹沟槽细而浅，花纹块的接地面积较大，因而耐磨损性和附着性较好，适用于较好的硬路面。其中，纵向花纹轮胎(图 8-4a)滚动阻力小、防侧滑和散热性能好、噪声小、高速行驶性能好，但甩石性和排水性较差；横向花纹轮胎(图 8-4b)耐磨性好，不易夹石子，但散热性差，工作噪声大，不易高速行驶。

越野花纹轮胎的特点是花纹沟槽宽而深，花纹块接地面积较小，保证了轮胎与大片接地面积的"咬合"，防滑性能好。混合花纹轮胎(图 8-4c)兼有普通花纹和越野花纹的特点，胎冠中部花纹通常为菱形和纵向锯齿形，而在两边多为横向大块越野花纹，其缺点是耐磨性能较差和胎面磨损不均匀；马牙形花纹轮胎(图 8-4d)具有大块横向花纹，接地面积大，花纹强度高，常用在矿山、建筑工地上的行驶车辆上；人字形花纹轮胎(图 8-4e)在安装时，应将人字尖端指向汽车前进时车轮旋转方向的前方，以提高排泥性和附着力。

胎肩是较厚的胎冠与较薄的胎侧间的过渡部分，一般也制有花纹，以利于防滑和散热。胎侧是贴在帘布层侧壁的薄橡胶层，用以保护帘布层，避免受潮湿和机械损伤。

4) 帘布层。帘布层是外胎的骨架，也称胎体，其主要作用是承受载荷、保持轮胎外缘尺寸和形状。帘布层通常用多层胶化的棉线或其他纤维编织而成，其帘线按一定角度交叉排列，如图 8-7 所示。缓冲层位于胎面与帘布层之间，质软而弹性大，一般由多层较稀疏的帘线和富有较大弹性的橡胶制成，其作用是加强胎面与帘布层的结合，以防紧急制动时胎面从帘布层上脱落，同时又能减小路面对轮胎的冲击和振动。胎圈是帘布层的根基，它有较大的刚度和强度，轮胎靠胎圈装在轮辋上。胎圈由钢丝圈、帘布层包边和胎圈包布组成。

（2）内胎 内胎是一个环形橡胶管，应具有良好的弹性、耐热性和密封性。为保证在充气状态下不生产皱折，内胎有效尺寸稍小于外胎内壁尺寸。

内胎上装有气门嘴，用于充入或排出空气，其结构如图 8-7 所示。当轮胎充气时，空气压力顶开阀门，压缩弹簧；充气完毕，弹簧回位，将阀门紧紧压在阀座上，实现密封。

（3）垫带 垫带是一个环形橡胶带，它垫在内胎与轮辋之间，保护内胎不被轮辋和胎圈磨坏，并防止尘土及水汽浸入胎内。

2. 普通斜交轮胎和子午线轮胎

（1）普通斜交轮胎 普通斜交轮胎是帘布层和缓冲层各相邻层帘线交叉，且与胎面中心线呈小于 90°角排列的充气轮胎，如图 8-8a 所示。外胎由胎圈、缓冲层、胎面、帘布层等

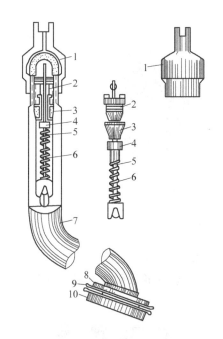

图 8-7 气门嘴
1—盖 2、8—螺母 3—衬套 4—阀门 5—杆
6—弹簧 7—座筒 9—垫片 10—凸缘

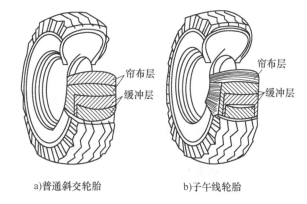

a)普通斜交轮胎　　b)子午线轮胎

图 8-8 帘布层和缓冲层帘线的排列

组成。帘布层是外胎的骨架,用以保持外胎的形状和尺寸,通常由成双数的多层帘布用橡胶贴合而成。帘布的帘线与轮胎子午断面的交角(胎冠角)一般为 52°~54°,相邻层帘线相交排列。帘布由纵向强韧的经线和放在各经线之间的少数纬线织成,帘线由棉线、人造丝线、尼龙线、钢丝制成。在外胎表面注有帘布层数或层级。帘布层数越多,强度越大,弹性降低。缓冲层由两层帘线交叉排列。普通斜交轮胎的优点是噪声小,外胎面柔软,在低速行驶时乘坐舒适感好,价格便宜。

(2) 子午线轮胎　子午线轮胎是帘布层帘线排列方向与轮胎子午断面(即胎面中心线)成 90°角或接近 90°角排列,以带束层箍紧胎体的充气轮胎,如图 8-8b 所示。其特点:帘线这样排列能使其强度被充分利用,帘布层数比普通斜交轮胎可减少 40%~50%;帘线不是交错排列,没有偶数限制,胎体较柔软;帘线在圆周方向只靠橡胶联系,具有若干层帘线,形成束带层,束带层采用玻璃纤维、聚酰胺纤维等强度较高、拉伸变形小的织物制造。

由于子午线轮胎具有上述特性,与普通斜交轮胎相比,具有更多的优越性:弹性大、耐磨性好、滚动阻力小、附着性能强、缓冲性能好、承载能力大、不易穿刺。由于具有这些优点,子午线轮胎在现代汽车上已广泛应用,如上海桑塔纳轿车、东风 EQ1092 型汽车等。

其缺点是外胎面刚性大,低速时不容易吸收路面凹凸及接缝产生的冲击,胎侧易裂口,制造要求高,成本高,由于胎侧柔软,被刺后伤痕易扩大。

子午线轮胎与普通斜交轮胎在帘线排列上的比较,如图 8-9 所示。子午线轮胎胎体的帘线排列成辐射状,胎侧部柔软。斜交轮胎的帘线排列成斜线交叉,很难调整局部的强度。

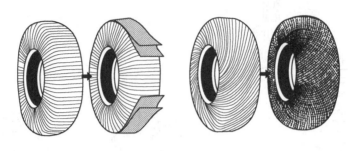

图 8-9　子午线轮胎和普通斜交轮胎在帘线排列上的比较

子午线轮胎和普通斜交轮胎在性能上的比较，如图 8-10 和图 8-11 所示。子午线轮胎在承受横向力时，胎侧虽然有些变形，但触地面积不受影响，而斜交轮胎则做不到。在垂直载荷作用下，子午线轮胎刚性大、变形小、触地面积变化小。

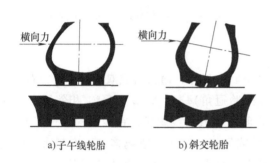

图 8-10　轮胎受侧向力时的变化

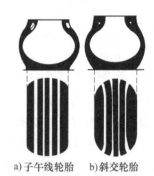

图 8-11　轮胎接触地面的变形

3. 无内胎的充气轮胎

无内胎的充气轮胎没有内胎，空气直接压入外胎中，要求外胎与轮辋之间有很好密封性。其结构如图 8-12 所示，它虽然没有充气内胎，但在外胎内壁上有一层 2~3mm 厚专门用来封气的橡胶密封层，采用硫化的方法粘附上去，在密封层正对着胎面下面粘贴着一层未硫化橡胶制成的自粘层。当轮胎穿孔时，自粘层能自行将刺穿的孔粘好。在胎圈上有若干同心的环形槽，在轮胎空气压力作用下，槽纹使胎圈可靠地紧贴在轮辋边上，保证轮胎与轮辋之间的密封性。它的特点是钉子刺破轮胎后，内部空气不会立即泄掉，安全性能好；另外，轮胎爆破后，可从外部紧急处理。目前这种轮胎在轿车上应用较多，如上海桑塔纳轿车就装用了子午线无内胎轮胎。

有内胎、无内胎轮胎结构比较如图 8-13 所示。

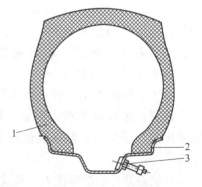

图 8-12　无内胎轮胎
1—橡胶密封层　2—胎圈橡胶密封层　3—气门嘴

8.2.3 轮胎的规格表示方法

轮胎规格的表示方法有公制和英制两个系统。目前大多数国家(包括我国)都采用英制。下面介绍我国充气轮胎规格的表示方法。

1. 高压胎

高压胎一般用 $D×B$ 表示。D 为轮胎名义直径，B 为轮胎断面宽度，其单位均为英寸，"×"表示高压胎。因为轮胎断面宽度 B 约等于断面高度 H，故安装外胎轮辋直径应为 $d=D-2B$，如图 8-14 所示。例如，轮胎规格 34×7 表示为该轮胎外径为 34in，断面宽度为 7in 的高压胎。可选用直径为 20in 的轮辋。高压胎在汽车上应用较少。

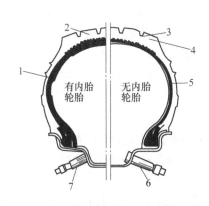

图 8-13 有内胎、无内胎轮胎结构比较
1—内胎 2、3—外胎面 4—胎面
5—密封层 6、7—打气阀

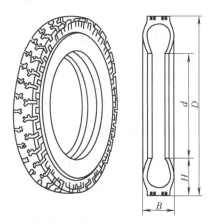

图 8-14 轮胎规格表示方法

2. 低压胎

汽车上常用的是低压胎，其尺寸标记用 $B-d$ 表示。B 为轮胎断面宽度，d 为轮辋直径，单位均为英寸，"—"表示低压胎。例如，轮胎规格 9.00—20，表示为该轮胎断面宽度为 9in，轮辋名义直径为 20in 的低压胎。

3. 超低压胎

超低压胎的规格表示方法与低压胎表示方法相同。

我国国家标准规定，在外胎两侧除标有轮胎规格外，还应标有制造商标、最大负荷、相应气压、编号及平衡标志等。为便于识别胎体帘线材料，胎侧还标有汉语拼音字母，如 M（表示棉花帘线）、R（人造丝帘线）、N（尼龙帘线）、G（钢丝帘线）等。这些字母一般写在规格尺寸后面。有的胎侧还标有适用的轮辋规格，某些越野车轮胎还用箭头指示滚动方向。

4. 子午线轮胎

子午线轮胎一般标注有"Z"字母，但有的用英文缩写字母"R"表示。

子午线轮胎用 ISO 新标准表示，轮胎宽度的单位用毫米表示，车轮轮辋用英寸表示，轮胎强度用字母或数字表示，扁平轮胎还表示扁平率(高宽比)，轿车用轮胎的规格除表示轮胎宽度和轮辋直径外，还表示轮胎结构和允许最高车速。如 180/70 R13 86T，其中 180 表示轮胎名义断面宽度 180mm，70 表示轮胎系列是 70 系列，R 为子午线轮胎代号，13 表示轮辋名义直径为13in，86表示负荷指数（最大负荷5300N），T表示速度级别（最高行驶速度为190km/h）。

  5. 普通斜交轮胎

  普通斜交轮胎除了用英寸表示轮胎宽度和轮辋直径外，轮胎强度则用帘布层数来表示。例如，6.70—13—6PR，其中6.70表示轮胎名义断面宽度6.7 in，13表示轮辋名义直径为13in，6PR表示轮胎层级为6层级，不代表实际层数，只表示可承受相当于6层级的棉帘线的负荷。

8.3 车轮和轮胎的维护

  车辆分日常维护、一级维护和二级维护。车轮和轮胎的维护应结合车辆的维护强制执行。因为车轮和轮胎的维护应侧重于轮胎的维护，所以我们将详述轮胎的维护。

  轮胎维护的分级和周期与车辆维护相同。为了确保安全和延长轮胎的使用寿命，每当汽车行驶5000～10000km后，有必要按照有关的规定，对前后方的轮胎进行相应的检查调整。

8.3.1 轮胎的日常维护

  日常维护包括出车前、行车中和收车后的检视。主要是检视轮胎气压和有无不正常的磨损和损伤，并及时消除造成不正常磨损和损伤的因素。轮胎日常维护的作业内容如下。

  1. 出车前检视

  1）用气压表检查轮胎气压是否符合规定，气门嘴是否漏气，气门帽是否齐全，气门嘴是否碰擦制动鼓。

  2）检查轮胎螺母是否紧固，翼子板、挡泥板、货厢等有无碰擦轮胎现象，并设法消除。

  3）检查随车工具，如撬胎棒、千斤顶、轮胎螺母套筒扳手、气压表、手锤、挖石子钩等是否齐全。

  2. 行驶中检视

  1）行驶途中检视应结合途中停车、装卸等各种机会进行。停车地点应选择清洁、平坦、不影响其他车辆通过的处所。

  2）检查轮胎螺母有无松动，翼子板、挡泥板、货厢等有无碰擦轮胎现象，并设法消除。

  3）及时发现并挖出轮胎夹石和花纹中的石子及杂物。

  4）检查轮胎气压，摸试轮胎温度。

  汽车行驶时，轮胎因变形摩擦而发热，胎内温度升高，若超过100℃，则胎体强度会大大降低，易引起脱层、爆破等损坏。因此，在使用中，应尽量避免高速行驶，或在轮胎选配时应取与车辆最高时速相符的速度级别。另外，频繁的制动、急转弯、猛加速等不正确的驾驶方式也会缩短轮胎的使用寿命。

  轮胎温度升高后，应采用停车降温的方式，严禁泼水降温或放气。

  5）检查轮胎胎面及胎侧有无不正常的磨损和损伤，以及轮毂有无损伤。

  3. 收车后检视

  1）停车场地应干燥清洁、无油污、严寒地区应扫除停车场上的冰雪，以免轮胎与地面冻伤。

2）停车后应注意检查轮胎有无漏气现象，并查找漏气原因，予以排除。

3）检查花纹并挖出夹石和花纹中的石子、杂物。

4）检查轮胎螺母是否松动，备胎架装置是否牢固，以及车辆机件有无碰擦轮胎的现象。

5）途中加换用备胎，收车后应将损坏的轮胎及时送修。如发现车辆技术状况不正常，造成轮胎不正常磨损和机械损伤，应及时查明原因，并予以排除。

8.3.2 轮胎的一级维护作业项目

1）紧固轮胎螺母，检查气门嘴是否漏气、气门帽是否齐全，如发现损坏或缺少应立即修理或补齐。

2）挖出轮胎夹石和花纹中的石子、杂物，如有较深的伤洞应用生胶填塞。特别是子午线胎，刺伤后若不及时修补，水气进入胎体锈蚀钢丝帘线，便会造成早期损坏。

3）检查轮胎磨损情况，如有不正常磨损或起鼓、变形等现象，应查找原因，予以排除。

4）如需检查外胎内部，应拆卸解体，如有损伤应及时修补。

5）检查轮胎搭配和轮辋、挡圈、锁圈是否正常。

6）检查轮胎(包括备胎)气压，并按标准补足。

要求：备胎气压应高于使用中轮胎的气压；至少每月或每次长途旅行前检查一次胎压，包括备胎。

7）检查轮胎有无与其他机件刮碰的现象，备胎架是否完好、紧固，如不符合要求，应予以排除。

8）必要时，例如，轮胎单边偏磨严重，应进行一次轮胎换位，以保持胎面花纹磨耗均匀。完成上述作业后应填写维护记录。

8.3.3 轮胎的二级维护作业项目

除执行一级维护的各项作业外，还应进行下列项目。

1）拆卸轮胎，按轮胎标准测量胎面花纹磨耗、周长及断面宽的变化，作为换位和搭配的依据。

2）轮胎解体检查。

① 检查胎冠、胎肩、胎侧及胎内有无内伤、脱层、起鼓和变形等现象。

② 检查内胎、垫带有无咬伤、褶现象，气门嘴、气门芯是否完好。

③ 检查轮辋、挡圈和锁圈有无变形、锈蚀，并视情涂漆。

④ 检查轮辐螺栓承孔有无过度磨损或损裂现象。

3）排除解体检查所发现的故障后，进行装合和充气。

① 轮胎充气应按该车型汽车使用说明书上规定的标准气压执行，并在冷态时用气压表测量。气压表应定期校准，读数应准确。

② 充气前应检查气门芯与气门嘴是否配合，并擦净灰尘；充入的空气中不得含有水分和油雾。

③ 轮胎装好后应先少量充气，待内胎伸展后再继续充气；充气开始时，用手锤轻击锁圈，使其平稳嵌入轮辋圈槽内，防止锁圈跳出；充气至标准气压停止；然后装紧气门帽并检查是否漏气。

4）高速车应进行轮胎的动平衡试验。

5）按规定进行轮胎换位。

6）发现轮胎有不正常的磨损或损坏，应查明原因，予以排除。

随着轮胎的磨损，其抓地力会不断下降，除了造成车辆在行驶过程中的打滑外，还会在制动时造成滑移。不但影响行驶的舒适性，还关系到行车的安全。

轮胎定位不准确也是轮胎异常磨损的一大原因，在使用过程中，如果发现车辆有跑偏，或者是轮胎异常磨损，就有必要对车辆进行四轮定位检查。

当轮胎使用磨损达到一定程度或者发生了不可修复的损伤时，就必须要按规定更换轮胎。

完成上述作业后应填写维护记录。

8.3.4 轮胎的换位和车轮的动平衡检测

1. 轮胎换位

1）按时换位可使轮胎磨损均匀，约可延长 20%的使用寿命，应结合车辆二级维护定期换位。在路面拱度较大的地区或夏季，轮胎磨损差别较大，可适当增加换位次数。

一般要求行驶 8000~10000km 应将轮胎换位一次。

2）轮胎换位方法常用的有交叉换位法、循环换位法和单边换位法，如图 8-15 和图 8-16 所示。

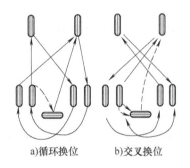

a) 循环换位　　b) 交叉换位

图 8-15　六轮二桥汽车轮胎换位法

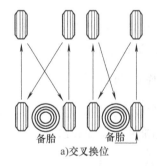

a) 交叉换位

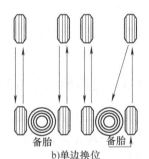

b) 单边换位

图 8-16　四轮二桥汽车轮胎换位法

装用普通斜交轮胎的六轮二桥汽车，常用图 8-15 中的交叉换位法，具体做法是：左右胎两交叉，主胎（后内）换前胎，前胎换帮胎（后外）、帮胎换主胎。这样，通过三次换位每只轮胎就可轮到一次担负内档（主力）胎。

四轮二桥汽车，斜交轮胎也可采用交叉换位法。图 8-16a 左边所示为斜交线车胎四轮换位，右边所示为斜交线车胎五轮换位。

子午线轮胎的旋转方向应始终不变。若反向旋转，会因钢丝帘线反向变形产生振动，因而使汽车平顺性变差，所以一些轿车推荐单边换位法。图 8-16b 左边所示为子午线车胎四轮换位，右边所示为子午线车胎五轮换位。

3）轮胎换位后，应按所换的胎位要求，重新调整气压。

4）轮胎换位后需做好记录，下次换位仍要按上次选定的换位方法换位。

2. 车轮的动平衡检测

（1）车轮动不平衡的危害　汽车车轮是高速旋转元件，具有一定的宽度，因此，当车轮重量分布相对于车轮纵向中心面不对称时，会造成车轮的动不平衡。

车轮动不平衡时，会造成车轮的跳动、偏摆和轮胎的异常磨损，使汽车的有关零件受到损坏，缩短汽车的使用寿命，使汽车在高速行驶过程中产生震动，影响转向盘的稳定性，容易造成汽车不安全行驶。因此，必须定期对车轮动不平衡进行检测，并进行调整车轮平衡。

（2）造成车轮动不平衡的原因

1）重量分布不均匀，如轮胎质量欠佳、翻新胎、补旧胎、胎面磨损不匀及在外胎与内胎之间垫带等。

2）轮辋、制动鼓变形。

3）轮毂与轮辋加工质量不佳，如中心不准、轮胎螺栓孔分布不均匀、螺栓质量不佳等。

4）安装位置不正确，如内胎充气嘴位置不符合安装要求等。

（3）车轮动平衡的检测　车轮动平衡的检测，有离车式检测和就车式检测两种方法。所用的平衡机可分成机械式和电测式两种。机械式车轮动平衡机是靠平衡锤的相位与倾角来测出车轮不平衡质量和相位的；电测式车轮动平衡机则是利用传感器把车轮不平衡产生的振动量变成电信号显示出来。目前，电测式车轮动平衡机应用较广泛。

（4）离车式车轮动平衡机及检测方法　图8-17所示为一台电测式硬式二面测定车轮动平衡机，其结构主要由驱动装置、转轴与支承装置、显示与控制装置、制动装置及防护罩等组成。

利用离车式车轮动平衡机对车轮进行动平衡检测时，需将车轮从车上拆下来，装到转轴上，分别输入车轮的轮辋直径、轮辋宽度和轮辋边缘到平衡机机箱之间的距离。按下车轮护罩起动键，显示器即可显示出应该加于轮辋边缘的不平衡质量和相位。

具体操作步骤如下。

1）对被测车轮进行清洁，去掉泥土、砂石，拆掉旧平衡块。

2）将轮胎充气至规定的气压值。

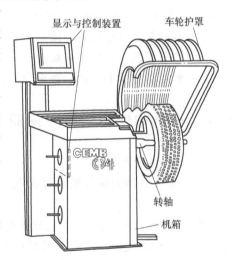

图8-17　离车式车轮动平衡机

3）将车轮安装于平衡机上，并锁紧。

4）打开电源开关，检查指示装置是否指示正确。

5）键入轮辋直径、宽度，测出轮辋边缘到机箱之间的距离并键入。

6）放下防护罩，按下起动键，开始测量。

7）当车轮自动停转后，从指示装置读出车轮内、外不平衡质量和位置。

8）用手慢慢旋转车轮，当动平衡机指示装置发出信号时，停止转动车轮。

9）取出平衡块，按动平衡机显示的动不平衡质量和内、外位置，置于十二点位置的轮辋边缘，装卡牢固。

10）重新起动动平衡机，进行动平衡试验，直至动不平衡量小于 5g，机器显示合格。

11）取下车轮，关闭电源，测试完毕。

不同型号，不同品牌的动平衡机在使用时，操作方法不尽相同，所以在使用前应详细阅读使用说明书。

（5）就车式车轮动平衡机及检测方法　利用就车式车轮动平衡机，在不拆卸汽车车轮前提下，进行车轮动平衡检测。就车式车轮动平衡机主要由驱动装置、测量装置、制动装置、指示与控制装置等组成。其结构与测量原理如图 8-18 所示。

利用就车式车轮动平衡机对车轮进行动平衡检测，操作步骤如下：

1）清洗车轮，去掉泥土、砂石、拆掉旧平衡块。

2）将轮胎充气至标准气压值，调整轮毂轴承，使其松紧度适合，支起前桥，使两侧车轮离地间隙相等。

3）用粉笔在轮胎任意位置做出标记。

4）将传感器头吸附在制动底板边缘，测驱动车轮时，起动发动机，挂档，使车轮在规定转速下旋转。测从动轮时，利用动平衡机驱动车轮转动，使车轮在规定转速下旋转。

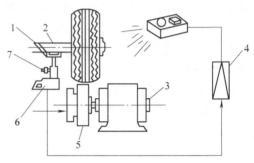

图 8-18　就车式车轮动平衡检测原理
1—磁头　2—转向节　3—电动机　4—不平衡度表　5—转轮　6—底座　7—可调支杆

5）观察轮胎标记位置，读取不平衡量。

6）停转车轮，加装平衡块。

7）然后重复检测一次，直至合格，测试结束。

8.4　车轮和轮胎的故障诊断

1. 车轮常见故障

车轮常见故障为轮毂轴承过松或过紧。轮毂轴承为一对圆锥滚子轴承，用于支承车轮轮毂。

轮毂轴承过松，会造成车轮摆振及行驶不稳，严重时还能使车轮甩出。轮毂轴承过紧，会造成汽车行驶跑偏。全部轮毂轴承过紧时，会使汽车滑行距离明显下降，经过一段行驶后，轮毂处温度明显上升，使润滑脂溶化，甩入制动鼓内，使制动性能下降。

轮毂轴承过松或过紧必须立即修理，即调整轮毂轴承的预紧度，调整方法如下。

1）用千斤顶支起车轮，拧下轮毂盖螺钉，拆下轮毂衬垫。

2）拆下锁止销钉，旋下锁紧螺母，拆下锁止垫片。

3）旋转调整螺母改变轮毂轴承间隙。旋进轴承间隙变小，旋出轴承间隙变大。一般是将调整螺母旋紧到底，再退回 1/3 圈即可。

4）调整合适的轮毂轴承预紧度应使车轮能够自由转动，且轴向推动无明显间隙。

上海桑塔纳 2000GSi 后轮毂轴承预紧度的调整方法如下。

1）用千斤顶支起车轮，拆下后轮毂盖，如图 8-19 所示。

2）取下开口销及开槽垫圈。

3）旋转螺母，同时转动轮毂，用一字旋具在手指的压力下刚好能够拨动止推垫圈即可，如图 8-20 所示。

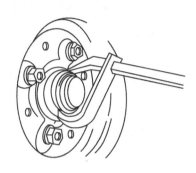

图 8-19　拆下后轮毂盖图

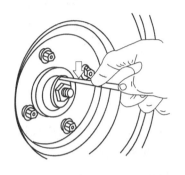

图 8-20　调整后轮毂轴承预紧度

4）装回开槽垫圈，换上新的开口销，装上轮毂盖。

5）放下车轮。

2. 轮胎检查和常见故障诊断

轮胎的检查主要是检查轮胎的磨损程度和轮胎气压。

轮胎磨损程度检查包括胎面花纹深度检查和轮胎异常磨损检查。轮胎过度磨损，花纹过浅，除容易爆胎以外，还会使汽车操纵稳定性变坏，汽车在雨中高速行驶，轮胎会出现水滑现象，致使汽车失控。轮胎花纹深度可用深度尺进行测量，按照 GB 7258—2012《机动车运行安全技术条件》规定，轿车轮胎胎冠上花纹磨损至花纹深度小于 1.6mm，载货汽车转向轮胎胎冠上花纹磨损至花纹深度小于 3.2mm，其余轮胎胎冠上花纹磨损至花纹深度小于 1.6mm 时应停止使用。胎面磨损标志位于胎面花纹沟底部，并用"TWI"或"△"等符号在胎肩处标出。当胎面磨损至此处时，花纹断开，轮胎必须停止使用并翻新。国家标准要求翻新胎要打出相关标志。例如，第几次翻新、胎面磨耗标志、翻新厂家名称。翻新后达不到安全等级的要降级。

轮胎气压不足，会导致轮胎过热，与地面接触不均，产生不均匀磨损、胎肩或胎侧快速磨损，增大滚动阻力、加大油耗，影响车辆操控，甚至引发交通事故；轮胎气压过高，将车身质量集中于胎面中心，加快胎面中心磨损，缩短轮胎寿命，降低车辆舒适性。轮胎气压用气压表进行检查。

轮胎的常见故障是轮胎的异常磨损。下面对轮胎常见故障的现象、原因和排除方法进行分析。

（1）胎肩或胎面中间磨损

1）现象。如图 8-21 所示，轮胎的胎肩或胎面中间磨损较快。

2）故障原因。轮胎充气压力过低，轮胎的中间便会凹入，将载荷转移到胎肩上，使胎肩磨损快于胎面中间。充气压力过高，轮胎中间便会凸出，承受了较大的载荷，使轮胎中间磨损快于胎肩。

3）故障排除步骤。

① 检查是否超载。

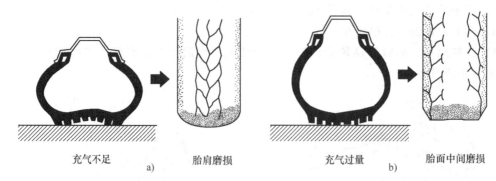

图 8-21 胎肩或胎面中间磨损

② 检查充气压力。如果充气过量或充气不足，应调整充气压力。

③ 调换轮胎位置。

（2）内侧或外侧磨损

1）现象。图 8-22 所示为轮胎的内侧或外侧磨损较快。

2）原因。

① 在过高的车速下转弯会造成转弯磨损。转弯时轮胎滑动，便产生了斜形磨损。这是较常见的轮胎磨损原因之一。

② 悬架部件变形或间隙过大，影响前轮定位，造成不正常的轮胎磨损。

③ 外倾角不正确，造成轮胎面某一侧的磨损快于另一侧。轮胎与路面接触面积的大小因载荷而异，对具有正外倾角的轮胎而言，其外侧直径要小

a) 内侧磨损　　b) 外侧磨损

图 8-22 内侧或外侧磨损

于其内侧直径。因此，胎面必须在路面上滑动，以便其转动距离与胎面的内侧相等。这种滑动便造成了外侧胎面的过量磨损。反之，具有负外倾角的轮胎，其内侧胎面磨损较快。

3）故障排除步骤。

① 了解驾驶人是否高速转弯，如有，则应减低转弯时车速。

② 检查悬架部件。如松动则将其紧固；如变形和磨损，应修理或更换。

③ 检查外倾角。如不正常，应校正。

④ 调换轮胎位置。

（3）前束和后束磨损（羽状磨损）

1）现象。如图 8-23 所示，车轮出现了前束和后束磨损。

2）故障原因。胎面的羽状磨损，主要是由于前束调节不当，过量的前束，会迫使轮胎向外滑动，并使胎面的接触面在路面上朝内拖动，造成前束磨损。如图 8-23 所示，胎面呈明显的羽毛形。用手指从轮胎的内侧至外侧划过胎面，便可加以辨别。另外，过量的后束，会将轮胎向内拉动，并使胎面的接触面在路面上朝外拖动，造成如图 8-23 所示的后束磨损。

3）故障排除步骤。

① 检查前束和后束。如果前束过量或后束过量，应该加以调整。

② 调换轮胎位置。

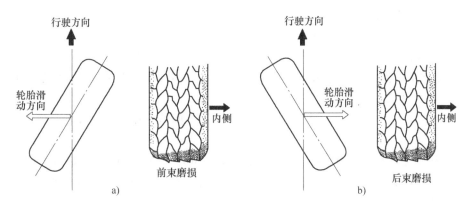

图 8-23 前束和后束磨损

（4）前端和后端磨损

1）现象。图 8-24 所示为前端和后端磨损。

2）故障原因。

① 前端和后端磨损是一种局部磨损，常常出现在具有横向花纹和区间花纹的轮胎上，胎面上的区间发生斜向磨损，最终变成锯齿状。

② 具有纵向折线花纹的胎面，磨损时会产生波状花纹。

③ 非驱动轮的轮胎受制动力的影响，反复使用和放开制动器，使轮胎每次发生短距离滑动而磨损，形成前后端形式的磨损。

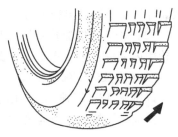

图 8-24 前端和后端磨损

④ 驱动轮的轮胎受驱动力作用，造成磨损，出现在制动力造成磨损的相反方向上，极少出现前后端磨损。客车和大货车由于制动时产生了大得多的摩擦力，故具有横向花纹的轮胎，便会出现与非驱动轮相似的前后端磨损。

3）故障排除步骤。

① 检查充气压力。如果充气不足，就将其充至规定值。

② 检查车轮轴承。如果磨损或松动，应更换或调整。

③ 检查外倾角和前束。如果不正确，应加以调整。

④ 检查轴颈或悬架部件。如果损坏，应修理或更换。

⑤ 调换轮胎位置。

8.5 胎压监测系统

胎压监测系统简称 TPMS，是 Tire Pressure Monitoring System 的缩写。通过记录轮胎转速或安装在轮胎中的电子传感器，对轮胎的各种状况进行实时自动监测，能够为行驶提供有效的安全保障。

1. 胎压监测系统的作用

1）能通过胎压监测系统时刻了解轮胎状况，在轮胎出现高压、低压、高温时报警提醒车主注意行车安全。

2) 提高轮胎的使用寿命。

3) 降低燃油消耗，有利于环境保护。

4) 避免车辆部件非常规的损耗。例如，轮胎气压过高的状况下行驶，将导致发动机底盘磨损严重；轮胎气压不均匀，则会引起制动跑偏，从而加大悬架系统的非常规损耗。

2. 胎压监测系统分类

按照胎压监测的方式不同，分为直接式胎压监测、间接式胎压监测和轮胎智能监控系统三类。

(1) 直接式胎压监测（Pressure-Sensor Based TPMS，PSB） 直接式胎压监测装置是利用安装在每一个轮胎里的压力传感器来直接测量轮胎的气压。当轮胎气压太低或漏气时，系统会自动报警。

(2) 间接式胎压监测（Wheel-Speed Based TPMS，WSB） 间接式胎压监测的工作原理是：当某轮胎的气压降低时，车辆的重量会使该轮的滚动半径变小，导致其转速比其他车轮快。通过比较轮胎之间的转速差别，以达到监视胎压的目的。间接式轮胎报警系统实际上是依靠计算轮胎滚动半径来对气压进行监测。

(3) 轮胎智能监控系统（TPMS） 它兼有上述两个系统的优点，它在两个互相成对角的轮胎内装备直接传感器，并装备一个4轮间接系统。

3. 胎压监测系统的组成

以奥迪A8、奥迪S8胎压监测系统为例进行说明。主要由5个胎压传感器、4个轮胎压力监控天线、轮胎压力监测单元、组合仪表、功能选择开关五个部分组成，如图8-25所示。

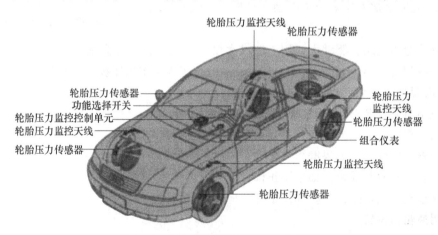

图8-25 奥迪轮胎压力监测系统示意图

4. 轮胎压力监测系统工作原理

轮胎压力监测系统主要根据轮胎压力变化情况开展工作。奥迪A8、奥迪S8胎压监测系统是直接式胎压监测装置。它利用安装在每一个轮胎里的压力传感器来直接测量轮胎的气压，利用无线发射器将压力信息从轮胎内部发送到中央接收器模块上，然后对各轮胎气压数据进行显示。当轮胎气压太低或漏气时，系统会自动报警。

当轮胎缓慢漏气，如果时间较长，会造成胎压过低，如果车辆高速行驶，引起轮胎过热，进而发生爆胎。系统会在缓慢漏气时，提前提示驾驶人检查轮胎状况，及时补充轮胎气压。

如果车辆行驶时轮胎突然漏气，系统立即向驾驶人发出警报。对有车轮应急运行系统的

第 8 章 车轮与轮胎

车辆,驾驶人可能因应急运行特点,未能及时发现漏气从而继续行驶,此时,车辆防侧滑性能下降,安全性变差。轮胎压力监测系统发出警报后,驾驶人应降低车速,缩短行驶里程,及时维修。

车辆停放期间发生瘪胎时,当接通点火开关,轮胎压力监测系统会立即报警,提醒驾驶人。

本 章 小 结

1. 车轮由轮毂、轮辋以及其间的连接部分组成,按照连接部分(轮辐)的构造可分为辐板式和辐条式两种形式。

2. 轮毂规格用轮辋的断面宽度和名义直径以及轮缘高度代号表示。轮胎按胎体结构可分为充气轮胎和实心轮胎,充气轮胎根据工作气压可分为高压胎、低压胎和超低压胎。高压轮胎规格一般用 $D×B$ 表示,低压轮胎规格一般用 $B—d$ 表示。高压胎现已不再使用,充气轮胎按胎面花纹可分为普通花纹轮胎、越野花纹轮胎、混合花纹轮胎。

3. 子午线轮胎的帘布层层数一般比普通斜交轮胎减少 40%~50%,极大提高了胎面的刚度和强度。由于子午线轮胎结构与斜交轮胎不同,具有弹性大,耐磨性好(可提高轮胎使用寿命),滚动阻力小,附着性能好,缓冲性能好,承载能力大,不易刺穿等优点,使其具有比斜交轮胎更优越的性能。其缺点是:胎侧易裂口,制造技术要求高,成本高。

4. 轮胎在拆装时应注意一些事项。轮胎的检查主要包括气压的检查。两侧轮胎气压的差异不利于汽车行驶的稳定性和安全性。

5. 轮胎的磨损检查及换位。检查轮胎的磨损,看其是否被割破、擦伤;是否有硬伤、隆起或物体嵌入胎面中。为使轮胎的磨损均衡,应对车轮进行动平衡检测,经过一段时间的使用,应进行轮胎换位。

6. 车轮常见故障为轮毂轴承过松或过紧;轮胎的常见故障是轮胎的异常磨损。

7. 胎压监测系统通过记录轮胎转速或安装在轮胎中的电子传感器,对轮胎的各种状况进行实时自动监测,能够为行驶提供有效的安全保障。

复 习 思 考 题

1. 对照实物、图片说出车轮各部分的组成名称和功用。
2. 说明车轮 7.0—20 规格中各数字和符号的含义。
3. 如何正确拆装车轮?
4. 如何检查、调整轮毂轴承的预紧度?
5. 轮胎的功用是什么?
6. 对照实物或图片说出轮胎胎面各部分的名称。
7. 说明轮胎规格 185/70SR14、5.60—134PR 中各字母、数字的含义。
8. 轮胎的检查项目包括哪些?如何检查?
9. 轮胎的常见故障的现象、原因及排除方法。
10. 多长时间检查一次轮胎气压?多长时间进行一次轮胎换位?轮胎换位有哪些方法?如何进行?
11. 简述轮胎压力监测系统工作原理。

实训项目　车轮和轮胎的拆装

1. 实训目的与要求
1) 掌握车轮和轮胎的拆装步骤及技术要求。
2) 熟悉车轮和轮胎主要零部件的名称、作用及相互装配关系。
3) 掌握轮胎的检查方法。
2. 实训设备及工、量具
1) 轿车(普通桑塔纳、捷达、神龙富康、进口轿车)和东风 EQ1090 型车轮与轮胎数台。确保每台 4~6 人。
2) 常用汽车维修工具若干套。
3) 专用轴承拉器、撬杠、锤子、工作台若干套,拆胎机、空气压缩机各一台。
3. 学时及分组人数
2 学时,几种车轮和轮胎轴总成轮换进行。具体分组视情况确定。
4. 实训步骤及操作方法
(1) 轮胎的拆装　轮胎的分解应先举升车体,并在车轮上标明记号,如"左前"、"右内"等,然后拆下车轮,再按以下步骤进行。
1) 先清洁各处泥土,然后放出胎内空气。
2) 用轮胎撬棒尖端插入挡圈缺口,并在缺口对面挡圈上轻轻敲击,将挡圈撬出。
3) 把气阀推进外胎内部,取下轮盘。如图 8-26 所示。

拆卸轮胎必须使用专用工具,如撬棒、手锤、拆胎机等,不允许用大锤重击或用其他尖锐工具。

(2) 轮胎的装配　按上述相反顺序操作,并应注意以下事项:

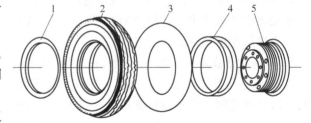

图 8-26　轮胎分解图
1—挡圈　2—外胎　3—内胎　4—衬带　5—轮辋及轮辐

1) 装合内、外胎时应擦拭干净,并在接触面上涂撒滑石粉。
2) 外胎胎面如有"△"、"□"、"○"、"×"、"↑"等标志,表示轮胎较轻的部位,内胎嘴应安装在该处。
3) 人字花纹的轮胎和在轮胎侧标有旋转方向的轮胎,应按规定方向装用(在驱动轴上要顺方向,在从动轴上要反方向)。
4) 气门嘴应与制动鼓上的间隙检视孔错开,以便检查制动鼓与摩擦片的间隙。
5) 双胎并装时,两轮胎的气门嘴应对称排列(互成 180°),这样有利于平衡。
6) 内侧轮胎的气门嘴与外侧轮胎的轮辋孔应对正,以便于检查气压和充气。
7) 轮胎装配后和汽车使用中,均应保持轮胎气压符合标准。
(3) 轮胎的检查　轮胎的检查主要是检查轮胎的磨损程度和轮胎气压。轮胎的磨损程度的检查包括胎面花纹深度的检查和轮胎异常磨损的检查。

轮胎磨损过甚，花纹过浅，是行车重要的不安全因素。过度磨损的轮胎，除容易爆破外，还会使汽车操纵稳定性变坏。汽车在雨中高速行驶时，由于不能把水全部从胎下排出，轮胎将会出现水滑现象，致使汽车失控。花纹越浅，水滑的倾向越严重。而轮胎（包括备胎）气压的检查对于行车也是非常重要的。轮胎气压不足，会导致轮胎过热，并因轮胎的接地面积不均匀，而产生不均匀磨损或胎肩和胎侧快速磨损，因而会缩短轮胎的使用寿命。同时会增加滚动阻力、加大耗油，而且影响车辆的操控，严重时甚至引发交通事故；轮胎气压过高则使车身质量集中在胎面中心上，将导致胎面中心快速磨损，不但会缩短轮胎的使用寿命，而且会降低车辆的舒适性。所以日常维护和各级维护时，对于轮胎的检查是非常必要的。

1) 胎面花纹深度的检查。GB 7258—2017《机动车运行安全技术条件》明确规定了轮胎磨损极限：乘用车、挂车轮胎胎冠花纹上的花纹深度应大于或等于 1.6mm，摩托车轮胎胎冠花纹上的花纹深度应大于或等于 0.8mm；其他机动车转向轮的胎冠花纹深度应大于或等于 3.2mm，其余轮胎胎冠花纹深度应大于或等于 1.6mm。轮胎胎面不应因局部磨损而暴露出轮胎帘布层。轮胎的胎面和胎壁上不应有长度超过 25mm 或深度足以暴露出轮胎帘布层的破裂和割伤。

轮胎花纹深度可用深度尺进行测量。

胎面磨耗标志位于胎面花纹沟底部，当胎面磨损到此处时，花纹沟断开，表明轮胎必须停止使用并送去翻新。为便于用户找到磨耗标志所在的位置，通常正规全新轮胎在磨耗标志对应的胎肩处标出 "TWI" 或 "△" 等符号。这种磨耗标志按国家标准 GB 9743—2015 和 GB 9744—2015 的规定，每条轮胎应沿周向等距离地设置不少于 4 个。

2) 轮胎异常磨损的检查。检查轮胎的异常磨损，可以发现故障的早期征兆和原因，以便及时排除影响轮胎寿命的不良因素，防止早期磨损和损坏。具体内容见下面的轮胎常见故障诊断。

3) 轮胎气压的检查。轮胎气压可用气压表进行检查。

注意：不同的车辆，轮胎的气压值也许不同，检查时应参看相应车辆的维修手册。一般，桑塔纳 2000 轿车前轮的胎压为 0.18MPa，后轮的胎压为 0.22MPa，即平时我们所说的前轮 1.8 个大气压，后轮 2.2 个大气压。轮胎压力见表 8-1。

表 8-1 轮胎型号及轮胎气压

轮胎型号			桑塔纳轿车 185/70SR13	桑塔纳旅行轿车 185/70SR13	桑塔纳 2000 轿车 195/60R14 85H
轮胎压力/Pa	半载	前	1.8×10^5	1.8×10^5	1.8×10^5
		后	1.8×10^5	1.8×10^5	1.8×10^5
	满载	前	1.9×10^5	1.9×10^5	1.9×10^5
		后	2.3×10^5	2.6×10^5	2.4×10^5
	备胎		2.5×10^5	2.5×10^5	2.5×10^5

(4) 车轮总成的拆卸和安装

1) 车轮总成的拆卸。

① 停稳车辆，用三角木掩住各车轮。

② 取下车轮上的装饰罩，弄清汽车左右侧车轮与轮毂连接螺栓的螺旋方向，使用车轮螺母拆装机或用套筒扳手初步拧松各连接螺母，如图8-27所示。

③ 用千斤顶顶在指定的位置，使被拆车轮稍离地面。也可将车辆停在举升架上，升起车辆，使车轮稍离开地面。

④ 拧下车轮与轮毂连接的全部螺母，取下垫圈，并摆放整齐。

⑤ 边向外拉边左右晃动车轮，从车轴上取下车轮总成。

2）车轮总成的安装。

① 顶起车桥，套上车轮，将螺母初步拧在螺柱上。

② 放下车轮并在车轮前后用三角木掩住，用扭力扳手或车轮螺母拆装机，按对角线顺序分2~3次拧紧车轮螺母，最后一次要按规定力矩拧紧，车轮螺母紧固顺序如图8-28所示。

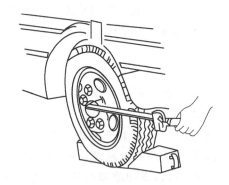

图8-27 拆卸车轮

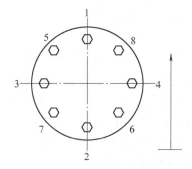

图8-28 车轮螺母紧固顺序

③ 安装后轮双胎时，要先拧紧内侧车轮的内螺母，再装外侧轮胎。在安装过程中，应用千斤顶分两次顶起车桥，分别安装内、外两个车轮。双轮胎高低搭配要合适，一般较低的胎装于里侧，较高的胎装于外侧。应注意内侧轮胎和外侧轮胎的气门嘴应互成180°的位置。

5. 实习报告

1）绘制车轮和轮胎简图，标出主要零部件的名称，简述其作用及相互装配关系。

2）简述车轮和轮胎拆装方法。

3）简述轮胎的检查方法。

第 9 章 悬 架

> 学习目标:
> - 了解悬架的作用、组成与类型。
> - 掌握悬架各组成元件的结构,理解其工作原理。
> - 掌握悬架主要元件的检修方法。
> - 掌握悬架常见故障的诊断方法。
> - 熟悉电控悬架系统的功能、组成与工作原理。

9.1 概述

汽车在行驶过程中时时都处于路面各种载荷的作用下,这些载荷通过行驶系统传向车身,造成车身振动,会引起乘坐者的不适反应,破坏了汽车的乘坐舒适性。也造成汽车各部分机件的损伤和车上运载货物的损坏,给汽车运输带来不必要的损害。因此,汽车上专门设置了具有弹性的悬架系统以消除各种过大的振动,保证汽车的平稳行驶。

9.1.1 悬架作用与组成

汽车悬架是车架(或车身)与车轴(或车轮)之间的弹性联结装置的统称。它的作用是弹性地连接车桥和车架(或车身),缓和行驶中车辆受到的冲击力,保证货物完好和人员舒适;衰减由于弹性系统引起的振动,使汽车行驶中保持稳定的姿势,改善操纵稳定性;悬架系统承担着传递垂直反力、纵向反力(牵引力和制动力)和侧向反力以及这些力所造成的力矩到车架(或车身)上的作用,以保证汽车行驶平顺;当车轮相对车架跳动时,特别在转向时,车轮运动轨迹要符合一定的要求,因此悬架还起使车轮按一定轨迹相对车身跳动的导向作用。

尽管现代汽车悬架结构形式不尽相同,但是,它们大多由弹性元件、阻尼元件、导向元件和横向稳定装置等构成,如图 9-1 所示。这些元件共同承担着传递车轮与车架之间各种力的任务,分别起着缓冲、减振、导向和传递力及力矩的作用。

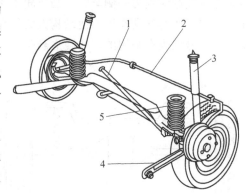

图 9-1 汽车悬架
1—横向推力杆 2—横向稳定器
3—减振器 4—纵向推力杆 5—弹性元件

悬架的弹性元件使车架(或车身)与车桥(或车轮)之间实现弹性连接，它是行驶系中除弹性充气轮胎之外的另一个主要弹性环节，两者共同承担缓和地面冲击的任务。

弹性的悬架系统受到冲击会使车身产生垂直振动，乘员对振动的耐受力取决于振动强度。振动越剧烈，耐受时间越短。因此，为有效地降低振动强度，悬架还应具有能起减振作用的阻尼装置，通过阻尼装置让汽车的振动得以迅速衰减。减振器便是悬架系统中的阻尼元件。

弹性的悬架在给衰减振动带来好处的同时，也使车轮出现了相对跳动，跳动的结果必然会改变前已述及的车轮定位角度。这种改变应当受到严格的控制，否则原已设计好的车轮运动关系将会遭到破坏，汽车的转向和操纵性能变坏，轮胎磨损加剧。在车轮上下跳动过程中约束其运动的任务由悬架导向元件完成。

按弹性元件不同，悬架又可分为螺旋弹簧悬架、钢板弹簧悬架、扭杆弹簧悬架和气体弹簧悬架等；按悬架系统参数是否可实现自调节，悬架也可分为被动悬架、半主动悬架和主动悬架(自适应悬架)等形式；此外，按悬架所处车桥类型不同，悬架又可分为转向桥悬架、驱动桥悬架和随动桥悬架等。

9.1.2 悬架的类型

根据汽车悬架结构的不同，通常将悬架分为独立悬架和非独立悬架两大类。

1. 独立悬架

独立悬架是两侧车轮分别独立地与车架(或车身)弹性地连接，如图9-2所示。当一侧车轮受冲击，其运动不直接影响到另一侧车轮，独立悬架所采用的车桥是断开式的。这样使得发动机可放低安装，有利于降低汽车重心，并使结构紧凑。独立悬架允许前轮有大的跳动空间，有利于转向，便于选择软的弹簧元件使平顺性得到改善。同时独立悬架非簧载质量(即不由弹簧支承的质量)小，悬架所受冲击载荷小，可提高汽车车轮的附着性，从而保证行驶车身的相对稳定性。这种悬架广泛应用在轿车和小客车上。

2. 非独立悬架

非独立悬架如图9-3所示。其特点是两侧车轮安装于一整体式车桥，当一侧车轮受冲击力时会直接影响到另一侧车轮，当车轮上下跳动时定位参数变化小。若采用钢板弹簧作弹性元件，它可兼起导向作用，使结构大为简化，降低成本。目前广泛应用于货车和大客车，有些轿车后悬架也有采用的。非独立悬架由于非簧载质量比较大，高速行驶时悬架受到冲击载

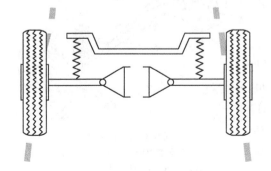

图9-2 独立悬架图

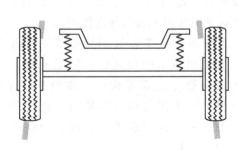

图9-3 非独立悬架图

荷比较大，平顺性较差。但这种悬架结构简单、制造方便，故被载货汽车普遍采用。

9.2 弹性元件

现代汽车上所采用的弹性元件有钢板弹簧、螺旋弹簧、扭杆弹簧、橡胶弹簧、空气弹簧、油气弹簧等。

9.2.1 钢板弹簧

钢板弹簧作为弹性元件，除了起缓冲减振作用，还可以传递力和力矩。工作时利用弹簧片与片之间的摩擦阻尼起到衰减振动作用。当钢板弹簧在汽车上纵向布置时，除能承受垂直载荷，还能承受横向载荷、纵向推力及其力矩，从而兼起导向机构的作用。故装用这种弹性元件的汽车悬架不必再装导向装置，并且由于弹簧各片之间的摩擦还起一定的减振作用。

钢板弹簧又叫叶片弹簧，它是由若干不等长的合金弹簧片叠加在一起组合成一根近似等强度的梁，如图9-4所示。钢板弹簧3的第一片（最长的一片）称为主片，其两端弯成卷耳1，内装青铜或塑料或橡胶、粉末冶金制成的衬套，用弹簧销与固定在车架上的支架或吊耳作铰链连接。钢板弹簧的中间用U形螺栓与车桥固定。

中心螺栓4用来连接各弹簧片，并保证各片装配时的相对位置。中心螺栓到两端卷耳中心的距离可以相等，也可以不相等。为增加第一片的强度，许多钢板弹簧将上部第

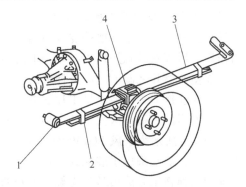

图9-4 钢板弹簧
1—卷耳 2—弹簧夹 3—钢板弹簧 4—中心螺栓

二片也作为主片，末端亦弯成卷耳包在第一片卷耳外面，且留有间隙，以便主片变形时有较大的滑动余地，以提高弹簧使用的可靠性。其余各片从上到下依次减短，并用若干个弹簧夹同主片连在一起。为使各片负荷接近均匀，各片在自由状态下的弯度是不同的，其规律是钢片越长，弯度越小。这样使装配好的各片先受到一个反向预应力，当钢板弹簧受力时，可减轻主片所受的负荷。

钢板弹簧有两种类型，一种是等厚度，宽度呈现两端狭、中间宽钢板弹簧，由多片钢板弹簧叠成，现在的大客车、货车多数使用这种钢板弹簧；另一种是等宽度，厚度呈现两端薄、中间厚的钢板弹簧，现在常见的少片钢板弹簧就是这一类型。少片钢板弹簧是指只有1~4片的变截面钢板弹簧。变截面钢板弹簧是指沿钢板长度方向中心较厚向两端逐渐变薄，或者片宽和片厚均渐变化的钢板弹簧。这种钢板弹簧多用于轻型汽车，现在一些大中型客车也趋向于使用这一类钢板弹簧。

钢板弹簧在载荷作用下变形，各片之间因相对滑动而产生摩擦，可促使车架的振动衰减。但各片间的干摩擦，将会增大各片的磨损。所以在装合时，各片间应涂上较稠的石墨润滑剂，并应定期保养。

目前，在承载量不是很大的汽车上，使用少片钢板弹簧，它由变厚度的单片或2~3片的钢板弹簧构成，如图9-5所示。可以减少片与片间的干摩擦，减少了噪声，减轻了重量，

便于布置，降低整车高度，具有良好的平顺性。少片钢板弹簧的钢板截面变化大，从中间到两端的截面是逐渐不同，因此轧制工艺比较复杂。为了减轻重量和轧制工艺难度，近年出现了一种纤维增强塑料（FRP）代替钢板。这种纤维增强塑料是由玻璃纤维制成的，用聚酯树脂聚合在一起。据计算，一般的单片钢板弹簧每副重量为 11~20kg，而纤维增强塑料弹簧每副重量为 4kg 左右，减小了重量，而且行驶平稳，噪声很低。

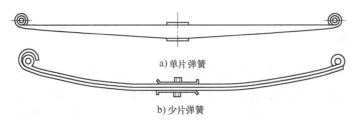

a）单片弹簧

b）少片弹簧

图 9-5　单片和少片变截面钢板弹簧

钢板弹簧与车架的连接方式有吊耳支架式、滑板式和装配式三种。

吊耳支架式是将钢板前端卷耳用销子与上支架铰接，成为固定式铰接支点，起到传力和导向作用。后端卷耳则用销子与车架上的摆吊耳连接，形成摆动式铰接支点。当钢板弹簧变形时，能使两卷耳之间的距离有伸缩的余地。

滑板式连接方式的特点是主片一端不卷耳，用穿孔螺栓和定位销来传力，装配时将钢板弹簧没有卷耳的一端插入固定的支架内，使其在支架内可以活动。

如图 9-6 所示为东风 EQ140 型汽车后悬架。主簧的前端与钢板弹簧用销连接，由于主片强度不足，前端采用了装配式吊耳，第三片钢板前端有弯钩，主片折断时，第三片前端弯钩保证钢板弹簧不脱离吊耳和支架。主簧的后端采用滑板机构，具有可拆滑板和侧垫板，第二片的后端有弯钩，防止滑板端从支架滑出，同时也起到反向限位作用。这种连接方式的钢板弹簧结构简便，可以有效防止主片在卷耳处断裂，拆装方便、弹性好，且刚度可变；但工

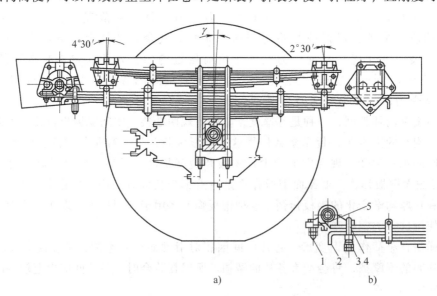

图 9-6　东风 EQ140 型汽车后悬架

1—前紧固螺栓　2—钢板弹簧　3—压板　4—U 形螺栓　5—装配式吊耳

作噪声大、滑块磨损严重，一般用于钢板弹簧的非传力端。

9.2.2 螺旋弹簧

螺旋弹簧大多应用在独立悬架上，尤以前轮独立悬架采用广泛。有些轿车后轮非独立悬架也有采用螺旋弹簧作弹性元件的，如图9-7所示。

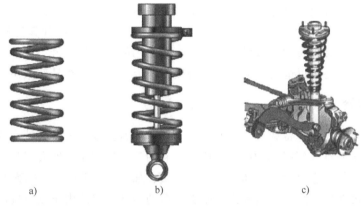

图 9-7 螺旋弹簧

螺旋弹簧是用弹簧钢棒料卷制而成的，有刚度不变的圆柱形螺旋弹簧和刚度可变的圆锥形螺旋弹簧。

由于螺旋弹簧只承受垂直载荷，且由于螺旋弹簧变形时，本身无摩擦，无减振作用，所以在以它用作弹性元件的悬架中要加设导向机构和减振器，以用于导向、传力和衰减因冲击而产生的振动。它与钢板弹簧相比具有不需润滑，防污性强，占用纵向空间小，弹簧本身质量小的特点，因而在现代轿车上广泛采用。

9.2.3 扭杆弹簧

扭杆弹簧总成用铬钒合金弹簧钢制成，它的表面经过加工很光滑。通常为保护扭杆表面，在其上涂有环氧树脂，并包一层玻璃纤维，再涂一层环氧树脂，最后涂上沥青和防锈油漆，以防腐蚀和损坏表面，从而提高扭杆弹簧的使用寿命。

如图9-8所示，扭杆弹簧2是一根由弹簧钢制的杆，从截断面上看，扭杆弹簧有圆形、管形、矩形、叠片及组合式等，目前使用最多的是圆形扭杆，呈长杆状，两端可以加工成花键或六角形等。安装时，扭杆一端固定在车架上，另一端与车轮相连。当车轮跳动时，摆臂便绕着扭杆轴线摆动，使扭杆产生扭转弹性变形，以保证车轮与车架的弹性连接。

扭杆用合金弹簧钢做成，具有较高的弹性，既可扭曲变形又可复原，实际上起到螺旋弹簧相同的作用。汽车运行时，车轮受地面凹凸的影响上下运动，控制臂也会随之上升或下降。当车轮向上时控制臂上升，使扭杆被迫扭转变形，吸收冲击能

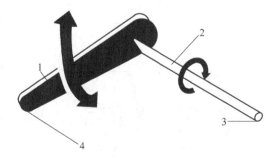

图 9-8 扭杆弹簧
1—控制臂 2—扭杆弹簧 3—与车架固定端 4—与车轮连接端

量。当冲击力减弱时,杆的自然还原能力能迅速恢复到它原来的位置,使车轮回到地面,避免车架受到颠簸。

扭杆弹簧在制造时,经热处理后施加一定的扭转力矩载荷,使它有一个永久变形,而具有一定的预应力,利于提高其弹性极限和延长其使用寿命。但应注意左、右扭杆由于施加的预应力有方向性,装在车上后承受工作载荷时扭转的方向应与所预加在扭杆上的扭转方向相一致,因而左、右扭杆上做有标记,安装时应加以注意。

采用扭杆弹簧做弹性元件的悬架要设导向机构和减振器。扭杆弹簧能够储存较大的能量,比相等应力的螺旋弹簧和钢板弹簧大得多,且占用的空间位置最小,易于布置,不需润滑,保养维修简便,还可以适度调整车身的高度,所以不少乘用车悬架采用扭杆弹簧。

9.2.4 气体弹簧

气体弹簧主要有空气弹簧和油气弹簧两种。气体弹簧是以空气做弹性介质,即在一个密闭的容器内装入压缩空气(气压为 0.5~1MPa),利用气体的可压缩性实现弹簧的作用。这种弹性元件叫空气弹簧,它分为囊式和膜式空气弹簧,如图 9-9 所示。空气弹簧在轿车上有采用,尤其在主动悬架中被采用。这种弹簧随着载荷的增加,容器内压缩空气压力升高,使其弹簧刚度也随之增加,载荷减少,弹簧压力也随空气压力减少而下降,因而这种弹簧有其理想的弹性特性。

囊式空气弹簧由夹有帘线的橡胶组成的气囊和密闭在其中的压缩空气构成。气囊外展由耐油橡胶制成单节或多节,节数越多弹簧越软,节与节之间围有钢质腰环,防止两节之间摩擦。气囊上下盖板将空气封于室内。

膜式空气弹簧由橡胶模片和金属压制件组成。它比囊式空气弹簧的弹性曲线更为理想,固有频率更低且尺寸小、便于布置,因而多用于轿车上,但造价贵,寿命较短。

油气弹簧以气体(氮-惰性气体)作为弹性介质,用油液作为传力介质。油气弹簧类型有简单式油气弹簧、不带隔膜式的油气弹簧和带隔膜式油气弹簧。隔膜将气体和液体分开,便于充气并防止油液乳化。图 9-10 所示是带反压气室式油气弹簧,它有一个反

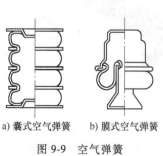

a) 囊式空气弹簧　b) 膜式空气弹簧

图 9-9 空气弹簧

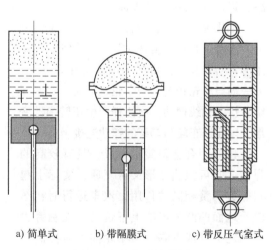

a) 简单式　b) 带隔膜式　c) 带反压气室式

图 9-10 油气弹簧简图

压气室,相当于在简单油气弹簧上加上一个方向相反的小筒单油气弹簧,用以提高空载时弹簧刚度,使空载满载自然振动频率变化不大。目前,此种弹簧多用于重型车,在部分轿车上也有采用。

由于空气和油气弹簧只能承受轴向载荷,因此应用在悬架中时悬架必须加设导向机构和减振器。

9.3 减振器

9.3.1 概述

当汽车在不平坦的道路上行驶时车身会发生振动,为加速汽车车架和车身振动的衰减,改善汽车行驶的平顺性,汽车悬架中均设有减振器,它与弹性元件并联安装在车架与车桥(车轮)上。

减振器的工作原理如图 9-11 所示,是利用液体流动的阻力来消耗振动的能量,使振动消失的。当车架与车桥相对运动时,减振器内的油液会通过一些窄小的孔、缝等通道反复地从一个腔室流向另一个腔室,这时孔壁与油液间的摩擦和油液内的分子间的摩擦形成了对车身振动的阻力,这种阻力工程上称为阻尼力。阻尼力会将车身的振动能转化为热能,并被油液和壳体所吸收。减振器的阻尼力随车架与车桥之间的相对速度的增减而增减,并与孔道多少、通道面积、阀门弹簧的软硬和油液的黏度等因素有关。

为了更好地实现轿车的行驶平稳性和安全性,阻尼系数不是固定在某一数值上,而是能随轿车运行的状态而变化,使悬架性能总是处在最优的状态附近。因此,有些轿车的减振器是可调式的,将阻尼分成两级或三级,根据传感器信号自动选择所需要的阻尼级。

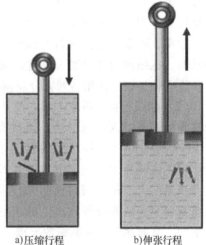

a)压缩行程 b)伸张行程

图 9-11 减振器工作原理

减振器的阻尼力过大,虽然振动衰减过快,但车身受到的冲击较大,不利于乘坐舒适性的提高。为此,对减振器的工作提出如下要求。

1) 在悬架的压缩行程(车桥与车架相互接近),减振器应具有较小的阻尼力,以充分发挥弹性元件的弹性作用来缓和路面的冲击。

2) 在悬架的伸张行程(车桥与车架相互远离),减振器应具有较大的阻尼力,以迅速衰减振动能量。

3) 当车桥(车轮)与车架(车身)间相对速度过大时,减振器应能自动加大油液流通通道面积,以限制阻尼力的过分增长,避免减振器承受过大的冲击载荷。

减振器的有单向作用式和双向作用式两种类型。只在伸张行程起减振作用的减振器为单向作用式减振器,在压缩行程和伸张行程均起减振作用的减振器为双向作用式减振器,目前汽车上广泛采用的是双向作用筒式减振器。还有新式减振器,它包括充气式减振器和阻力可调式减振器。减振器内所装用油液为特制减振器油。

9.3.2 双向作用筒式减振器

双向作用筒式减振器构造如图 9-12 所示，上耳连车架，下耳连车桥，有三个同心缸筒，最外面为防尘罩 4，中间是储油缸 7，最里面是工作缸 10。工作缸中的活塞 9 固定在与防尘罩制成一体的活塞杆 11 上，活塞上有伸张阀 8、流通阀 2，在工作缸下端的支座上有压缩阀 6 和补偿阀 1。其中流通阀和补偿阀为配以小刚度弹簧的普通单向阀，压缩阀和伸张阀是配以较大刚度弹簧的卸载阀，需要较高油压力推动，才能将阀门开启，而当油压降低到一定程度时，它们即自行关闭。

其工作原理如下。

（1）压缩行程　活塞下移，使其下腔容积减小，油压升高，油液经流通阀进入活塞上腔。因活塞杆占用部分容积，使上腔室增加的容积小于下腔减小的容积。使下腔室油液不能全部流入上腔室，则多余的油液打开压缩阀流回储油缸。当车身剧烈振动时，压缩阀的开口增大，这样油压和阻尼力不会过大，可使弹性元件的缓冲作用得到充分发挥。

（2）伸张行程　活塞上移，使其上腔容积减小，油压升高，油液经伸张阀进入活塞下腔。因活塞杆占用部分容积，使下腔室减少的容积小于下腔增加的容积。储油缸中的油液在真空度的作用下流经补偿阀进入下腔室来补偿。由于伸张阀的弹簧刚度和预紧度大于压缩阀，且伸张行程的通道截面比压缩行程的通道截面小，故伸张行程产生的阻尼力远大于压缩行程产生的阻尼力，从而达到迅速减振的要求，并保护弹性元件不被拉坏。

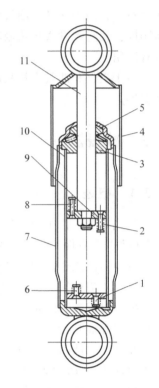

图 9-12　双向作用筒式减振器结构示意图

1—补偿阀　2—流通阀　3—导向座
4—防尘罩　5—油封　6—压缩阀
7—储油缸　8—伸张阀　9—活塞
10—工作缸　11—活塞杆

9.4　非独立悬架

非独立悬架结构简单，采用非断开式车桥，被广泛用于货车和客车的前后悬架，而用在轿车上往往只作为后悬架。由于钢板弹簧兼起导向机构的作用，非独立悬架所采用的弹性元件多采用使悬架系统简化的钢板弹簧，也有采用螺旋弹簧做非独立悬架的弹性元件的，但必须配备较复杂的导向机构。

9.4.1　钢板弹簧式非独立悬架

非独立悬架的钢板弹簧通常采用纵向布置，图 9-13 所示为解放 CA1091 型汽车的前悬架。它是钢板弹簧式非独立悬架，其中部用两个 U 形螺栓 3 将钢板弹簧固定在车轿上，为了有利于悬架传力和悬架系统与其他系统之间的运动协调，由钢板弹簧销 15 将钢板弹簧前端卷耳部与钢板弹簧前支架 1 连接在一起，为减小磨损，前端卷耳孔中装有减磨衬套。后端则通过钢板弹簧活动吊耳 9、吊耳支承销 14 和支架 10 相连，后端可以自由摆动，形成活动吊耳，从而保证弹簧变形时两卷耳中心线间的距离是变化的。

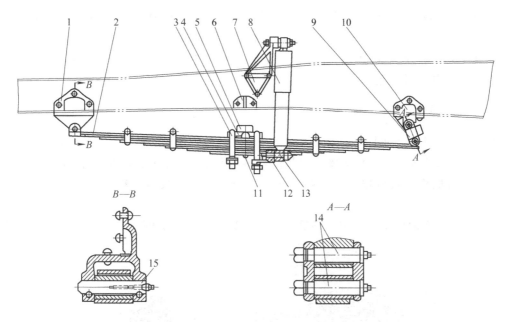

图 9-13 钢板弹簧式非独立悬架

1—钢板弹簧前支架 2—钢板弹簧前端 3—U形螺栓 4—盖板 5—缓冲板 6—限位块 7—减振器上支架
8—减振器 9—吊耳 10—吊耳支架 11—中心螺栓 12—减振器下支架
13—减振器连接销 14—吊耳支承销 15—钢板弹簧销

中型货车的悬架在主钢板弹簧上加装副钢板弹簧,成为变刚度的钢板弹簧,如图 9-14 所示。在空载或装载质量不大的情况下,副簧不承受载荷,载荷仅由主簧来承受。在重载或满载的情况下,车架相对车桥下移,使车架上的副簧滑板式支座与副簧接触,即主簧与副簧共同发挥作用,悬架刚度得到提高。

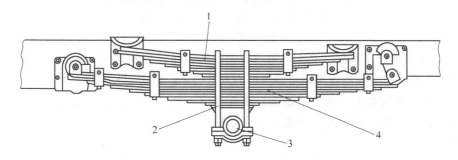

图 9-14 东风 EQ1090E 型汽车后悬架

1—副钢板弹簧 2—U形螺栓 3—车桥 4—主钢板弹簧

为了改善汽车行驶的平顺性,有些轻型货车在主簧下加装副簧,实现渐变刚度钢板弹簧,如图 9-15 所示。例如,南京汽车工业公司引进的依维柯,后悬架由厚度为 9mm 的 4 片(或 3 片)主簧和厚度为 15mm 的 2 片(或 3 片)副簧组成渐变刚度钢板弹簧。在小载荷状

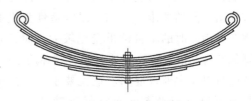

图 9-15 渐变刚度钢板弹簧后悬架

态时,仅主簧起作用,而当载荷增到一定值时,副簧与主簧接触,共同起作用,悬架刚度得到提高,弹簧特征变为非线性的,当副簧全部参加工作后,弹簧特征又变成线性的。这类悬架特征是副簧逐渐随载荷增长而参加工作,因此悬架刚度的变化安稳,改良了汽车行驶平顺性能。

9.4.2 螺旋弹簧非独立悬架

螺旋弹簧非独立悬架是一种复合式悬架,装有该类后悬架的轿车,其后桥的构造对后悬架的刚度特征有主要影响。因为螺旋弹簧作为弹性元件,只能承受垂直载荷,所以其悬架系统要加设导向机构和减振器。螺旋弹簧非独立悬架多见于皮卡、越野车和一些小轿车的后桥。

丰田皇冠轿车的后桥采用螺旋弹簧非独立悬架,其结构如图9-16所示。左右两个下控

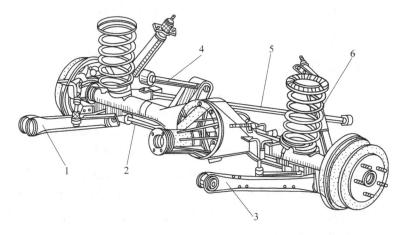

图9-16 丰田皇冠型轿车螺旋弹簧非独立后悬架
1、3—下控制杆 2—横向稳定杆 4—上控制杆
5—横控制杆 6—螺旋弹簧

制杆1、3的前端通过带橡胶的支承销与车身做铰链连接,后端与轮毂相连,中部与后桥焊接成一体。左右两个下控制杆可以传递纵向力及其力矩。整个后桥、纵向控制杆与车轮可以绕支承销的铰接点相对于车身上下摆动。螺旋弹簧6的上端通过弹簧上座与车身相连,下端支承在车轴上,只能承受垂直力。

汽车在行驶时由于载荷和路面的变化,要求悬架刚度也随着变化。当空车时车身被抬高,满载时车身则被压低,会出现撞击缓冲块的情况,因此对于不同类型汽车提出不同的要求。比如,以舒适性为先的大客车,其空车与满载时的车身载重变化较大,而且要求在好路上降低车身高度,提高车速行驶,在坏路上提高车身高度,从而可以增大通过能力。这就要求车身高度随不同行驶状况可以进行调节,而空气弹簧非独立主动悬架(图9-17)则可以满足这种要求。

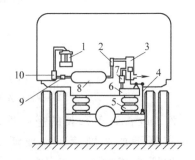

图9-17 空气弹簧非独立悬架
1—压缩机 2、7—空气滤清器 3—车身高度控制阀 4—控制杆 5—空气弹簧 6—储气罐 8—储气筒 9—压力调节器 10—油水分离器

9.5 独立悬架

独立悬架采用断开式车桥,两侧车轮分别通过独立悬架与车架或车身相连,每侧车轮可单独运动,互不干扰。轿车和载质量在1000kg以下的货车的转向轮广泛采用独立悬架,这样可以满足行驶平顺性、操纵稳定性等方面的要求。它与非独立悬架相比有如下优点。

1) 在一定变形范围内,两侧车轮可以单独运动而互不影响,减少了行驶中车架与车身的振动,可以防止转向轮的偏摆。

2) 由于独立悬架取消了车桥,主减速器和差速器固联于车架上,汽车非簧载质量(簧下质量)大为下降,有利于减少因路面不平产生的簧下质量振动,以及由此而产生的动载荷,使汽车行驶平顺性好。

3) 配用断开式车桥,使得发动机总成位置降低,汽车重心会因此而降低,提高了汽车调整行驶时的稳定性。

4) 在坏路和无路的情况下,可保证全部车轮与地面的接触,提高了汽车的行驶稳定性和附着性,有利于增大牵引力,提高汽车的越野性。

但是,独立悬架结构复杂,制造成本高,维修不方便,车轮定位参数变化较大,轮胎磨损较严重。

独立悬架按车轮的运动方式可分为三种类型:车轮在横向平面内摆动的横臂式、车轮在纵向平面内摆动的纵臂式、车轮沿主销轴线移动的麦弗逊式和烛式等,如图9-18所示。

目前采用较多的有双横臂式、麦弗逊式和斜置单臂式。

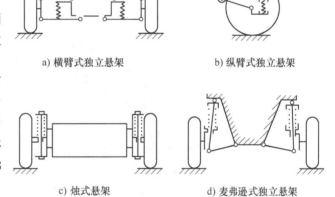

a) 横臂式独立悬架　　b) 纵臂式独立悬架

c) 烛式悬架　　d) 麦弗逊式独立悬架

图 9-18　独立悬架基本类型示意图

9.5.1 横臂式独立悬架

横臂式独立悬架可分为单横臂式和双横臂式两种;双横臂式按上下横臂是否等长,又分为等长双横臂式和不等长双横臂式两种悬架。

单横臂独立悬架如图9-19所示,其特点是结构简单。但当悬架变形时,车轮摆动会使轮距变化,从而使轮胎相对于地面产生侧向滑移,轮胎磨损严重。当这种结构用于转向轮时,还会使主销内倾角和车轮外倾角发生较大的变化,对转向操纵稳定性有一定影响,故较少在转向轮上采用。

等双横臂式独立悬架,如图9-20a所示,在车轮摆动时虽然主销内倾角和车轮外倾角不变化,但轮距会发生变化,轮胎磨损严重;而不等臂式(上短下长)独立悬架,如图9-20b所示,通过合理的杆件长度设计,可将主销内倾角、轮距的变化控制在允许范围内,提高了汽车行驶平顺性和方向稳定性。目前不等长双横臂式悬架已广泛应用在轿车的前后悬架上,比较典型的如红旗 CA7560 型轿车、南京依维柯轻型货车等，前悬架部分运动型轿车及赛车的后轮也采用这一悬架结构。

图 9-21 所示为不等臂式双横臂独立悬架。它以螺旋弹簧作为弹性元件，上下横摆臂内端通过摆臂轴与车架铰链连接，外端则分别通过球头销与转向节相连。此时，上下球头销间的连心线构成一根虚拟的主销轴线，由于这种悬架通过上、下球头销来代替主销，属于无主销式悬架。转向时，车轮绕此轴线偏转。上摆臂通过上摆臂轴与车架相连，依靠上摆臂轴上的螺纹可实现摆臂轴沿轴向的移

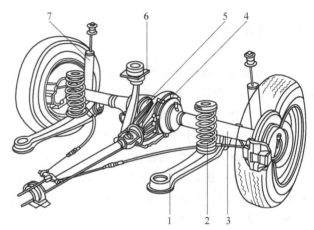

图 9-19 奔驰（BENZ）轿车单横臂独立悬架
1—纵向推力杆 2—悬架弹簧 3—半轴套管 4—主减速器
5—铰链 6—中间支承 7—减振器

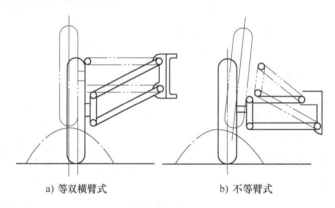

a) 等双横臂式　　　b) 不等臂式

图 9-20 双横臂式独立悬架工作示意图

动，可实现主销后倾角的调整。车轮外倾角则靠通过增减加在上摆臂轴与固定支架间的调整垫片来调整，主销内倾角和车轮外倾角由转向节的结构保证。悬架的最大变形由上下分置的两个缓冲块限制。

路面对车轮的垂直力依次通过转向节、下球头销、下摆臂和螺旋弹簧传到车架，纵向力、侧向力及其力矩处均由转向节及导向机构——上、下横摆臂的上、下球头销来传递。为了可靠地传递纵向力、侧向力及其力矩，必须使悬架具有足够的纵向和侧向刚度。为此，上、下两摆臂都是叉形的

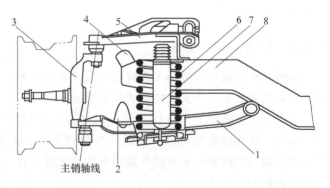

图 9-21 红旗 CA7560 轿车不等臂式双横臂独立悬架
1—下横摆臂 2、4—橡胶缓冲块 3—转向节 5—上横摆臂
6—悬架弹簧 7—减振器 8—车架

刚架，其内端为宽端，外端为窄端。

双横臂独立悬架也有采用扭杆弹簧作为弹性元件的情况，其扭杆弹簧可以纵向也可横向安装，如依维柯（IVECO）载货汽车不等长双横臂扭杆弹簧式独立悬架。

9.5.2 纵臂式独立悬架

纵臂式独立悬架有单纵臂式和双纵臂式两种。

单纵臂式独立悬架不能用于转向桥，这时由于在车轮跳动时主销后倾角的变化很大，故只能用于汽车的后悬架，单纵臂式独立悬架如图9-22所示。图9-23为雷诺—5轿车悬架整体示意图，图形上局部放大部分是该悬架采用偏心轮转动扭杆弹簧的方法调整车身高度。

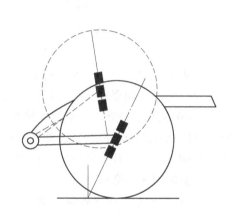

图9-22 单纵臂式独立悬架示意图

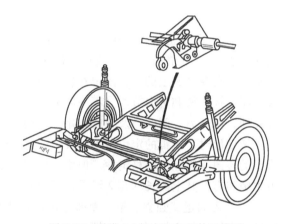

图9-23 雷诺—5轿车悬架整体示意图

双纵臂式独立悬架由于两个纵摆臂一般长度相等，形成平行四边形机构，因此车轮上下跳动时车轮的定位参数（主销后倾角）可保持不变，故多用在转向桥上，如图9-24所示。转向节和两个等长的纵摆臂1用铰链连接。在车架的两根管状横梁2内装有薄弹簧钢片叠成的扭杆弹簧3，其内端用螺钉6固定在横梁2的中部，外端插入摆臂轴4的短形孔。摆臂轴4用衬套5支承在横梁2内，摆臂轴4与纵摆臂1刚性连接。

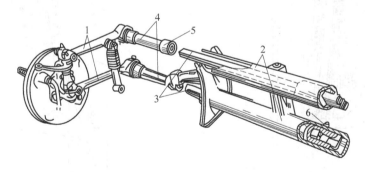

图9-24 双纵臂式独立悬架

1—纵摆臂 2—管状横梁 3—扭杆弹簧 4—摆臂轴 5—衬套 6—螺钉

斜置单臂式独立悬架如图9-25所示，是单横臂和单纵臂式独立悬架的折衷方案。其摆臂绕与汽车纵轴线具有一定交角的轴线摆动，选择合适的交角可使这种悬架接近单横臂式或单纵臂式独立悬架,以兼有两者的特点,满足汽车操纵稳定性要求,这种悬架适于做轿车的后悬架。

9.5.3 车轮沿主销轴线移动的独立悬架

车轮沿主销轴线移动的独立悬架目前大致可分为两种,一种是车轮沿刚性固定在车架上的主销轴移动的烛式悬架,另一种是车轮沿摆动主销轴移动的麦弗逊式悬架。

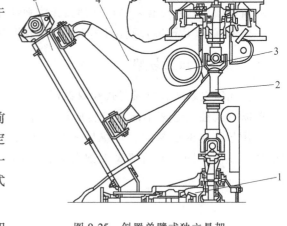

图 9-25　斜置单臂式独立悬架
1—主减速器　2—车轴　3—螺旋弹簧　4—斜摆臂　5—车架

(1) 烛式独立悬架　烛式悬架结构如图 9-26 所示,主销的上下两端刚性固定在车架上,套在主销上的套筒固定在转向节上,套筒的中部固装在螺旋弹簧的下支座上,筒式减振器连接车架和转向节。当不平路面产生冲击时,车轮、转向节和套筒一起沿着主销的轴线移动,纵向力、侧向力及相应力矩由转向节、套筒经主销传递给车架。对于转向轮来说,当悬架变形时,主销的定位角不会发生变化,仅轮距、轴距稍有改变。因此,这种悬架利于汽车的转向操纵和行驶稳定性。但由于作用在车轮上的侧向力以及各种力产生的弯矩全部需由主销和套在其上的长套筒 2 承受,因此套筒与主销的摩擦阻力大,磨损严重。

(2) 麦弗逊式独立悬架　麦弗逊式独立悬架结构如图 9-27 所示,由减振器、螺旋弹簧、横摆臂和横向稳定杆等组成。螺旋弹簧与减振器装配成一体,构成悬架的弹性支柱,支柱上端与车身挠性连接(A 点),支柱下端与转向节刚性连接,横摆臂的外端与转向节下端铰链

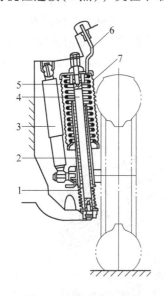

图 9-26　烛式独立悬架
1、7—防尘罩　2—套筒　3—减振器
4—主销　5—弹簧　6—通气管

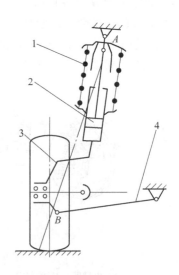

图 9-27　麦弗逊式独立悬架结构示意图
1—螺旋弹簧　2—减振器
3—转向节　4—横摆臂

(B点)。该悬架无主销实体，AB连线形成主销虚拟轴线，车轮跳动时，其轮距、车轮外倾角、主销的倾角都有变化，合理的杆系布置可将其控制在很小的范围内。

麦弗逊式悬架的车轮也是沿着主销滑动的悬架，但与烛式悬架不完全相同，它的主销是可以摆动的，麦弗逊式悬架是摆臂式与烛式悬架的结合。与双横臂式悬架相比，麦弗逊式悬架的优点是：结构紧凑，车轮跳动时前轮定位参数变化小，有良好的操纵稳定性，加上由于取消了上横臂，给发动机及转向系统的布置带来方便；与烛式悬架相比，它的滑柱受到的侧向力又有了较大的改善。麦弗逊式悬架多应用在中小型轿车的前悬架上，保时捷911、国产奥迪、桑塔纳、夏利、富康等轿车的前悬架均为麦弗逊式独立悬架。

桑塔纳2000型轿车、富康轿车的前悬架也为麦弗逊式立悬架，其结构如图9-28所示。

图9-29是改进的麦弗逊式独立悬架，它将普通麦弗逊式独立悬架中与撑杆本身同轴布置的螺旋弹簧5改置于下横摆臂1与车身4之间。这样的结构能够允许微小的道路振动经过底盘被吸收，而不像传统麦弗逊式悬架那样通过转向系统返回给驾驶人。

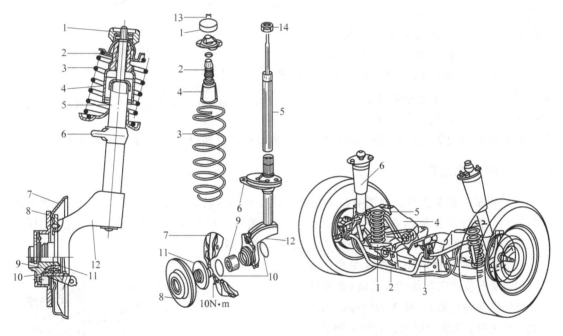

图9-28 桑塔纳2000型轿车前悬架结构
1—盆形套圈 2—限位缓冲块 3—螺旋弹簧 4—护套 5—前减振器 6—转向臂 7—挡泥板 8—制动盘 9—前轮双列轴承 10—卡簧 11—前轮毂 12—支架焊接总成 13—开槽螺母 14—螺母盖

图9-29 改进的麦弗逊式独立悬架
1—下横摆臂 2—横向稳定杆 3—副车架 4—车身 5—螺旋弹簧 6—减振器(撑杆)

9.5.4 多连杆式独立悬架

独立悬架中的弹性元件多采用螺旋弹簧，对于侧向力、垂直力及纵向力的承受和传递，就需加设导向装置即杆件来完成，因而一些轿车上为减轻车重和简化结构采用多连杆式悬架。如图9-30所示，上连杆9用支架11与车身(或车架)相连，上连杆9外端与第三连杆7相连。上连杆9的两端都装有橡胶隔振套。第三连杆7的下端通过重型止推轴承与转向节连接。下连杆 5 与普通的下摆臂相同，下连杆 5 的内端通过橡胶隔振套与前横梁相连接。球铰将下连杆 5 的外端与转向节相连。多连杆式前悬架系统的主销轴线从下球铰延伸到上面的轴承，它与上连杆和第三连杆无关。

多连杆式前悬架能使车轮绕着与汽车纵轴线成固定角度的轴线摆动，是横臂式和纵臂式的折衷方案。适当地选择摆臂轴线与汽车纵轴线所成的夹角，可不同程度地获得横臂式与纵臂式悬架的优点，能满足不同的使用性能要求。多连杆式悬架的主要优点是：车轮跳动时轮距和前束的变化很小，不管汽车是在驱动、制动状态均可平稳地转向，具有良好操纵稳定性，可减小轮胎磨损。其不足之处是汽车高速时有轴摆动现象。这种悬架减振器和螺旋弹簧不像麦弗逊悬架那样沿转向节转动。

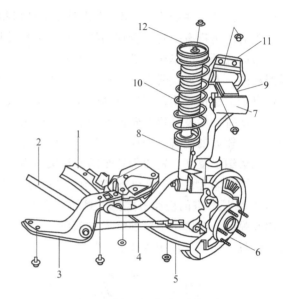

图 9-30 多连杆式前悬架系统

1—前悬架横梁 2—前稳定杆 3—拉杆支架 4—黏滞式拉杆 5—下连杆 6—轮毂转向节总成 7—第三连杆 8—减振器 9—上连杆 10—螺旋弹簧 11—上连杆支架 12—减振器隔振块

9.5.5 横向稳定器

现代轿车的悬架很软，即固有频率很低，汽车在高速转弯时会引起车身较大的倾斜和侧向角振动。为提高悬架的侧倾角刚度，减小横向倾斜，常在悬架中加设横向稳定器（杆），保证良好的操纵稳定性。图 9-31 所示为杆式横向稳定器。

弹簧钢制成的横向稳定杆 3 呈扁平的 U 形，横向地安装在汽车前端或后端（也有轿车前后都装横向稳定器）。杆 3 的中部的两端自由地支承在两个橡胶套筒内，套筒 2 固定于车架上。横向稳定杆的两侧纵向部分的末端通过支杆 1 与悬架下摆臂上的弹簧支座 4 相连。

当两侧悬架变形相同时，横向稳定器不起作用。当两侧悬架变形不等时，车身相对路面横向倾斜时，车架一侧移近弹簧支座，稳定杆的同侧末端就随车架向上移动，而另一侧车架远离弹簧座，相应横向稳定杆的末端相对车架下移，横向稳定杆中部对于车架没有相对运动，而稳定杆两边的纵向部分向不同方向偏转，于是稳定杆被扭转。弹性的稳定杆产生扭转内力矩就阻碍悬架弹簧的变形，减少了车身的横向倾斜和横向角振动。

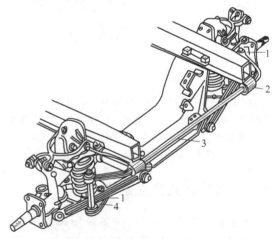

图 9-31 杆式横向稳定器

1—支杆 2—套筒 3—稳定杆 4—弹簧支座

9.6 悬架系统的检修

悬架在使用过程中技术状况会变差，使汽车的冲击载荷变大，加剧零件的磨损，影响汽车的行驶平顺性和操纵的可靠性。悬架的主要损伤是弹簧弹力下降、弹簧断裂和减振器失效。

9.6.1 非独立悬架的检修

非独立悬架的检修主要是对弹性元件和减振器的检修。

1. 弹性元件的检修

非独立悬架常用的弹性元件是钢板弹簧，也有的采用螺旋弹簧。

(1) 钢板弹簧的检修　钢板弹簧长期使用后会出现弹性下降或折断，钢板销、支架与吊耳磨损等。钢板弹簧可用弹簧实验器、样板、新旧对比、直观检查等方法进行检验。

1) 钢板弹簧不能有裂纹或折断，否则应及时更换。

2) 钢板弹簧弹性的检测。可在弹性实验器上检查其钢板弹簧的弧高，检查其在无负荷或有负荷下弧高的减小量；也可用一新片通过靠合实验检查其叶片的曲率半径，从而检查其弹性变化情况。

3) 检查左、右两侧的钢板弹簧。其总片数应相等，且厚度差不大于 5mm，弧高差不大于 10mm。

4) 检查钢板弹簧的夹子及其螺栓，应完整无缺损；U 形螺栓应按规定力矩拧紧。

5) 钢板弹簧销衬套磨损超过 1.00mm 时应更换衬套，U 形螺栓和中心螺栓螺纹损伤超过 2 牙或出现裂纹时，应更换新件。

(2) 螺旋弹簧的检修　螺旋弹簧的检修主要是检查其自由长度和裂纹。当螺旋弹簧的自由长度明显减小或出现裂纹时，应换用新件，同一车桥两边的弹簧要同时更换。

2. 减振器的检查

在车辆行驶过程中，如减振器发出异常的响声，则表明该减振器已损坏必须更换。用手推拉减振器活塞时，应有较大的运动阻力，而且全行程阻力大小应均匀，不得有空行程及卡滞现象，伸张行程的阻力应大于压缩行程的阻力，否则应更换减振器。减振器有轻微漏油时可继续使用。严重漏油时，应换用新件，不允许添加减振器油继续使用。

9.6.2 独立悬架的检修

独立悬架的检修包括弹性元件、减振器、横向稳定杆等的检修。螺旋弹簧和减振器的检修方法与非独立悬架中的检查方法相同，在此不再重复。

1. 前减振器悬架轴承及橡胶挡块的检查

检查前减振悬架轴承的磨损与损伤情况，应能灵活转动，损伤时必须总体更换；检查橡胶挡块的损伤与老化情况，如有损坏应及时更换。

2. 副车架、横向稳定杆和梯形臂的检查

首先检查副车架(前托架)、横向稳定杆和梯形臂(下摆臂)有无变形或裂纹，如图 9-32 所示。若存在变形或裂纹，不允许在前悬架支承装置和导向装置部件上进行焊接和矫直修复,只能更换新件。另外,需要检查横向稳定杆的橡胶支座和橡胶衬套、梯形臂(下摆臂)的前衬套和后衬套的损坏和老化情况,若损坏需要及时更换。

对于梯形臂(下摆臂)下球铰,首先应检查下球铰1的轴向间隙标准为0,用弹簧秤2检查下球铰1的拉力应在10.8~73.6N,用扭力扳手3检查下球铰1的扭力应在1.5~3.4N·m,如图9-33所示。

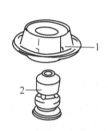

图9-32 前减振悬架轴承和
橡胶挡块的检查
1—悬架轴承 2—橡胶挡块

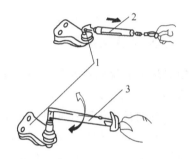

图9-33 梯形臂下球铰的检查
1—梯形臂下球铰 2—弹簧秤 3—扭力扳手

9.7 悬架系统的故障诊断

9.7.1 非独立悬架系统的常见故障

非独立悬架系统常见的故障有车身倾斜、异响、行驶跑偏和行驶摆振等。

1. 车身倾斜

(1) 现象 汽车停放在平坦路面上车身横向或纵向倾斜,行驶中方向始终跑向一侧。

(2) 原因

1) 钢板弹簧或螺旋弹簧弹力下降,弹簧刚度不一致。

2) 钢板弹簧或螺旋弹簧断裂。

3) U形螺栓连接松动。

(3) 故障排除 车身横向歪斜,通常是由于弹簧折断、弹性减弱及钢板销、衬套和吊耳磨损过甚等引起的;若车身歪斜,且汽车行驶中自动跑偏,则多属其侧前钢板弹簧或螺旋弹簧不良使前桥移位所致,应检查钢板弹簧是否折断或螺旋弹簧弹力下降;如钢板销、衬套和吊耳磨损过甚,除上述现象外还可以造成汽车行驶摆振;若车身纵向歪斜,则多属其侧后钢板弹簧或螺旋弹簧不良使后桥位移所致,可测量两侧轮距是否一致,不一致则表明车桥移位。

2. 异响

(1) 现象 汽车在行驶过程中,特别是道路颠簸、突然制动、转弯时从悬架部位发出噪声。

(2) 原因

1) 减振器漏油,导致减振性能差。

2）减振器活塞与缸筒磨损，配合松旷。

3）悬架各连接部位松动或脱落，铰链点磨损、松旷。

4）橡胶衬套磨损、老化或损坏。

5）弹簧断裂。

6）轮毂轴承松动。

（3）故障排除　首先应检查轮毂轴承是否松动，悬架与车架或车桥的各连接部位是否有脱落，其胶垫是否损坏或松旷，橡胶衬套是否有磨损、老化或损坏现象。如良好，再用手按下保险杠，放松后如汽车有2~3次跳跃，说明减振器良好，可路试减振器效能。当汽车缓慢行驶并不断制动减速时车身跳跃强烈，或行驶一段路程后，减振器外壳温度高于其他部位，则说明减振器工作正常，否则应予以更换。

9.7.2　独立悬架的常见故障

独立悬架的常见故障有悬架异响、车身倾斜、轮胎异常磨损、车辆摆振及行驶不稳等。

1. 异响

（1）现象　汽车在行驶过程中，悬架异响，在不平路面上转弯时，响声突出。

（2）原因　悬架各连接部位松动或脱落；各铰链点磨损、松旷；减振器衬套磨损松旷。

（3）故障排除　首先应检查轮毂轴承是否松动，悬架与车架各连接部位是否有脱落，其胶垫是否损坏或松旷，橡胶衬套是否有磨损、老化或损坏现象。若有上述现象，应予以更换。

2. 车身倾斜

（1）现象　汽车在转弯时，车身过度倾斜。

（2）原因　螺旋弹簧弹力不足，减振器漏油。

（3）故障排除　检测螺旋弹簧弹力和减振器密封。弹力不足、折断，更换螺旋弹簧；减振器漏油，则更换油封。

3. 轮胎异常磨损

（1）现象　前轮、轮胎异常磨损。

（2）原因　横向稳定杆变形工作不良；上、下摆臂变形；前轮定位参数改变。

（3）故障排除　检查轮胎气压，不足，则要求加足气压；做四轮定位参数检查，调整参数，上、下摆臂变形，车辆摆振及行驶不稳时，重新调整、校正。

9.8　电控悬架系统概述

传统的悬架系统主要由缓和车身振动的弹簧、衰减振动的减振器、增加侧倾刚度的横向稳定杆等组成，它们共同形成的综合特性将对汽车的驾驶操纵性和行驶平顺性产生十分重要的影响。

对悬架的机械装置分析研究表明，传统悬架形式中所采用的那些固定刚度和确定阻尼的弹簧、减振器已经无法从根本上满足现代汽车所要求的舒适性及操纵稳定性。例如，从提高汽车舒适性的角度出发，都希望悬架具有较软的弹簧来充分发挥它的缓冲作用。但是这种方式却会导致车身在行驶过程中的位移变大，从而就必须通过提高车身高度来缓解，但随之而来的是车身重心高度的增加，也不利于行驶稳定性的改善。若为提高汽车的操纵稳定性而要求悬架具有较大的弹簧刚度和减振器阻尼，又显然与改善舒适性的要求相矛盾。这种传统悬架系统由于元件的特性和参数在设计时选定后就无法更改，称为被动悬架。

随着人们对汽车操纵性和舒适性要求的不断提高，以及现代电子控制技术的飞速发展，微计算机作为控制核心，对汽车悬架系统参数（弹簧刚度、悬架阻尼、侧倾刚度和车身高度等）进行实时控制已成为可能，这种悬架被称为半主动或主动控制悬架。现代汽车悬架控制系统能根据车辆的运动状况和路面情况主动作出反应，抑制车身的各种振动，使悬架始终处于最佳减振状态。实现这种控制主要包括：①以改善坏路行驶能力和高速操纵稳定性为目的的车高控制；②以改善舒适性和操纵稳定性为目的的减振器阻尼力控制；③以改善舒适性和操纵稳定性为目的的弹簧刚度控制；④以改善操纵稳定性为目的的侧倾刚度控制；⑤综合上述各种考虑的综合控制。

主动悬架有作为直接力发生器的动作器，可以根据输入与输出进行最优的反馈控制，使悬架有最好的减振特性，以提高汽车的平顺性和操纵稳定性。半主动悬架可看作由可变特性的弹簧和减振器组成的悬架系统，虽然它不能随外界的输入进行最优的控制和调节，但它可按储存在计算机中的各种条件下弹簧和减振器的优化参数指令来调节弹簧的刚度和减振器的阻尼状态，使悬架对复杂多变的路面状况具有较好的适应性。半主动悬架与主动悬架相比，主动悬架性能更加优越。

电控悬架系统由传感器、电控单元（ECU）、执行机构等组成。传感器一般有节气门位置传感器、车速传感器、车身高度传感器、加速度传感器、转向盘转角传感器等，见表9-1。开关有模式选择开关、制动灯开关、门控灯开关等。执行机构包括电磁阀、步进电动机或泵气电动机等。电控单元由微机和信号放大组成，其控制功能及控制特点见表9-2。

电控悬架系统的一般工作原理是：利用传感器（包括开关）对汽车行驶时路面的状况和车身的运动状态进行检测，并将检测信号输入计算机进行分析处理，由计算机通过驱动电路控制悬架系统的执行器动作，完成对汽车悬架各特性参数的调整。

表 9-1　悬架控制系统的传感器及开关的作用

传感器及开关名称	传感器及开关的作用
节气门位置传感器	检测节气门开度，提供汽车加速度信号
车速传感器	检测车轮转速，可反映车速和用于计算车身的侧斜程度
车身高度传感器	检测车身与车桥的相对位移，反映车身的平顺性和车身的高度
加速度传感器	检测车身的摆动，可间接地反映汽车行驶的路面情况
转向盘转角传感器	检测转向盘转角，用于计算车身的侧斜程度
模式选择开关	选择自动或运动模式
制动灯开关	检测制动灯电路通断情况，提供汽车制动信号
门控灯开关	检测门控灯电路通断情况，判定乘员状况

表 9-2　ECU 可提供的控制功能及控制特点

控制功能	控制特点
模式选择	模式选择开关可选择自动（AUTO）和运动（SPORT）档位 高度开关可选择自动（AUTO）、高（HIGH）、特高（EXTRA HIGH）档位
侧倾控制	根据转向盘转角速度和车身横向加速度，控制内外侧悬架弹簧的气压（油压），外侧弹簧压力增加，内侧弹簧压力减小，自动模式下车身侧倾刚度大于运动模的车身下的车身侧倾刚度
点头控制	当制动踏板开关开启，且车身纵向加速度大于 0.2g 时，控制前悬架弹簧充气（油），后悬架弹簧放气（油），以保持车身水平，随后反向控制以恢复原状态，根据加速踏板开关信号、制动踏板开关信号和车速信号，通过自动变速器操纵杆将悬架阻尼切换到硬（HARD）状态，控制换档时产生的点头
后座控制	根据节气门开启速度和汽车车速，实施与点头控制相反的控制
车身摇摆控制	根据高度传感器检测悬架位移和振动频率，对车身高度的变化实施控制 悬架伸张时对空气弹簧充气，悬架压缩时，使空气弹簧放气
阻尼控制	根据车速高低，对悬架阻尼实施控制
车高控制	根据车速和行驶路况，通过悬架弹簧对车高进行控制
系统保护控制	系统出现故障时，故障信号灯亮，系统进入失效保护状态并输出故障码

图 9-34 所示是丰田 LS400 电控空气悬架系统图。该控制系统由空气压缩机、空气干燥器、排气电磁阀、高度电磁阀、高度控制开关、电子控制装置、模式选择开关、高度传感器、转向盘转角传感器、节气门位置传感器、指示灯、执行器、空气弹簧和可调阻尼式减振器等组成。

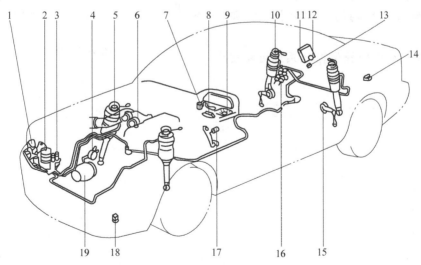

图 9-34　LS400 电控悬架系统零件分布图

1—空气干燥器和排气电磁阀　2—空气压缩机　3、16—前、后高度控制阀　4、15—前、后高度传感器　5、10—前、后悬架执行器　6—节气门位置传感器　7—门控灯开关　8—转角传感器　9、14—前、后高度控制开关　11—电子控制装置　12、18—后、前高度控制继电器　13—高度控制连接器　17—制动灯开关　19—IC 调节器

本 章 小 结

1. 悬架由弹性元件、减振器和导向机构组成,具有缓冲、减振和导向的作用;有独立悬架和非独立悬架两类。

2. 弹性元件主要有钢板弹簧、螺旋弹簧、扭杆弹簧、橡胶弹簧、空气弹簧、油气弹簧等。

3. 减振器利用液体流动的阻力来消耗振动的能量,使振动消失。其工作过程分为压缩行程和伸张行程。

4. 非独立悬架按采用弹性元件不同可分为钢板弹簧式和螺旋弹簧式。

5. 独立悬架按车轮的运动方式可分为横臂式、纵臂式、麦弗逊式和烛式。

6. 为保证良好的操纵稳定性,为减小车身横向倾斜,常在悬架中加设横向稳定器(杆)。

7. 悬架按系统参数可调与否,分为被动悬架、半主动悬架和主动悬架。

8. 电控悬架具有车高调节、阻尼力调节和弹簧刚度调节三个功能。

复习思考题

1. 汽车悬架一般由哪几部分组成?各部分的作用是什么?

2. 独立悬架和非独立悬架的特点是什么?

3. 减振器有哪些类型?双作用式减振器的结构与工作原理如何?

4. 图9-35所示悬架是何种类型?分析其结构特点。

5. 悬架系统应检修哪些内容?

6. 悬架发生异响的原因是什么?如何诊断?

7. 现代汽车电控悬架控制系统可实现哪些控制?

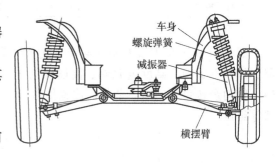

图9-35 悬架

第 9 章 悬架

实训项目 悬架的拆装与维修

1. 实训目的与要求

1）能结合实物认识悬架系统的结构、类型。

2）结合悬架结构，进一步认识前轮定位各参数，并较熟练掌握各定位参数的检查并调整方法。

3）掌握对悬架系统的维护和对主要部件的检修能力。

4）具备对悬架系统常见故障的诊断与排除能力。

5）了解电控悬架系统的工作原理。

2. 实训设备及工具、量具

1）桑塔纳 2000 轿车及其他车型悬架 2~3 套。

2）各类型弹性元件、减振器若干套。

3）常用拆装工具、举升机及专用拆装工具。

4）常用检测量具和维修设备。

3. 学时及分组人数

2 学时，分成小组，对各种前后悬架轮换进行实训。具体分组视情况确定。

4. 实训步骤及操作方法

本次实训以桑塔纳 2000 轿车悬架检修为例进行。由教师进行相关内容知识回顾，然后进行相关训练内容的演示及讲授，再进行学生的分组训练。训练中注意进行训练进度的把握与调控，训练完成后由教师根据学生训练情况和抽查情况进行总结。

（1）前悬架检修

1）减振器的检查和更换。在车辆行驶过程中，如减振器发出异常响声，则说明该减振器已损坏，必须更换。一般减振器不必进行修理，如有很小的渗油现象不必调换，如渗油较多可通过拉伸和压缩减振器来检查渗油现象。漏出的减振器油不能再加入减振器内重新使用，漏油的减振器不能再使用。

2）更换减振器的方法。

① 用拉具压住弹簧座圈，压缩压紧弹簧，如图 9-36 所示。

② 松开开槽螺母，放松弹簧，可以用扳手 A 阻止活塞杆的转动，以便松开螺母，如图 9-37 所示。

③ 拆卸减振器，如图 9-38 所示。

④ 按照拆卸相反的顺序安装减振器。

（2）前悬架支柱总成的检修

1）拆卸。

① 拆下制动盘。

② 拆下挡泥板。

③ 压出轮毂，如图 9-39 所示。注意压出轮毂时，车轮轴承有可能被损坏。

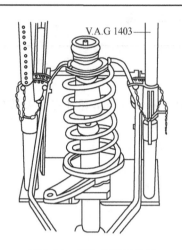

图 9-36 用拉具压缩弹簧

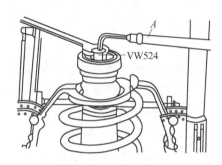

图 9-37 松开开槽螺母

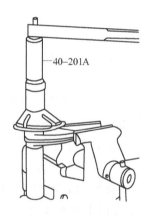

图 9-38 拆卸减振器

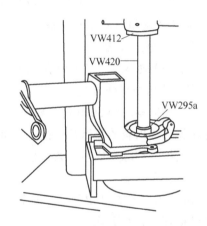

图 9-39 压出轮毂

④ 拆下两侧弹簧挡圈，压出车轮轴承，如图 9-40 所示。

⑤ 拉出轴承内圈，如图 9-41 所示。注意只能使用带箍圈的拉具，在使用前拉具上的钩子表面要用砂纸打磨。

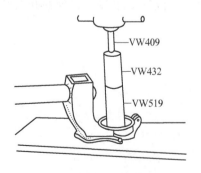

图 9-40 压出车轮轴承

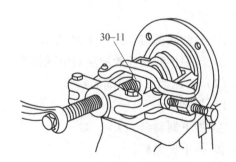

图 9-41 拉出轴承内圈

2）检查。在零件全部解体后，应进行清洗、检查，必要时测量。如有下列情况，必须更换新件。

① 制动盘工作面严重磨损，超出规定，或表面出现裂纹。

② 挡泥板严重扭曲变形。

③ 轮毂花键松旷，磨损严重。

④ 弹簧挡圈失效。

⑤ 车轮轴承损坏（注意需要更换整套轴承）。

⑥ 前悬架支柱件任何一条焊缝出现裂纹或严重变形。

3）安装及调整。

① 先装外弹簧挡圈，在车轮轴承座涂上润滑脂，然后压入轴承，压至极限位置，最后装上内弹簧挡圈。

② 调整内、外弹簧挡圈开口的位置，使其相差180°。然后转动轴承内圈，观察其是否正常。

③ 在轮毂花键和轴承颈上涂上润滑脂，然后将轮毂压入轴承内。

④ 用三个M6螺栓固定挡泥板（拧紧力矩为10N·m），使其紧贴在车轮轴承座的凸缘上。

⑤ 用非纤维材料擦净制动盘工作表面，不能有油污。装上制动盘，且紧贴在轮毂的接合面上。

⑥ 用手转动制动盘，观察其是否有卡滞或异响现象。

（3）后悬架的检修　检修时注意不允许对后桥进行焊接和整形。

（4）后桥轮毂轴承的检修

1）拆卸。

① 用千斤顶支起后轮。

② 用专用工具撬下后轮毂盖。

③ 取下开口销及开槽垫圈。

④ 拧下六角螺母，取出止推垫圈。

⑤ 拆下一个车轮螺栓，用旋具通过车轮螺栓孔向上拨动楔形块，如图9-42所示，使制动蹄摩擦片与制动鼓放松。

⑥ 拉出车轮和制动鼓，并带出车轮外轴承。

⑦ 取出车轮内轴承和油封。

⑧ 用铜冲头敲出内、外轴承外圈。

2）检修。

① 检查内、外轴承的磨损和变形情况，如果有损坏，应更换新件。

② 制动鼓表面磨损严重或端面圆跳动大于0.2mm，则应更换制动鼓。

③ 检查后轮毂短轴的弯曲程度，用游标卡尺和直尺沿圆周方向测量直尺和轴颈的距离，如图9-43所示。至少测量三点，比较各次测得的读数，不得超过0.25mm，否则应更换短轴。

3）安装及调整。

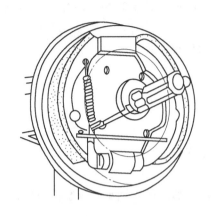

图 9-42 用旋具向上拨动楔形块

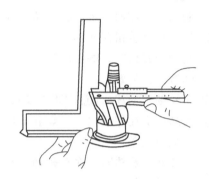

图 9-43 检查后轮毂短轴

① 用专用工具，按图 9-44 所示方法，将车轮内、外轴承外圈压入制动鼓。

② 在轮毂短轴上放上油封，用橡胶锤均匀地敲入。测量油封凸出制动鼓小端面的高度，应为 1.10～1.15mm。

③ 在内、外轴承上涂抹适量的锂基润滑脂，轮毂内腔也注入一定量的润滑脂。内轴承用手推至轮毂短轴上，外轴承装入制动鼓内。

④ 将制动鼓装入。注意不能使制动鼓内表面沾上油脂。如果沾上油脂，应用砂纸打磨干净。

⑤ 装上外轴承和止推垫圈，拧上六角螺母。

⑥ 调整车轮轴承间隙。正确的间隙是用一字槽螺钉旋具在手指的加压下，刚好能够拨动止推垫圈，如图 9-45 所示。

也可以用专用工具调整，轴承间隙为 0.01～0.05mm。

⑦ 装上开槽垫圈，换上新的开口销。

⑧ 在轮毂盖内加入适量的润滑脂，用橡皮锤将其轻轻敲入。

(5) 减振器和弹簧的检修

1) 拆卸。

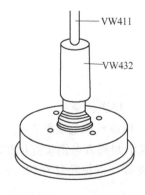

图 9-44 压入外轴承的外圈

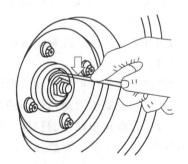

图 9-45 车轮轴承预紧度的调整

① 将车辆在地面上停稳，用千斤顶或垫块支承后桥。
② 向上掀起车厢内减振器上方三角形底搁板。
③ 从车身上拧下减振器支承杆座螺母。
④ 慢慢抬高车辆，拧下减振器支柱下端与后桥的固定螺母。
⑤ 小心地从车轮与轮罩之间移出减振器支柱，注意不要碰坏弹簧和轮罩上的油漆。注意不要同时拆卸两边的支承杆座，以免使橡胶金属支承受压过大。

2）检修。

① 后减振器如果在支承处有裂纹，筒体外漏油严重，或用专门仪器检验达不到要求，应整体更换。

② 弹簧如果有损伤、裂纹或弹力下降，均需要更换新件。

③ 橡胶件、缓冲块如果有损伤、龟裂、老化等现象，也要更换新件。

3）安装。按照拆卸相反的顺序进行安装，但应注意支架上的自锁螺母拧紧力矩为35N·m，减振器支承上的螺母拧紧力矩为60~70N·m，最后应将后搁板两边用粘带封住。

（6）悬架臂支承的检修

1）拆卸。

① 车辆着地，支承起后桥。

② 拆下一侧后桥与车身连接的支承座。

③ 用分离工具按图9-46的方法将后横梁中橡胶金属支承逐一拉出。

2）检修。金属橡胶支承不能进行修理，如果有松动、裂纹、损伤、破裂等现象，均需要更换新件。

3）安装。

① 按图9-47的方法装入新的两半橡胶金属支承，并使两半橡胶金属支承扇形体和沟槽相互合在一起。

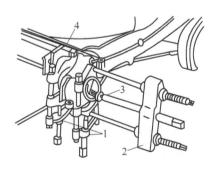

图9-46 从后横梁中拉出橡胶金属支承
1—分离工具 2—拉杆 3—顶杆螺栓 4—桥形支承

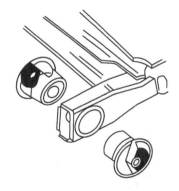

图9-47 橡胶金属支承的安装位置

② 按图9-48的方法用电动工具将橡胶金属支承压入到正确位置，其安装深度 a 为 61.6~62.6mm，如图9-49所示。

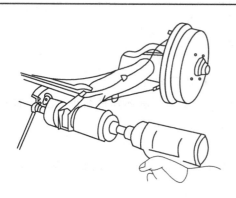

图 9-48　将橡胶金属支承压入到正确位置

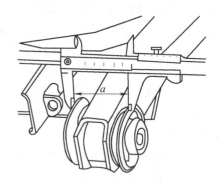

图 9-49　测量支承套的安装深度

③ 安装支承座，插入 M12×100 的螺栓，按规定力矩拧紧自锁螺母（60~70N·m）。注意在拧紧螺母之前，横梁应水平放好，以免给橡胶金属支承带来不必要的扭曲变形。

④ 支承座与横梁应成 17°±2° 的角度。

5. 实训报告

1）非独立悬架与独立悬架的基本结构有哪些？各类型列出相关应用车型 2~3 辆。

2）弹簧元件的检修有哪些内容？

3）减振器的检修有哪些内容？

4）拆装前、后悬架时的顺序，及拆装中应注意什么问题？

5）电控悬架的组成与基本工作原理是什么？

第 10 章 机械转向系统

> 学习目标：
- 了解机械转向系统的基本组成和工作原理。
- 掌握转向盘自由行程的概念及检查、调整方法。
- 学会各种典型机械转向器的检查和调整方法。
- 掌握常见机械转向系统的故障现象和诊断排除方法。

10.1 概述

10.1.1 转向系统的基本组成

汽车在行驶中，经常需要改变行驶方向。汽车上用来改变汽车行驶方向的机构称为汽车转向系统。汽车行驶方向的改变是由驾驶人通过操纵转向系统来改变转向轮（一般是前轮）的偏转角度实现的。转向系统不仅可以改变汽车的行驶方向，使其按驾驶人规定的方向行驶，而且还具有自动回复到直线行驶位置的功能，可以克服由于路面侧向干扰力使车轮自行产生的转向，恢复汽车原来的行驶方向。

尽管现代汽车转向系统的结构形式多种多样，但都包括转向操纵机构、转向器和转向传动机构三个基本组成部分。

（1）转向操纵机构　驾驶人操纵转向器的工作机构，主要由转向盘、转向轴、转向管柱等组成。

（2）转向器　它是将转向盘的转动变为转向摇臂的摆动或齿条轴的直线往复运动，并对转向操纵力进行放大的机构。转向器一般固定在汽车车架或车身上，转向操纵力通过转向器后一般还会改变传动方向。

（3）转向传动机构　将转向器输出的力和运动传给车轮（转向节），并使左右车轮按一定关系进行偏转的机构。

10.1.2 转向系统的类型及工作原理

按转向能源的不同，转向系统可分为机械转向系统和动力转向系统两大类。

1. 机械转向系统

它是以驾驶人的体力（手力）作为转向能源的转向系统，其中所有传力件都是机械的。图 10-1 所示就是一种机械式转向系统。需要转向时，驾驶人对转向盘 1 施加一个转向力矩，该力矩通过转向轴 2 输入转向器 8。从转向盘到转向轴这一系列部件和零件即属于转向操纵机构。作为减速传动装置的转向器中有 1~2 级减速传动副，图 10-1 所示转向系统中的转向器为单级减速传动副。经转向器放大后的力矩和减速后的运动传到转向横拉杆 6，再传给固定于转向节 3 上的转向节臂 5，使转向节和它所支承的转向轮偏转，从而改变了汽车的行驶方向。这里，转向横拉杆和转向节臂属于转向传动机构。

2. 动力转向系统

这是兼用驾驶人体力和发动机（或电动机）的动力为转向能源的转向系统。它是在机械转向系统的基础上加设一套转向加力装置而形成的。在正常情况下，汽车转向所需能量，只有一小部分由驾驶人提供，而大部分是由发动机（或电动机）通过转向加力装置提供的。但在转向加力装置失效时，一般还应能由驾驶人独立承担汽车转向任务。图 10-2 所示为一种液压式动力转向系统的组成和液压转向加力装置的管路布置示意图。其中属于转向加力装置的部件是：转向油泵 5、转向油管 4、转向油罐 6 以及位于整体式转向器 10 内部的转向控制阀及转向动力缸等。当驾驶人转动转向盘 1 时，转向摇臂 9 摆动，通过转向直拉杆 11、转向横拉杆 8、转向节臂 7，使转向轮偏转，从而改变汽车的行驶方向。与此同时，转向器输入轴还带动转向器内部的转向控制阀转动，使转向动力缸产生液压作用力，帮助驾驶人操纵转向。这样，为了克服地面作用于转向轮上的转向阻力矩，驾驶人需要加于转向盘上的转向力矩，比采用机械转向系统时所需的转向力矩小得多。另外，采用液压动力转向系统还可提高汽车行驶的安全性。

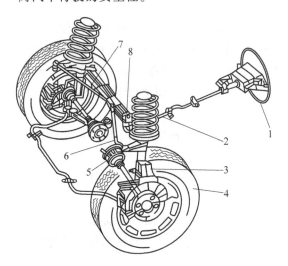

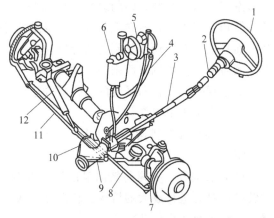

图 10-1　机械转向系统示意图
1—转向盘　2—转向轴　3—转向节
4—转向轮　5—转向节臂　6—转向横拉杆
7—转向减振器　8—机械转向器

图 10-2　动力转向系统示意图
1—转向盘　2—转向轴　3—转向中间轴
4—转向油管　5—转向油泵　6—转向油罐
7—转向节臂　8—转向横拉杆　9—转向摇臂
10—整体式转向器　11—转向直拉杆　12—转向减振器

3. 对转向系统的要求

汽车转向系统是保证汽车安全行驶的重要装置之一，因此要求它工作可靠，操纵要轻便灵活，要保证转向车轮的转向运动规律正确稳定，并且要使车轮在转向时只滚动不滑动。转向机构还应能减弱或避免地面施加在转向车轮上的冲击传到转向盘上，同时又要使驾驶人通过转向盘对转向过程中车轮与地面之间的运动情况保持适当的"路感"。另外，当汽车发生碰撞时，转向装置应能减轻或避免对驾驶人的伤害。

汽车的转向操纵性能并不完全取决于转向系统，它还与行驶系统有关。汽车在直线行驶中，转向轮会受到偶然出现的地面侧向反力而发生意外偏转，从而使汽车意外地转向。为了使汽车能稳定地保持直行方向，要求转向轮偶然发生偏转后，能立即自动回复到直线行驶的位置。车轮定位即是保证转向轮自动回正性能的结构措施之一。

10.1.3 转向系统常用术语

1. 转向中心与转弯半径

汽车转向时，要求所有车轮轴线都应相交于一点，此交点 O 叫做转向中心（图10-3）。这样才能保证各车轮在转向过程中均做纯滚动，避免汽车在转向时轮胎与地面间产生滑动使轮胎严重磨损。由图10-3中的几何关系可见，汽车转向时内转向轮的偏转角 β 大于外转向轮偏转角 α。在车轮为刚体的假设条件下，内、外两转向轮偏转角满足下面的关系式，即

$$\cot\alpha = \cot\beta + \frac{B}{L}$$

式中　B——两侧主销轴线与地面交点之间的距离，也称为轮距；

　　　L——汽车轴距。

由转向中心 O 到外转向轮与地面接触点的距离 R 称为汽车的转弯半径。转弯半径越小，则汽车转向所需场地越小，其机动性就越好。由图10-3可知，当前外转向轮偏转角达到最大值 α_{max} 时，转弯半径 R 有最小值。在图示理想情况下，最小转弯半径 R_{min} 与 α_{max} 的关系为

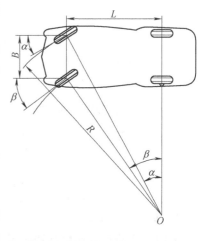

图10-3　汽车转向示意图

$$R_{min} = \frac{L}{\sin\alpha_{max}}$$

2. 转向梯形与前展

为了使汽车能够顺利地转向，并保持汽车转向时，转向轮只有向前的滚动而没有横向的滑动，转向传动机构必须使转向轮的滚动轨迹符合一定的规律，即前内转向轮偏转角 β 大于前外转向轮偏转角 $\alpha(\beta>\alpha)$，如图10-4a所示。如果汽车在转向时，两前转向轮的偏转角相同，那么各轴轴线就不可能相交于一点，而是交于两点（图10-4b），这时各车轮也就不可能绕同一中心滚动，运动轨迹也将发生改变。若使两转向轮自由滚动，它们的运动轨迹就有逐渐相互靠近的趋势。然而两车轮是安装在同一轴的两端，轮距 B 是不变的，这样当汽车转向时，转向轮就要产生边滚边滑的现象，使行驶阻力增加，转向困难，并加速轮胎的磨损。

汽车转向时两转向轮内转角 β 与外转角 α 之差 $(\beta-\alpha)$ 称为前展。为了产生前展，将转向机构设计成梯形。这样，在汽车转向时，就可以使转向内前轮与外前轮产生不同的偏转角，实现车轮的纯滚动。图10-5为矩形与梯形转向机构的比较。

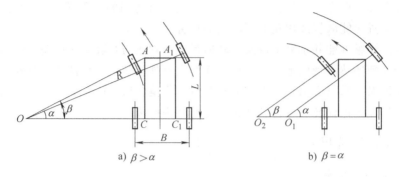

图 10-4 汽车转向分析

α—外轮转角　β—内轮转角　O—转向中心　R—转向半径　L—轴距　B—轮距

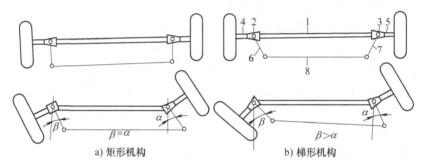

图 10-5 矩形与梯形转向机构的比较

1—前轴　2、3—主销　4、5—转向节　6、7—转向节臂　8—转向横拉杆

3. 转向系统角传动比

转向系统的角传动比是转向器的角传动比和转向传动机构的角传动比的乘积，可以用转向盘转角增量与同侧转向车轮转角增量之比来表示。

当转向盘直径一定时，转向系统角传动比越大，转向时需要加在转向盘上的力矩越小。但是，转向系统的角传动比太大将会导致转向操纵不灵敏。

4. 转向盘的自由行程

转向盘的自由行程是指转向盘在空转阶段的角行程，这主要是由于转向系统各传动件之间的装配间隙和弹性变形所引起的。由于转向系统各传动件之间都存在着装配间隙，而且这些间隙将随零件的磨损而增大，因此在一定的范围内转动转向盘时，转向节并不随即同步转动，而是在消除这些间隙并克服机件的弹性形变后，才作相应的转动，即转向盘有一空转过程。

转向盘自由行程对于缓和路面冲击及避免驾驶人过于紧张是有利的，但过大的自由行程会影响转向灵敏性，所以汽车维护中应定期检查转向盘自由行程。一般，汽车转向盘的自由行程应不超过 10°～15°，否则应进行调整。

10.2 转向器及转向操纵机构

10.2.1 转向器

转向器的功用是将转向盘的转动变成齿条的直线运动或转向节臂的摆动，同时将驾驶人加在转向盘上的力矩放大、改变传动方向,并降低速度,然后传给转向传动机构。转向器输出端的运动形式有两种,一种是线位移,如齿轮齿条式转向器;另一种是角位移,如循环球式、曲柄指销式转向器等。

1. 转向器的传动比及传动效率

转向器的传动比越大,转动转向盘所需要的操纵力就越小,但转向操纵的灵敏度就会下降。有的汽车转向器在转向过程的不同阶段,其传动比的大小是不相等的,这种转向器称为可变传动比转向器。载货汽车转向器的传动比是中间大、两头小。乘用车需要高速运行和灵活转向,转向器中间位置的传动比小,在两头的传动比可以大一些。对于重型汽车和大型客车,即使增大转向器的传动比,也很难保证转向轻便,反而还会使转向的灵敏度变差,因此这些汽车都装有动力转向器,以实现汽车转向轻便灵活的目的。

由于转向器是一个大传动比的机构,其传动效率一般较低。转向器的输出功率与输入功率之比称为转向器的传动效率。在功率由转向柱输入,由转向摇臂输出的情况下求得的传动效率称为正效率,而在传动方向与此相反时求得的效率为逆效率。为了减轻驾驶人操纵转向盘的体力消耗,应尽量提高转向器的传动效率,特别是其正效率是很重要的。正效率与逆效率均很高的转向器叫做可逆式转向器,逆效率极低的转向器称为不可逆式转向器,逆效率略高于不可逆式转向器的称为半可逆式转向器。

可逆式转向器的特点是,转向盘的转向力很容易通过转向器传到转向轮,同时路面的冲击力也很容易通过转向器传到转向盘。不可逆式转向器的特点是,它只能将转向盘的转向力通过转向器传给转向轮,但转向轮受到的路面冲击力不能通过转向器传给转向盘。半可逆式转向器的特点是,转向盘的转向力很容易通过转向器传到转向轮,而转向轮所受到的路面冲击力只有一部分(比较大的冲击力)能通过转向器传给转向盘。

所有的转向器都要求正传动效率要高,这样转向力通过转向器时损失少,转向操纵轻便灵活。逆传动效率高,车轮转向后能充分利用稳定力矩使转向轮自动回正,驾驶人的"路感"强,可以减轻驾驶人的劳动强度,又能提高行驶安全性能。但过高的逆传动效率会使汽车在坏路上行驶时出现"打手"现象。好的转向器应有适当的逆传动效率,使驾驶人通过操纵转向盘即能对道路情况有明显的"路感"。

基于以上分析,普通轻型汽车和主要行驶于城市的汽车多采用可逆式转向器。装有液力转向助力器的重型越野汽车,由于液体具有良好的阻尼减振和缓和冲击作用,因此也多采用可逆式转向器。一般中型载货汽车多采用半可逆或不可逆式转向器。

2. 转向器的结构

(1) 齿轮齿条式转向器 齿轮齿条式转向器结构简单,制造方便。它的传动方式是齿轮齿条直接啮合,并可安装转向助力机构。齿轮齿条式转向器的正效率与逆效率都很高,属于可逆式转向器,自动回正能力强,因此,常用于轻型轿车的转向系统。

图 10-6 所示为一汽奥迪 100 型轿车的齿轮齿条式转向器。作为传动副主动件的转向齿轮 3 与转向齿条 2 啮合。整个系统通过外罩两端和车身部分连接在一起。齿轮和齿条啮合装配情况见图 10-7。为保证齿轮齿条无间隙啮合,补偿弹簧 3 产生的压紧力通过压板 6 将转向齿轮 2 和转向齿条 1 压靠在一起。弹簧的预紧力可以通过调整螺钉 4 和螺母 5 进行调整。

齿轮齿条式转向器结构简单(图 10-7 为其结构装配图)、加工方便、工作可靠、使用寿命长,便于独立悬架的布置,所以得到了广泛的应用,如一汽捷达、红旗 CA7220、上海桑

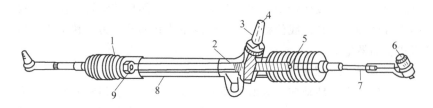

图 10-6 齿轮齿条式转向器

1—防护套 2—转向齿条 3—转向齿轮 4—花键与转向柱 5—内端球
6—转向横拉杆末端 7—转向横拉杆总成 8—外壳 9—齿条导块

塔纳轿车等。

（2）循环球式转向器　图 10-8 所示为循环球—齿条齿扇式转向器的整体结构。它有两级传动副，第一级传动副是与转向轴连接的螺杆和转向螺母，第二级传动副是齿条和齿扇。转向螺母既是第一级传动副的从动件，又是第二级传动副的主动件。为了减少转向螺杆与转向螺母之间的摩擦与磨损，二者的螺纹不直接接触，而是做成滚珠的内外滚道，中间装有许多滚珠，以实现滚动摩擦。转向螺母上装有两个滚珠导管，每个滚珠导管的两端分别插入转向螺母侧面的孔中。滚珠导管也装满了滚珠，形成两个各自独立的封闭通道。

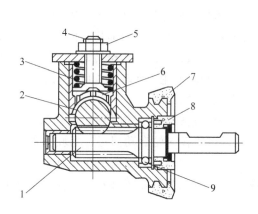

图 10-7 齿轮齿条转向器装配图

1—转向齿条 2—转向齿轮 3—补偿弹簧 4—调整螺钉
5—螺母 6—压板 7—防尘罩 8—油封 9—轴承

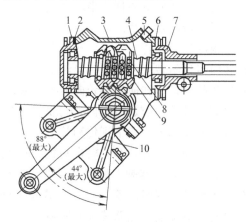

图 10-8 循环球—齿条齿扇式转向器整体结构

1—下盖 2、6—垫片 3—外壳 4—转向螺杆
5—螺塞 7—上盖 8—导管
9—滚珠 10—转向摇臂

图 10-9 为循环球式转向器齿轮机构。当转向盘转动时，转向轴带动转向螺杆旋转，通过滚珠将力传给转向螺母，使得转向螺母沿轴向移动，从而通过螺母上的齿条带动了齿扇齿轮轴的转动，进而带动转向摇臂转动，实现车轮的转向。如果将齿条的齿顶面制成鼓型弧面，齿扇上的每一个齿的节圆半径也相应变化，使得中间齿节圆半径小，两端齿节圆半径大，便可得到变传动比的转向器，使得操纵省力，转向轻便。

循环球式转向器的正效率很高（最高可达 90%~95%），操纵轻便，使用寿命长。但逆效率也较高，可将地面对转向轮的冲击力传给转向盘。经常在良好道路上行驶的汽车，上述缺点影响不大。国产汽车如解放 CA1091、北京 BJ1041、北京 BJ2023、黄河 JN1181C13 等型汽车都采用这种转向器。

（3）蜗杆曲柄指销式转向器　蜗杆曲柄指销式转向器的传动副（图10-10）以转向蜗杆3为主动件，装在摇臂轴1曲柄端部的指销2为从动件。转向蜗杆转动时，与之啮合的指销即绕转向摇臂轴轴线沿圆弧运动，并带动转向摇臂轴转动。

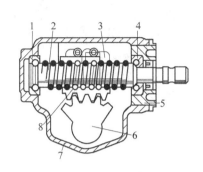

图10-9　循环球式转向器齿轮机构
1、4—轴承　2—转向螺杆　3—转向螺母
5—调整螺母　6—扇形齿轮轴
7—外壳　8—滚珠

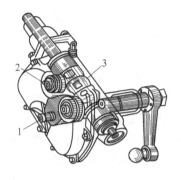

图10-10　蜗杆曲柄指销式转向器
1—摇臂轴　2—指销　3—转向蜗杆

图10-11为东风EQ1090E型载货汽车的蜗杆曲柄指销式转向器。采用双指销不但可使摇臂轴转角范围加大，而且由于直线行驶及修正行驶方向时两指销均与转向蜗杆啮合，因而使指销受力小、寿命长。指销装在滚动轴承上可以大大提高转向器的传动效率。

10.2.2　转向操纵机构

汽车转向操纵机构主要由转向盘、转向轴以及转向管柱等机件组成，其功用是将驾驶人转动转向盘的操纵力矩传给转向器。为了方便不同体形驾驶人的操纵及保护驾驶人的安全，现代汽车操纵机构还带有各种调整机构及保安装置。图10-12为奥迪100型轿车的转向操纵机构。主要包括转向盘6、安全支架1、安全转向柱14、法兰套管20、转向柱转换器3、转向角限止器外壳10、转向柱套管12等零部件。

1. 转向盘

包括我国在内的大多数国家都规定车辆右侧行驶，相应地将转向盘安置在驾驶室的左侧，这样，驾驶人的左方视野较广阔，有利于两车安全交会。相反，在一些规定车辆左侧通行的国家使用的汽车上，转向盘则应安置在驾驶室右侧。

转向盘结构如图10-13所示，它主要

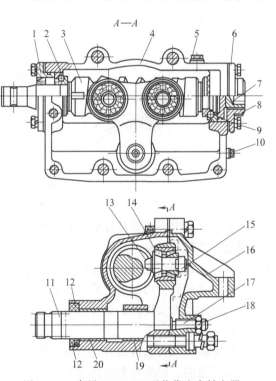

图10-11　东风EQ1090E型载货汽车转向器
1—上盖　2、9—轴承　3—转向蜗杆　4—壳体　5—加油螺塞
6—下盖　7—调整螺塞　8、15、18—螺母　10—放油螺塞
11—摇臂轴　12—油封　13—指销　14—双排圆锥滚子轴承
16—侧盖　17—调整螺钉　19、20—衬套

由轮毂3、轮辐2和轮圈1等组成。轮辐2和轮圈1的心部有钢、铝或镁合金制的骨架，外表通过注塑方法包覆有一定形状的塑料外层或合成橡胶，以改善操纵转向盘的手感并提高驾驶人的安全性。转向盘与转向轴一般是通过花键或带锥度的细花键连接，端部通过螺母轴向压紧固定。

汽车喇叭开关一般装在转向盘上，可以随转向盘相对车身转动，而与喇叭连接的导线固定在车身和转向管柱上，不能旋转。因此，与喇叭连接的导线必须与转向盘的旋转部分进行电气连接。目前，大多数汽车在转向盘上都装有集电环，如图10-14所示。固定不动的转向管柱上端设有带弹性触片2的下圆盘1，与喇叭开关相连的集电环端子装在上圆盘3上。转向盘安装到转向轴上后，上、下圆盘紧密接触，集电环端子则与弹性触片形成电气接触。

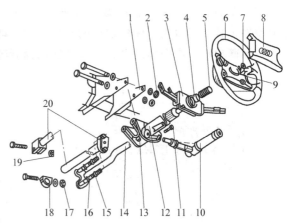

图10-12 一汽奥迪100型轿车的转向操纵机构
1—安全支架 2、17、19—自锁螺母 3—转向柱转换器
4—轴承 5—锁止垫圈 6—转向盘 7—螺栓
8—喇叭接触板 9—电线 10—转向角限止器外壳 11—保险螺栓 12—转向柱套管
13—转向柱夹箍 14—安全转向柱
15—橡胶衬套 16—塑料衬套
18—夹箍 20—法兰套管

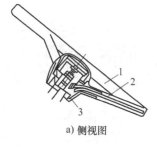

a) 侧视图

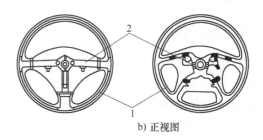

b) 正视图

图10-13 汽车转向盘结构
1—轮圈 2—轮辐 3—轮毂

由于这种集电环是机械接触，长时间使用会因触点磨损而影响导电性，从而发生喇叭不响的现象，尤其是引起电动安全气囊在汽车发生碰撞时不能正常工作。为此，现在装备安全气囊的汽车开始采用电缆盘，如图10-15所示。电缆盘将导线卷入盘内，在转向盘旋转的范围内，导线靠卷筒自由伸缩。采用这种机构后，可利用无机械接触的导线与转向盘的电气装置连接，可靠性大大提高。另外很多现代汽车还将巡航系统控制开关和音响控制开关等安装在转向盘上。

从转向操纵的灵敏性而言，最好是转向盘和转向节的运动能同步开始并同步终止，这实际上是不可能的。因为在整个转向系统中，各传动件之间必然存在着装配间隙，而且这些间隙将随着零件的磨损而增大。在转向盘转动过程的开始阶段，驾驶人对转向盘所施加的转动力矩很小，只是用来克服转向系统内部的摩擦，使各传动件运动到其间的间隙完全消除，故可以认为这一阶段是转向盘空转阶段。此后，才需要对转向盘施加更大的转向力矩，以克服经车轮传到转向节上的转向阻力矩，从而实现使各转向轮偏转的目的。

第10章　机械转向系统

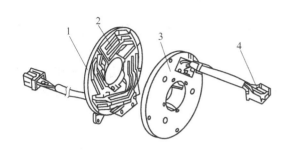

图10-14　转向盘集电环
1—下圆盘　2—弹性触片（四组）
3—上圆盘　4—导线接头

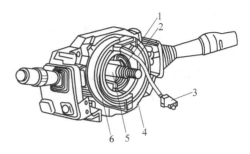

图10-15　电缆盘结构图
1—凸轮　2—转子　3—导线接头
4—电缆盘壳体　5—转向轴　6—电缆

2. 转向轴

转向轴是将驾驶人作用于转向盘的转向操纵力传给转向器的传力轴，它的上部与转向盘固定连接，下部装有转向器。转向轴与转向器连接的方式有两种：一种是与转向器的输入轴直接连接，另一种是通过十字轴万向节或者挠性万向节间接与转向器的输入轴相连接。

现代汽车的转向轴除装有柔性万向节外，有的还装有能改变转向盘工作角度（即转向轴的传动方向）和转向盘的高度（即转向轴轴向长度）的机构，以方便不同体型驾驶人的操纵。图10-16所示为一种转向轴倾斜调整机构。转向管柱2的上段和下段分别通过倾斜调整支架7和下托架6与车身相连，而且转向管柱由倾斜调整支架夹持并固定。倾斜调整用锁紧螺栓5穿过调整支架7上的长孔3和转向管柱，螺栓的左端为左旋螺纹，调整手柄4即拧在该螺纹上。当向下扳动手柄时，锁紧螺栓的螺纹缓扣，转向管柱即可以下托架上的枢轴1为中心在穿有螺栓的支架长孔范围内上下移动。确定了转向管柱的合适位置后，向上扳动调整手柄，从而将转向管柱定位。

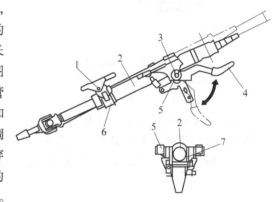

图10-16　转向轴倾斜调整机构
1—枢轴　2—转向管柱　3—长孔　4—调整手柄
5—锁紧螺栓　6—下托架　7—倾斜调整支架

图10-17所示是一种转向轴伸缩机构。转向轴分为上下两段，二者通过花键连接。上转向轴2由调节螺栓4通过楔状限位块5夹紧定位。调整螺栓的一端拧有调节手柄3。当需要调整转向轴的轴向位置时，先向下推调节手柄3，使限位块松开，在轴向移动转向盘，调到合适位置后，向上拉调节手柄，将上转向轴锁紧定位。

10.2.3　安全转向操纵机构

由于在发生车祸时，对驾驶人造成主要威胁的是转向盘及转向柱管等，所以人们在设计转向操纵机构时，增加了安全措施。如采用安全转向柱、安全联轴节及能量吸收装置等。

图10-18所示为桑塔纳2000轿车的转向操纵机构，其中便采用了安全转向柱。正常行驶时，上下转向轴2和3通过销钉5配合来传递转向力矩。当撞车时，上下转向轴及时分开，避免了转向盘随车身后移，从而保证了驾驶人的安全。桑塔纳、红旗等轿车均采用了类

似的操纵机构。

安全转向柱的顶端制有螺纹和花键，它穿过转向盘中心孔，然后用螺母将转向盘和安全转向柱装配在一起，安全转向柱的下端连接转向器。

现代轿车除了安装上述可分离式安全转向机构，还有的轿车安装了具有缓冲吸能作用的转向操纵机构，这种机构从结构上能使转向轴和转向管柱在受到撞车冲击后，轴向收缩并吸收冲击能量，从而有效地缓和转向盘对驾驶人的冲击，减轻其所受到伤害的程度。

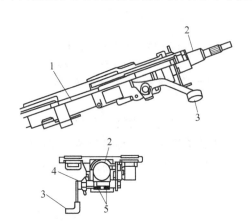

图10-17 转向轴伸缩调整机构
1—下转向轴 2—上转向轴 3—调节手柄
4—调节螺栓 5—楔状限位块

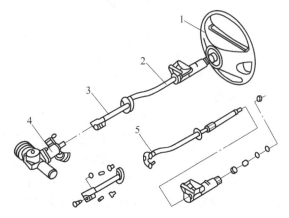

图10-18 桑塔纳2000轿车转向操纵机构
1—转向盘 2—上转向轴 3—下转向轴
4—转向器 5—销钉

目前，越来越多的汽车由于总布置的要求，在转向操纵机构上采用了万向节和传动轴。应该指出，转向操纵机构中采用万向节和传动轴不但对制造和安装有好处，更对发生交通事故时保护驾驶人的安全有好处。图10-19为东风EQ1090E型载货汽车转向操纵机构及转向

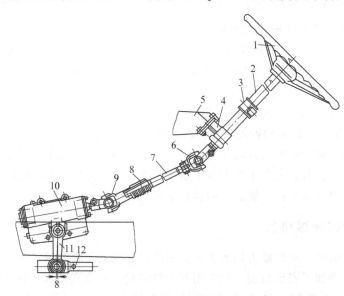

图10-19 东风EQ1090E型载货汽车转向操纵机构及转向器布置图
1—转向盘 2—转向管柱 3—橡胶垫 4—转向管柱支座 5—转向操纵机构支架
6、9—万向节 7—转向传动轴 8—防护套 10—转向器 11—转向摇臂 12—转向直拉杆

器布置图。

10.3 转向传动机构

转向传动机构的功用是将转向器输出的力矩放大传到转向桥两侧的转向节,使两侧转向轮偏转,且使两转向轮偏转角按一定关系变化,实现汽车的转向行驶。

汽车转向时,如果左右前轮的转角关系不协调,轮胎就会被磨损,影响汽车的行驶稳定性。因此,无论汽车转弯半径大小,汽车的转向传动装置都应该使得车轮(主要是前轮)的运动只滚不滑。现代汽车中应用最为广泛的阿克曼式转向传动机构,其特点是,当汽车直驶时,左右两个梯形臂的延长线相交于后轴中点附近;当汽车转向时,它能自动地使左右前轮以同一个圆心转动,并使左右前轮保持适当的转角差。

转向传动机构的组成与布置形式取决于转向器的位置和转向轮悬架的类型。

10.3.1 与非独立悬架配用的转向传动机构

与非独立悬架配用的转向传动机构如图 10-20 所示,包括由转向摇臂 2、转向直拉杆 3、转向节臂 4 和由转向横拉杆 6 与两个梯形臂 5 组成的转向梯形机构。这种转向传动机构的布置形式有三种:一是在前桥仅为转向桥情况下,将转向梯形布置在前桥之后(图 10-20a),这种布置称为后置式,解放 CA1091、东风 EQ1090E 等汽车上采用这种机构。二是在发动机位置较低或转向桥兼为驱动桥的情况下,为避免运动干涉,通常将转向梯形机构布置在前桥之前(图 10-20b),这种布置称为前置式。三是当转向摇臂在与道路平行的平面内左右摇摆时,可将转向直拉杆 3 横置,并借助球头销直接带动转向横拉杆 6,从而推使两侧梯形臂转动(图 10-20c)。北京 BJ2020N 型越野汽车采用的即是这种机构。

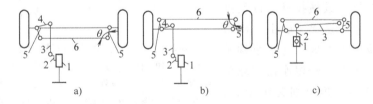

图 10-20 与非独立悬架配用的转向传动机构示意图
1—转向器 2—转向摇臂 3—转向直拉杆 4—转向节臂 5—梯形臂 6—转向横拉杆

10.3.2 与独立悬架配用的转向传动机构

采用独立式悬架的转向轮可以相对于车架单独运动,因而其转向桥必须是断开式的,而转向传动机构中的转向梯形也必须分成两段(图 10-21a)或三段(图 10-21b)。转向摇臂 1 在平行于路面的平面上摆动,直接带动或通过转向直拉杆带动转向梯形运动。

奥迪 100 型轿车转向传动机构的结构如图 10-22 所示。左、右转向横拉杆 22、25 和转向减振器 4 内端通过支架 7、螺栓固定在转向齿条上。转向减振器 4 的外端固定花车身支架 7 上。为防止运动干涉,左、右转向横拉杆的外端用横拉杆球头铰链和左、右转向节臂连在一起,而转向节臂和转向节是焊成一体的。

汽车转向时，转向齿条横向移动，使左、右横拉杆一个受压、一个受拉，也随之移动。横拉杆的外端通过球头铰链带动左、右转向节臂和转向节绕主销转动，从而使转向节上的车轮偏转一个角度。

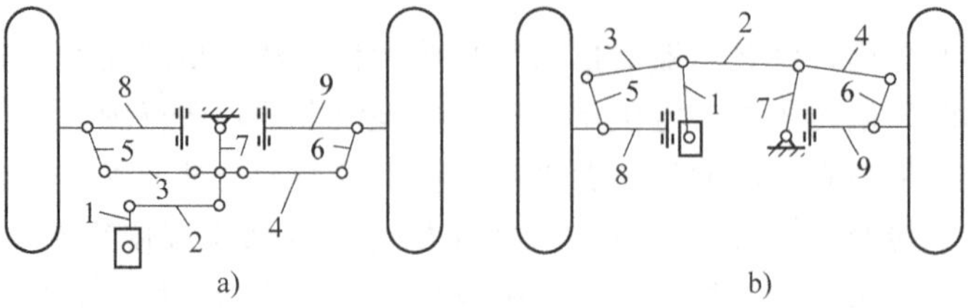

图 10-21 与独立悬架配用的转向传动机构示意图

1—转向摇臂 2—转向直拉杆 3—左转向横拉杆 4—右转向横拉杆 5—左梯形臂
6—右梯形臂 7—摇杆 8—悬架左摆臂 9—悬架右摆臂

10.3.3 转向传动机构中的主要构件

转向传动机构的主要构件有转向摇臂、转向直拉杆和转向横拉杆以及转向减振器等。这些杆件的运动和受力都比较复杂，连接部分易磨损，因此工艺要求较高。

1. 转向摇臂（图 10-23）

转向摇臂的作用是把转向器输出的力和运动传给直拉杆或横拉杆，进而推动转向轮偏转。转向摇臂一般由中碳合金钢锻造和机械加工而成。它的小端锥形孔中装有与转向直拉杆相连接的球头销，大端具有锥形三角形细花键槽孔，与转向摇臂轴外端花键相连接。球头销的球面部分必须耐磨损，并能承受较大的冲击负荷，一般要经过表面的强化和硬化处理。为保证装配关系的正确，在摇臂轴的外端面和摇臂上孔的外端面上刻有装配标志。

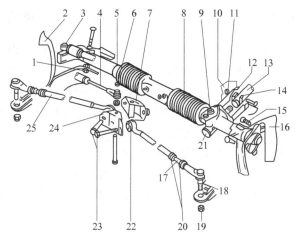

图 10-22 一汽奥迪 100 型轿车转向器及转向传动机构

1、11、19—自锁螺母 2—右侧车轮罩 3、15、23—螺栓
4—转向减振器 5—软管夹箍 6—螺母 7—支架 8—波形管
（内含转向齿条） 9—调整螺钉 10—隔板 12—隔板密封件
13—法兰套管 14—夹箍 16—左侧车轮罩 17—调整拉杆
18—横拉杆球头铰链 20—锁止螺母 21—转向齿轮
22—左转向横拉杆 24—更换锁止板 25—右转向横拉杆

2. 转向直拉杆（图 10-24）

转向直拉杆的作用是把转向摇臂传来的力和运动传给转向梯形臂或转向节臂。它既受到拉力，也受到压力，因此多采用优质特种钢材制成。转向直拉杆为实心或空心杆件，两端较粗，内装球头座 3 和 5，将连接转向节臂与直拉杆的球头销的球头部分 4 夹持住。球头座由弹簧 6 压紧，端部用螺塞 8 塞住。转动螺塞，可以调节弹簧压力。螺塞位置校准后，用开口销加以固定。为了使转向直拉杆在受到向前或向后的冲击力时都有一个弹簧可以起到缓冲作用，将两端球头销弹簧都装在球头销的后面，此弹簧还可以减轻由车轮传来的跳动。杆的端

部开孔,以备球头 4 的插入,此孔用橡胶防尘垫 9 密封。杆端还开有油嘴 2,用来注入润滑脂以润滑内部。

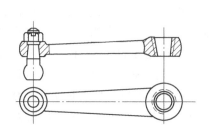

图 10-23　转向摇臂

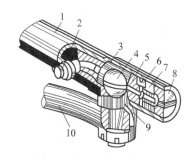

图 10-24　转向直拉杆及接头
1—转向直拉杆　2—油嘴　3、5—球头座
4—球头　6—弹簧　7—限位块
8—螺塞　9—橡胶防尘垫　10—转向节臂

3. 转向横拉杆(图 10-25)

转向横拉杆的作用是联系左右梯形臂并使其协调工作。它在汽车行驶过程中反复承受拉力和压力,因此多用高强度冷拉钢管制成。转向横拉杆由转向横拉杆体 1 和两端的横拉杆接头 3 组成,如图 10-25 所示。转向横拉杆体 1 用钢管或钢杆制成,它的两端有正、反螺纹(一端为右旋,一端为左旋),转动转向横拉杆体 1,即可调整其长度,以调整转向轮的前束值。横拉杆接头 3 的螺纹部分有切口,具有弹性。横拉杆接头旋装到横拉杆体上后,以夹紧螺母 2 夹紧。接头中的球头销 6 的尾部与梯形臂或转向节臂相连。球头座 5 用聚甲醛制成,有很好的耐磨性。装配时两球头座的凸凹部分互相嵌合。弹簧 4 保证球头座与球头紧密配合,并起缓冲作用,其预紧力由螺塞调整。

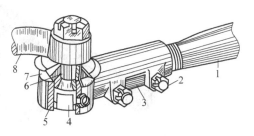

图 10-25　转向横拉杆及接头
1—转向横拉杆体　2—夹紧螺母
3—横拉杆接头　4—弹簧　5—球头座
6—球头销　7—防尘垫　8—梯形臂

4. 转向减振器(图 10-26)

转向减振器的作用是克服汽车行驶时转向轮产生的摆振现象,提高汽车行驶的稳定性和乘坐的舒适性。转向减振器的一端与车身或前桥铰接,另一端与转向直拉杆或转向器铰接,参见图 10-1 和图 10-2。转向减振器的结构类似于悬架减振器,但二者的特性却不同。前者的特性是对称的,即压缩和伸张时特性相同;而后者的特性是非对称的,即压缩和伸张时的特性不相同。图 10-26 所示为一种转向减振器的结构及零件分解图。活塞杆 18 的左端与减振器下吊环固连,其右端通过螺母 27 固定伸张阀组件及活塞 26。活塞将缸筒分成左右两个腔室。压缩阀体 10 与缸筒 7 固连。缸筒的右端有径向孔与橡胶储液囊 2 和缸筒间的储液腔相通。压缩阀座 14 注塑在阀杆 13 上,形成阀座体,其端面有两个轴向通孔。节流阀片 23 外缘有一缺口,该缺口是减振器左右腔之间的常流通道。星形阀片 21 为一碟形弹簧,当减振器不工作时,星形阀片与阀片 22 间的间隙也形成常流通道。在减振器压缩过程中,活

223

塞杆连同活塞右移。减振器右腔容积减小，油压增大，而左腔容积增大，油压减小，右腔中的油液通过阀片 22 使星形阀片压缩变形，阀片 22 与活塞端面出现间隙，右腔中的油液进入左腔。由于压缩过程中，减振器右腔减小的容积大于左腔增大的容积，右腔中便产生高压。其中的高压油通过压缩阀座上的轴向小孔使压缩阀片离开压缩阀座，于是减振器右腔中的高压油进入储液室，使橡胶囊产生膨胀变形。在减振器伸张过程中，活塞杆连同活塞及伸张阀组件左移，缸筒左腔容积减小，压力增大。左腔中的油压作用在阀片 22 上，当液压油作用力克服弹簧力的作用力时，左腔中的液压油便通过阀片 22 与伸张阀杆 19 之间的环形通道及常流通道进入右腔。在伸张过程中，减振器右腔增加的容积大于左腔减小的容积，因此右腔中出现真空。此时，储液室中的液压油在橡胶储液囊的作用下，克服弹簧 9 的作用力，使压缩阀座体离开压缩阀体，储液室中的液压油进入减振器右腔。

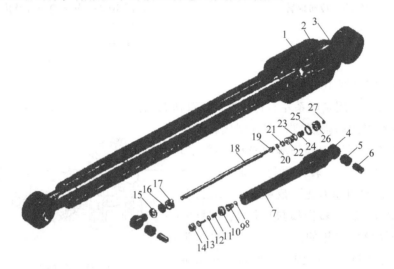

图 10-26 转向减振器

1—套筒 2—橡胶储液囊 3—底盖 4—吊环 5—橡胶支承圈 6—衬套 7—缸筒 8—垫片 9—锥形弹簧
10—压缩阀体 11—柱形弹簧 12—压缩阀片 13—压缩阀杆 14—压缩阀座 15—固定垫圈 16—密封圈
17—导向座 18—活塞杆 19—伸张阀杆 20—垫片 21—星形阀片 22—阀片 23—节流阀片
24—伸张阀弹簧 25—活塞环 26—活塞 27—螺母

10.4 机械转向系统的故障诊断与维修

10.4.1 机械转向系统的检查与调整

1. 转向器

转向器的检查、调整主要是轴承预紧度和转向器传动副配合间隙的检查与调整。如果在驾驶人的使用过程中，或在汽车转向系统的维护过程中，发现转向盘转动阻力过大、过小，或转向盘自由行程过大、过小，都需要检查转向器的轴承预紧度和转向器传动副配合间隙。不同的转向器检查、调整的部位不同。

（1）齿轮齿条式转向器 齿轮齿条式转向器的结构如图 10-7 所示。齿轮齿条啮合间隙的调整方法是先旋转盖上的调整螺塞，使弹簧座与导块接触，再将调整螺塞旋出 30°～60°之后，检查转向齿轮的转动力矩，如此重复操作，直至转向齿轮的转动力矩符合原厂规定，最后紧固锁紧螺母。

（2）循环球式转向器 循环球式转向器的结构如图10-9所示。

1）轴承预紧度的调整。转向螺杆通过两个推力球轴承支承在转向器壳体上，两个轴承的内座圈分别支承在转向螺杆的轴肩上，其轴向距离不能改变；而轴承的外座圈分别支承在转向器壳体和轴承盖上，通过调整螺母5的松紧来调整轴承预紧度的。

2）齿条、齿扇啮合间隙的调整。转向螺母下平面上加工出的齿条是倾斜的，与之相啮合的是变齿厚齿扇。所以使齿扇轴相对于齿条作轴向移动，便可调整二者的啮合间隙。

（3）蜗杆曲柄指销式转向器 蜗杆曲柄指销式转向器的结构如图10-10和图10-11所示。

1）轴承预紧度的调整。蜗杆曲柄指销式转向器需要调整轴承预紧度的地方有两个，一是转向螺杆的支承轴承；二是转向指销的支承轴承。

转向蜗杆通过两个向心推力球轴承支承在转向器壳体上（图10-11），其轴承预紧度可以通过转向器下盖上的调整螺塞7进行调整。顺时针旋入调整螺塞，则轴承预紧度变大；反之亦然。调整后用螺母8紧固。

转向指销通过双列圆锥滚子轴承支承在曲柄上，可以通过销颈上的螺母用来调整轴承的预紧度，使指销能自由转动且轴向推动无间隙，调整后用锁片（图中未示出）将螺母锁住。

2）指销、蜗杆啮合间隙的调整。转向器侧盖上装有调整螺钉，旋入或旋出调整螺钉可以改变摇臂轴的轴向位置，以调整指销与蜗杆的啮合间隙，从而调整转向盘自由行程，调整后用螺母锁紧。

2. 转向操纵机构

（1）检查 用双手握住转向盘，在轴向和径向方向上用力摇动，观察此时转向盘是否移位。由此了解转向盘与转向轴的安装情况，轴承是否松旷等。

转向盘大螺母应该紧固，支承轴承完好无松旷，柱管装置稳固、支架无断裂、螺栓紧固；转向传动轴万向节应不松旷，滑动叉扭转间隙不大于0.30mm，结合长度不少于60mm，各横销螺栓紧固，弹簧垫完好，防尘套完好无损。

（2）转向盘转动阻力的检查 转向盘转动阻力一般用弹簧秤拉动转向盘边缘进行测量，如图10-27所示。

（3）转向盘自由行程的检查 汽车每行驶12000km左右，应检查转向盘的自由行程。检查方法如下。

1）在配备动力转向系统的车辆上，起动发动机；机械转向系统则无需起动发动机。

2）将转向轮转到直线行驶的位置。

3）轻轻移动转向盘，在转向轮就要开始移动时（或感觉到阻力时），使用直尺测量转向盘外缘的移动量。一般为10~15mm。

4）如果不符合要求，应该检查转向器间隙、转向球头销的调整等。

（4）转向盘锁止功能的检查

1）将点火开关转至"LOCK"位置，轻轻转动转向盘，此时转

图10-27 转向盘转动阻力检查

向盘应该锁止不能转动。

2）将点火开关转至"ACC"位置,转向盘应能自由转动。

3. 转向传动机构

（1）转向摇臂的检查

1）用磁力探伤法检查转向摇臂是否有裂纹,若有裂纹应更换。

2）检查转向摇臂上端的锯齿花键有无磨损、损坏,若有应更换。

3）检查转向摇臂的锁紧螺母,其螺纹不应有损伤,否则应更换。

4）检查转向摇臂下端和转向拉杆球头销的连接应牢固、可靠,切不可松旷,否则应修复。

（2）转向直拉杆和横拉杆的检查

1）横拉杆杆体有无裂纹、弯曲,其直线度误差一般应小于2mm,否则应校直,直拉杆8字孔磨损不超过2mm。

2）各螺纹部位不应有损坏,与螺塞配合不松旷,否则应更换。

3）球头销、球座体及钢碗无裂纹、不起槽;球头销颈部磨损不超过1mm,球面磨损失圆小于0.50mm,螺纹完好;弹簧不应有弹力减弱或折断。

4）防尘装置应齐全有效。

（3）转向节臂和梯形臂的检查

1）转向节臂和梯形臂是否有裂纹,若有应更换。

2）检查两端部的固定与连接部位不应有松动,要求牢固、可靠。

（4）转向减振器的检查（以桑塔纳轿车为例）

1）检查漏油状况（其容量86mL）。若渗漏严重,应更换或分解修理,更换密封圈等零件。

2）查看支承是否开裂,若有应更换。

3）检查减振器的工作行程,必须拆下来试验。$L_{max} = 556$mm,$L_{min} = 344.5$mm,最大阻尼载荷560N,最小阻尼载荷180N。

（5）转向拉杆球头销预紧度的调整

1）组装横、直拉杆总成时,注意在球头销、球碗表面涂抹润滑油。

2）组装直拉杆时,用弯头扳手将调整螺塞拧到底后,再退回1/4圈左右,并使开口销孔对准,然后穿入开口销锁止螺塞,如图10-28所示。

3）组装横拉杆时,将螺塞拧到底,再退回1/4~1/2圈,装上开口销锁止螺塞。

10.4.2 机械转向系统的故障诊断

机械转向系统中由于维护调整不当、磨损、碰撞变形等原因,会使转向器过紧、转向传动机构和转向操纵机构松旷、变形、发卡等,从而造成转向沉重、行驶跑偏、单边转向不足、低速摆头、高速摆头等故障。

1. 转向沉重

（1）故障现象　汽车在行驶中,转动转向盘感到

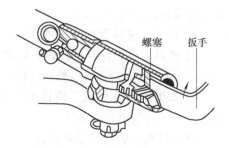

图10-28　转向拉杆球头销预紧度的调整

沉重费力，转弯后又不能及时回正。

（2）故障原因

1）转向器方面的原因。

① 转向器缺油。

② 转向轴弯曲或转向轴管凹陷碰擦，有时会发出"吱吱"的摩擦声。

③ 转向摇臂与衬套配合间隙过小或无间隙。

④ 转向器输入轴上下轴承调整过紧，或轴承损坏。

⑤ 转向器啮合间隙调整过小。

2）转向传动机构方面的原因。

① 各处球销缺乏润滑油。

② 转向直拉杆和横拉杆上的球头销调整过紧，压紧弹簧过硬或折断。

③ 转向直拉杆或横拉杆弯曲变形。

④ 转向节主销与衬套配合间隙过小，或衬套转动使油道堵塞，润滑油无法进入，使衬套与转向节主销烧蚀。

⑤ 转向节止推轴承调整过紧或缺少润滑油或损坏。

⑥ 转向节臂变形。

3）前桥（转向桥）和车轮方面的原因。

① 前轴变形，引起前轮定位失准。

② 轮胎气压不足。

③ 前轮轮毂轴承调整过紧。

④ 转向桥或驱动桥超载。

4）其他部位的原因。

① 车架弯曲、扭转变形。

② 前钢板弹簧或是前悬架变形。

③ 前轮定位不正确。

（3）诊断与排除

1）顶起前桥，转动转向盘，若感到转向盘变轻，则说明故障部位在前桥、车轮或其他部位。此时应首先检查轮胎气压，如气压偏低，则应充气使之达到正常值，接下来应用前轮定位仪检查前轮定位，尤其应注意主销后倾角和前束值，如果是因为前束过大造成的转向沉重，同时还能发现轮胎有严重的磨损。

2）若转向仍感沉重，说明故障在转向器或转向传动机构，可进一步拆下转向摇臂与直拉杆的连接，此时若转向变轻，说明故障在转向传动机构，应检查各球头销是否装配过紧或止推轴承是否缺油损坏，各拉杆是否弯曲变形等，通常检查时，可用手扳动两个车轮左右转动查看各传动部分，并转动车轮检查轮毂轴承预紧度。

3）拆下转向摇臂后，若转向仍沉重。则转向器本身有故障，可检查转向器是否缺油，转动转向盘时倾听有无转向轴与柱管的碰擦声，检查调整转向器主动轴上下轴承预紧度和啮合间隙，转向摇臂轴转动是否发卡等，如不能解决就将转向器解体检查内部有无部件损坏。

4）经过上述检查，如仍不见减轻，可检查车桥、车架或下控制臂（独立悬架式）与转向节臂，看其有无变形，如发现变形，应予修整或更换。同时检查前弹簧（板簧或螺旋弹簧），看其是否折断,否则应更换。

2. 低速摆头

(1) 故障现象　汽车在低速行驶时,感到方向不稳,产生前轮摆振。

(2) 故障原因

1) 转向器传动副啮合间隙过大。

2) 转向传动机构横、直拉杆各球头销磨损松旷、弹簧折断或调整过松。

3) 转向节主销与衬套的配合间隙过大或前轴主销孔与主销配合间隙过大。

4) 前轮轮毂轴承装配过松或紧固螺母松动。

5) 后轮胎气压过低。

6) 车辆装载货物超长,使前轮承载过小。

7) 前悬架弹簧错位、折断或固定不良。

(3) 诊断与排除

1) 外观检查。

① 检查车辆是否装载货物超长,而引起前轮承载过小。

② 检查后轮胎气压是否过低,若轮胎气压过低,应充气使之达到规定值。

③ 检查前悬架弹簧是否错位、折断或固定不良,若错位应拆卸修复;若折断应更换;若固定不良,应按规定力矩拧紧。

2) 转向盘自由行程检查。

① 由一人握紧转向摇臂,另一人转动转向盘试验,若自由行程过大,说明转向器啮合传动副间隙过大,应调整。

② 放开转向摇臂,仍有一人转动转向盘,另一人在车下观察转向拉杆球头销,若有松旷现象,说明球头销或球碗磨损过甚、弹簧折断或调整过松,应先更换损坏的零件,再进行调整。

③ 通过以上检查均正常,可支起前桥,并用手沿转向节轴轴向推拉前轮,凭感觉判断是否松旷。若有松旷感觉,可由另一人观察前轴与转向节连接部位。

④ 若此处松旷,说明转向节主销与衬套的配合间隙过大或前轴主销孔与主销配合间隙过大,应更换主销及衬套。

⑤ 若此处不松旷,说明前轮毂轴承松旷,应重新调整轴承的预紧度。

3. 高速摆头

(1) 故障现象　汽车行驶中出现转向盘发抖,车头在横向平面内左右摆动、行驶不稳等。有下面两种情况。

1) 在高速范围内某一转速时出现。

2) 转速越高,上述现象越严重。

(2) 故障原因

1) 转向轮动不平衡。

2) 前轮定位不正确。

3) 车轮偏摆量大。

4) 转向传动机构运动干涉。

5) 车架、车桥变形。

6）悬架装置出现故障：左右悬架刚度不等、弹簧折断、减振器失效、导向装置失效等。

（3）诊断与排除

1）外观检查。

① 检查减振器是否失效，若漏油或失效，应更换。

② 检查左右悬架弹簧是否折断、刚度是否一致，若有折断或弹力减弱，应更换。

③ 检查悬架弹簧是否固定可靠，转向传动机构有无运动干涉等，若有应排除。

2）支起驱动桥，用三角架塞住非驱动轮，起动发动机并逐步使汽车换入高速档，使驱动轮达到车身摆振的车速。

① 若此时车身和转向盘出现抖动，说明传动轴严重弯曲或松旷，转向轮动不平衡或偏摆量大（前驱动）。

② 若此时车身和转向盘不抖动，说明故障在车架、车桥变形或前轮定位不正确。

3）前轮偏摆检查。

① 支起前桥，在前轮轮辋边上放一划针，慢慢地转动车轮，查看轮辋是否偏摆过大，若轮辋偏摆量过大，应更换。

② 拆下前轮，在车轮动平衡仪上检查前轮的动平衡情况，若不平衡量过大，应加装平衡块予以平衡。

4）经上述检查均正常，应检查车架、车桥是否变形，并用前轮定位仪检查调整前轮定位。

4. 行驶跑偏

（1）故障现象 汽车直线行驶时，转向盘不居中间位置；必须紧握转向盘，预先校正一角度后，汽车才能保持直线行驶，若稍放松转向盘，汽车会自动向一侧跑偏。

（2）故障原因

1）左右前轮气压不相等或轮胎直径不等。

2）两前轮的定位角不等。

3）两前轮轮毂轴承的松紧度不等。

4）前束过大或过小。

5）前桥（整轴式）弯曲变形或下控制臂（独立悬架式）安装位置不一致。

6）前后车轴不平行。

7）车架变形或左右轮距相差太大。

8）一边车轮制动拖滞。

9）转向轴两侧悬架弹簧弹力不等。

（3）诊断与排除

1）外观检查。

① 检查左、右两前轮轮胎气压是否一致，若不一致，应按规定充气，使两前轮轮胎气压保持一致。

② 检查左、右两前轮轮胎的磨损程度，若磨损程度不一致，应更换磨损严重的轮胎。

③ 检查左、右两前轮轮胎的花纹是否一致，若花纹不一致，应更换轮胎，使花纹一致。

④ 将汽车停放在平坦的地面上，查看汽车前部高度是否一致，若高度不一致，说明悬

架弹簧折断或弹力不一致，应更换。

2）用手触摸跑偏一方的车轮制动鼓和轮毂轴承部位，感觉温度情况。

① 若感觉车轮制动鼓特别热，说明该轮制动器间隙过小或制动回位不彻底，应检查调整。

② 若感觉轮毂特别热，说明该轮轴承过紧，应重新调整轴承预紧度。

3）测量前后桥左右两端中心的距离是否相等，若不相等，说明轴距短的一边钢板弹簧错位，车轴或半轴套管弯曲等，应检查维修。

4）用前轮定位仪检查前轮定位是否正确，若不正确，应调整。

5. 单边转向不足

（1）故障现象 汽车转弯时，有时会出现转向盘左右转动量或车轮转角不等。

（2）故障原因

1）转向摇臂安装位置不对。

2）转向角限位螺钉调整不当。

3）前钢板弹簧、骑马螺栓松动，或中心螺栓松动。

4）转向直拉杆弯曲变形。

5）钢板弹簧安装时位置不正，或是中心不对称的前钢板弹簧装反。

（3）诊断与排除

1）若汽车转向原来良好，由于行驶中的碰撞而造成转向角不足或一边大一边小时，应检查直拉杆、前轴、前钢板弹簧有无变形和中心螺栓是否折断等现象。

2）若维修后出现转角不足，可架起前桥，先检查转向摇臂安装是否正确。将转向盘从左边极限位置转到右边极限位置，记住总圈数，再回转总圈数的一半，查看转向轮是否处于直线行驶位置，如不是则应重新安装转向摇臂。

3）若左右转向角不等，则应相应调整。

4）当前轮转向已靠到转向限位螺栓时，最大转向角还不够，则转向限位螺栓过长，应予调整或更换。

5）如前钢板弹簧中心不对称，则应检查是否装反。

本 章 小 结

本章主要讲述转向器的作用和现代汽车转向器的结构、工作情况及拆装方法；汽车转向传动机构的组成、结构、工作情况及拆装方法；汽车转向系统的维护及常见故障现象、原因和诊断方法；转向系统主要零件的检测与维修工艺等。

复习思考题

1. 转向器的作用是什么？常用的类型有哪些？
2. 简述循环球式、齿轮齿条式转向器的结构、工作情况及拆装方法。
3. 简述汽车与非独立悬架相适应的转向传动机构的组成、结构及拆装方法。
4. 汽车转向系统常见的故障有哪些？各有什么现象？如何排除？
5. 如何对转向系统主要零件进行检测和修理？

实训项目 转向系统的拆装与维修

1. 实训目的与要求
1) 学会进行转向操纵机构的拆卸、解体、零件的检验和分类。
2) 能够认识转向操纵机构的主要零件的结构和技术要求。
3) 了解转向操纵机构主要零件的维修方法。
4) 掌握转向操纵机构装配、安装、调整的方法和技术要求。
5) 掌握转向操纵机构常见故障的诊断与排除方法。

2. 实训设备及工具、量具
1) 转向操纵机构。
2) 常用汽车拆装、维修工具,扭力扳手;拆装工作台,零件存放台等。
3) V形块、平台、塞尺、游标卡尺、内径量表、百分表、扭力表、弹簧秤,台虎钳、拉杆球头专用扳手、拉力器等。
4) 清洗剂、润滑油、润滑脂、棉纱、油盆等。

3. 学时及分组人数
实训分三部分,共计6学时,4~6人分为一组,配备一套转向系统,并可以轮换进行。

4. 实训内容
(1) 转向操纵机构的拆装 图10-29所示为桑塔纳轿车的转向操纵机构。在拆卸前必须将蓄电池电源线断开,将车轮放在直线行驶的位置上。转向指示灯开关放在中间位置上。

1) 拆卸。
① 向下按转向盘盖板的橡皮边缘,撬出转向盘盖板21。
② 用40N·m的力矩松开转向盘的固定螺母,拔出电喇叭电线,用拉力器拆下转向盘1。
③ 拆下转向柱开关2。
④ 拆下阻风门控制把手(电控车无此项内容)。
⑤ 旋下仪表装饰板的四个螺钉,并松开卡箍,取出转向柱13。
⑥ 使用鲤鱼钳旋转卸下弹簧垫圈。
⑦ 拆下转向盘锁壳。卸下左边的内六角螺栓,旋出右边的开口螺栓,用钻头钻出螺栓头。

2) 检查。
① 检查转向柱有无弯曲。

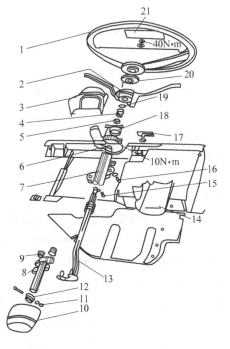

图10-29 桑塔纳轿车转向操纵机构
1—转向盘 2—转向柱开关 3—罩板 4—弹簧 5—接触环 6—橡胶支承环 7—转向柱套管 8—凸缘管 9—套管 10—口密封罩 11—螺母 12—口卡箍 13—转向柱 14—罩壳 15—断开螺栓 16—口圆柱螺栓 17—起动器把手 18—转向盘锁套 19—弹簧垫圈 20—接触环 21—盖板

② 检查安全联轴器有无磨损和损坏。
③ 检查弹簧弹性是否失效。
3）装配。装配按拆卸的逆顺序进行。注意：
① 转向支柱如有损坏不能焊接。
② 自锁螺母、螺栓必须更换。
③ 安装凸缘管时应将凸缘管推到主动齿轮上，贴紧转向柱，拧紧螺母，并涂润滑脂。

（2）转向器的拆装　轿车齿轮齿条式转向器的拆装，其转向系统结构如图10-30所示。

1）转向器总成的分解。

① 将转向齿条壳体的安装部分夹紧在台虎钳上，钳口里需垫上铜片或铅片。

② 拆卸转向拉杆接头分总成（图10-31）。在拆卸前，先在转向齿条接头分总成上做个标记，以便装配时使用。拧松锁紧螺母，拆下转向拉杆接头分总成。

③ 拆下防尘罩锁簧和防尘罩管箍，拆下转向齿条防尘罩。

④ 拆卸转向齿条接头分总成（图10-31）。用转向齿条的对方部分（宽度19mm）和转向齿条接头螺母的对方部分（宽度26mm），将转向齿条接头螺母松开，从转向齿条上拆下转向齿条接头分总成，从转向齿条接头上拆下转向齿条接头螺母。

⑤ 使用专用工具拆卸锁紧六角螺母。

⑥ 用扳手拆下压簧导向锁紧螺母1（图10-32），从转向齿条壳总成里拆下压簧和导向块分总成。

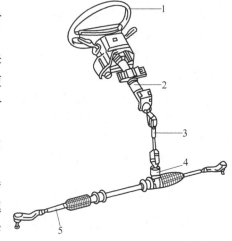

图10-30　轿车齿轮齿条式转向器
1—转向盘　2—转向柱
3—转向传动轴　4—转向器　5—横拉杆

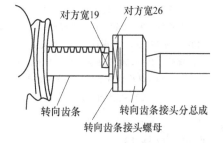

图10-31　拆卸转向齿条接头分总成

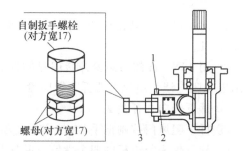

图10-32　压簧导向锁紧螺母拆卸
1—锁紧螺母　2—调整螺塞　3—扳手螺栓

⑦ 拆卸转向器齿条。注意在拉出齿条时，齿条应朝向壳体侧，且要直接拔出，不允许旋转，以防划伤衬套，如图10-33所示。

⑧ 用螺钉旋具或类似工具拆下油封。注意拆卸时不要划伤壳体。

⑨ 使用孔用弹性挡圈钳拆下弹性挡圈。

⑩ 从转向齿条壳体中将转向器小齿轮和轴承一起拆出。

⑪ 拆卸向心球轴承,如图10-34所示。用轴用弹性挡圈钳拆下轴用弹性挡圈,用专用工具拆卸轴承。

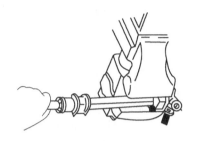

图10-33 拆卸转向器齿条

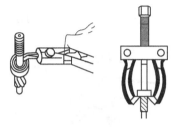

图10-34 拆卸向心球轴承

2)转向器的安装。

① 向图10-35所示的各部位加注润滑脂(2号锂基脂)。

② 用图10-36所示专用工具将轴承装到小齿轮上,并用弹簧钳装上轴用弹性挡圈。

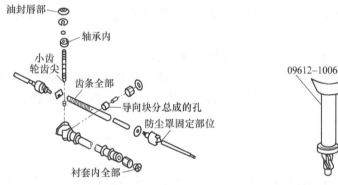

图10-35 加注润滑脂部位

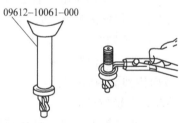

图10-36 安装弹簧垫圈

③ 用图10-37所示专用工具将小齿轮及轴承装入齿条壳内,用弹簧钳装上弹性挡圈,并用专用工具(图10-38)将油封压入条壳内。

④ 用2号锂基润滑脂涂在齿面和整个齿条表面上;装入转向器齿条,注意不要划伤

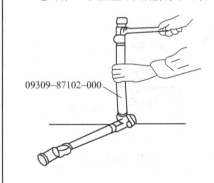

图10-37 安装小齿轮及轴承

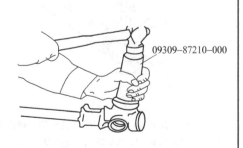

图10-38 安装油封

齿条衬套。

⑤ 往齿条壳内装入导向块、压簧和压簧导向螺母。

⑥ 调整压簧导向螺母、压簧、齿条导向块对齿条的预紧力。

⑦ 锁紧六角螺母。用专用工具(图10-39)拧紧锁紧螺母。在拧紧的同时要用自制扳手扭住压簧导向螺母，以防转动(紧固力矩为34.3~44.1N·m)，再用专用工具测量齿条的预加载荷(即小齿轮开始转动的力矩)，标准值为29.4~58.8N·m。

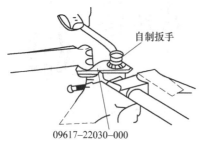

图10-39 锁紧六角螺母　　　　图10-40 装配转向齿条接头分总成

⑧ 装配转向齿条接头分总成。将转向齿条接头螺母拧入转向齿条接头(图10-40)，将转向齿条接头分总成拧入转向齿条，固定转向齿条，拧紧转向齿条接头螺母(紧固力矩为49.0~63.7N·m)。

⑨ 安装转向齿条防尘罩，装上防尘罩锁簧和防尘罩管箍。

⑩ 装上转向拉杆接头分总成。将锁紧螺母和转向拉杆接头分总成拧到转向齿条接头分总成上，直到原来做的标记处，初步拧紧螺母。在检查和调整完后，再次拧紧锁紧螺母。

(3) 转向传动机构的拆装。

1) 转向传动机构的拆卸。

① 拆卸转向横拉杆。

a. 举升汽车并拆下车轮，再从转向节上拆下开口销4和转向横拉杆端头槽形螺母3 (图10-41)。

b. 用转向横拉杆端头拆卸器从转向节上拆下转向横拉杆端头(图10-42)。

c. 为便于安装后调整，将转向横拉杆端头锁紧螺母在转向横拉杆端头的螺纹上的拧

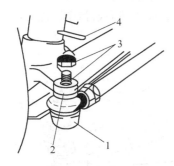

图10-41 拆卸开口销和转向横拉杆端头槽形螺母　　图10-42 拆卸转向横拉杆端头
1—转向横杆端头　2—球头销　3—槽形螺母　4—开口销

紧位置处做上标记(图10-43)。

② 拆卸转向纵拉杆。拆下转向纵拉杆两端连接处的开口销及槽形螺母,即可拆下转向纵拉杆。

2)转向传动机构的装配。

① 安装转向中央杠杆。转向中央杠杆如果拆下,安装时应如图10-44所示。当汽车的前轮处于直线行驶位置时,其转向中央杠杆的纵向臂(即与转向横拉杆连接的臂轴)必须与汽车的轴线平行,所允许的偏差应小于1°。

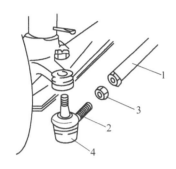
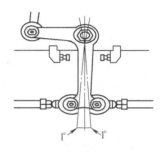

图10-43 做拆卸标记
1—转向横拉杆 2—做标记处
3—转向横拉杆端头锁紧螺母 4—转向横拉杆端头

图10-44 安装转向中央拉杆

② 安装转向纵拉杆。将转向纵拉杆两端的端头分别连接到转向中央杠杆和转向齿条叉或转向摇臂上,将转向纵拉杆与转向中央杠杆的槽形螺母以30~55N·m的拧紧力矩拧紧,将转向纵拉杆与转向齿条叉的槽形螺母以50~80N·m的拧紧力矩拧紧。

③ 安装转向横拉杆。

a. 将转向横拉杆端头的锁紧螺母和转向横拉杆端头安装到转向横拉杆上,并将锁紧螺母对准转向横拉杆端头的螺纹上所做的拧紧位置标记,参见图10-45。

b. 将转向横拉杆端头连接到转向节或转向梯形臂上,以30~55N·m的拧紧力矩拧紧槽形螺母后,再插入开口销将其锁紧。

c. 检查前轮前束是否适当。

d. 若前轮前束正常,将转向横拉杆端头的锁紧螺母以50~70N·m的拧紧力矩拧紧。注意当拧紧转向横拉杆端头的锁紧螺母时,两端的转向横拉杆的端头之间不得有扭曲现象,如图10-45所示。

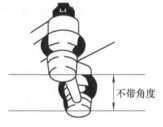

图10-45 转向横拉杆的端头之间要求

第 11 章 动力转向系统与四轮转向系统

学习目标：

- 了解动力转向系统的类型与应用。
- 掌握普通动力转向系统的组成、元件结构，理解其工作原理。
- 了解液压式电控动力转向系统的类型。
- 掌握液压式电控动力转向系统组成与工作原理。
- 熟悉电控动力转向系统组成与工作原理。
- 理解动力转向系统常见故障产生原因。

11.1 概述

由于机械式转向系统本身不能满足转向操纵省力、灵敏的要求，所以在重型汽车和轿车上广泛采用了利用其他动力协助转向的装置，这种采用转向助力装置的转向系统称为动力转向系统。汽车动力转向系统是在驾驶人的控制下，借助于发动机产生的液体压力或电动机动力来实现车轮转向，故动力转向系统也称为转向助力放大装置。

采用动力转向系统的汽车转向所需的能量，在正常情况下，只有小部分是驾驶人提供的体能，而大部分是发动机（或电动机）所提供的液压能（或气压能）、机械能。

动力转向系统按控制方式不同，可分为普通动力转向系统和电控动力转向系统。普通动力转向装置按传能介质不同有气压式和液压式两种。对于装载质量过大的货车，因为其气压制动系统的工作压力较低，所以部件结构复杂、尺寸过于庞大、消耗功率多、易产生泄漏，而且转向力也不易有效控制，所以这种助力系统不宜用于大型货车和小型轿车，主要用于前轴载质量为 3~7t 并采用气压制动的货车和客车。液压式动力转向装置工作压力高，操纵轻便，灵活省力，维护简单，部件尺寸小，工作无噪声，而且能吸收来自不平路面的冲击，广泛用于高速轿车和重型货车。本章所讨论的动力转向系统只限于液压式。电控动力转向系统根据动力源可分为液压式电控动力转向系统和电动式电控动力转向系统。

此外，汽车的四轮转向系统在 20 世纪 80 年代中期开始发展，通过对后轮也进行转向操纵以配合前轮转向，其主要目的是提高汽车在高速行驶或在侧向风力作用时的操作稳定性，改善在低速下的操纵轻便性，以及减小在停车场时的转弯半径。前后转向轮的转向控制有同相和逆相两种情况。四轮转向系统中若后轮的转向和前轮的转向方向相同，则称同相控制模式，其转弯半径比两轮转向的转弯半径大，但汽车在转向时车身与行驶方向的偏转角小，这样，减小了汽车调整行驶转向时的旋转和侧滑，提高了操纵稳定性，适于汽车的高速行驶。四轮转向系统中若后轮的转向和前轮的转向方向相反，则称逆相控制模式，其转弯半径比两轮转向的转弯半径小，提高了汽车停车或在狭小空间转向的机动性，适于汽车低速行驶。

动力转向系统还具有以下功能。
1）汽车转向时应减少驾驶人的操纵力。
2）可限制转向系统的减速比，限制车辆在高速或在薄冰上的助力，保证转向稳定性和行驶安全。
3）在原地转向时，能提供必要的助力。
4）当动力转向系统失效时，应能通过机械转向系统实现转向控制。

同时动力转向系统还应满足以下要求。
1）操纵轻便、省力。
2）提高响应特性，保证高速行车安全。
3）减少地面反传到转向盘的冲击。

11.2 普通动力转向系统

普通液压动力转向系统是在机械式转向系统的基础上加一套动力辅助装置组成的。按其液流形式有常压式和常流式两种。常压式的特点是有储能器积储液压能，可以使用流量较小的转向液压泵，而且还可以在液压泵不工作时保持一定转向助力能力。常流式的特点则是结构简单，液压泵寿命长，泄漏少，而且消耗功率也较少，广泛被使用。

根据机械式转向器、转向动力缸和转向控制阀三者在转向装置中的布置和联接关系的不同，液压动力转向装置分为整体式（机械式转向器、转向动力缸和转向控制阀三者设计为一体）、组合式（把机械式转向器和转向控制阀设计在一起，转向动力缸独立）和分离式（机械式转向器独立，把转向控制阀和转向动力缸设计为一体）三种结构形式。整体式液压动力转向装置具有结构简单、紧凑，量轻，操纵感好等优点，所以广泛用于轿车。

11.2.1 组成与类型

普通液压动力转向系统的组成：一般由机械转向器、转向动力缸和转向控制阀三部分组成。

如图 11-1 所示，转向油泵安装在发动机上，由曲轴通过带传动并向外输出液压油。转向油罐有进、出油管接头，通过油管分别与转向油泵和转向控制阀联接。转向控制阀用以改变油路。机械转向器和缸体形成左右两个工作腔，它们分别通过油道和转向控制阀联接。

当汽车直线行驶时，转向控制阀将转向油泵泵出来的工作液与油罐相通，转向油泵处于卸荷状态，动力转向器不起助力作用。当汽车需要向右转向时，驾驶人向右转动转向

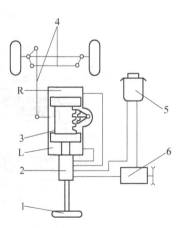

图 11-1 普通液压动力
转向系统示意图
1—转向操纵机构 2—转向控制阀
3—机械转向器与转向动力缸总成
4—转向传动结构 5—转向油罐
6—转向油泵 L—转向动力缸左腔
R—转向动力缸右腔

盘,转向控制阀将转向油泵泵出来的工作液与 R 腔接通,将 L 腔与油罐接通,在油压的作用下,活塞向下移动,通过传动结构使左、右轮向右偏转,从而实现右转向。向左转向时,情况与上述相反。

动力转向系统按转向控制阀阀芯的运动方式,可分为滑阀式动力转向系统和转阀式动力转向系统。

11.2.2 滑阀式动力转向系统的基本工作原理

图 11-2 所示为液压常流滑阀式动力转向装置的工作原理图。

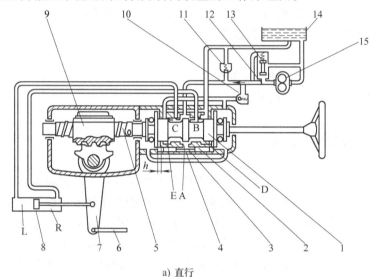

a) 直行

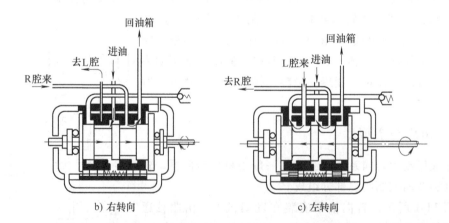

b) 右转向　　　　　　　　c) 左转向

图 11-2　液压常流滑阀式动力转向装置工作原理图
1—滑阀　2—反作用柱塞　3—滑阀复位弹簧　4—阀体　5—转向螺杆　6—转向直拉杆
7—转向摇臂　8—转向动力缸　9—转向螺母　10—单向阀　11—安全阀　12—节流孔
13—溢流阀　14—转向油罐　15—转向油泵

系统各总成与部件的组成及功用如下:转向油罐用来储存、滤清油液。转向油泵将油罐内的油吸出,压送入控制阀,其功用是将发动机输出的部分机械能转换为油液的压力能。固装在车架(或车身)上的转向动力缸主要由缸筒和活塞组成。活塞将动力缸 L、R 两腔,活塞

第 11 章　动力转向系统与四轮转向系统

的伸出端与摇臂中部铰接。动力缸的功用是将油液的压力能转换成机械能，实现转向加力。由阀体、滑阀、反作用柱塞和滑阀回位弹簧等组成的转向控制阀是动力缸的控制部分，用来控制油泵输出油液的流向，使转向器与动力缸协调动作，转向控制阀用油管、油罐和动力连通。

　　滑阀与阀体为间隙配合。在阀体的内圆柱面上开有三道环槽：环槽 A 是总进油道，与油泵连通；环槽 D、E 是回油道，与油罐连通。在滑阀上开有两道环槽：B 是动力缸 R 腔的进、排油环槽；C 是动力缸 L 的进、排油环槽。阀体内装有反作用柱塞，两个柱塞之间装有滑阀复位弹簧。滑阀通过两个轴承支承在转向轴上，它与转向螺杆的轴向相对位置固定不变。但滑阀处于中间位置（相应与汽车直线行驶的位置）时，滑阀两端与阀体的端面均保持 h 的间隙，因而滑阀随同转向螺杆可以相对于阀体自中间位置向两端做微量的轴向移动。

　　当汽车直线行驶时，如图 11-2a 所示，滑阀依靠阀体内的定中弹簧（回位弹簧）保持在中间位置。此时转向控制阀内各环槽相通，自油泵输送出来的油液进入阀体环槽 A 之后，经环槽 B 和 C 分别流入动力缸的 R 腔和 L 腔，同时又经环槽 D 和 E 进入回油管道流回油罐。这时，滑阀与阀体各环槽槽肩之间的间隙大小相等，油路畅通，动力缸因左右腔油压相等而不起加力作用。这时油路保持畅通，油泵负荷小，工作油处于低压状态。

　　汽车右转向时，驾驶人通过转向盘使转向螺杆向右转动（顺时针）。开始时，由于转向车轮的偏转阻力很大，转向螺母暂时不动，具有左旋螺纹的螺杆在螺母的轴向反作用推动下向右轴向移动，带动滑阀压缩弹簧向右移动，消除左端间隙 h，如图 11-2b 所示。此时环槽 C 与 E 之间，A 与 B 之间的油路通道被滑阀和阀体相应的槽肩封闭。而环槽 A 与 C 之间的油路通道增大，油泵送来的油液自 A 经 C 流入动力缸的 L 腔，成为高压油区。R 腔油液经环槽 B、D 及回油管流回储油罐，这样左、右动力腔产生油压差，从而使动力缸的活塞右移，使转向摇臂逆时针转动，从而起加力作用。当这一力与驾驶人通过转向器传给转向摇臂的力合在一起，足以克服转向阻力时，转向螺母也就随着转向螺杆的转动而向左轴向移动，并通过转向直拉杆带动转向车轮向右偏转。

　　助力作用必须随转向盘的转动而进行，随转向盘的停转而减小（维持），若继续转动，则继续助力，这就是所谓的"随动"作用。很显然，只要转向盘和转向螺杆继续转动，加力作用就一直存在。当转向盘转过一定角度保持不动时，转向螺杆作用于转向螺母的力消失，但动力缸活塞仍继续右移，转向摇臂继续逆时针方向转动，其上端拨动转向螺母，带动转向螺杆及滑阀一起向左移动，直到滑阀恢复到中间稍偏右的位置。此时 L 腔的油压仍高于 R 腔的油压。此压力差在动力缸活塞上的作用力用来克服转向轮的回正力矩，使转向轮的偏转角维持不动，这就是转向的维持过程。如转向轮进一步偏转，则需继续转动转向盘，重复上述全部过程。

　　松开转向盘，如果不能自动回正，将增加驾驶人的劳动强度。所以，松开转向盘，转向轮及转向盘应能自动回到直线行驶位置。其作用原理是：松开转向盘，滑阀在回位弹簧和反作用柱塞上的油压的作用下回到中间位置，转向控制阀中各环槽槽肩的缝隙相等，动力缸左腔与右腔的油压差随之消失，动力缸停止工作。转向轮在前轮定位产生的回正力矩的作用下自动回正，通过转向螺母带动转向螺杆反向转动，使转向盘回到直线行驶位置。在此过程中，转向螺母作用在转向螺杆上的轴向力小于复位弹簧的预紧力，故滑阀不再轴向移动，所以在转向轮自动回正过程中不会出现自动加力现象。如果滑阀不能回到中间位置，汽车将在行驶中自动跑偏。

汽车直线行驶，路面不平转向轮可能左右偏转而产生振动时。这种振动将迫使转向摇臂摆动，使动力缸活塞在缸筒内轴向移动。动力缸左右两腔的油液变对活塞移动起阻尼作用，从而吸收振动能量，减轻了转向轮的振动。若路面冲击力很大，迫使转向轮偏转（设向右偏转，而驾驶人仍保持转向盘处于直线行驶位置），此时转向螺杆将受到一个向左的轴向力，这个力使滑阀左向移动，于是反向接通动力缸油路，动力转向装置的加力方向与转向轮偏转方向相反，使转向轮回正，从而可以抵消路面冲击的影响。

汽车左转向时，如图 11-2c 所示，滑阀左移，动力缸向相反方向加力，其动力转向装置的工作原理与上述相同。

动力转向装置失效时。若动力转向装置失效，则动力转向装置不但不能使转向省力反而会增加转向阻力。为了减小这种阻力，在转向控制阀的进油道和回油道之间装有单向阀。在正常情况下，进油道的油压为高压，回油道为低压，单向阀在弹簧张力和油压差作用下关闭，进、回油道互不相通。当油泵失效后靠人力强制进行转向时，工作油便通过单向阀在动力缸内构成小循环油路，即动力缸的排油腔的油液经回油道、单向阀及进油道流入动力缸吸油腔，而不需经过油泵，以减轻转动转向盘作用力。可见单向阀的作用是将不工作的油泵短路。

采用液压装置，有以下特点。

1）转向轮开始和终止偏转时间，要比转向盘动作时间滞后一些。这主要是由于液力系统中有一个油压增长和平衡的过程。

2）动力转向装置工作时，动力缸活塞的移动速度除受转向盘的转动速度影响外，还受油泵输油量影响。如果油泵输油量不足，会使转向速度慢（转向轮的偏转明显滞后于转向盘的移动）而不灵敏，且转向沉重。若油泵输油量过大，则会使转向过于灵敏，转向盘出现"发飘"，油泵的输出油量受发动机转速的影响很大。

3）为了保证发动机怠速时供油充足，而在发动机高速运转时供油量不致过大，在油泵中装有节流孔和溢流阀。当油泵输油量超过一定值时，油液在节流孔节流作用下产生的油压差把溢流阀打开，一部分工作液经溢流阀返回到油泵进口处。为使油泵和系统中机件不致因过载而损坏，其中安全阀的功能是限制油泵及系统内的最高压力。

4）反作用柱塞的作用是能将路面阻力情况成比例反映到转向盘上，使驾驶员有"路感"。

11.2.3 转阀式动力转向系统的结构与基本工作原理

1. 主要部件结构

桑塔纳 2000 系列轿车采用的液压动力转向系统如图 11-3 所示。它由液压泵、转阀式控制阀、溢流阀、限压阀、储油罐、转向器、转向动力缸和进回油管等组成。其中转向器与助力装置为整体式，即工作缸、控制阀和齿轮齿条装配在一起。

桑塔纳轿车液压泵采用的是叶片泵，它由发动机曲轴通过带轮驱动，将液压油从储油罐泵入控制阀，以提供转向所需的动力源（高压油）。为确保动力转向系统安全工作，防止液力系统工作压力超过系统允许的最大工作压力，在叶片泵内装有一个溢流阀和限压阀。当工作压力超过限压阀额定值时，压力油经限压阀卸载使压力油返回到进油口，以避免液压泵及

第 11 章　动力转向系统与四轮转向系统

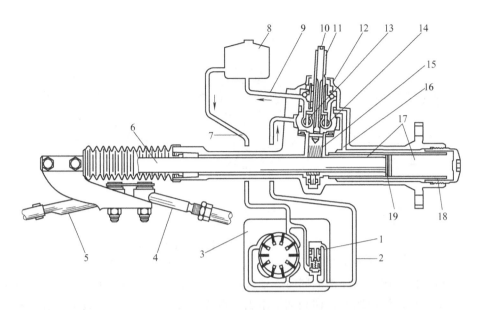

图 11-3　液压动力转向系统组成

1—限压阀和溢流阀　2—高压油管　3—叶片泵　4—右横拉杆　5—左横拉杆　6—齿条　7—油管　8—储油罐　9—回油管　10—主动齿轮轴　11—扭力杆　12—控制阀　13—左阀芯　14—右阀芯　15—左腔进油管　16—右腔进油管　17—压力腔　18—动力缸　19—活塞

其机构过载损坏。当叶片泵供油时超过某一定值时，多余的油经此阀流回到液压泵进油口处，以限制最大供油量。

转阀式转向控制阀，如图 11-4 所示。主要由阀芯、阀体、扭杆弹簧等部件组成。转向盘与转向轴以花键连接，转向轴通过柔性万向节与扭力杆以花键连接，扭力杆上端部又以销钉与阀芯连接，阀芯与阀套能通过相对转动，而阀套下部又以销轴与小齿轮连接，扭力杆下部与小齿轮刚性连接。阀套内壁开有 6 个纵向槽，相应地在阀芯外表有 6 个凸肩，每个凸肩左、右与阀套纵向纵槽配合处有间隙，叫做转阀的预开隙。

2. 转阀式动力转向器的工作过程

当汽车直线行驶时，转向盘处于中间位置，阀芯处于阀套中间位置，见图 11-5b。工作油液从转向器壳体的进油孔 B 流到阀体的中间油环槽中，经过其槽

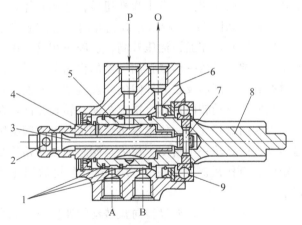

图 11-4　转阀式转向控制阀构造图

1—密封圈　2、7—销　3—扭力杆　4—阀芯　5—阀套　6—阀体　8—转向齿轮　9—轴承　P—转阀进油口　A、B—通动力缸左、右腔通道　O—转阀出油口

底的通孔进入阀体和阀芯之间，此时阀芯处于中间位置。进入的油液分别通过阀体和阀芯纵槽和槽肩形成的两边相等的间隙，再通过阀芯的纵槽以及阀体的径向孔流向阀体外圆上、下油环槽，通过壳体油道流到动力缸的左转向动力腔和右转向动力腔。流入阀体内腔的油液在

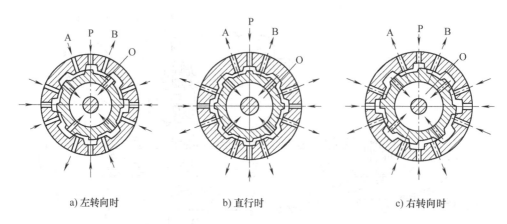

图 11-5 转向时转阀工作位置图
A—接动力缸左腔　B—动力缸右腔　P—接液压泵　O—接储油罐

通过阀芯纵槽流向阀体上油环槽的同时，通过阀芯槽肩上的径向油孔流到转向螺杆和输入轴之间的空隙中，从回油口经油管回到油罐中去，形成常流式油液循环。此时，左、右腔油压相等且很小，齿条—活塞既没有受到转向螺杆的轴向推力，也没有受到左、右腔因压力差造成的轴向推力。齿条—活塞处于中间位置，动力转向器不工作，此时为直线行驶状态。

右转向时，转动转向盘，短轴顺时针转动，通过下端轴销带动阀芯同步转动，同时弹性扭杆也通过轴盖、阀体上的销子带动阀体转动，阀体通过缺口和销子带动螺杆旋转，但由于受到路面传来的转向阻力，动力缸活塞和转向齿条暂时不能运动，转向齿轮暂时不能随转向轴转动，因而促使扭杆发生弹性扭转，造成阀体转动角度小于阀芯的转动角度，两者产生相对角位移，如图 11-5c 所示。造成通动力缸左腔 A 的进油缝隙减小（或关闭），回油缝隙增大，P 口与 A 口相通，油压升高；右腔正相反，B 口与 O 口相通，油压降低，左、右动力腔产生油压差，齿条—活塞在油压差的作用下移动，产生助力作用。活塞右缸的油液被压出，通过阀套孔、阀芯及扭力杆间的间隙流回转向油罐。

当向左转动转向盘时，情况与向右转动转向盘时相反。如图 11-5a。

当转向盘停在某一位置不再继续转动时，阀套随小齿轮在液力和扭杆的作用下，沿转向盘转动方向旋转一个角度，使之与阀芯的相对角移量减小，左、右油缸油压差减小，但仍有一定的助力作用。此时的助力转矩与车轮的回正力矩相平衡，使车轮维持在某一转向位置上。

在转向过程中，如果转向盘转动的速度快，阀套与阀芯的相对角移量也大，左、右动力腔的油压差也相对加大，前轮偏转的速度也加快。转向盘转动慢，前轮偏转也慢，若转向盘转在某一位置上不变，则前轮也转在某一位置上保持不变。此即"渐进随动作用"。

转向后需回正时，驾驶人放松转向盘，阀芯在弹性扭杆作用下回到中间位置，失去了助力作用，转向轮在回正力矩的作用下自动回位。若驾驶人同时回转转向盘，转向助力器助力，帮助车轮回正。

自动回正：当汽车直线行驶偶遇外界阻力使转向轮发生偏转时，阻力矩通过转向传动机构、转向螺杆、螺杆与阀体的锁定销作用在阀体上，使之与阀芯之间产生相对角位移，动力缸左、右腔油压不等，产生与转向轮转向相反的助力作用。转向轮迅速回正，保证了汽车直线行驶的稳定性。

动力转向器的阀孔同时也具有节流阻尼的作用，不需要像机械转向器那样另加转向减振器。在转向回正时，通过阀的阻尼力来防止转向回正速度过快，增加转向回正的舒适性，或者通过阻尼作用减小汽车直线行驶时出于路面的不平对前轮的冲击引起转向盘的抖动，提高其保持直线行驶稳定性的能力。

当液压助力装置失效后，失去方向控制是非常危险的，所以一旦液压助力装置失效，该动力转向器即变成机械转向器。动力传递路线与齿轮齿条式机械转向系统完全一致，此时转动转向盘，带动阀芯转动，阀芯下端边缘有弧形缺口，转过一定角度后，带动小齿轮转动，再通过齿条传给左右横拉杆，即可实现汽车转向。

11.3 电控动力转向系统

普通动力转向系统因其操纵灵活、轻便，目前已经广泛应用。但它的缺点是具有固定的动力放大倍数。一般说来，车速越低转向操纵越重，若采用固定的助力倍数，当低速下转向的操纵力减小到比较理想的程度时，则可能导致高速下操纵力过小、手感操纵力不明显，转向不稳定；反之，如果加大高速转向时的操纵力，则低速转向时的操纵力又过大。为了实现在各种转速下转向的都是最佳值，电子控制助力转向系统是最好的选择。因具有可变的动力放大倍数，既可在低速时使转向轻便、灵活，又能在高速时保证稳定的转向手感，所以其驾驶舒适性、操纵稳定性更高。而且在结构上也远比单纯液力和气力式助力转向系统轻巧简便，特别适合广大小轿车。

电控动力转向系统简称EPS（Electronic-Control Power Steering）。根据动力源不同，电控动力转向系统分为液压式和电动式两种。

液压式EPS是在传统的液压动力转向系统的基础上，增设了控制液体流量的电磁阀、车速传感器和ECU等。ECU根据检测到的车速信号控制电磁阀，使转向动力放大倍率实现连续可调，从而满足高、低速时的转向要求。

电动式EPS是利用直流电动机作为动力源，ECU根据转向参数和车速等信号，控制电动机转矩的大小和方向。电动机的转矩由电磁离合器通过减速机构减速增扭后，加在汽车的转向机构上，使之得到一个与工况相适应的转向作用力。

通过电子控制动力转向系统，可使驾驶人在汽车低速行驶时转向方便、灵活；在中、高速行驶时增加转向操纵力，使驾驶人的手感增强，从而可获得良好的转向路感，提高转向操纵的稳定性。

11.3.1 液压式电控动力转向系统

根据控制方式的不同，液压式电控动力转向系统又可分为流量控制式、反力控制式和电阀灵敏度控制式三种形式。本节着重介绍流量控制式和反力控制式。

1. 流量控制式EPS

流量控制式电控动力转向系统是一种通过车速传感器信号，控制动力转向装置供应的压力油液，改变油液的输入输出流量，以控制转向力的方法。其优点是在原来动力转向功能上再增加压力油液流量控制功能即可，可降低价格，简化结构。缺点是当流向动力转向机构上的压力油液降低到极限值时，将改变转向控制部分的刚度，使其下降到接近转向刚性。这样在低供油时区域内，对于快速转向会产生供油量不足，降低了响应性，使它的推广应用受到限制。

其基本结构如图11-6a所示，这是在日产蓝鸟轿车上使用的流量控制式动力转向系统。它是在一般液压动力转向系统上增加了旁通流量控制阀、车速传感器、转向偏转角传感器、

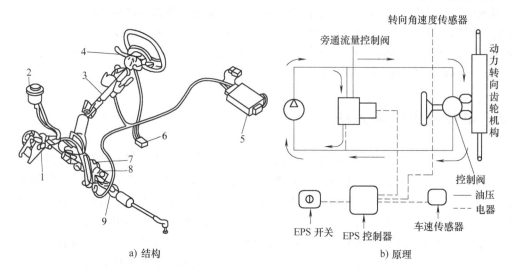

图11-6 日产蓝鸟轿车流量控制式电控动力转向系统
1—油泵 2—加油箱 3—转向柱 4—转向角速度传感器 5—EPS控制器 6—转向角速度传感器增幅器
7—旁通流量控制阀 8—EPS控制线圈 9—转向传动机构

电子控制单元和控制开关等元件，在转向油泵与转向器本体之间设有旁通管路，在旁通管路中又设有旁通流量控制阀。按照来自车速传感器、转向角速度传感器和控制开关的信号，电子控制单元向旁通流量发出流量控制信号，控制旁通流量，从而调整向转向器供油的流量，如图11-6b所示。当向转向器供油流量减少时，动力转向控制阀灵敏度下降，转向助力作用降低，转向力增加。

如图11-7所示为该系统旁通流量控制阀的结构示意图。在阀体内装有主滑阀和稳压滑阀，在主滑阀的右端与电磁线圈柱塞连接，主滑阀与电磁线圈的推力成正比移动，从而改变主滑阀左端流量主孔的开口面积。调整调节螺钉可以调节旁通流量的大小。稳压滑阀的功用是保持流量主孔前后压差的稳定，以使旁通流量与流量主孔的开口面积成正比。当因转向负荷变化而使流量主孔前后压差偏离设定值时，稳压滑阀阀芯将在其左侧弹簧张力和右侧高压油压力的作用下发生滑移。如果压差大于设定值，则阀芯左移，使节流孔开口面积减小，流入到阀内的液压油量减少，前后压差减小；如果压差小于设定值，则阀芯右移，使节流孔开口面积增大，流入

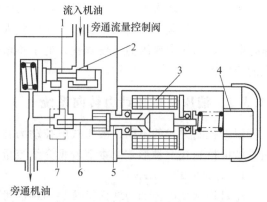

图11-7 旁通流量控制阀结构
1—稳压滑阀 2—节流孔 3—电磁线圈 4—调节螺钉
5—电磁线圈柱塞 6—主滑阀 7—流量主孔

到阀内的液压油量增多,前后压差增大。流量主孔前后压差的稳定保证了旁通流量的大小只与主滑阀内的控制的流量主孔的开口面积有关。

2. 反力控制式 EPS

这是一种利用车速传感器、反力控制室油压,改变压力油输入、输出的增益幅度以控制转向操纵力的方法。

反力控制式电控液压动力转向系统由转向控制阀、电磁阀、分流阀、动力缸、转向油泵、转向器、车速传感器及 ECU 等组成,如图 11-8 所示。

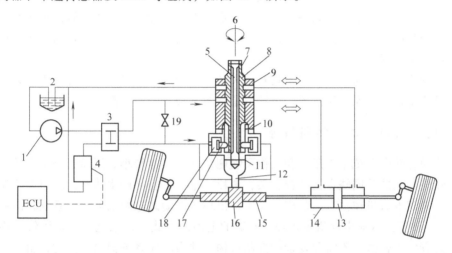

图 11-8 反力控制式动力转向系统

1—转向油泵 2—储油罐 3—分流阀 4—电磁阀 5—扭力杆 6—转向盘 7、10、11—销
8—转阀阀杆 9—控制阀阀体 12—小齿轮轴 13—活塞 14—转向动力缸 15—齿条
16—小齿轮 17—柱塞 18—油压反力室 19—阻尼孔

转向控制阀基本结构是在传统的整体式动力转向控制阀的基础上,在内部增加了一油压反力室和四个小柱塞,四个小柱塞位于控制阀阀体下端的油压反力室内。输入轴部分有两个小凸起顶在柱塞上。在油压反力室受到高压作用时,柱塞将推动控制阀阀杆。此时,扭杆即使受到转矩作用,由于柱塞推力的影响,也会抑制控制阀阀杆与阀体的相对回转。

分流阀的作用是将来自转向油泵输出的液压油向控制阀一侧和电磁阀一侧分流,按照车速和转向要求,改变控制阀一侧与电磁阀一侧的油压,确保电磁阀一侧具有稳定的油液流量。阻尼孔的作用是把供给转向控制阀的一部分流量分配到油压反力室一侧。

电磁阀由滑阀、电磁线圈、油路通道等构成。电磁阀油路的阻尼面积,可随电磁线圈通电电流占空比(通断比)变化。车速低时,通电电流大,滑阀被吸引,油路的阻尼增大,流向油箱的回流量增加。随着车速的升高,电流减小,油液回流量也减少。

电子控制单元(ECU)根据车速传感器信号判断出车辆停止、低速状态与中高速状态,控制电磁阀通电电流。

(1) 停车与低速状态 电子控制单元(ECU)使电磁阀通电电流大,经分流阀分流的油液通过电磁阀流回油箱,柱塞受到的背压小(油压低),柱塞推动控制阀阀杆的力矩小,因此只需要较小的转向力就可使扭杆扭转变形,使阀体与阀杆发生相对转动而使控制阀打开,油泵输出油压作用到动力缸右室(或左室),使动力缸活塞左移(或右移),产生转向助力。

(2) 中高速直行状态 车辆直行时，转向偏摆角小，扭杆相对转矩小，控制阀油孔开度减小，控制阀侧油压升高。由于分流阀的作用，使电磁阀侧油量增加。同时，随着车速的升高，通电电流减小，通过电磁阀流回油箱的阻尼增大，油压反力室的反力增大，使柱塞推动控制阀阀杆的力矩增大，增加了驾驶人的操纵力，转向盘手感增强。

(3) 中高速转向状态 从存在油压反力的中高速直行状态转向时，扭杆的扭转角越来越小，控制阀开度越来越小，控制阀侧油压进一步升高。随着该油压升高，将从固定阻尼孔向油压反力室供给油液。这样，除从分流阀向油压反力室供给的一定流量油液外，增加了从固定阻尼孔侧供给的油液，导致柱塞推力进一步增强，使转向操纵力随转向角线性增加。此时需要较大的转向力才能使阀体与阀杆之间作相对转动而实现转向助力作用，使得在中高速时驾驶人可获得良好的转向手感和转向特性。

反力控制式动力转向系统优点是具有较大的选择转向力的自由度，转向刚度大，驾驶人路感强，可获得稳定的操作手感等。但缺点是结构复杂，价格较高。

11.3.2 电动式电控动力转向系统

液压式动力转向系统工作压力和工作灵敏度较高，尺寸较小，因而获得了广泛应用。但这类动力转向系统的共同缺点是结构复杂，消耗功率大，容易产生泄漏，转向力不易有效控制等。近年来随着微机在汽车上的广泛应用，出现了电动式电控动力转向系统，简称电动式EPS。它是一种直接依靠电动机提供辅助转矩的电动助力式转向系统。该系统仅需要控制电动机电流的方向和幅值，不需要复杂的控制机构，并为转向系统提供较高的自由度。其主要优点如下。

1）电动机、离合器、减速装置、转向杆等各部件装配成一个整体，管道、油泵等不需单独占控空间，使其结构紧凑、质量减轻。

2）没有液压式动力转向系统所必需的常运转转向油泵，电动机只是在需要转向时才接通电源，所以可节能。

3）省去了油压系统，所以不需要给转向油泵补充油，也不必担心漏油。

4）可以比较容易地按照汽车的需要设置、修改转向助力特性。

电动式WPS的组成和工作原理如下。

(1) 组成 电动式EPS通常由转向转矩传感器、车速传感器、电磁离合器、电子控制单元(ECU)、电动机和减速器等组成，如图11-9所示。

转矩传感器的功用是测量转向盘与转向器之间的相对转矩，以作为电动助力的依据。如图11-10所示为无触点式转矩传感器的结构及工作原理图。在输出轴的极靴上分别绕有A、B、C、D四个线圈，转向盘处于中间位置(直驶)时，扭力杆的纵向对称面正好处于图示输出轴极靴AC、BD的对称面上。当在U、T两

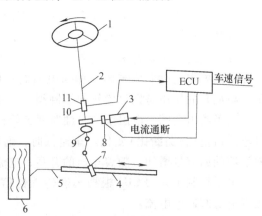

图11-9 电动式EPS组成图

1—转向盘 2—转向轴 3—电动机 4—转向齿条 5—横拉杆 6—转向轮 7—转向齿轮 8—电磁离合器 9—输出轴 10—扭力杆 11—转矩传感器

端加上连续的输入脉冲电压信号 U_i 时，由于通过每个极靴的磁通量相等，所以在 V、W 两端检测到的输出电压信号 $U_o = 0$。当转向时，由于扭力杆和输出轴极靴之间发生对扭转变形，极靴 A、D 之间的磁阻增加，B、C 之间的磁阻减少，各个的磁通量发生变化，于是在 V、W 之间就出现了电位差。其电位差与扭力杆的扭转角 θ 和输入电压 U_i 成正比。如果比例系数为 K，则有

$$U_o = KU_i\theta$$

式中　U_o——输出电压；
　　　K——比例系数；
　　　U_i——输入电压；
　　　θ——扭力杆转角。

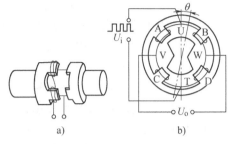

图 11-10　无触点式转矩传感器

所以，通过测量 V、W 两端的电位差就可以测量出扭力杆的扭转角，于是也就知道了转向盘施加的转动转矩。

如图 11-11 所示为滑动可变电阻式的转矩传感器。它是将负载力矩引起的扭力杆角位移转换为电位器电阻的变化，并经集电环传递出来作为转矩信号。图 11-12 为转矩传感器的输出特性，从图中可以看出，左旋、右旋扭杆扭曲角不同，转向转矩传感器传递参数在电位表指示的电压不同，则说明转向助力不同。

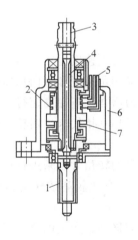

图 11-11　滑动可变电阻式转矩传感器结构
1—转向器主动齿轮　2—集电环　3—轴
4—扭杆　5—输出端　6—外壳　7—电位计

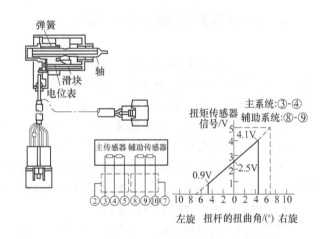

图 11-12　转矩传感器的输出特性

电动式 EPS 采用的电动机是在一般车用电动机基础上改进后得到的。其最大电流一般为 30A 左右，电压为 DC12V，额定转矩为 10N·m 左右。

电动式 EPS 一般都设定一个速度区域内，当车速达到 45km/h 时，就不需要辅助动力转向，这时离合器使电动机停转。为了不使电动机和电磁离合器的惯性影响转向系统的工作，离合器及时分离，以切断辅助动力。另外，当系统发生故障时，离合器会自动分离，这时可恢复手动控制转向。

减速机构是把电动机的输出功率放大后，再传递给齿轮箱的主要部件。目前应用的有两

级行星齿轮与传动齿轮驱动组合式，蜗轮蜗杆与转向轴驱动组合式等，并部分采用树脂材料齿轮和特殊齿形，以抑制噪声和提高耐磨性。如图 11-13 所示。

（2）工作原理　当驾驶人操纵转向盘时，装在转向盘轴上的转向转矩传感器，根据输入力的大小，产生相应的电压信号，该信号与车速信号同时输入电控单元（ECU），经电控单元运算确定阻力转矩的大小和转向，即控制电动机的电流和转向，调整转向辅助动力的大小，电动机的转矩由电磁离合器通过减速机构减速增矩后，形成与工况相适应的转向助力加在转向机构上，使汽车转向行驶。

该电动式电控动力转向系统的控制具有电控系统自诊断和安全控制功能。该系统的电子控制单元具有故障自诊断功能，当电子控制单元检测系统存在故障时都可显示出相应的故障码，以便采取相应的措施。当检测出系统的基本条件如转矩传感器、电动机、车速传感器等出现故障而导致系统处于严重故障时，系统就会使电磁离合器断开，停止转向助力控制，确保系统安全、可靠。

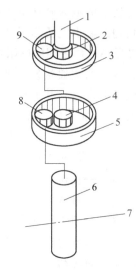

图 11-13　减速机构结构图
1—电动机传动齿轮　2、4—太阳轮
3、5—齿圈　6—传动齿轮　7—齿条
8、9—行星齿轮

11.4　四轮转向控制系统（4WS）

现代汽车，特别是高级汽车，发动机的功率在不断增大，行驶速度也在不断提高，两轮转向汽车在高速行驶时，相对于一定的转向角增量，车身的横摆角速度和横向加速度的增量也增大，从而使汽车在高速行驶时的操纵性和稳定性变差。为增强汽车在高速行驶或侧向风力作用下的操纵稳定性，改善低速时的操纵轻便性，自 20 世纪 80 年代末，四轮转向的汽车已相继推出，主要应用在较高级和新型轿车上。

四轮转向系统中的后轮转向是根据汽车行驶速度或转向盘的转角大小来进行控制。在车速较低或转向盘转角较大时，后轮的转向与前轮转向相反；当车速较高或转向盘转角较小时，后轮的转向与前轮转向方向相同。

当汽车高速行驶转向时，车身离心力会使车辆后部向侧面移动，产生侧滑，同时车速和转向的急剧程度决定了侧滑的大小。如果侧滑过大，会使汽车产生横向旋转，从而使驾驶员失去对车辆的控制。此时，四轮转向系统使后轮转动方向与前轮相同，侧滑程度将会减轻，从而使稳定性得到改善。但在高速行驶时，前后轮转向相同时的转向角要比低速转向相反时的角度小得多。

四轮转向系统具有以下优点。

1）转向能力强。车辆在高速行驶时以及在湿滑路面上的转向特性更加稳定和可控。

2）转向响应快。在整个车速变化范围内，车辆对转向输入的响应更迅速和准确。

3）直线行驶稳定性好。在高速工况下车辆的直线行驶稳定性提高，路面不平度和侧风对车辆行驶稳定性影响减小。

4）低速机动性好。低速时，后轮朝前轮偏转方向的反向偏转，使车辆转变半径大大减小，因而更容易控制。

按照前后轮的偏转角和车速之间的关系，4WS 系统分为两种类型：一种是转角传感型，另一种是车速传感型。转角传感型是指前轮和后轮的偏转角度之间存在着一定的因变关系，即后轮可按前轮偏转方向作同向偏转，也可作反向偏转。车速传感型是根据事先设计的程序，当车速达到某一预定值（通常为 35~40km/h）时，后轮与前轮同方向偏转；低于某一预定值时，后轮与前轮反方向偏转。目前的四轮转向轿车中，有的采用转角传感型，有的采用车速传感型，还有的二者兼用。按照控制和驱动后轮转向机构的方式，4WS 系统可分为机械式、液压式、电控机械式、电控液压式和电控电动式等几种类型。

11.4.1 四轮转向汽车的转向特性

1. 低速时的转向特性

汽车在低速转向的情况下，可以认为车辆的行驶方向和车体朝向是大体一致的，所以各车轮上几乎不产生转向力。4 轮的前进方向的垂线在一点相交，而车辆以此点（转向中心）为中心进行转向。

如图 11-14 所示为低速转向时的行驶轨迹，可知 2WS 车（前轮转向操纵）的情况是后轮不转向，所以转向中心大致在后轴的延长线上。4WS 车的情况是对后轮进行逆向转向操纵，转向中心就比 2WS 车的超前，并在靠近车体处。在低速转向时，若前轮转向角相同，则 4WS 车的转向半径更小，内轮差也减小，所以转向性好。对小轿车而言，如果后轮逆向转动 5°，则可减小最小转弯半径约 0.5m，内轮差 0.1m。

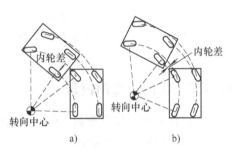

图 11-14 低速转向时的行驶轨迹

当汽车车速低于 29km/h 时，转动转向盘，后轮会产生与前轮转向相反的方向转动；当车速为零时，后轮最大转向角是 6°。后轮转向角减小的程度随车速变化，在 29km/h 时后轮转角几乎为零。

2. 高速时同向转向特性

直行汽车的转向实际上是由下列两个运动的合成，即车辆的质心点绕改变前进方向的转向中心的公转和绕质心点的自转运动。

如图 11-15 所示为 2WS 车高速转向时车辆的运动状态。前轮转向时，前轮产生侧偏角 α 并且产生旋转向心力使车体开始自转。当车体出现偏向时，后轮也出现侧偏角 β，且也产生旋转向心力。四个车轮分担自转和公转的力，一边平衡一边转向。但是，车速越高，离心力就越大，所以必须给前轮更大的侧偏角，使它产生更大的旋转向心力。为了使后轮也产生与此相对应的侧偏角，车体就会产生更大的自转运动。但是，车速越高，车体的自转运动就越不稳定，容易引起车

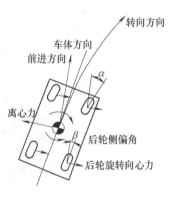

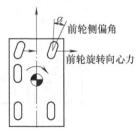

图 11-15 2WS 车高速转向时车辆的运动状态

辆的旋转或侧滑。

如图11-16所示。理想的高速转向的运动状态是尽可能使车身的倾向和前进方向一致，以防多余的自转运动。在4WS的车上通过对后轮的同向转向操作，使后轮也产生侧偏角α，使它与前轮的旋转向心力平衡，从而抑制自转运动。这样就有可能得到车身方向与车辆前进方向一致的稳定转向状态。

当车速增至大于29km/h时，转向盘在最初的200°转角内后轮转向与前轮一致。在这个车速范围内，转向盘转角大于200°时，后轮会与前轮转向相反方向偏转。当车速提高到96km/h且转向角为100°时，后轮将会与前轮相同方向转动约1°。此时转向盘转动500°，后轮将会沿前轮相反方向转动大约1°。

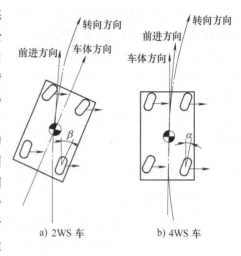

图11-16 高速转向时的2WS与4WS同相转向操纵时的比较

11.4.2 转向角比例控制

所谓转向角的比例控制，就是后轮的转角与转向盘的转角成比例变化，低速转向时使后轮与前轮反向转动，中高速行驶时使后轮与前轮同向转动。这种控制方式可使汽车在中高速转向行驶时，前后轮保持相对稳定的平衡，使汽车前进方向与车身方向保持一致，获得稳定的转向特性。在转向初期的过渡阶段，侧偏力使车身的公转运动早于自转的横摆运动，与2WS汽车转向相比，其转向方向偏差小得多。

1. 系统组成

如图11-17所示为4WS转向角比例控制的系统图。前后的转向机构是机械方式连接（有的车型采用液压式或电子式连接），转向盘的转动通过转向传动机构传递到前转向齿轮箱

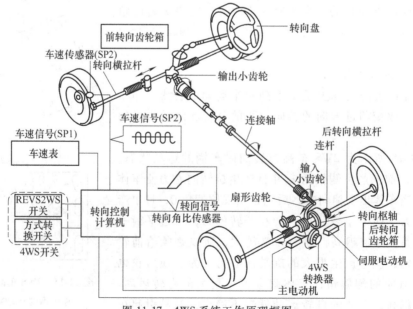

图11-17 4WS系统工作原理框图

第11章 动力转向系统与四轮转向系统

（齿条和小齿轮），由齿条带动转向横拉杆左右运动，使前轮转向。同时小齿轮的旋转输出通过连接轴由输入小齿轮传给后转向齿轮箱，经过转向枢轴和4WS转换器实现后轮转向。

（1）转向枢轴 结构如图11-18所示，后转向齿轮箱的转向枢轴是一个大的轴承。其外圈与扇形齿轮成为一体，围绕枢轴可左右转动；内圈与连杆突出的偏心轴相连接，连杆通过4WS转换器的电机连杆以旋转中心作正反旋转。偏心轴在转向枢轴机构内可上下回转约55°。

转向时，通过连接轴的输入使小齿轮向左或向右旋转时，旋转力就传递到扇形齿轮，再由转向枢轴通过偏心轴使连杆向左右方向移动。连杆带动后转向横拉杆和后转向节臂实现后轮的转向。如图11-19所示，偏心轴的前端与枢轴左右旋转中心重合时，即使转向枢轴左右转动，连杆也完全不动，后轮就在中立状态。随着偏心轴前端位置与枢轴的旋转中心上下方向的偏离，枢轴左右转动时的连杆的移动量就变大。偏心轴与后轮转向之间的动态关系是偏心轴前端位置处在转向枢轴的上侧时为逆相位，而在下侧时为同相位。

（2）4WS转换器 见图11-20。转换器是由主电动机、副电动机的驱动部分、行星齿轮的减速部分以及旋转连杆的蜗杆组成的。通常，主电动机转动，而副电动机就处于停止状态。副电动机的输出轴与

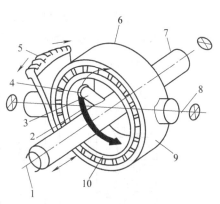

图 11-18 偏置轴与转向枢轴构造
1—从动杆回转中心 2—偏置轴运动轨迹
3—偏置轴 4—连接座 5—扇形齿轮
6—转向枢轴 7—从动杆 8—转向枢
轴左右回转中心 9—外套 10—内套

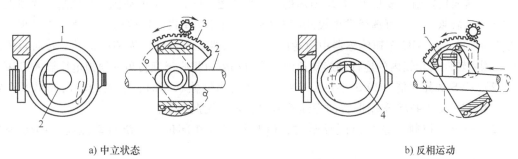

a) 中立状态　　　　　　　　　　　　　b) 反相运动

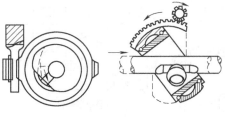

c) 同相运动

图 11-19 偏置轴与转向枢轴原理
1—外套 2—从动杆 3—扇形齿轮 4—偏置轴

251

行星齿轮的中心齿轮相连,齿圈就是 4WS 转换器的输出轴。通常,中心齿轮固定不动,而与主电动机相连的小齿轮旋转。因此,小齿轮围绕着中心轮进行公转和自转,以此带动 4WS 转换器的输出齿圈。

主电动机不工作时,小齿轮就变成空转齿轮,并将副电动机的旋转传递到齿圈,使连杆同相位方向旋转。

2. 控制逻辑

图 11-21 所示为 4WS 转向角比例控制流程。ECU 通过转向角比传感器、车速传感器等输入信号进行控制。

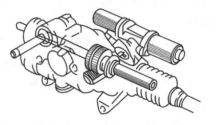

图 11-20 4WS 转换器部分结构

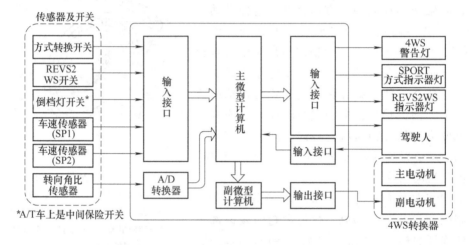

图 11-21 转向角比例控制 4WS 控制流程方框图

(1) 转向角控制 按照图 11-22 所示的转向角比控制图,由主电动机进行控制。驾驶人通过 4WS 方式转换开关,可选择常规模式(NORMAL)和运动模式(SPORT)。车速主要由车速表的传感器提供,以 ABS 车速传感器中前轮的一个传感器输入信号作为辅助信号。转向角传感器是检测后转向齿轮箱内的连杆的旋转角度,将滑动阻力相应于旋转角的模拟电压输入 ECU。

(2) 2WS 选择功能 2WS 开关为 ON 且变速器为倒档状态时,后轮的转向操纵量设定为零。若驾驶人对 4WS 车倒退转向操纵不习惯,可使用此开关。

(3) 安全性控制 系统出现异常时,ECU 记忆异常部位,系统自动点亮"4WS 警告

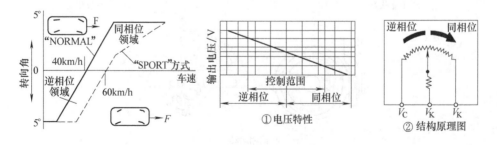

a) 转向角控制 b) 转向角比例传感器的特性

图 11-22 转向角比例控制

灯",同时进行以下操作。

1) 主电动机异常时,驱动副电动机只在同相方向上以常规模式按照车速进行转向角比控制。

2) 车速传感器异常时,在 SP1 和 SP2 的任何一个输出中,用车速高的值通过主电动机只对同相方向进行转向角控制。

3) 转向角比传感器异常时,通过副电动机驱动到同相方向最大值时停止控制。此时,若副电动机异常,则用主电动机进行同样的控制。

4) ECU 异常时,利用辅助电动机驱动到同方向最大值,然后停止控制。此时要避免出现反方向转向。

11.5 动力转向系统的故障诊断

液压动力转向系统实际上是机械转向器加液压助力器。转向系统故障前面已叙述,因此动力转向系统的故障,就是指常见液压传动部分的泄漏、渗进空气、液压泵工作不良、控制阀失效等引起的转向沉重、跑偏等。

1. 转向沉重

主要原因是:

1) 油箱缺油或油液高度不足或滤清器堵塞。
2) 液压管路中有空气。
3) 液压泵磨损,内部泄漏严重,或驱动带打滑。
4) 卸压阀泄漏,弹簧太软或调整不当。
5) 动力缸或控制阀密封圈损坏,工作油泄漏。
6) 各油管接头泄漏。

2. 汽车直线行驶时,转向盘发飘或跑偏

主要原因是:

1) 控制阀弹簧损坏或太软,难以克服转向器逆传动阻力,使滑阀不能及时回位。
2) 因油液脏污使滑阀运动受阻。
3) 由于滑阀与阀体台阶位置偏移使滑阀不在中间位置。
4) 流量控制阀卡住,使液压泵油量过大或油压管路布置不合理,导致管道系统节流损失过大,使动力缸左、右腔压力差过大。

3. 左右转向轻重不同

主要原因是:

1) 控制阀的滑阀偏离中间位置。
2) 滑阀内有脏物阻滞,使左右移动时阻力不一致。
3) 回油软管扭曲导致阻塞。
4) 调整螺母调整不当。

4. 转向时有噪声

主要原因是:

1) 油箱中油面过低,液压泵在工作时易吸进空气,液压泵传动带过松。

2）油路中存有空气。
3）滤清器滤网堵塞，或因其破裂造成油管堵塞。
4）各管路接头松动或油管破裂。
5）液压泵损坏或磨损严重。

5. 快转向时转向盘感到沉重

主要原因是：
1）液压泵传动带打滑。
2）安全阀、卸压阀泄漏严重。
3）液压泵磨损过甚。

6. 转向盘回正过度

主要原因是：
1）转向液压系统内有空气。
2）转向器固定松动。
3）转向器啮合间隙过大。

本 章 小 结

1. 动力转向系统是在驾驶人的控制下，借助于发动机产生的液体压力或电动机动力来实现车轮转向，也称为转向助力放大装置；可分为普通动力转向系统和电控动力转向系统两类。

2. 普通动力转向系统是由机械转向器、转向控制阀、转向动力缸以及将发动机输出的部分机械能转换为压力能的转向油泵（或空气压缩机）、转向储油罐组成。其主要功能是实现"渐进随动原理"，即快转快助，大转大助，不转不助。普通动力转向装置可分为液压式和气压式两种，液压式分为滑阀式和转阀式两种。

3. 电控动力转向系统可使驾驶人在汽车低速行驶时转向轻便、灵活；在中、高速行驶时增加转向操纵力，使驾驶人的手感增强，从而可获得良好的转向路感和提高转向操纵的稳定性；根据动力源不同，电控动力转向系统分为液压式和电动式两种。

4. 液压式电控动力转向系统按控制方式的不同，可分为流量控制式、反力控制式和电阀灵敏度控制式三种形式。

5. 电动式电控动力转向系统是一种直接依靠电动机提供辅助转矩的电动助力式转向系统。该系统仅需要控制电动机电流的方向和幅值，不需要复杂的控制机构，并为转向系统提供较高的自由度；电动式 EPS 通常由转向转矩传感器、车速传感器、电磁离合器、电子控制单元（ECU）、电动机和减速器等组成。

6. 四轮转向系统具有转向能力强、转向响应快、直线行驶稳定性好、低速机动性好的优点。

7. 四轮转向系统转向角比例控制，即后轮转角与转向盘转角成比例变化，在低速区是逆相而在中高速区则是同相地对后轮采取转向操纵控制。

8. 动力转向系统的故障，主要是由常见液压传动部分的泄漏、渗进空气、液压泵工作不良、控制阀失效等引起的转向沉重、跑偏等。

第 11 章 动力转向系统与四轮转向系统

复习思考题

1. 动力转向系统的功能是什么？
2. 简述普通液压动力转向系统的组成和基本工作原理。
3. 简述滑阀式动力转向系统的结构与工作原理。
4. 简述转阀式动力转向系统的结构与工作原理。
5. 液压式电控动力转向系统有哪些类型？各类型转向系统的工作原理是什么？
6. 简述电动式电控动力转向系统的组成与工作原理。
7. 四轮转向控制系统有哪些优点？四轮转向汽车的转向特性如何？
8. 现代汽车电控悬架控制系统可实现哪些控制？
9. 简述转向角比例控制的系统组成与逻辑控制内容。

第12章 汽车制动系统

学习目标：

- 掌握制动系统的功用、组成和分类，熟悉制动器、制动传动装置的类型。
- 掌握车轮制动器的构造和工作情况。
- 掌握液压制动传动装置的结构和工作原理。
- 掌握气压制动传动装置的结构和工作原理。
- 了解真空增压装置的组成、结构及其工作原理。

12.1 制动系统概述

汽车制动系统是汽车安全行驶的保障。在宽阔平坦、车流、人流少的路况中，在保证安全行驶的前提下，可以提高汽车行驶速度，从而提高运输效率和经济效益；在进入弯道、路面不平、两车交会，遇到障碍物时，汽车要能在尽可能短的距离内降低车速或停车；在长下坡时，要求能将车速控制在安全范围内；对停驶的车辆，特别是在坡道上停驶的车辆，要保证驻留原地不动。因此，在汽车上设置有制动系统。

12.1.1 制动系统的功用、组成与分类

1. 制动系统功用与组成

（1）制动系统功用 汽车制动系统根据需要使汽车减速或在最短的距离内停车，下坡行驶限制车速，以确保行车安全，并保障汽车停放可靠，不能自动滑移。

（2）制动系统的基本组成 为了完成制动系统的功用，现代汽车上一般设有以下几套各自独立的制动系统。

1) 行车制动系统：主要用于汽车行驶时的减速和停车。一般通过液压或气压将踏板力传到制动器，利用制动器内旋转件与固定件之间的机械摩擦作用，使旋转的车轮减速或停止转动。制动器安装在车轮上，由驾驶人用脚操纵。

2) 驻车制动系统：主要用于停车后防止汽车滑溜。驾驶人用手操纵。

3) 紧急制动装置：用独立的管路控制车轮制动器，作为备用装置，当行车制动装置失效时，保证汽车仍能实现减速或停车。

4) 安全制动装置：当制动气压不足时起制动作用，使汽车不能行驶。

5) 辅助制动系统：汽车下长坡时用以稳定汽车行驶车速、减轻行车制动器的磨损而设置的。

6) 制动力调节装置、报警装置、压力保护装置。

(3) 制动装置的组成

1) 供能装置：如气压制动系统的空气压缩机，液压制动系统中油泵。

2) 控制装置：包括产生制动作用，控制制动效果的各种部件，如制动踏板。

3) 传动装置：将驾驶人或其他力源的作用力传到制动器，同时操纵制动器工作。常用的有液压制动系统和气压制动系统，如液压制动系统操纵机构包括制动主缸、真空增力装置、液压管路、制动轮缸等。

4) 制动器：是制动系统中用以产生阻碍车轮转动或转动趋势的部件。汽车制动器有两种，分别是鼓式制动器和盘式制动器。

2. 制动系统类型

按制动能量的传输方式分为机械式、液压式、气压式；按制动能源分为人力式、动力式、伺服式；按制动系统回路分为单回路、双回路等；按制动系统功用分为行车制动系统、驻车制动系统、辅助制动系统。

12.1.2 制动装置的基本结构与工作原理

1. 基本结构

一般，汽车制动系统的基本结构和工作原理可用图 12-1 所示的简单液压制动系统示意图来说明。液压制动系统由液压操纵机构和鼓式车轮制动器两部分组成。操纵机构包括踏板、主缸、推杆、油管等部件；制动器主要由制动轮缸 6、制动鼓 8、制动蹄 10、制动底板 11、制动蹄回位弹簧 13 等部件组成。制动底板 11 是固定不动的，其上装有摩擦片 9、制动蹄 10、制动轮缸 6 和制动蹄回位弹簧 13 等部件。制动蹄 10 下端通过偏心支承销 12 安装在制动底板上，上端用制动蹄回位弹簧 13 拉紧靠在轮缸活塞 7 上。制动轮缸 6 通过油管 5 与装在车架上的制动主缸 4 相通。制动鼓与制动蹄摩擦片之间间隙的调整依靠偏心支承销 12。

2. 工作原理

不制动时，制动蹄摩擦片的外圆面与制动鼓的内圆面保持一定的间隙，使车轮能自由旋转。制动时，驾驶人踩下制动踏板 1，推动推杆 2 和主缸活塞 3，使制动主缸 4 内的油液产生一定压力后进入制动轮缸 6，推动轮缸活塞 7 使两制动蹄 10 的上端张开，消除与制动鼓 8 的间隙后紧压在制动鼓的内圆面上。这样，固定制动蹄与旋转制动鼓之间产生一个与车轮旋转方向相反的摩擦阻力矩 M_f。由于这个摩擦力矩的作用，使车轮对路面产生一个切向作用

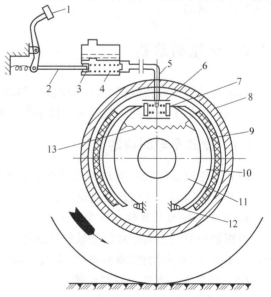

图 12-1 制动系统工作原理图
1—制动踏板 2—推杆 3—主缸活塞 4—制动主缸
5—油管 6—制动轮缸 7—轮缸活塞 8—制动鼓
9—摩擦片 10—制动蹄 11—制动底板
12—偏心支承销 13—制动蹄回位弹簧

力,根据作用力与反作用力的原理,路面同时会对车轮作用一个反作用力,即制动力 F_b。制动力迫使汽车迅速减速甚至停车。放松制动踏板后,在制动蹄回位弹簧 13 的作用下,制动蹄与制动鼓的间隙又恢复,解除制动。

制动力的大小不仅取决于制动蹄摩擦片与制动鼓之间的摩擦力矩,还受限于轮胎与路面间的附着力,即制动力只能小于或等于附着力。影响 M_f 的主要因素是制动蹄的张开力、摩擦片与制动鼓的接触面积和摩擦系数等。

最佳制动状态是车轮抱死滑拖与尚未抱死的临界状态。为了实现最佳制动,许多轿车上配置了车轮制动防抱死装置(ABS),在一些重型载货汽车后桥上还安装了车轮制动力分配调节装置,以充分发挥汽车的制动性能。

12.1.3 对制动系统的要求

为了保证汽车行驶安全,发挥高速行驶的能力,制动系统必须满足下列要求。

1)制动效能好。应具有迅速减速直至停车的能力。评价汽车制动效能的指标有制动距离、制动减速度、制动时间。

2)操纵轻便,制动时的方向稳定性好。制动时,前后车轮制动力分配合理,左右车轮上的制动力应基本相等,以免汽车制动时发生跑偏和侧滑。

3)制动平顺性好。制动时应柔和、平稳;解除时应迅速、彻底。

4)散热性好,调整方便。这要求制动蹄摩擦片抗高温能力强,潮湿后恢复能力快,磨损后间隙能够调整,并能够防尘、防油。

5)带挂车时,能使挂车先于主车产生制动,后于主车解除制动;挂车自行脱挂时能自行进行应急制动。

12.2 车轮制动器

车轮制动器可分为鼓式制动器和盘式制动器两类。前者的摩擦副中的旋转元件为制动鼓,其圆柱面为工作表面。后者的摩擦副中的旋转元件为圆盘状制动盘,其端面为工作面。

12.2.1 鼓式车轮制动器

鼓式车轮制动器依靠制动蹄片张开,挤压随车轮同步旋转的制动鼓的内侧,产生摩擦力,阻碍车轮旋转,从而获得制动力,所以又称为内部扩张双蹄鼓式制动器。

1. 鼓式车轮制动器的结构与工作过程

根据制动时两制动蹄对制动鼓作用的径向力是否平衡,鼓式车轮制动器又分为简单非平衡式、平衡式(单向增势、双向增势)和自动增力式三种。

(1)简单非平衡式车轮制动器

1)基本结构。它由旋转部分、固定部分、张开机构和定位调节机构组成。制动底板用螺栓固定在后桥壳的凸缘上(前桥在转向节凸缘上)不能转动,构成固定部分,其上部装有制动轮缸或凸轮,下端装有两个偏心支承销;制动蹄下端圆孔活套在偏心支承销上,上端嵌入制动轮缸活塞凹槽中或顶靠在凸轮上,构成张开部分,不制动时,两制动蹄通过回位弹簧紧压住轮缸活塞或凸轮;制动鼓与轮毂连接,随着车轮同步旋转,构成旋转部分,如图 12-1

所示。

2）工作过程。如图 12-2 所示，制动时，两制动蹄在凸轮相等张力 F_s 的作用下，绕各自的支承点向外偏转，紧压在制动鼓上；旋转的制动鼓对两侧制动蹄分别产生法向反力 N_1 和 N_2，相应的切向反力 T_1 和 T_2（即摩擦力）；两制动蹄受到这些力后，其支承销产生支承反力 S_1 和 S_2，平衡所受到的力。由图中可见，如果车轮按箭头所示方向旋转，在摩擦力 T_1 作用下，前制动蹄产生的绕支点的力矩与张开力 F_s 所产生的绕同一支点的力矩同向。因此，在摩擦力 T_1 作用下，前蹄对制动鼓的压紧力增大，即 N_1 增大，而摩擦力 T_1 也更大，则称为"增势"作用，该蹄称为增势蹄。与此相反，在摩擦力 T_2 作用下，后制动蹄有放松制动鼓状况，使 N_2 和 T_2 本身减小的趋势，故后制动蹄具有"减势"作用，称为减势蹄。由此可见，两制动蹄对制动鼓所施加的制动力矩是不相等的，一般增势蹄的制动力矩均是减势蹄的 2~2.5 倍。

倒车时，两蹄受力情况互换，制动作用互换，制动效能对称。

因两制动蹄与制动鼓之间的法向力不等而不能平衡，力差使车轮的轮鼓轴承承受附加载荷，因而称为简单非平衡式制动器。多用于轻型汽车的后轮制动。

（2）平衡式车轮制动器　由于转紧蹄能提高制动效能，将转松蹄颠倒安装，前、后制动蹄都设计为转紧蹄，成为具有增势作用的制动器，称为平衡式车轮制动器。若汽车在前进时制动，两蹄都为增势蹄，在倒车时制动，两蹄都为减势蹄则称为单向增势平衡式车轮制动器。若在前进和倒车时制动，两蹄都为增势蹄，则称为双向增势平衡式车轮制动器。

1）单向助势平衡式车轮制动器，其结构如图 12-3 所示。从图中可看出两制动蹄各用一

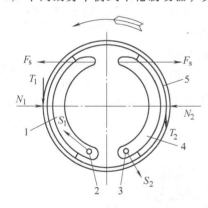

图 12-2　简单非平衡式制动器制动蹄受力分析图
1、4—制动蹄　2、3—支承销　5—制动鼓

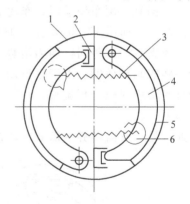

图 12-3　单向助势平衡式车轮制动器结构示意图
1—制动鼓　2—制动缸　3—制动蹄回位弹簧
4—制动蹄　5—摩擦衬片　6—调整凸轮

个单向活塞制动轮缸，且前后制动蹄与其轮缸、调整凸轮等部件在制动鼓上的布置都是中心对称的。两轮缸用油管连接，缸内油压相等。当汽车前进制动时，两制动蹄都是增势蹄；当汽车倒退时，两蹄又都是减势蹄，导致前进制动效能提高，倒退制动效能降低。所以，单向增势平衡式车轮制动器用于前轮制动，后轮仍采用非平衡式制动器。图 12-4 为单向助势平衡式车轮制动器受力分析示意图。

2）双向助势平衡式车轮制动器，其结构如图 12-5 所示。制动底板上所有固定元件、制动蹄、制动轮缸、回位弹簧等都是成对地对称布置，两制动蹄的两端采用浮式支承，且支点

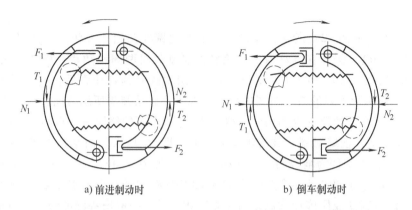

a) 前进制动时　　　　b) 倒车制动时

图 12-4　单向助势平衡式车轮制动器受力分析示意图

在周向位置浮动，用回位弹簧拉紧。制动蹄两端既是支承点，也是张开力的作用点，支点和力点随制动鼓旋转方向不同相互转换，使汽车在前进和倒车时均可得到相同且较高的制动效能。

当汽车前进制动时，上、下轮缸活塞在油压的作用下张开，将两个制动蹄压靠在制动鼓上。在摩擦力矩的作用下，两蹄都随车轮旋转方向转动，从而使两轮缸活塞其中的各一对称端支座推回，如图 12-6a A 端，直至顶靠着轮缸端面，达到刚性接触，于是两蹄便以此支座为支点均在增势下工作。同理，倒车制动时，车轮旋转方向改变，摩擦力矩方向改变，如图 12-6b 所示，迫使两轮缸的 B 端支座成为制动蹄支点，两蹄同样均为增势蹄，产生与前进制动时完全一样的制动效能。由于是浮动支承，每蹄设一个调整点即可使蹄鼓间隙合理调整。调整时拨动可调支座盖上的齿槽即可。

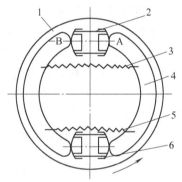

图 12-5　双向助势平衡式车轮制动器结构示意图

1—制动底板　2、6—制动轮缸
3、5—回位弹簧　4—制动蹄

由此可见，双向增势平衡式车轮制动器，两蹄以相同

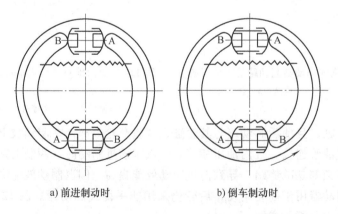

a) 前进制动时　　　　b) 倒车制动时

图 12-6　双向助势平衡式车轮制动器的工作情况

的法向力作用于制动鼓，不论前进或倒车制动时，两蹄均为增势蹄。且相互平衡，摩擦片等长，轮毂轴承不承受附加载荷。该制动器可在各类汽车的前后轮上装用，适合双管路制动系

统。任一管路漏损，另一管路以简单非平衡式工作。

(3) 自动增力式制动器 自动增力式车轮制动器主要特点是将两蹄用推杆浮动铰接，利用传力机件的张开力使两蹄产生增势作用。另外，还充分利用前蹄的增势作用推动后蹄，使总的摩擦力矩进一步增大，即为"增力"。自动增力式制动器也有单向式(单活塞)和双向式(双活塞)两种形式。图12-7a所示为单向式自动增力式制动器示意图。两蹄下端均无固定支点，均插在连杆两端开口的直槽底面上，形成活动连接。后蹄上端固定在支承销上，前蹄上端在回位弹簧作用下，紧压在轮缸活塞上。当汽车前进制动时，制动缸内的活塞克服回位弹簧的弹力，将前蹄推出，使其压紧在制动鼓上。由于摩擦力的作用，前蹄沿制动鼓旋转方向转过一个角度，通过连杆，以后蹄上端为支点，又推动后蹄压紧在制动鼓上，进一步增强摩擦力，加大制动力。此时两蹄均为增势蹄，制动效能较高。当倒车制动时，前蹄为减势蹄，它压紧在制动鼓上的力矩减小，使后蹄不起作用，制动效果变差，称单向自动增力式车轮制动器。

若将上述活塞轮缸改为双活塞轮缸，如图12-7b所示，此时两蹄上、下端均没有固定支点，其上端浮靠在蹄销上，下端仍采用连接杆n浮动连接，并用回位弹簧拉紧。当汽车在前进制动时，制动蹄在液压力的作用下张开，两蹄上端都离开支承销压向制动鼓，对两蹄都产生摩擦力矩。并带动两蹄沿旋转方向转动一个角度，直到后蹄上端又靠到支承销。蹄与鼓一步压

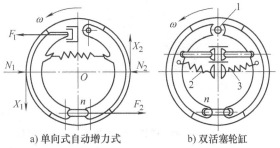

图 12-7 自动增力式制动器示意图
1—支承销 2、3—回位弹簧

紧。前蹄是增势蹄，支承为浮动的推杆，制动鼓作用在前蹄上的摩擦力和法向力的一部分，对推杆形成一个推力，推杆将此力传到后蹄下端，后蹄在推力的作用下形成增势蹄，并在轮缸液压力的共同作用下，进一步压紧制动鼓，由于推力比制动力大得多，使后蹄产生的制动力矩比前蹄更大，产生自动增力作用。倒车制动时，作用过程相反，制动效果一样，称双向自动增力式车轮制动器。其制动力矩最大，平衡式制动器次之，简单非平衡式最小。

改变可调推杆的工作长度，即可调节制动蹄鼓间隙，其方法是拨动调节螺钉上带齿圆盘，调节完成后，利用弹簧锁止定位。

2. 鼓式车轮制动器的检修

(1) 鼓式车轮制动器拆装要点 如图12-8所示为气压制动系统鼓式制动器分解图。先用千斤顶支起前桥，在轮胎下面垫三角木，用轮胎螺母拆装机拆去轮胎螺母，拆下前轮；再拆去前轮毂盖，剃平锁紧螺母锁片，拧下锁紧螺母，取下锁片及锁止垫圈；然后拧出轮毂轴承预紧度调整螺母，用拉器从转向节上拉下轮毂及制动鼓。再用拉簧钩拆下制动蹄回位弹簧，取下支承销的垫板，拆下支承销，制动凸轮，调整臂总成及制动气室。最后拆下制动底板。

后轮制动器的拆卸基本于前轮相同。

鼓式车轮制动器的装配按上述相反顺序装复。但要注意：装复过程中，两制动蹄的位置不能互换，其上端面要与凸轮工作面完全贴合，支承销端部的标记朝内相对，如图12-9所示。

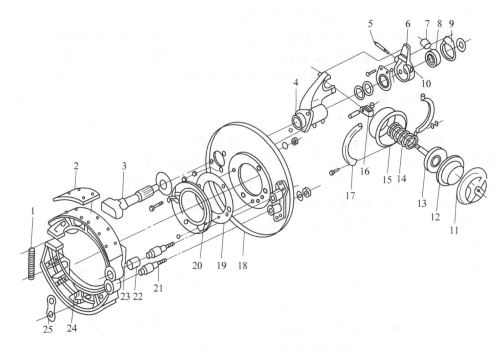

图 12-8 鼓式制动器分解图

1、14—回位弹簧 2—摩擦片 3—制动凸轮 4—支架 5—蜗杆轴 6—外壳 7—蜗杆
8—蜗轮 9、11—外壳盖 10—滑脂嘴 12—皮膜 13—推杆 15—外壳
16—连接叉 17—目卡箍 18—制动底板 19—衬垫 20—挡尘盘
21—支承销 22—衬套 23—制动蹄 24—蹄片总成 25—垫板

(2) 鼓式车轮制动器检修

1) 制动鼓的检修。车轮制动主要是由制动鼓与摩擦片相互摩擦产生制动力而迫使车辆减速和停车。由于长期使用，使制动鼓磨损，造成制动鼓失圆、工作面出现沟槽等，在汽车制动时，发生跑偏、响声或抖动现象。所以制动鼓内孔的工作表面必须平整光滑与摩擦片贴合，符合技术标准。

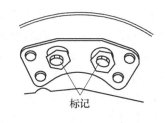

图 12-9 制动蹄支承销端部标记

用直观及敲击检查制动鼓内孔，应无烧损、刮痕、凹陷和裂纹，若不能修磨，应换用新件。

用弓形内径规或百分表检测制动鼓的磨损和圆度误差，检测方法如图 12-10 所示。制动鼓内圆面的圆度误差不得大于 0.125mm，并无明显的沟槽。否则，应对制动鼓在专用镗毂机上进行镗销加工。镗销后制动鼓内径不得大于 424mm，也不得超过允许的最大修理尺寸，且同一轿车上左、右制动鼓的内径尺寸差应小于 1mm。若制动鼓内径超过使用极限，一律换用新件。

2) 制动蹄及摩擦片的检修。用直观及敲击检查，制动蹄及其摩擦片应无裂纹。制动蹄按样板检查，若弯曲扭曲或变形较小，可冷压校正。用游标卡尺深度尺测量摩擦片铆钉头距摩擦片表面应不小于 0.80mm，衬片厚度应不小于 9mm，否则换用新衬片或制动蹄总成。若摩擦片油污较轻，衬片只有少量磨损，可用汽油清洗油污。清洗后必须加热烘干，然后用锉刀和粗砂纸修磨平整，再与制动鼓表面试测贴合面积，需达到技术标准，允许继续使用。

新摩擦片的安装，一般采用铆接法，铆接的工艺基本与离合器摩擦片铆接相同，但应注意以下几点。

① 为避免使用中衬片折断和保持散热良好，应用专用夹持器夹紧，如图12-11所示。

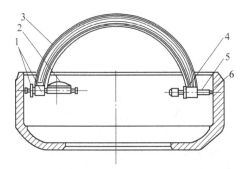

图12-10　检查制动鼓内圆面的圆度误差　　图12-11　将摩擦衬片夹持在制动蹄上
1—锁紧装置　2—百分表　3—弓形架　4—锁紧螺母
5—调节杆　6—制动鼓

② 为防止车轮制动时摩擦片两端与制动鼓发卡，衬片两端头应锉成斜角，斜角一般为75°。

③ 为使摩擦片与制动鼓能很好贴合，必须对摩擦片表面进行加工。加工时，要按制动鼓内表面尺寸进行，并用光磨机对衬片表面进行光磨。

④ 摩擦片外表面上有埋头坑，孔深一般为摩擦片原厚度的2/3。

⑤ 摩擦片铆接后与制动鼓贴合面积应大于摩擦片总面积的75%，并保证两端先接触，贴合印痕应两端重中间轻。两端的贴合面积约占衬片总长的1/3。

⑥ 铆接时，应从制动蹄中部向两端依次铆紧铆钉，铆钉不允许偏斜、松动。

3) 制动器定位弹簧及复位弹簧检查。若制动器定位弹簧、上复位弹簧、下复位弹簧和楔形调整板拉簧的自由长度增长率达到5%，应更换新弹簧。

(3) 鼓式车轮制动器的调整　车轮制动器检修装配后，为保证制动蹄衬片与制动鼓之间具有合适的间隙，必须进行调整。调整分为局部调整和全面调整。

1) 车轮制动器的局部调整。车轮制动器局部调整是在制动摩擦片磨损后，制动气室推杆行程超过40mm情况下或二级维护时，所进行的调整作业。现以CA1092型汽车前轮为例，说明调整过程。

① 支起需要调整车轮的车桥，使制动鼓能自由转动。

② 按图12-12所示，取下调整臂的防尘罩，推进锁止套，露出蜗杆轴的六方头。

③ 用扳手转动蜗杆轴，并转动制动鼓，从制动检视孔中插入规定厚度的塞尺，在蹄片上、下两端检查间隙，转动上端的调整凸轮，使制动蹄与制动鼓的间隙增大或减小，在距制动蹄两端0~30mm处用塞尺反复测量，当拉动时感到稍有阻力即可，制动蹄摩擦片与制动鼓的间隙应达到技术标准（凸轮轴端0.4~0.7mm，蹄片轴端0.2~0.5mm）。有轻微摩擦时，允许将间隙稍微放大一些。

④ 调好后退出锁止套，套上防尘罩，放好车轮。

注意：局部调整时，切不可转动制动蹄支承销轴，一旦转动，应进行全面调整。

2) 车轮制动器的全面调整。车轮制动器全面调整是在制动鼓与制动蹄摩擦片严重磨损时，更换制动鼓或摩擦片后，制动蹄轴和制动凸轮安装位置发生变化，为确保制动蹄摩擦片与制动鼓间的正常间隙而进行的调整作业。其调整必须在轮毂轴承调好后进行。现以CA1092型汽车后轮为例，说明调整过程，如图12-13所示。

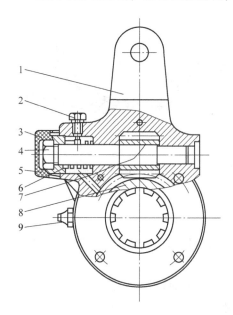
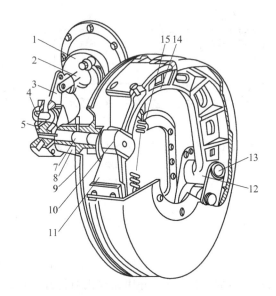

图12-12　制动调整臂
1—制动臂　2—锁紧螺钉　3—锁止套　4—蜗杆轴
5—防尘罩　6—弹簧　7—蜗杆
8—蜗轮　9—滑脂嘴

图12-13　CA1092型汽车后轮制动器
1—制动气室　2—连接叉　3—制动调整臂　4—蜗轮
5—蜗轮　6—制动凸轮轴　7—支架　8—制动底板
9—制动凸轮　10、13—制动蹄　11—制动蹄轴
12—支承销　14—回位弹簧

① 支起调整车轮的车桥，使制动鼓能自由转动。取下制动鼓上检视孔的盖片。

② 用扳手拧松制动蹄片偏心支承销轴锁紧螺母和制动凸轮轴支架的固定螺栓螺母。

③ 转动制动蹄支承销轴，使两个轴端标记位于相互靠近的位置。

④ 转动上端调整凸轮，使蹄片压向制动鼓，从制动鼓的检查孔用塞尺检查每个蹄片两端与制动鼓是否贴紧，反复拧转制动蹄轴和调整臂蜗杆轴，使制动蹄摩擦片与制动鼓完全贴合，用手转动制动鼓，应不能转动。

⑤ 拧紧凸轮轴支架，再用扳手紧固制动蹄轴固定螺母。紧固时，需保持制动蹄轴和凸轮轴支架的位置不变。

⑥ 将调整蜗杆轴拧松3~4响（退回1/2~2/3圈）。这时，用于转动制动毂应能自由转动且与摩擦片无碰撞现象，但允许有轻微的摩擦沙沙声。

⑦ 用塞尺相应的规片检查制动鼓与制动蹄摩擦片间隙应符合技术标准。同一端两蹄之差不大于0.1mm。通入压缩空气后，制动气室推杆的行程为25mm±5mm。否则应重新调整。

⑧ 最后，装回制动鼓检视孔盖片。

12.2.2 钳盘式车轮制动器

盘式制动器的旋转元件是制动盘，与车轮固装在一起旋转，制动时，摩擦衬块从两侧夹紧制动盘，产生制动效能。

常用的盘式制动器有钳盘式和全盘式两种。两者的旋转零件都是作为工作面的金属盘，称为制动盘。钳盘式制动器不动的摩擦元件是带有一对或几对面积不大的摩擦衬片的制动钳；全盘式制动器不动的摩擦元件是端面上带有摩擦衬片的钢制圆盘。

钳盘式车轮制动器广泛地装用在轿车和轻型货车上。它的优点是：散热良好，热衰退小，热稳定性好，最适于对制动性能要求较高的轿车前轮制动器。但近年来前后轮都采用钳盘式制动器的结构也日渐增多。

1. 钳盘式车轮制动器的基本结构和工作原理

如图 12-14 所示，钳盘式车轮制动器的旋转元件制动盘 9 和车轮固装在一起旋转，以其端面为摩擦工作表面。其固定的摩擦元件是：制动块 4、导向支承销 5 和轮缸活塞 3，都跨装在制动盘两侧的钳体上，总称制动钳。制动钳用螺栓与转向节或桥壳上的凸沿固装，并用调整垫片 2 来调节钳与盘之间的相对位置。另外，尚有防尘护罩和其他零件。

制动时，油液被压入内、外两轮缸中，其活塞在液压作用下将两制动块压紧在制动盘上，产生摩擦力矩而制动。此时，轮缸槽中的矩形橡胶密封圈的刃边在活塞摩擦力的作用下产生微量的弹性变形，如图 12-15a 所示。放松制动时，活塞和制动块依靠密封圈的弹力和图 12-14 弹簧 8 的弹力回位，如图 12-15b 所示。由于矩形密封圈刃边变形量很微小，在不制动时，摩擦片与盘之间的间隙每边只有 0.1mm 左右，它足以保证制动的解除。又因制动盘受热膨胀时，厚度方面只有微量的变化，故不会发生"拖带"现象。但是，制动盘对端跳动控制较严，要求工作表面有高的平整度和垂直度，轮毂轴承的松紧度应严格控制。修平制动盘工作表面时，应和轮毂一起进行加工，并一起进行平衡试验。特别是不能使用受热后易汽化膨胀的醇

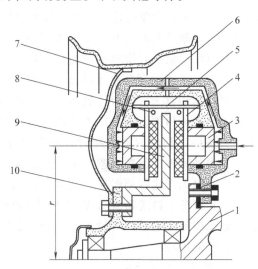

图 12-14 钳盘式制动器基本结构图
1—转向节或桥壳凸缘 2—调整垫片 3—活塞 4—制动块
5—导向支承销 6—钳体 7—轮盘 8—回位弹簧
9—制动盘 10—轮毂凸缘 r—制动盘摩擦半径

类制动油液，要求使用特制的高沸点合成型制动液，矩形橡胶密封圈除起密封作用外，同时还起活塞回位和自动调整间隙的作用。如果制动块的摩擦片与盘的间隙磨损加大，制动时密封圈变形达到极限后，活塞仍可继续移动，直到摩擦片压紧制动盘。解除制动后，矩形密封圈所能将活塞推回的距离同磨损之前相同，仍保持标准值。显然，这种结构对橡胶密封圈的弹性、耐热性、刃边几何精度及表面粗糙度的要求较高，并应定期更换。

2. 钳盘式制动器的类型

钳盘式制动器以制动钳固定在支架上的结构形式来分，有固定式制动钳和浮动式制动钳

两大类。

（1）固定式制动钳的制动器　图12-14 为固定式制动钳的制动器。它的制动钳体的轴向位置是固定的，其轮缸布置在制动盘的两侧，为双向轮缸。可单缸对置或双缸对置，除活塞和制动块外无滑动件。制动时，制动液被压入左右轮缸，活塞在其压力作用下，将摩擦块总成压紧在制动盘上，产生摩擦力矩。车轮与制动盘连接，从而受到制动力的作用。解除制动时，活塞和摩擦片总成在回位弹簧作用下回到原始位置。这种结构的轮缸间需用油道或油管连通，难于把驻车制动机构附装在一起，钳体尺寸较大，外侧的轮缸散热差，热负荷大，油液易汽化膨胀，制动热稳定性差。

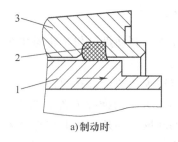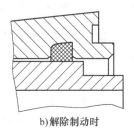

图 12-15　活塞密封圈工作情况
1—活塞　2—矩形橡胶密封圈　3—轮缸

（2）浮动式制动钳的制动器　图12-16 为滑销式浮动钳的示意图。它的特点是制动钳体在轴向处于浮动状态，轮缸只布置在制动钳的内侧，外侧摩擦衬块则固定在钳体上，数目只有固定式的一半，为单向轮缸。制动钳可相对于制动盘轴向移动。

制动时，制动液的压力 p_1 作用在活塞上，带动活动摩擦衬块运动，并推动制动盘，利用制动钳上的反作用力 p_2，推动制动钳体移动，将固定摩擦衬块同时推到制动盘上，继而压紧制动盘，产生制动力。其外侧无液压件，不会产生气阻，且占据的空间也小，还可以利用内侧活塞附装驻车制动机构。但是，其内外摩擦片的磨损速度不一致，内片磨损快于外片。根据浮式制动钳在其支架上滑动支承面的形式，又可分滑销式和滑面式（榫槽式）两种。因滑销式制动钳易实现密封润滑，蹄盘间隙的回位能力稳定，故使用较广。

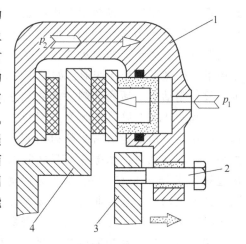

图 12-16　浮动式制动钳示意图（滑销式）
1—钳体　2—滑销　3—支架
4—制动盘　p_1、p_2—液压作用力和反作用力

3. 全盘式车轮制动器

全盘式车轮制动器，具有更大的制动力。它的特点是制动盘两侧制动钳都装有液压缸，制动时由两侧的活塞挤压摩擦衬块，制动时，活塞连同套筒在高压油作用下，压缩回位弹簧将所有的固定盘和旋转盘都推向外侧壳体，各盘相互压紧而实现完全制动。解除制动时，回位弹簧使活塞和套筒回位。

按全盘式车轮制动器的结构形式分为双片式自动增力式和多片式两种。一般安装在重型或超重型汽车上。如上海 SH380 型自卸载重汽车上安装的多片全盘式车轮制动器。

4. 盘式车轮制动器的检修

1）用百分表检测制动盘的端面跳动误差大于 0.06mm，制动盘表面具有明显的磨损台阶及拉伤沟槽，可进行加工修复。

2）检查制动盘的磨损极限厚度为 8mm，厚度过小时应换用新件。

3)检查制动蹄摩擦片厚度小于7mm(包括底板)时,必须更换摩擦片,且左、右轮必须成套更换(4片摩擦片、4片弹簧片)。

4)检查制动钳体,若发现有漏油之处,应换用新的活塞密封圈。

12.3 驻车制动器

驻车制动器又称手制动器,其功用是车辆停驶后防止滑溜;在坡道上顺利起步;行车制动效能失效后临时使用或配合行车制动器进行紧急制动。

驻车制动器按其安装位置可分为中央制动式和车轮制动式两种:中央制动式通常安装在变速器或分动器的后面,少数安装在后驱动桥输入轴前端,其制动力矩作用在传动轴上;车轮制动式通常与车轮制动器共用一个制动器总成,传动机构相互独立。

驻车制动器按其结构形式可分为鼓式、盘式、带式和弹簧作用式。

12.3.1 中央制动器

1. 制动器的结构

图12-17所示为东风EQ1090E型汽车驻车制动器的结构。该制动器为中央制动、鼓式、简单非平衡式驻车制动器。

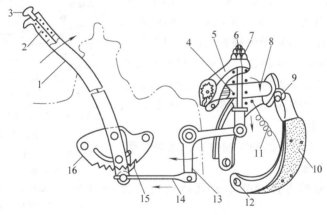

图12-17 东风EQ1090E型汽车驻车制动器
1—驻车制动杆 2—拉杆弹簧 3—按钮 4—压紧弹簧 5—摆臂 6—拉杆
7—调整螺母 8—凸轮轴 9—滚轮 10—制动蹄 11—回位弹簧
12—偏心支承销 13—摇臂 14—传动杆 15—锁止棘爪 16—齿扇

它采用凸轮张开的蹄鼓式制动器和机械传动机构。制动鼓通过螺栓与变速器输出轴的凸缘盘紧固在一起,制动底板用螺栓固定在变速器后端壳体上,两制动蹄通过偏心支承销支承在制动底板上,其上端装有滚轮,在回位弹簧11的作用下滚轮9紧靠在凸轮轴8的两侧,凸轮轴通过底板支座支承在制动底板的上部,轴外端与摆臂连接,摆臂的另一端与拉杆相连,拉杆上端装有压紧弹簧和垫圈,其上端装有调整螺母7和锁紧螺母,下端与摇臂13铰接。拉杆再通过摇臂、传动杆与驻车制动杆相连。驻车制动杆上连有棘爪,驻车制动器工作时,棘爪嵌入齿扇上的棘齿内,起锁止作用。解除制动时,按下驻车制动杆上的按钮,使棘爪脱离棘齿，扳动驻车制动杆。

2. 制动器的工作情况

不进行驻车制动时，制动杆处于立式，在回位弹簧作用下，两制动蹄与制动鼓保持一定间隙，不起制动作用。

进行驻车制动时，将驻车制动杆上端向后拉动，制动杆下端向前摆动，传动杆带动摇臂顺时针转动，拉杆则带动摆臂顺时针转动，凸轮轴亦顺时针转动，凸轮偏转使两制动蹄向外张开，压紧制动鼓，产生制动作用。当制动杆拉到制动位置时，棘爪嵌入齿扇上的棘齿内，起锁止作用。

解除制动时，按下驻车制动杆上的按钮，棘爪脱离棘齿，向前推动制动杆，则传动杆、拉杆、凸轮轴按逆时针方向转动，制动蹄在复位弹簧的作用下回位，制动蹄与制动鼓间恢复制动间隙，制动解除。

12.3.2 强力弹簧驻车制动器

图 12-18 所示为东风 EQ1141G 汽车驻车制动器的结构简图。该制动器为强力弹簧驻车制动器。

1. 制动器的结构

强力弹簧驻车制动器是一个具有驻车制动与行车制动的双功能综合体。有后制动气室和驻车制动气室，并用板隔开。后制动气室 A 由行车制动控制阀控制；驻车制动气室 B 由驻车制动操纵阀控制。推杆外端通过连接叉与制动器的制动臂相连，其球面则支靠在推杆座中，推杆座与大活塞连为一体。强力弹簧 6 通过大活塞、推杆将后制动气室的小活塞回位弹簧压缩，使制动器产生制动作用。

拧出螺栓 7 可使推杆 2 回到左端位置，放松制动。

2. 制动器的工作情况

图 12-19 所示为强力弹簧驻车制动器的工作原理图。

（1）进行驻车制动时 汽车停驶后，将驻车制动操纵阀拉出，压缩空气经驻车制动气室 B 右侧，从下端气孔放出，此时 E 孔和 F 孔与大气相通，图 12-18 强力弹簧 6 伸张，其作用力依次经大活塞 5、螺栓 7 和推盘 8 将后制动气室的小活塞 1 右移，推杆右移到制动位置，完全压缩锥形弹簧 3。

（2）正常行驶不制动时 在汽车起步之前，应将驻车制动操纵阀推回到不制动位置，压缩空气自储气筒经 E 口充入驻车

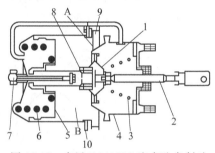

图 12-18 东风 EQ1141G 汽车驻车制动器的结构简图

1—小活塞　2—推杆　3—锥形弹簧　4—膜片
5—大活塞　6—弹簧　7—螺栓
8—推盘　9—接行车制动阀　10—接驻车制动
A—后制动气室　B—驻车制动气室

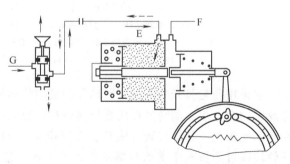

图 12-19 强力弹簧驻车制动器工作原理
（不制动位置）　E—通驻车制动操纵阀
F—通行车制动控制阀　G—通储气筒

制动气室右侧，压缩强力弹簧，将驻车制动大活塞推到左端。后制动气室小活塞也在其回位弹簧的作用下左移，推杆左移，回到不制动位置，汽车方可正常行驶。

（3）进行行车制动时　行车中，踩下行车制动踏板，压缩空气便经行车制动阀自 F 孔充入后制动气室，小活塞克服回位弹簧的弹力，推动推杆右移，到制动位置。

（4）无压缩空气时　若汽车的气源或气路发生故障，不能对驻车制动气室充气，强力弹簧将处于伸张状态，使汽车保持制动。若需要开动或拖动汽车，必须将驻车制动气室中的螺栓旋出，卸除弹簧对推盘的推力，小活塞在回位弹簧的作用下退回到不制动位置，制动解除。

12.3.3　带驻车制动机构的鼓式制动器

蹄鼓式驻车制动器的基本结构与前面所述的车轮制动器基本相同。常用的有凸轮张开式和自动增力式二种。

1. 鼓式驻车制动器

（1）鼓式驻车制动器构造　图 12-20 所示为东风 EQ1092 型汽车驻车制动器。它采用凸轮张开的蹄鼓式制动器和机械传动机构，制动鼓通过螺栓与变速器第二轴后端凸缘紧固在一起，制动底板用螺栓固定在变速器后端壳体上，两制动蹄下端通过偏心支承销安装在底板上，其上端装有滚轮。在制动蹄回位弹簧作用下，制动蹄上端的滚轮始终靠紧在制动凸轮轴的凸轮两侧，凸轮轴通过底板支座支承在制动底板上部。其外端与摆臂紧固在一起，摆臂的另一端与拉杆相连，拉杆上端装有压紧弹簧及垫圈。其上端装有球面调整螺母及锁紧螺母，下端与摇臂铰接。摇臂锁销与变速器壳铰接，与传动杆铰接。传动杆前端通过螺纹与驻车制动杆相连。齿扇用螺钉固定在变速器壳体侧面上，带有锁止棘爪。按钮和拉杆弹簧的制动杆、销子与齿扇均为铰接。

（2）工作过程　不制动时，制动操纵杆处于立势位置，两制动蹄在回位弹簧作用下，与制动鼓保持一定的间隙，制动器无制动作用。

制动时，将操纵杆上端向后拉，作用力通过拉丝软轴带摇臂绕支销顺时针摆动，拉杆带动摇臂向下运动，摆臂带动凸轮轴转动，从而凸轮偏转将两制动蹄张开，并压紧制动鼓产生制动作用。此时，棘爪和齿扇将制动杆锁止在制动位置。

解除制动时，按下制动操纵杆上端的按钮，使下端的棘爪脱离齿扇，然后将制动操纵杆推向最前端位置。此时，各机件的运动方向与制动时方向相反，从而使制动蹄与制动鼓恢复原来的间隙，制动解除。

2. 自动增力式驻车制动器

（1）自动增力式驻车制动器构造　如图 12-21a 所示为自动增力式驻车制动器构造示意图。它主要由制动鼓、制动底板、制动蹄、制动臂、制动手柄、棘齿拉杆、摇臂等组成。制动鼓用螺栓紧固在变速器第二轴的凸缘盘上，制动底板和驻车制动支

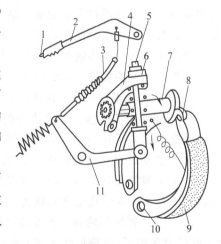

图 12-20　东风 EQ1092 型汽车驻车制动器
1—按钮　2—操纵杆　3—拉索　4、11—摆臂
5—拉杆　6—调整螺母　7—凸轮轴　8—滚轮
9—制动蹄　10—偏心支承

承销用螺栓固定在变速器壳体的后端部，两制动蹄和调整机构通过拉簧浮动地悬挂在支承销上，并用压簧轴向定位。

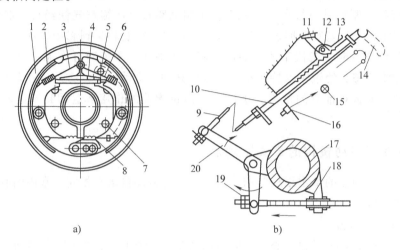

图 12-21　自动增力式驻车制动器

1—制动底板　2—驻车制动蹄　3、8—拉簧　4—推板　5—销轴　6—驻车制动臂
7—螺栓　9—钢丝　10—棘齿拉杆　11—支座　12—棘爪　13、18—导管
14—制动手柄　15—驻车制动指示灯　16—驻车制动指示灯开关
17—前桥　19—调整螺母　20—摇臂

（2）工作过程　不制动时，制动手柄处于卧势位置，两制动蹄在拉簧作用下浮动地悬挂在支承销上，与制动鼓有一定的间隙，制动器无制动作用。

制动时，驾驶人拉出制动手柄，手柄拉动拉索带动摇臂沿箭头方向运动，如图 12-21b 所示。此时，驻车制动臂绕销轴顺时针转动。在转动过程中，一方面通过推板将左制动蹄压向制动鼓，另一方面驻车制动臂上端右移，通过销轴将右制动蹄压向制动鼓，从而产生制动作用。此时，棘爪将锁住制动手柄。增力原理与自动增力式车轮制动器原理基本相同。

解除制动时，先将制动手柄顺时针转过一个角度，使棘爪与齿条脱离啮合状态，再将制动手柄推回到原始位置，从而制动解除。

3. 蹄鼓式驻车制动器的检修（以 EQ1092 型汽车为例）

（1）制动鼓的检修　直观检查制动鼓，不得有裂纹，破损，否则换用新件。其工作表面若磨损起槽大于 0.5mm，应对其锥磨或车削。磨损超过使用极限（ϕ284）应予更换。

（2）制动蹄及衬片的检修　直观及敲击检查不得有裂纹弧度大小应符合技术标准，若衬片磨损至铆钉头 0.5mm，应一律换用新件。其方法与车轮制动器衬片更换方法基本相同。检测制动蹄与支承销孔配合间隙大于 0.15mm 时，应更换支承销或销孔衬套。

（3）回位弹簧的检修　直观检查回位弹簧，若弯曲、断裂、锈蚀或弹力减弱（弹簧应在 5N 的拉力作用下，弹簧长度达到 100mm），应换用新件。

（4）其他零件的检修　用百分表或游标卡尺检测制动凸轮轴与底板支座承孔的配合间隙，应不大于 0.20mm，否则换用新衬套。棘爪机构磨损严重，达不到锁止作用，均换用新件。操纵机构各铰接部位磨损松旷，可更换销轴或衬套。

（5）蹄鼓式驻车制动器的调整　调整时，先将驻车操纵杆放至最低位置，旋动软索调整螺母，使摇臂与水平方向成 15°夹角，然后拧紧锁紧螺母。接着把操纵杆拉起，当听到

7~9响时,反复拧动拉杆上端的调整螺母及制动蹄支承销,使制动蹄完全压紧在驻车制动鼓上。然后,拧紧支承销固定螺母及拉杆上端的锁紧螺母。这时,将操纵杆拉回原来位置时,当能听到2~3响时,应有制动感。若汽车停在坡度为0.2、附着系数为0.7坡路时,当拉动操纵杆听到7~9响时,汽车应停放安全可靠。当汽车行驶时,驻车制动器无卡滞、发热现象,则为调整合适。

(6) 上海桑塔纳LX型轿车驻车制动器的检修 上海桑塔纳LX型轿车驻车制动器是利用两后轮兼作驻车制动器,其形式为蹄鼓式驻车制动器,操纵机构是机械式拉索机构。

12.3.4 带驻车制动机构的盘式制动器

盘式驻车制动器有散热性能好,摩擦片更换方便安全可靠,使用寿命长等优点。

1. 蹄盘式驻车制动器构造

图12-22所示为蹄盘式制动器及其传动机构示意图。它主要由驻车制动操纵杆、前制动蹄、后制动蹄、制动蹄臂、传动拉杆、制动盘、调整螺钉等部件构成。制动盘与变速器第二轴的花键凸缘连接,制动蹄支架用螺钉固定于变速器壳体的后壁上,传动拉杆用销轴与固定于变速器壳上的齿扇板铰接,下端有棘爪,利用棘爪拉杆和手柄上的弹簧,能将制动器锁止在某一位置。

2. 工作过程

不制动时,制动蹄下端被制动蹄拉紧弹簧拉紧,上端由制蹄调整螺钉限制,使制动蹄片与制动盘上、下端保持一定的间隙,制动器无制动作用。

制动时,将驻车制动杆上端向后扳动,传动拉杆带动拉杆臂逆时针方向摆动,推动前制动蹄臂和制动蹄后移。同时,通过拉杆拉动后制动蹄臂,将定位弹簧压缩,使后制动蹄前移,两制动蹄即夹紧制动盘,产生制动作用,这时,棘爪将手制动杆锁止在制动位置。解除制动时,按下制动杆上端的拉杆按钮,使下端棘爪脱出,然后将制动杆推向前端位置,前、后蹄在定位弹簧作用下回位,制动解除。

3. 蹄盘式驻车制动器的检修(以CA1091型汽车为例)

(1) 制动盘的检修 制动盘工作面应无沟槽,当沟槽的深度大于0.50mm时,应车削或磨削。制动盘厚度应不小于规定值,否则换用新件。

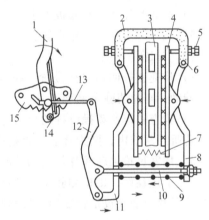

图12-22 蹄盘式制动器及其传动机构示意图

1—驻车制动拉杆 2—支架 3—制动盘
4—制动蹄 5—调整螺钉 6—销 7—拉簧
8—后制动蹄臂 9—定位弹簧 10—蹄臂拉杆
11—前制动蹄臂 12—拉杆臂
13—传动拉杆 14—棘爪 15—齿扇

(2) 制动蹄的检修 制动蹄端面磨损严重,应换用新件。摩擦片工作面到铆钉头的距离,若小于0.5mm,必须更换。新摩擦片更换方法同离合器更换摩擦片方法相同。制动蹄支架若有裂纹可焊修,严重者换用新件。

(3) 蹄盘式驻车制动器的调整 当组装驻车制动器时,应在未装拉杆与联动臂的连接销之前进行。调整时,先在前、后制动蹄片与制动盘之间分别插入1根长250mm、厚0.3~0.6mm塞尺规片,再转动拉杆上的调整螺母,拉动规片有明显阻力时,停止旋转调整螺母,接着旋进蹄片上端的调整螺钉，直至与制动蹄相接触，然后锁紧螺母。锁紧后，挂好拉紧弹簧。最后调整拉杆的长度。当销孔与联动销孔相重合时，穿入销子并锁上开口销。特别指出：不允许用拉动联动臂的方法，使销孔重合，否则，影响调好的间隙。

调整后，还应进行制动检查。当拉动驻车制动杆至全程 1/2～2/3 时，同时齿板上移动 3～5 齿。此时，蹄片应完全压紧制动盘。在平坦干燥的路面上，汽车用二档不能起步，解除制动时，制动盘与摩擦片不发生摩擦或咬住现象，则可视为调整合适。

12.3.5 驻车制动器常见故障诊断与检修

以 CA1092 型解放汽车为例。

1. 驻车制动不良

（1）现象　汽车停在坡路上时，因驻车不良而自行滑移。

（2）原因

1）驻车制动自由行程过大。

2）制动鼓工作表面磨损、起槽、裂纹，摩擦片与制动鼓贴合不良或摩擦片与制动鼓配合间隙过大。

3）摩擦片表面有油污、泥水，磨损过薄或焦化。

4）制动蹄片在支承底板中卡住，或支承底板变形致使制动蹄轴歪斜。

5）汽车起步时，操作失误，未拉驻车操纵杆导致摩擦片烧蚀。

（3）诊断与排除

1）将变速杆回到空档位置，拉紧驻车制动操纵杆，支起后轮，这时用于转动传动轴，如能转动，则说明驻车制动不良。

2）检查驻车制动操纵杆的自由行程是否过大。当把驻车操纵杆从放松的极限位置上拉起，若听到两响声，则为合适。否则进行调整，或检查各连接处是否松动。

3）用塞尺检测摩擦片与制动鼓配合间隙是否符合技术标准，否则应进行调整。

4）上述良好，则检测驻车制动器制动鼓圆度误差，查看摩擦片是否有油污，与制动鼓贴合状况及制动底板是否变形，检查制动蹄轴是否锈蚀。否则应维修或换用新件。

2. 驻车制动拖滞

（1）现象　变速器挂低速档，松离合器踏板，放松驻车制动器操纵杆，汽车难以起步；或虽然起步，但稍减供油，汽车急速降速；或行驶一般路程后，驻车制动鼓发热。

（2）原因

1）制动蹄摩擦片与制动鼓间隙过小，局部有粘连接触，制动蹄回位弹簧弹力小、过软或折断。

2）制动蹄与制动蹄轴装配过紧，转动困难或锈蚀，导致制动蹄回位缓慢或不回位。

3）由于齿板上限位片丢失或未装，当操纵杆向前放松时，造成制动凸轮反向转动，将蹄片张开与制动鼓接触。

（3）诊断与排除

1）若汽车在离合器良好状态下不能起步，车辆行驶无力，驻车制动鼓发热，则说明驻车制动拖滞。

2）先检查齿板上的限位片是否丢失或未装。

3）用塞尺检测摩擦片与制动鼓间隙是否符合技术标准，否则应调整。
4）若以上良好，应拆检驻车制动器。

12.3.6 储能弹簧制动系统

常规驻车制动时，拉起驻车制动，锁住传动轴，实现驻车制动；行车制动时，由压缩空气进入制动气室锁住车轮，实现制动。在驻车制动或传动轴机械故障时，驻车制动失灵；在空气压缩机、管路、储气筒、制动阀任何一个部位故障时，行车制动失灵。

储能弹簧制动——即"断气制动"是驻车制动的一种形式。大多用在中大型车的驻车制动系统。这种车的驻车制动系统平时是用大力的弹簧处于常制动状态，车辆要行驶的时候，驾驶人松驻车制动操纵手柄就是一个充气的动作，必须要达到一定的气压才能顶开弹簧，松开驻车制动操纵手柄，才能行驶。行车中气压过低时也会产生制动效应，保证安全。

1. 储能弹簧制动（断气制动）系统组成

断气制动系统由制动操纵机构、双回路制动机构、制动器、空压机等组成，其中，制动操纵机构包括制动踏板、踏板吊挂、手动制动阀等；双回路制动机构包括储气筒、制动阀、低压警告器、气压调节器、制动管、换向阀、继动阀、安全阀、放水阀等。

中央盘式制动机构包括驻车制动操纵手柄、制动拉索、中央盘式制动器。

2. 储能弹簧制动（断气刹制动）系统工作原理

储能弹簧气室是行车制动气室和驻车制动气室的结合体，如图12-23所示。行车制动气室在下，驻车制动气室在上，行车制动气室的通气口焊接在驻车制动气室壳体上，其孔道与驻车制动气室的通气口接头孔道平行，并以平行于气室轴线的孔道与行车制动气室相通。行车制动气室的活塞组件包括活塞体、密封皮圈、导向套筒。当施行驻车制动时，推杆只推动活塞，而行车制动时，活塞是不动的。

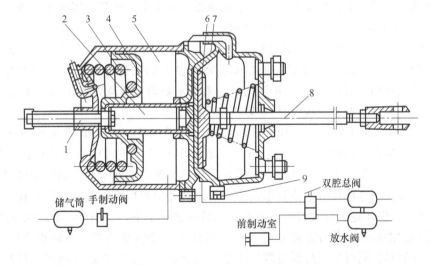

图12-23 储能弹簧制动气室结构简图
1—螺杆 2—导管 3—储能弹簧 4—活塞 5—储能制动气室 6—推力盘 7—皮碗 8—推杆 9—卡箍

在汽车起步之前，应将手控阀的操纵杆扳回解除驻车制动位置，使压缩空气自驻车制动储气筒充入驻车制动气室，压缩储能弹簧，使驻车制动活塞回到不制动位置，同时行车制动活塞也在回位弹簧作用下回位。此时驻车制动解除，汽车方能起步。

储气筒的气压未达到最小安全值，则不可能压缩弹簧，因而汽车也不可能起步，这是利用储能弹簧进行驻车制动的主要优点。

当驾驶人操纵手动制动阀时，芯管在弹簧作用下紧靠操纵凸轮，此时，进气阀关闭，排气阀开启，出气口经芯管和排气口通大气。同时，复合制动气室中的储能制动气室也经快放阀通大气，于是汽车处于驻车制动状态。

驻车制动气室推杆最大行程比行车制动推杆最大行程一般大10%，因此，当行车制动推杆已移到最大行程，但由于制动器间隙过大而未能实现完全制动时，可以使驻车制动气室放气，利用储能弹簧助力，进一步推出行车制动推杆，以实现完全制动。

12.3.7　电子驻车制动系统

电子驻车制动系统（Electrical Park Brake，EPB）是指将行车过程中的临时性制动和停车后的长时性制动功能整合在一起，并且由电子控制方式实现停车制动的技术。

现代车辆上装配的电子驻车制动系统有两种形式，一种是通过驻车制动执行电机驱动制动拉线使驻车制动系统工作的鼓式电子驻车制动系统（如装配于宝马7系的E65/E66车型和韩国现代的新雅科仕车型）。另一种是将驻车制动执行电机安装于后轮两侧的制动卡钳上，由驻车制动执行电机控制制动卡钳的活塞（如奥迪车系）。

电子驻车制动系统控制方式是电子按钮。

电子驻车制动系统的基本功能如下。

1）静态驻车制动：车辆在停止时，按下EPB开关（无论点火开关是ON或OFF，以及是否处于行车制动的状态），EPB系统工作制动锁止车辆。释放驻车制动时，点火开关处于ON位置（发动机工作或熄火均可），踩下行车制动踏板，拉起EPB开关，EPB系统停止制动锁止。当然，如果车辆的发动机盖和行李箱盖以及4个车门都是关闭状态，变速器杆从P位移到R位或D位时，EPB系统也会自动释放。

2）动态应急制动：车辆在行驶过程中，驾驶人按下EPB开关，EPB控制单元收到开关信号后通过数据总线要求ESP系统控制行车制动，驻车制动警告灯将会一直闪烁，动态制动控制是持续进行的，直到松开EPB开关。如果行车制动系统或是ESP系统故障，由EPB控制单元直接控制驻车制动系统工作（仅限于后轮）。

3）自动车辆固定（AVH）功能：也称制动力自动保持，由ESP系统实现该功能的控制。主要是为了应对车辆由于路面交通信号使车辆在D位停止时对车轮进行液压制动的控制，同时也是为了保证车辆在上坡起步时不会后移。在部分欧洲车上，该功能可以通过操作显示器的菜单或使用诊断仪激活或是取消该功能。在韩国现代汽车上则专门设计了一个被称为AVH的开关，操作这个开关就可以随时激活或取消该功能。当自动车辆固定功能被激活时，车辆在遇到路面交通信号灯停止后，即使驾驶人不踩制动踏板，车辆也会被ESP控制单元的控制而制动，同时制动灯继电器被闭合，制动灯点亮。在自动车辆固定控制期间，如果踩下加速踏板，制动系统会释放，车辆就可以行驶。如果车辆在自动车辆固定控制期间，发动机熄火，发动机盖打开，行李箱盖打开或车门打开，系统将自动从自动车辆固定模式转变为EPB控制单元控制的驻车制动模式。在当前驾驶周期内自动车辆固定的模式持续工作5min以上，以及在当前的驾驶周期内累计工作30min以上，或是车辆停止的坡度超过21°

时，系统也会从自动车辆固定控制模式转换为 EPB 系统控制的驻车制动模式。这样的目的主要是防止 ESP 模块中的电磁阀因长时间工作而过载（在韩国现代雅科仕轿车和新雅尊 HG 轿车上，当按下自动车辆固定的 AVH 开关时，仪表上会有一个白色的 AUTOHOLD 的指示灯点亮，表示系统进入车辆自动固定的准备阶段，在系统工作期间，一个绿色的 AUTOHOLD 灯就会点亮，表示自动车辆固定模式当前处于工作状态，如果自动车辆固定功能出现故障就会点亮黄色的 AUTOHOLD 的指示灯）。

4）制动间隙自动调整：对于以鼓式制动为主的电子驻车制动系统，当制动蹄因磨损而导致制动间隙过大时，EPB 控制单元在每次执行驻车制动操作时会通过执行电机内的拉力传感器感知这一变化，然后执行电机就会适时地收紧制动拉线，从而自动调整间隙。而对于以盘式制动为主的电子驻车制动系统则是通过每次执行驻车制动操作时执行电机内的霍尔传感器测量到的执行电机旋转的圈数来感知制动间隙的改变，然后利用电机齿轮箱的工作推动螺杆来自动调整间隙。

5）应急释放功能：当 EPB 系统出现机械故障或是因为电压不足导致系统不能够释放制动器时，可以使用车辆上配备的专用工具，插入到执行电机上预留的应急释放孔内通过放置或拉动的方式松开制动蹄片或制动卡钳，以解除后轮的驻车制动功能。

6）系统自诊断：EPB 控制单元通过 C-CAN 数据总线与其他控制单元实现数据交换，可以使用诊断仪对系统进行自诊断、数据流的读取及系统的一些功能设置。

以现代新雅科仕的电子驻车制动 EPB 系统为例来学习系统结构及部件。

现代新雅科仕的电子驻车制动 EPB 系统主要包括 EPB 开关、驻车制动器和 EPB 控制单元三部分。EPB 开关位于驾驶侧仪表台的左下方，按下开关时驻车制动锁止，拉动开关时驻车制动释放，EPS 开关旁边是自动车辆固定模式的启动开关。EPS 开关内部有两个联动的开关用来检测开关的工作是否正常，如果两个信号不匹配，EPB 控制单元就会存储故障码。

雅科仕 EPB 系统的控制单元和执行电机是集成到一起的总成件，安装于后驱动桥的副车架上方，内部由 EPB 控制单元、EPB 执行电机、齿轮箱、控制拉线、应急释放拉线和拉力传感器组成。应急释放拉线的操作端安装于行李箱的最里面的底板上且有一个应急释放孔，使用车内提供的专用工具就可以应急释放驻车制动。左右控制拉线直接连接于两侧的后轮驻车制动蹄片（雅科仕的驻车制动系统使用的是鼓式制动器，其制动鼓也是后轮行车制动的制动盘）。控制单元内的拉力传感器为压电效应式，用来检测作用于控制拉线上的拉力。

当使用应急释放的方式释放驻车制动以后，仪表上的 EPB 指示灯将闪烁，此时不要立即使用驻车制动系统，而是要按照厂家的要求完成其所谓的闭锁操作，只要按下一次 EPB 开关一次，执行电机就可以将分离的两条控制拉线连接，此时控制单元会命令执行电机拉紧释放 5 次，如果 5 次均可以成功完成动作，那么系统将可以正常工作，如果不成功将记录故障码 C2202（闭锁故障）。

12.4　制动传动装置

制动传动装置的作用是将驾驶人或其他动力源的作用传到制动器，同时控制制动器的工作，从而获得所需要的制动力矩。

制动传动装置按传力介质的不同可分为液压式、气压式和气-液综合式；按制动管路的套数可分为单管路和双管路制动传动装置。按照交通法规的要求，现代汽车的行车制动系统必须采用双管路制动传动装置，因此，单管路制动传动装置已被淘汰。

12.4.1 液压式制动传动装置

液压式制动传动装置是利用特制油液作为传力介质，将制动踏板力转换为油液压力，通过管路传至车轮制动器，再将油液压力转变为制动蹄张开的机械推力，即产生制动作用。

液力制动具有以下特点：制动柔和灵敏，结构简单，使用方便，不消耗发动机功率。但操纵较费力，制动力不很大，制动液受温度变化而降低其制动效能，制动液流动性差，高温易产生气阻，如有空气侵入或漏油则会降低制动效能甚至失效。一般在液压传动制动装置中，增设制动增压式增力装置，减轻了驾驶人操作强度，提高制动效能。液压制动传动装置已广泛应用在轿车和重型汽车上。

1. 液压式制动传动装置的基本组成

如图 12-24 所示，液压式制动传动装置由制动踏板、推杆、制动主缸、储油罐、制动轮缸、油管、制动灯开关、指示灯、比例阀等组成。

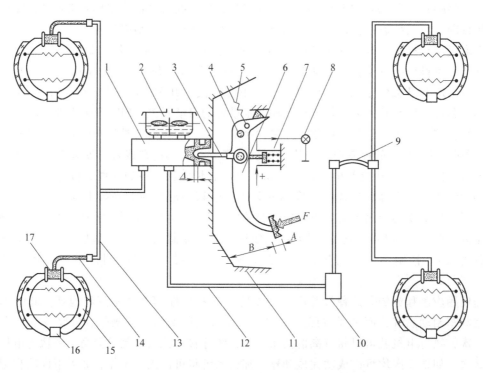

图 12-24 液压式制动传动装置的组成

1—制动主缸　2—储油罐　3—推杆　4—支承销　5—复位弹簧　6—制动踏板　7—制动灯开关　8—指示灯　9、14—软管　10—比例阀　11—地板　12—后桥油管　13—前桥油管　15—制动蹄　16—支承座　17—制动轮缸　Δ—自由间隙　A—自由行程　B—有效行程

2. 液压式制动传动装置的工作原理

液压制动传动装置以帕斯卡定律为基础，并且在传力过程中对驾驶人的踏板力进行了增

大变换，使传递到制动轮缸及制动蹄上的制动力大于踏板力。图 12-25 所示为踏板力的增大及变换示意图。

如果以 10kg 脚踏力踩制动踏板，踏板与支点力臂相当于主缸活塞与支点力臂的 3 倍，则作用到制动主缸活塞上的力为 30kg。如果主缸活塞的截面积为 $2cm^2$，而轮缸活塞的截面积为 $4cm^2$，那么，推动车轮制动蹄的力可达 60kg。

3. 液压式双管路的布置形式

液压制动传动装置常见的布置形式有单管路和双管路两种。

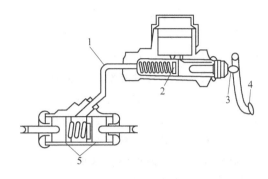

图 12-25 踏板力的增大及变换示意图
1—制动管路及制动液 2—主缸活塞 3—主缸推杆
4—踏板 5—轮缸活塞

1）单管路液压传动装置。单管路是利用一个制动主缸，通过一套相互连通的管路，控制全车制动器。若传动装置中一处漏油，会使整个制动系统失效。目前，一般汽车上已很少采用。

2）双管路液压传动装置。双管路液压传动装置是利用两个彼此独立的液压系统。当一个液压系统发生故障时，另一个液压系统仍然照常工作，从而提高了汽车制动的可靠性和安全性。现代汽车都采用了双管路传动装置。

液压传动由于其适应的制动器形式较多，双管布置形式有多种方案。通常是按车桥划分或车轮来划分。

（1）两桥制动器彼此独立方案 双腔主缸通过各自的管路分别控制前桥和后桥上的制动器。若其中一套管路失效，另一套管路仍有一定的制动效能。但前后桥制动力分配的比值被破坏，造成附着力利用率降低，使制动效能低于 50%。此种方案适于前后桥载荷分布均匀、制动时轴荷转移量少且发动机前置后轮驱动的汽车。

（2）一个制动器两个轮缸彼此独立的方案 如图 12-26 所示。双腔主缸通过各自的管路分别控制前后桥制动器中轮缸之一。若其中一套管路失效时，另一套管路仍使前后制动器保持一定的制动性能。此时，制动效能虽有降低，但前后桥制动力分配的比值未变，附着力利用率高，制动效能为 50%。此种方案适于具有两个轮缸的制动器。

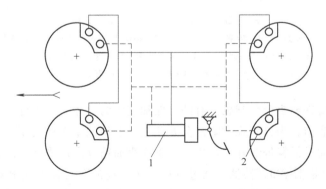

图 12-26 一个制动器两个轮缸彼此独立的方案
1—双腔主缸 2—双轮缸盘式制动器

（3）前后轮制动器对角彼此独立的方案 如图12-27所示。双腔主缸通过各自的管路分别控制前后桥对角轮制动器。若一套管路失效，另一套管路对角地使前后桥制动器保持一定的制动效能。由于前后桥制动力分配的比值未变，附着力利用率高，制动效能为50%。此种方案广泛地用在单轮缸轿车上。应该说明，这里存在着某一管路失效，制动跑偏问题。为此，多采用加大主销内倾角的办法，使主销的转点在力点之外，成为负值力臂，产生抗偏力矩保持制动时方向的稳定性。

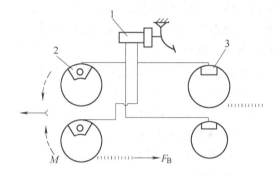

图12-27 前后轮制动器对角彼此独立的方案
1—双腔主缸 2—前轮缸 3—后轮缸

4. 制动主缸

制动主缸的作用是将踏板输入的机械力转换成液压力。制动主缸有单腔主缸和双腔主缸。

（1）单腔制动主缸原理 如图12-28所示，在空气液压制动传动装置中，双制动管路的控制仍用单腔主缸。

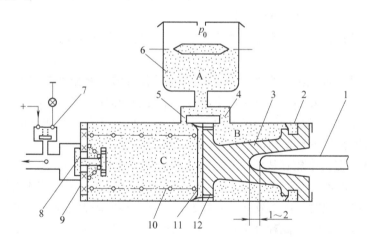

图12-28 液压式单腔制动主缸原理图
1—推杆 2—密封圈 3—活塞 4—进油孔 5—补偿孔 6—储油室 7—油压制动开关
8—出油阀 9—回油阀 10—回位弹簧 11—皮碗 12—轴向孔
A—储油室 B—补油室 C—压力室

制动主缸多为铸铁或铝合金制成，有的与储油室铸为一体，为整体式主缸；也有的将两者分开，再用油管联结，为分开式主缸。分开式主缸的储油室多用透明塑料模压制成，有的内装防溅浮子或液面过低警告灯开关。主缸的工作表面精度高而光洁，缸筒上有进油孔4和补偿孔5，筒内装有铝活塞3，储油室通过直径较大的进油孔与补油室B相通。橡胶皮碗外圆表面多制有一环形槽，并有若干轴向槽与其相通，以便在工作时能使油液单向的补偿。回位弹簧10处于橡胶皮碗与回油阀9之间，它有一定的预紧力，将活塞推靠在后挡板上，并使回油阀9关闭。回油阀为环形有骨架的橡胶圈。其中心孔被带弹簧的出油阀8所封闭,统称"复合式单向阀"。活塞的后端装有密封圈2,并用挡板和卡环轴向限位。工作长度可调的推杆1伸入活塞背面凹部,并保持一定的间隙。

复合式单向阀使管路中保持残压,能连续加大排油量;并具有换油、排气方便的功能。

正常情况下,制动踏板踩到底实现完全制动。如因蹄鼓间隙过大或空气渗入等原因,一脚制动感到制动力不足时,可迅速放松踏板,再踩第二脚或第三脚,使出油量增多,踏板高度即越踩越高,制动力进一步增大。通过轮缸上的放气螺钉,可排除管路中的空气。

(2) 双腔制动主缸

1) 双腔制动主缸的组成和结构。如图12-29所示,串联式双腔制动主缸主要由储油罐、制动主缸外壳、前活塞、后活塞及前后活塞弹簧、推杆、皮碗等组成。

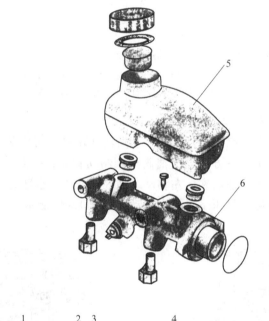
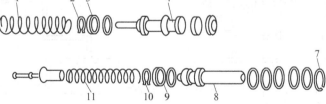

图12-29 上海桑塔纳轿车串联双腔制动主缸分解图
1—前活塞弹簧 2、10—皮碗 3—前活塞 4—推杆 5—储液筒 6—制动主缸外壳
7—卡簧 8—推杆 9—后活塞 11—后活塞弹簧

如图12-30所示,主缸的壳体内装有前活塞、后活塞及回位弹簧,前后活塞分别用皮碗密封,前活塞用限位螺钉保证其正确位置。储油罐分别与主缸的前、后腔相通,前出油口、后出油口分别与轮缸相通,前活塞靠后活塞的液力推动,而后活塞直接由推杆推动。

2) 双腔制动主缸的工作情况。不制动时,两活塞前部皮碗均遮盖不住其旁通孔,制动

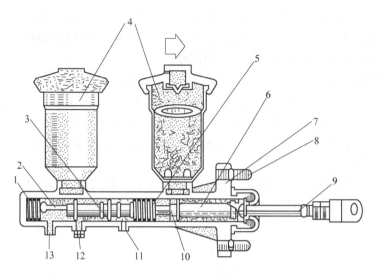

图 12-30 串联双腔制动主缸结构示意图
1—前活塞弹簧 2—前活塞 3、10—皮碗 4—储液罐 5—后活塞弹簧 6—后活塞
7—壳体 8—固定螺钉 9—推杆 11—后出油口 12—限位螺钉 13—前出油口

液由储油罐进入主缸的内孔,如图 12-31 所示。

正常状态下制动时,操纵制动踏板,经推杆推动后活塞左移,在其皮碗遮盖住旁通孔之后,后工作腔油液压力升高,油液一方面经出油阀流入制动管路,一方面推动前活塞左移。在后腔液压和弹簧弹力的作用下,前活塞向左移动,前腔油液压力也随之升高,油液推开出油阀流入管路,于是两制动管路在等压下对汽车制动。如图 12-32 所示。

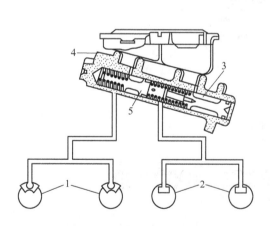

图 12-31 不制动时双活塞的位置
1—前制动器 2—后制动器 3—后活塞
4—主缸 5—前活塞

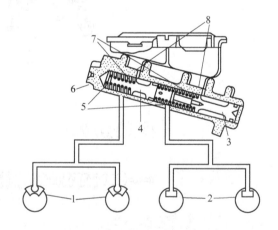

图 12-32 制动时双活塞的位置
1—前制动器 2—后制动器 3—后活塞 4—前活塞
5—压力室 6—主缸 7—皮碗 8—旁通孔

解除制动时,抬起制动踏板,活塞在弹簧作用下复位,高压油液自制动管路流回制动主缸。如活塞复位过快,工作腔容积迅速增大,而制动管路中的油液由于管路阻力的影响,来不及充分流回工作腔,使工作腔内油压快速下降,便形成一定的真空度,于是储油罐中的油液便经补偿孔和活塞上的轴向小孔推开垫片及皮碗进入工作腔。当活塞完全复位时,旁通孔

开放，制动管路中流回工作腔的多余油液经补偿孔流回储油罐。

若与前腔连接的制动管路损坏漏油，则在踩下制动踏板时只有后腔中能建立液压，前腔中无压力。此时，在压力差的作用下，前活塞迅速移到其前端顶到主缸缸体上。此后，后工作腔中液压方能升高到制动所需的值。如图12-33所示。

若与后腔连接的制动管路损坏漏油，则在踩下制动踏板时，起先只是后活塞前移，而不能推动前活塞，因而后腔工作油液不能建立。但在后活塞直接顶触前活塞时，前活塞便前移，使前腔建立必要的工作油压而制动。如图12-34所示。

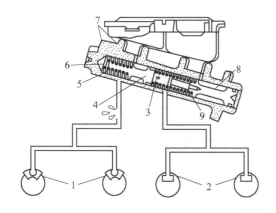 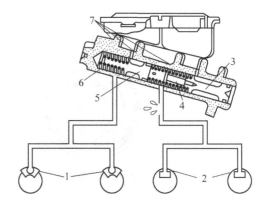

图12-33 前轮液压油路故障后轮制动的情况
1—前制动器 2—后制动器 3—延长行程接触前活塞
4—前活塞 5—前活塞弹簧 6—前活塞顶部
7—低压制动液 8—后活塞 9—压力室

图12-34 后轮液压油路故障时前轮制动的情况
1—前制动器 2—后制动器 3—后活塞
4—活塞延长螺钉 5—前活塞
6—压力室 7—低压制动液

5．制动轮缸

制动轮缸的作用是将制动主缸传来的液压力转变为使制动蹄张开的机械推力。

（1）制动轮缸的组成和结构　如图12-35所示，制动轮缸主要由缸体、活塞、皮碗、弹簧和放气螺钉组成。

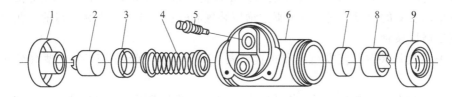

图12-35 双活塞制动轮缸的分解图
1、9—防尘罩　2、8—活塞　3、7—皮碗　4—回位弹簧总成　5—放气螺钉　6—轮缸缸体

制动轮缸的缸体通常用螺钉固装在制动底板上，位于两制动蹄之间，内装铝合金活塞，密封皮碗的刃口方向朝内，并由弹簧压靠在活塞上与其同步运动。活塞外端压有顶块并与制动蹄的上端相抵紧。在缸体的另一端装有防护罩，可防止尘土及泥土的侵入。缸体上方装有放气螺塞，以便放出液压系统中的空气。

（2）制动轮缸的类型　常见的轮缸类型有：双活塞式、单活塞式、阶梯式等，如图12-35所示。

单活塞制动轮缸多用于单向增势平衡式车轮制动器，目前趋于淘汰；阶梯式制动轮缸用

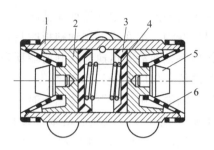

a) 双活塞式制动轮缸

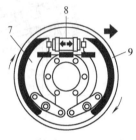

b) 单活塞式制动轮缸

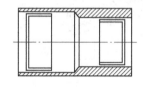

c) 阶梯式制动轮缸

图 12-36　制动轮缸
1—缸体　2—活塞　3—皮碗　4—弹簧　5—顶块　6—防护罩
7—制动蹄　8—制动轮缸　9—制动鼓

于简单非平衡式车轮制动器，它的大端推动后制动蹄，小端推动前制动蹄，其目的是使前后蹄摩擦片均匀地磨损。

（3）制动轮缸的工作情况　如图 12-36b 所示，制动轮缸受到液压作用后，顶出活塞，使制动蹄扩张。松开制动踏板，液压力消失，靠制动蹄回位弹簧的力，使活塞回位。

6. 液压制动增压装置

为减轻驾驶人的劳动强度，提高液压制动效能，液压制动系统中，有的加装了增压装置。根据增压装置的力源不同，分为真空增压装置和气压增压装置两种。目前，我国汽车一般采用真空增压装置。

（1）真空增压装置的基本组成和布置　图 12-37 所示为跃进 NJ1061A 型汽车的真空增压装置。

从图中可看出，它在液压制动传动装置中增加了真空增压器，包括辅增缸、控制阀、进气滤清器、真空增压器，并增加了真空单向阀、真空罐和真空管道等装置。汽油机上的真空力源是发动机的进气歧管，而柴油机则是另加装一个真空泵或在进气歧管中加装引射器，作为真空力源的。

当发动机工作时，在进气歧管（或真空泵）中的真空度作用下，真空罐中的空气经真空单向阀被吸入发动机，因而真空罐中产生并积累一定的真空度。当踩下制动踏板时，制动主缸输出液压首先传入辅增缸，并由此一面传入各制动轮缸，一面又作用于控制阀。控制阀使真空增压器起作用。此时，真空增压器输出力与由主缸传来的液压力一同作用于辅助缸活塞。因此，使辅助缸的压力远远高于主缸压力。由于在真空增压器之后又加装了一个双腔安全缸，所以在安全缸之后的前、后轮任一条制动促动管路损坏漏油时，该管路上的安全缸即

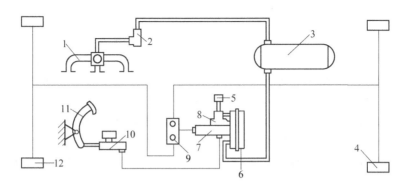

图 12-37　跃进 NJ1061A 型汽车的真空增压伺服双回路制动系统示意图
1—发动机进气歧管　2—真空单向阀　3—真空罐　4—后轮制动缸　5—进气滤清器
6—真空增压器　7—辅助缸　8—控制阀　9—安全缸
10—制动主缸　11—制动踏板　12—前轮制动缸

自动将该管路封堵，确保另一促动管路仍能保持其中油液压力，产生制动效能。

（2）真空增压器

1）作用与组成。真空增压器作用是把发动机进气产生的真空度与大气压力差转变为机械推力，将制动主缸输出的油液进行增压后输入各轮缸，从而增大了制动力，减轻了操纵力。图 12-38 所示为国产 66-IV 型真空增压器。它由辅增缸、控制阀、加力气室三部分组成。应用在跃进 NJ1061A 型等汽车上。

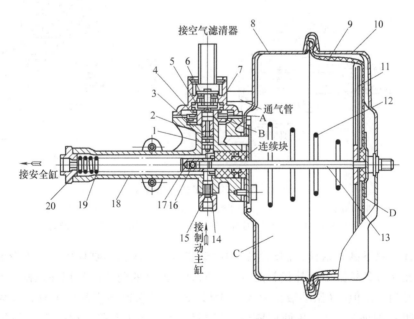

图 12-38　国产 66-IV 型真空增压器
1—控制阀活塞　2—皮圈　3—控制阀膜片　4—膜片座　5—真空阀　6—空气阀
7—控制阀　8—加力气室前壳体　9—加力气室膜片　10—加力气室后壳体
11—膜片轮盘　12—加力气室膜片回位弹簧　13—推杆　14—进油管接头　15—活塞限位座
16—球阀　17—辅助缸活塞　18—辅助缸体　19—辅助缸活塞回位弹簧　20—出油接头

辅增缸体的内腔被活塞分隔为两部分，右腔经进油接头与制动主缸的出油口相连，左腔经出油接头接安全缸。推杆的前端通过尼龙密封圈座支承于辅增缸体的孔中，并以两个橡胶双口密封圈保证孔和轴表面的密封。推杆后端与加力气室膜片连接，前端嵌装有球阀，其阀座在活塞上，不制动时，活塞和推杆在各自回位弹簧作用下处于右极位置，推杆端部的球阀与阀座之间保持一定距离，从而保持辅增缸两腔相通。

控制阀部分由真空阀和空气阀组成双重阀门。空气阀座在控制阀体上，真空阀座在膜片座上，膜片座下端与控制阀活塞连接。不制动时，膜片和控制阀活塞在膜片回位弹簧作用下处于图示位置，空气阀关闭，真空阀开启，使真空增压器与大气隔绝，控制阀的上腔 A 与下腔 B 相通。

真空加力气室也被其中的膜片分隔成左、右两腔，左腔 C 经前壳体端面上的真空管接头（图中已剖去）通向真空罐，且经由辅增缸体中的孔道与控制阀下气室 B 相通。其右腔 D 则经焊接在后壳体圆柱面上的管道通到控制阀上腔 A。

综上所述可见，不制动时，真空罐中的真空度可经真空管接头依次传入加力气室左腔 C 和右腔 D。控制阀的下腔 B 和上腔 A，使四腔中具有同样的真空度。此时加力气室的弹簧使膜片和推杆处于图示的右边极限位置，辅增缸活塞的球阀离开阀座，辅增缸中无液压。

2）工作过程。真空增压器的工作过程如图 12-39 所示。

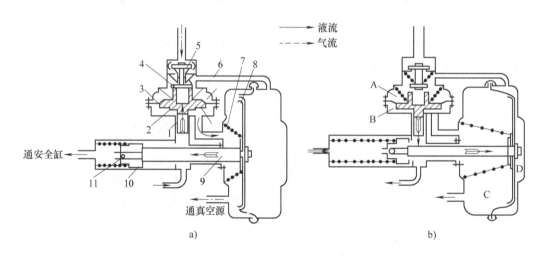

图 12-39 真空增压器工作情况

1—控制阀活塞 2—膜片座 3—控制阀膜片 4—真空阀 5—空气阀 6—通气管
7—回位弹簧 8—加力气室膜片 9—推杆 10—辅助缸活塞 11—球阀

制动过程：踩下制动踏板，制动主缸的制动液压力传入辅增缸体中。一部分制动液经活塞中间的小孔流进各轮缸中，补偿管路真空。同时，流进的制动液作用在控制阀活塞上。当制动液压力升到一定值时（制动液压力大于 450kPa），活塞连同膜片座上移，首先关闭真空阀，同时关闭 C 腔通道，A、B 两腔隔绝。随后膜片座继续上移，通过真空阀把空气阀打开。于是空气经空气滤清器，空气阀进入 A 腔并到 D 腔。这样，D、C 两腔产生压力差，推动膜片使推杆左移。在球阀关闭辅增缸活塞中孔后，辅增缸左腔密闭，当推杆继续推活塞向左移动时，辅增缸的制动液通过安全缸被压入各轮缸中。此时，作用于轮缸的制动液压力便进一步升高，且远高于主缸制动液压力，致使制动力增大。

平衡过程：当制动踏板踩到某一位置不动时，作用在活塞上的力为一定值，主缸不再向辅增缸输送制动液。此时，由于加力气室作用，推杆推动辅增缸活塞左移，使辅增缸右腔制动液油压下降，控制阀活塞下移，带动空气阀和真空阀都关闭。因而加力气室压力差不变，推杆推力不变，维持着一定强度的制动。若继续踩下踏板控制阀活塞上移打开空气阀，使D、C两腔的压力差增大，从而推杆推动辅增缸活塞进一步左移，制动力又进一步增大。解除制动如图12-38b所示。当松开制动踏板后主缸制动液压力降低，控制阀活塞下移关闭空气阀，打开真空阀。此时、A、B、C、D四腔均通真空源，且具有相同的真空度，这样，推杆、膜片及辅增缸活塞在各自回位弹簧和轮缸制动液回液压力作用下，分别回位。轮缸制动液从辅增缸活塞的小孔中流回，从而解除制动。

在真空增压器失效或无真空源的条件下，辅增缸中的球阀始终开启，仍保持主缸与轮缸油道畅通。所以，制动系统仍像普通液压制动一样进行工作，只是失去了真空增力的作用。

12.4.2 气压式制动传动装置

气压制动传动装置是用压缩空气做力源的动力，使车轮产生制动。驾驶人只需按不同的制动强度要求，控制踏板的行程，释放出不同数量的压缩空气，便可控制制动气压的大小来获得所需要的制动力。

气压制动传动装置的组成与布置形式随车而异，但总的工作原理是相同的，管路的布置有单管路和双管路两种。

气压制动装置的特点是，踏板行程较短，操作比较轻便，制动力较大，消耗发动机的动力，装置结构较为复杂，制动时不如液压制动柔和平稳。气压制动目前应用于中、重型汽车上。

1. 单管路气压制动传动装置

单管路气压制动传动装置基本由空气压缩机、储气筒、气压表、调压机构（包括卸荷阀和调压器）、制动控制阀、制动气室、制动开关和管路等组成，现已很少应用。

2. 双管路气压制动传动装置

（1）构造 图12-40所示为东风EQ1092型汽车双回路气压制动传动装置示意图。它由气源和控制部分组成，气源包括单缸空气压缩机、调压装置、双针气压表、前后桥储气筒、气压过低报警装置、油水放出阀和取气阀、安全阀等部件。控制装置包括制动踏板、拉杆、并列双腔制动阀等。

（2）工作过程 当踩下制动踏板时，拉杆拉动制动控制阀使之工作，由于前桥储气筒与并列双腔与制动控制阀的右腔室相连，后桥储气筒与控制阀的左腔室相连。所以，前、后桥储气筒的压缩空气便通过制动控制阀的右腔和左腔进入前、后轮制动气室，使前、后轮制动。与此同时，通过前、后制动管路之间并联的双通单向阀接通挂车制动控制阀，将由湿储气筒与通向挂车的通路切断。由于挂车采用断气制动，所以挂车也同时制动。

当放松制动踏板时，前后制动气室，挂车制动阀及管路中的压缩空气，都经制动控制阀排气孔排入大气，从而解除制动。

3. 气压制动传动装置中的主要总成

（1）空气压缩机 空气压缩机的作用是产生压缩空气，是气压制动整个系统的动力源。

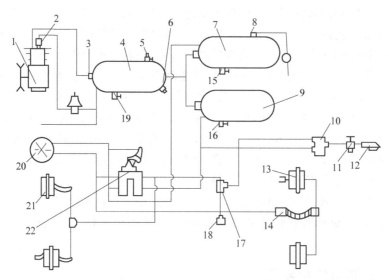

图 12-40 东风 EQ1092 型汽车双回路气压制动传动装置
1—空气压缩机 2—卸荷阀 3—单向阀 4—湿储气筒 5—取气阀 6—安全阀
7—后储气筒 8—气压过低警告开关 9—前储气筒 10—挂车制动控制阀
11—分离开关 12—连接头 13—后制动气室 14、15、16、19—放水阀
17—双通单向阀 18—制动灯开关 20—双针气压表 21—前轮制动气室 22—制动控制阀

它固定于发动机一侧支架上,由曲轴带轮通过 V 带连接驱动。常见的有空气冷却往复活塞式气体压缩机。按其气缸的数量可分为风冷单缸式和风冷双缸式两种。

1) 风冷单缸式空气压缩机。风冷单缸式空气压缩机构造如图 12-41 所示为东风 EQ1092 型采用的风冷式单缸空气压缩机。

空气压缩机具有与发动机类似的曲柄连杆机构。铸铁制造的气缸体下端用螺栓与曲轴箱连接,缸体外铸有散热片。铝制气缸盖用螺栓紧固在气缸体上曲轴端面,其间装有密封缸垫,缸盖上有进、排气室,里面各装一个方向相反的片状阀,用弹簧压紧于阀座上。排气阀经排气管与储气筒相通,进气阀经进气道与小空气滤清器相通。进气阀上方装有卸荷装置(卸荷室或卸荷阀)。当储气筒气压达到规定值后,由调压器进入卸荷室,使卸荷阀下移,压开进气阀使空气压缩机卸荷空转。

2) 工作过程。进气过程,当活塞由上止点向下止点运动时,气缸内产生真空,迫使进气阀打开,排气阀关闭,外界空气经空气滤清器、进气阀进入气缸。当活塞运动到接近下止点时,由于真空度的减弱,进气阀门在回位弹簧作用下关闭,进气过程结束。

泵气过程,当活塞由下止点向上止点运动时,气缸内的空气被压缩。此时,进气阀门关闭。当被压缩的空气压力超过排气阀回位弹簧预紧力时,排气阀打开,空气被压送到储气筒,压缩过程结束。

3) 拆装与调整。首先拆下缸盖总成,拆开底板,解体活塞连杆组,取下曲轴及带轮,取下活塞销挡圈用压器压出活塞销,最后进行清洗、检测。空气压缩机组装可按上述相反顺序操作。装配时,要注意活塞环缺口不能对正,需要交叉错位,分布成 90°,连杆方向不得装错,缸盖螺栓拧紧,其力矩应符合技术标准。活塞连杆组装时,应进行必要的检测、调整,活塞与气缸的间隙,曲轴的松紧度等,其技术标准应符合要求。

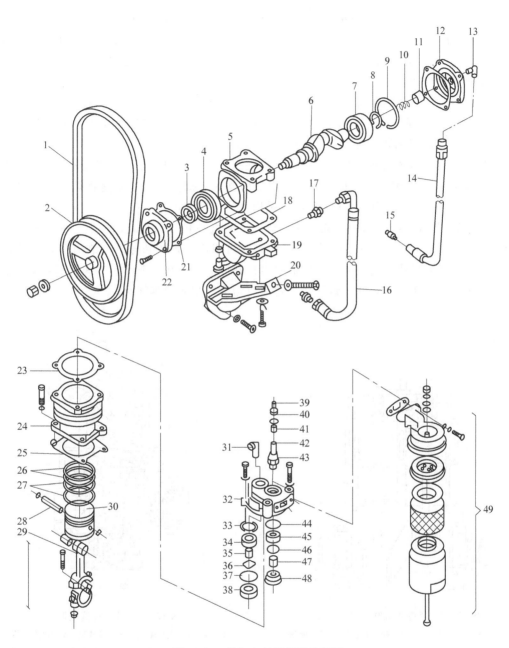

图 12-41 单缸空气压缩机分解图

1—传动带 2—带轮 3—曲轴油封 4—曲轴前轴承 5—曲轴箱 6—曲轴 7—曲轴后轴承 8—挡圈 9—锁环 10—油堵弹簧 11—油堵 12—后盖 13—油管接头 14—进油管 15、39—管接头 16—回油管 17—管接头 18、21—衬垫 19—底盖 20—支架 22—曲轴前盖 23—气缸垫 24—气缸体 25—缸体衬垫 26—气环 27—油环 28—活塞销 29—连杆总成 30—活塞 31—出气弯接头 32—缸盖 33—波形垫圈 34—排气阀导向座 35—排气弹簧 36—阀片 37—排气阀座密封圈 38—排气阀座 40—定位塞 41—阀杆 42—回位弹簧 43—本体总成 44—进气阀密封圈 45—进气阀座 46—阀片 47—进气阀弹簧 48—进气阀导向座 49—空气滤清器总成

(2) 风冷式双缸空气压缩机 解放 CA1092 型汽车采用风冷式双缸空气压缩机,如图 12-42 所示。其结构与单缸空气压缩机基本相同,主要区别是两个缸交替不断地向储气筒充气。供气压力稳定均匀,且泵气效率高,一个卸荷室控制两个气缸的卸荷阀,风冷式双缸空气压缩机被广泛应用。

风冷式双缸空气压缩机拆装、调整及工作过程基本与单缸式空气压缩机相同。

(3) 调压器 调压器的作用是使储气筒内气压能控制在规定的范围内,并在超过规定气压时,使空气压缩机能卸荷空转,以减少发动机的功率损失。

调压器的连接方式通常有两种,并联和串联。并联是把调压器与空气压缩机和储气筒并联。如东风 EQ1092、解放 CA1092 型汽车均采用这一连接方式。串联是将调压器串联在空气压缩机和储气筒之间,如 JN1181 型汽车采用这一连接方式。

1) 构造。图 12-43 所示为与储气筒、空气压缩机并联的膜片式调压器。调压器壳体上装有两个带滤芯的管,接头分别与卸荷室和储气筒相连。壳体和盖之间装有膜片和调压弹簧,膜片中夹用螺纹固连着空心管。空心管可以在壳体中央孔中滑动,其间有密封圈,上部的侧面有径向孔与轴向孔相通。调压器下部装有与大气相通的排气阀。

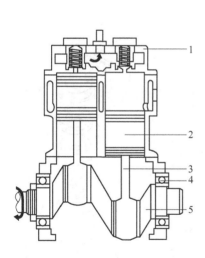

图 12-42 风冷式双缸空气压缩机
1—气缸 2—活塞 3—连杆 4—轴承 5—曲轴

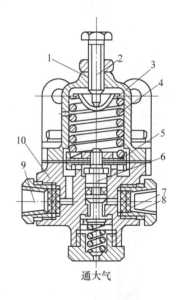

图 12-43 膜片式调压器
1—盖 2—调压螺钉 3—弹簧座 4—调压弹簧
5—膜片 6—空心管 7—接卸荷室 8—排气阀
9—接储气筒管接头 10—壳体

2) 工作过程。图 12-44 所示为调压器的工作情况。当储气筒内气压低于规定值时,膜片下腔气压较低,不能克服调压弹簧的预紧力,膜片连同空心管被调压弹簧压到下极限位置,空心管下端面紧压着排气阀,并将它推离阀座。此时,由储气筒至卸荷室的通路被隔断,卸荷室与大气相通,卸荷阀在最高位置,进气阀处于密封状态,空气压缩机对储气筒正常充气。

当储气筒气压达到规定值时(CA1092 解放汽车为 800~830kPa,EQ1092 东风汽车为 700~

740kPa），膜片下方气压便克服了调压弹簧的预紧力而推动膜片上拱，空心管和排气阀也随之上移，直到排气阀压靠阀座，切断卸荷室与大气的通路，并且空心管下端面也离开排气阀，而出现一相应的间隙。此时，卸荷室即与储气筒相通，压缩空气便经气管进入卸荷室，同时压下两卸荷阀和进气阀，使两气缸相通（EQ1092 东风汽车是与大气相通），失去了密封作用，停止泵气并卸掉了载荷。

随着储气筒内压缩空气不断消耗，膜片下面的气压降低，膜片和空心管组即在调压弹簧作用下相应下移。气压降到关闭气压时（CA1092 解放汽车为 600~680kPa），空心管下端将排气阀压开，卸荷室与储气筒的通路被切断，而与大气相通，卸荷室内的压缩空气即排入大气，卸荷阀在其弹簧作用下升高，进气阀又恢复正常工作，空气压缩机又恢复了对储气筒正常供气。

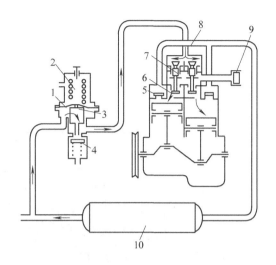

图 12-44 调压器的工作情况
1—调压膜片 2—调压弹簧 3—空心管 4—排气阀门
5—排气阀 6—进气阀 7—卸荷阀 8—出气管
9—空气滤清器 10—储气筒

（4）双管路并列双腔膜片式制动控制阀 图 12-45 所示为东风 EQ1092 型汽车并列双腔膜片式制动控制阀。它主要由上壳体、下壳体、平衡臂、膜片及阀门等部件组成。

当驾驶人踩下制动踏板时，拉动制动阀拉臂，将平衡弹簧上座下压，经平衡弹簧和下座、钢球，并通过推杆及钢球将平衡臂压下，从而推动两腔膜片总成下移。消除间隙后，先关闭排气阀口，再打开进气阀口。这时，储气筒内的压缩空气经制动阀进入各制动气室，推杆推动调整臂使凸轮转动，制动蹄压向制动鼓，产生制动作用。

当驾驶人踩下踏板某一位置不动时，由于压缩空气不断输送到前、后制动气室，同时压缩空气经节流孔进入平衡腔 V 的气压也随之增大。当膜片下方的总压力和回位弹簧的弹力之和大于平衡弹簧的弹力时，膜片总成上移，通过平衡臂，顶动平衡弹簧下座上移。这时，平衡弹簧被压缩，阀门将进气阀和排气阀同时关闭，储气筒便停止对制动气室输送压缩空气，处于一种平衡状态。同样，各制动气室的压缩空气便保留在室中，车轮应保持一定的制动强度，此时称为平衡过程。

当驾驶人放松制动踏板时，拉臂在回位弹簧的作用下回位。平衡弹簧座上端面的压力消除。这时，推杆、平衡臂、膜片总成均在回位弹簧及平衡腔内压缩空气的作用下向上移，排气阀口 E 被打开。制动气室及制动管路的压缩空气便经排气阀口，穿过芯管内孔通道，从上体排气口 B 排入大气。同时，制动蹄在回位弹簧作用下，摩擦片与制动鼓分离，解除制动。

（5）制动气室 制动气室的作用是将输入的空气压力转变为制动凸轮的机械力，使车轮制动器产生摩擦力矩。制动气室分为膜片式和活塞式两种。

1）结构。图 12-46 所示为解放 CA1092 型汽车所采用的膜片式制动气室。它主要由盖、膜片、外壳及回位弹簧等部件组成。

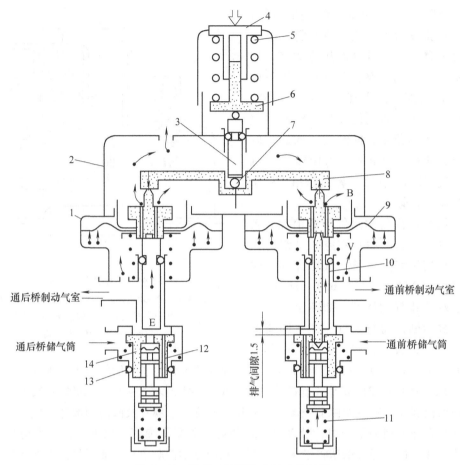

图 12-45 并列双腔膜片式制动控制阀

1—下体壳 2—上体壳 3—推杆 4—平衡弹簧上座 5—平衡弹簧 6—平衡弹簧下座 7—钢球 8—平衡臂 9—膜片 10—膜片管芯 11—滞后弹簧 12—密封柱塞 13—密封圈 14—两用阀总成 B—排气口 E—排气阀口 V—平衡腔

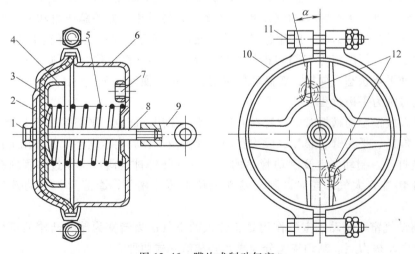

图 12-46 膜片式制动气室

1—通气孔 2—盖 3—膜片 4—支承盖 5—回位弹簧 6—壳体 7、12—固定螺栓 8—推杆 9—连接叉 10—卡箍 11—螺栓

2）工作过程。图12-46膜片式制动气室制动时，踩下制动踏板，压缩空气经制动阀进气口充入工作腔，膜片向右拱由将推杆推出，使制动调整臂带动制动凸轮转动，从而推动制动蹄张开压向制动鼓，实现制动。松开制动踏板，工作腔中的压缩空气经制动控制阀（或快放阀）排入大气，膜片和推杆在弹簧作用下回位，从而解除制动。

3）活塞式制动气室。图12-47所示为JN1181C13型汽车前轮用的活塞式制动气室。冲压的壳体1和盖8用螺栓连接。活塞组件由活塞体3、皮碗2、密封圈4、弹簧座5和导向套筒13等组成。推杆11与活塞体接触的一端做成球头，因此，其在轴向移动的同时还可以摆动。其工作情况与膜片式相同。

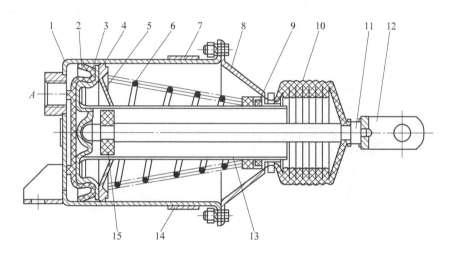

图12-47 活塞式制动气室

1—壳体 2—橡胶皮碗 3—活塞体 4—密封圈 5—弹簧座 6—弹簧
7—气室固定卡箍 8—盖 9—毡垫 10—防护套 11—推杆
12—连接叉口 13—导向套筒 14—气室固定板 15—密封垫

12.5 制动力分配调节装置

汽车制动时，作用在车轮上的制动力随着制动蹄与制动鼓或制动钳与制动盘的作用力的增加而增加，但最大制动力受到轮胎与路面附着力的限制，不能超过附着力，否则，车轮将被"抱死"，在地面上滑拖，失去抗侧滑能力。前轮被抱死，失去方向操纵性，无法转向。后轮先抱死，前轮滚动，汽车失去方向稳定性，产生侧滑，造成极严重后果，并加剧轮胎的磨损。

汽车要既能得到尽可能大的制动力，又能保持行驶方向操纵性和稳定性，就必须使汽车前后轮同时达到抱死的临界状态。其条件是：前后轮制动力之比等于前后轮对路面垂直载荷之比。但是，汽车装载量的不同和汽车制动时减速度所引起的载荷的转移不同。因此，汽车前后轮的实际垂直载荷比是变化的，要满足最佳制动状态的条件，汽车前后轮制动力的比例也应是变化的。

现代汽车上采用了各种制动力调节装置，用以调节前后车轮制动管路的工作压力，以便使前后轮获得理想的制动力。常用的调节装置有限压阀、比例阀、感载比例阀和惯性阀等。

12.5.1 限压阀

限压阀是一种简单的压力调节阀,串联在制动主缸与后轮制动器的管路之间。其作用是当前、后制动管路的液压力 p_1 和 p_2 由零同步增长到一定值后,自动将后轮制动器管路的液压力 p_2 限定在该值不变,防止后轮抱死。

图 12-48 所示为限压阀的结构。阀体上有三个孔口,A 口与制动主缸连通;B 口通两后轮轮缸。阀体内有滑阀 3 和有一定预紧力的弹簧 2,滑阀被弹簧顶靠在阀体内左端。它的工作情况是:当轻踩制动踏板时,制动主缸产生一定的液压力,滑阀左端面推力为 $p_1 \times a$,其中,a 为滑阀左端面有效面积,滑阀右端承受弹簧力 F。此时,由于 $F > p_1 \times a$,滑阀不动,因而,$p_1 = p_2$,限压阀尚不起限压作用。

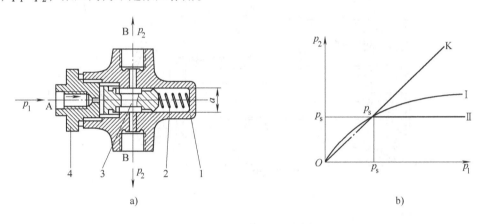

图 12-48 液压式限压阀结构及特性曲线
1—阀体 2—弹簧 3—滑阀 4—接头 A—通制动主缸 B—通轮缸

当踏板压力增大时,p_1 与 p_2 同步增长到开始限压值 p_s 后,活塞左方压力便超过右方弹簧的预紧力,即 $p_s \times a > F$,于是滑阀向右移动,关闭 A 腔与 B 腔的通路。此后,p_1 再增大时,p_2 不再增大。满载时($p_1 = p_2 = p_s$)前后轮同时抱死;当 $p_1 \neq p_s$ 时制动,必然前后轮抱死。

限压点 p_s 决定于限压阀的结构,与汽车的轴载质量无关。由图 12-48 液压式限压阀及特性曲线知,K 为无制动力调节装置时的实际特性,Ⅰ 为满载时的理想曲线,Ⅱ 为液压分配特性曲线,从 p_s 以后,p_2 值低于理想值,不会出现后轮先抱死。轻型汽车制动时,其后轮垂直载荷向前轮转移得较多,增大了前轮的附着质量,加了大制动效果。因此,限压阀多用于质心高度与轴距的比值较大的轻型汽车上。

12.5.2 比例阀

对于质心高度与轴距比值较小的汽车,制动时,前后轮间载荷转移较小。若只采用限压阀,将使前后轮制动力远小于后轮的附着力,不能充分利用附着力,不符合足制动力尽可能大的要求。因此,需采用比例阀或感载比例阀,使汽车前后轮的附着力能充分利用,以提高制动效果。其中,感载比例阀的特性能随汽车轴载质量变化而改变。

比例阀串联在制动主缸与后轮制动器的管路之间。与限压阀相比,多安装了车身和车桥相对位置变化的感载连接件。其作用是：当前、后制动管路压力 p_1 和 p_2 由零同步增长到一定值 p_s 后，即自动对 p_2 增长加以限制，使 p_2 的增量小于 p_1 的增量。

图 12-49 所示为比例阀的结构原理，比例阀通常采用两端承压面积不等的异径活塞 2。

不制动时，在弹簧 3 的作用下，活塞 2 处于上极限位置，阀门 1 保持开启，上下腔的油路畅通。

轻踩制动踏板时，主缸油压输入阀门上方和后轮缸，产生制动。此时，输入控制压力 p_1 与输出压力 p_2 从零同步增长。由于压力 p_1 的作用面积小于压力 p_2 的作用面积，故活塞上方液压作用力大于活塞下方的液压作用力。阀门开启不动，$p_1 = p_2$。

重踩制动踏板时，p_2 随 p_1 加大而加大，达到 p_s 时，活塞上、下两端液压作用力之差超过弹簧 3 的预紧力，活塞便开始下移，开启间隙变小。阀座与阀门接触，进油腔与出油腔被隔绝。p_2 不再增加，防止后轮抱死，产生侧滑。此即比例阀的平衡状态。

再继续踩下制动踏板时，进一步提高 p_1，则活塞上升，阀门再度开启，油液继续流入出油腔，使 p_2 也升高，但由于活塞的下端面积小于其上端面积，因此 p_2 尚未增加到新的 p_1 值，活塞又下降，产生新平衡位置。所以，p_2 按比例加大，但总小于 p_1，提高了后轮附着力的利用率，提高了整车制动性能。

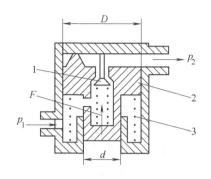

图 12-49 比例阀的结构原理
1—阀门 2—活塞 3—弹簧

12.5.3 感载比例阀

当实际载质量不同时，有些车辆的总重力和重心位置会产生较大变化。满载和空载时，前后轮制动力分配差距也较大，所以，在这些车辆上，应采用随汽车实际装载质量变化而改变的感载比例阀。

图 12-50 所示为液压式感载比例阀。阀体 3 安装在车身上，活塞 4 为两端承压面积不等的差径结构，其右部空腔内有阀门 2。

不制动时，活塞在拉力弹簧 6 通过杠杆 5 施加的推力 F 作用下处于右极限位置。阀门 2 因其杆部顶触螺塞 1 而开启，使左右阀腔连通。

轻微制动时，来自制动主缸的液压 p_1 由进油口 A 进入，并通过阀门 2 从出油口 B 输出至后轮缸，出油口 B 处液压 $p_2 = p_1$。此时，活塞右端面的推力为 $p_2 \times$

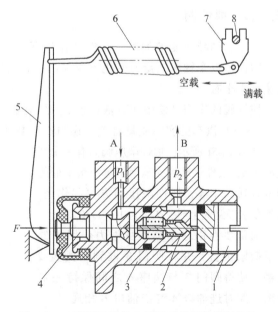

图 12-50 液压式感载比例阀及其感载控制机构
1—螺塞 2—阀门 3—阀体 4—活塞 5—杠杆
6—感载拉力弹簧 7—摇臂 8—后悬架横向稳定杆

b，小于左端的推力 $p_1 \times a$，与推力 F 之和。其中 a 为活塞左端面圆形有效面积，b 为活塞右端面圆形有效面积，$a<b$，在此状态下，活塞不动，阀门 2 仍处于开启状态，$p_2=p_1$。

重踩制动踏板时，制动管路的液压 p_2 和 p_1 将同步增长，当增长至活塞左右两端面液压之差大于推力 F 时，活塞即左移一定距离，阀门 2 落座，将左右两腔隔绝。此时的液压为限压点的液压 p_s，活塞处于平衡状态。

若进一步提高 p_1，则活塞将右移，阀门 2 再度开启，油液继续流入出油腔使 p_2 也升高。但由于 $a<b$，p_2 尚未升高到等于 p_1 时，阀门 2 又落座，将油道切断，活塞又处于平衡状态。这样，自动调节过程将随踏板力的变化反复不断地进行。在 p_1 超过 p_s 后，p_2 虽随 p_1 按比例增长，但总是小于 p_1。

从上述过程得知，活塞处于平衡状态时，其两端的压力差和弹簧的推力 F 总维持着下述关系，即

$$p_2 \times b = F + p_1 \times a$$

由此式得知，p_2 与弹簧推力 F 成正比，限压点液压 p_s 的大小也取决于弹簧推力 F 的大小。F 增大时，p_s 就大；反之则小。只要使弹簧的预紧力能随实际轴载质量变化，便能实现感载调节。当汽车的轴载变化时，车身和车桥间的距离发生变化，利用此变化来改变弹簧的预紧力，即能实现感载调节。

如图 12-50 所示，拉力弹簧 6 右端经吊耳与摇臂 7 相连，而摇臂则夹紧在汽车后悬架的横向稳定杆 8 的中部。当汽车的轴载质量增加时，后桥向车身移近，后悬架的横向稳定杆便带动摇臂 7 逆时针转过一个角度，将弹簧 6 进一步拉伸，作用于活塞 4 上的推力 F 便增加；反之，轴载质量减小，弹簧 6 的拉伸量和推力 F 即减小。因而，调节作用点 p_s 随轴载质量而变化。放松制动，p_1 取消，液压力 p_2 使阀门开启，活塞右腔油压卸除，系统不制动。

12.5.4 惯性阀

汽车制动减速度增加时，在惯性作用下，前轴的轴载质量增大，而后轴的轴载质量减小。因此，汽车轴载质量的变化不仅与汽车总质量或实际装载质量有关，还与汽车制动时的减速度大小有关。

惯性阀的作用是使限压点液压值 p_s 受到汽车制动时作用在汽车重心上的惯性力的影响，即 p_s 不仅与汽车的实际质量有关，还与汽车制动减速度有关。

如图 12-51 所示，惯性限压阀内有一个惯性钢球 5，惯性钢球的支承面相对于水平面的仰角必须大于零，惯性限压阀方可起作用。汽车在水平路面上时，θ 应为 10°~130°。

通常惯性钢球在其本身重力作用下处于下极限位置，并将阀门 3 推到与阀盖 2 接触，使得阀门 3 与阀座 4 之间保持一定间隙。此时进油口 A 与出油口 B 相通。

当汽车在水平路面上施行制动时，惯性限压阀不起作用，来自主缸方面的压力由进油口 A 输入惯性阀，再从油口 B 进入

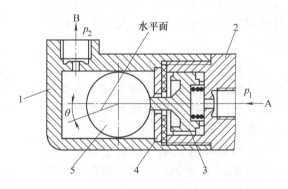

图 12-51 惯性限压阀
1—阀体 2—阀盖 3—阀门 4—阀座 5—惯性钢球

后制动管路，$p_2=p_1$。

轻微制动时，路面对车轮的制动力使汽车产生减速度，惯性钢球也具有与汽车相同的减速度。在控制压力 p_1 较低、减速度较小时，惯性钢球向前的惯性力沿支承面的分力不足以平衡钢球的重力沿支承面的分力时，阀门仍保持开启状态，$p_2=p_1$。

重踩制动踏板，p_1 上升到一定值 p_s，制动减速度增大到足以实现上述二力平衡时，阀门弹簧便通过阀门将钢球推向前方，使阀门得以压靠阀座，切断液流通路。p_1 继续升高，前轮制动力也即汽车总制动力继续增大。钢球的惯性力使钢球滚到前上极限位置不动，阀门对阀座的压紧力也因 p_1 的升高而加大，但 p_2 则保持 p_s 值不变。

当汽车在上坡路上施行制动时，由于支承面仰角增大，惯性钢球重力沿支承面的分力也增大，使得惯性阀开始起作用所需的控制压力 p_s 也升高，即所限定的输出压力 p_2 更高，这正与汽车上坡时后轮附着力加大相适应。相反，当汽车在下坡路上施行制动时，后轮附着力减小，惯性阀所限定的 p_s 也正好相应地降低，p_2 则随 p_s 值降低，后轮制动力减小，不抱死。

12.5.5 组合阀

近年来，在一些前盘后鼓式制动系统的新车型上装用了组合阀，安装在主缸和轮缸之间。图 12-52 所示即是集节流阀、故障警告开关及比例阀于一体的组合阀。组合阀左端是节流阀，中间是制动故障警告开关，右端是比例阀。

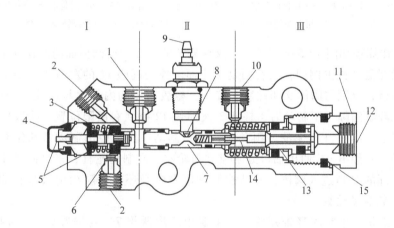

图 12-52 三功能组合阀示意图

1—前输入口 2—前输出口 3—膜片 4—橡胶套 5—节流阀杆 6—密封圈 7—开关活塞 8—开关销
9—开关接线柱 10—后输入口 11—螺塞 12—后输出口 13—比例阀活塞 14—比例阀杆 15—密封圈
Ⅰ—节流阀 Ⅱ—故障警告开关 Ⅲ—比例阀

一般情况下，盘式制动器间隙小、无回位弹簧，动作快，而鼓式制动器需要克服弹簧拉力和杆系间隙，制动动作较慢，为了消除前后轮制动不同步和时差现象，设置了节流阀。节流阀的作用是使后轮鼓式制动器开始工作后，制动管路中建立起一定压力并推动节流阀杆 5 左移，此时前轮盘式制动器才开始工作。

当前、后制动管路油压正常时，活塞前后端油压推力平衡，开关销 8 位于开关活塞 7 中部的轴颈中，开关销与开关接线柱 9 不接触，故障警告灯灭。当前、后制动管路油压力不相等时，故障灯工作。如后制动管路泄漏，活塞向漏损管方向移动，则开关活塞 7 将开关销 8

顶起，使之与开关接线柱接触，故障警告灯便点亮。

右端的比例阀也是异径活塞结构。工作原理在 12.5.2 节已讲授。

图 12-53 所示是北京切诺基吉普车上采用的制动组合阀主要由差动阀（D 阀）、比例阀（P 阀）和旁通阀（B 阀）组成，所以该组合阀也称为 D、P、B 阀。

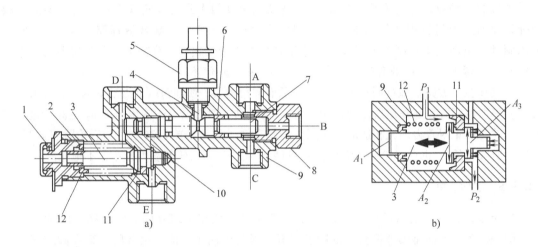

图 12-53　北京切诺基的制动组合阀（D、P、B 阀）
1—调整螺母　2—油封　3—比例阀柱塞　4—警告开关销　5—警告开关　6—复位滑套　7—菱形滑阀
8—螺塞　9—组合阀阀体　10—旁通阀　11—橡胶阀座　12—比例阀柱塞弹簧

P 阀的工作原理如图 12-53b 所示。P 阀柱塞 3 的左端导向圆柱面与阀体 9 上的孔作动配合，柱塞凸缘即是 P 阀的阀门，其右面是工作面。橡胶阀座 11 的左右两端面上各有若干个径向分布的凸台，分别与阀体 9 和柱塞 3 接触，橡胶阀座的内径比与之配合的柱塞轴径大，两者之间存在环状间隙。不制动时，柱塞 3 被弹簧 12 推到右极限位置，橡胶阀座压在进油腔的阀体台肩上，出油口 E 无油。制动时，来自制动主缸后腔的制动液从组合阀上部的 A 口进入组合阀，并经 B、C 两出油口分别流到前轮左、右制动轮缸；来自制动主缸前腔的制动液经阀体上部的 D 口进入阀体，并从橡胶阀座左侧经环状间隙绕到阀座右侧，而后经出油口 E 流入后轮制动轮缸。

D 阀实际上是一个制动警告开关，它主要由菱形滑阀 7、复位滑套 6、密封圈等组成。菱形滑阀左、右两端的两个油腔分别与前、后制动回路相通，滑阀的中部有一梯形环槽，被密封圈相互隔开。

当制动液压系统正常工作时，滑阀左面所受液压推力等于滑阀右面及滑套所受液压推力之和，滑阀处于中间位置。此时，警告开关销 4 位于滑阀梯形槽的底面，报警电路不导通。

当汽车的双回路中任一回路有泄漏时，D 阀都接通制动报警电路，向驾驶人报警。例如，当后制动管路泄漏时，滑套不动，滑阀左移，报警开关销在梯形槽右斜面的推动下向上移动，从而使报警电路导通。当前制动管路泄漏时，滑阀连同滑套一起右移，报警开关销在梯形槽左斜面的推动下向上移动，也使报警电路导通。

B 阀在前轮制动管路失效时起作用。制动器正常工作时，该阀不工作，制动油液只能经过 P 阀进入后制动管路。当前制动管路泄漏时，菱形滑阀向右移动，当其上最左端的密封圈退到旁通孔右侧后，制动油液经旁通孔直接进入 P 阀阀门右侧，而后进入后制动管路。

用以提高制动效率。此时，汽车的制动力全部取决于后轮的制动力。避免了汽车制动性能进一步恶化。

12.6 电子制动力分配调节装置

电子制动力分配的英文全称是 Electric Brakeforce Distribution，英文缩写为 EBD。汽车在制动时，四只轮胎附着的地面条件往往不一样，比如，有时左前轮和右后轮附着在干燥的水泥地面上，而右前轮和左后轮却附着在水中或泥水中，这种情况会导致汽车制动时四只轮子与地面的摩擦力不一样，制动时容易造成打滑、倾斜和车辆侧翻事故。EBD 的工作原理，如图 12-54 所示。就是用高速计算机在汽车制动的瞬间，分别对四只轮胎附着的不同地面进行感应、计算，得出不同的摩擦力数值，使四只轮胎的制动装置根据不同的情况用不同的方式和力量制动，并在运动中不断高速调整，使制动力与摩擦力相匹配，从而保证车辆的平稳、安全。

从理论上讲，当紧急制动车轮抱死的情况下，EBD 在 ABS 动作之前就已经平衡了每一个轮的有效地面抓地力，可以防止出现甩尾和侧移，并缩短汽车制动距离。EBD 实际上是 ABS

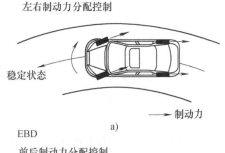
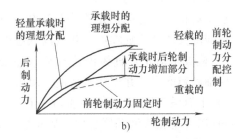

图 12-54 电子制动力分配工作原理

的辅增功能，它可以改善并提高 ABS 的功效。EBD 主要依据车辆的载重情况计算分配制动力，能够在一定程度上缩短制动距离。由于大部分轿车制动时前轮制动力较大，EBD 主要是在车辆后部载重负荷较大时发挥作用，为汽车后轮补偿一部分制动力，从而保持制动时车辆的稳定并缩短制动距离。如果车辆后部载重负荷很小，EBD 的效果就不会很明显。

12.7 制动系统的检修

12.7.1 液压制动系统的检查与调整

1. 双腔制动主缸的拆装

1）放好盛油容器，拆下前、后出油管接头，放出制动液。
2）松开联接螺栓，从车架上拆下主缸，取下防尘罩和推杆。
3）将主缸放在台虎钳上，用旋具顶住活塞，拆下弹簧片，然后依次取出后活塞、皮碗及后活塞弹簧。
4）拆下限位螺钉，依次取出前活塞、皮碗及前活塞弹簧。
5）主缸的装配按拆卸相反顺序进行。装配前，应用制动液或乙醇清洗所有零件。装后，要检查主缸密封性及回油孔，使其不被皮碗堵住。用推杆推动活塞数次，检查其活动是否灵活。

2. 制动主缸(总泵)的检修

1) 检查主缸缸筒内壁工作面，不允许有麻点和划痕，用百分表检测其圆柱度误差，不能超过0.025mm，或者缸筒内壁磨损不能大于0.12mm，泵筒与活塞配合间隙不能超过0.15mm，否则应换用新件。若是由于活塞磨损过多而造成的，只需更换活塞即可。

2) 检查缸筒内壁，若有锈蚀、麻点，如果不在皮碗行程内，允许继续使用。

3) 观察或敲击检查主缸缸体，不得有任何性质的裂纹、缺口、破损等损伤。轻微者应予焊修，严重者换用新件。

4) 检查活塞上的星形阀是否松脱、破裂，若有则应予重铆或换用新件。

5) 检查出、回油阀门是否失效，皮碗、密封圈是否发胀、变形、破损等，若是则换用新件。

6) 用弹力测试仪检查主缸、轮缸回位弹簧弹力，应符合技术标准。不合要求，换用新件。

7) 制动主缸及真空增力器损坏时，应换用新的总成，不允许进行解体维修。

3. 制动轮缸的检修

从制动轮缸体上的固定槽中拆下轮缸防尘罩，拆下活塞，从缸筒中拆下橡胶皮碗和弹簧。用清洗液清洗轮缸零件，并做以下检查。

1) 检查制动轮缸缸体内孔与活塞外表面的烧蚀、刮伤和磨损情况，有轻微刮伤或腐蚀，用细砂布磨光，并用清水清洗，用压缩空气吹干。

2) 上海桑塔纳LX型前轮缸缸筒直径磨损大于0.10mm或缸筒与活塞的配合间隙大于0.15mm时，应更换制动钳总成。后轮缸筒磨损大于0.08mm或缸筒与活塞面出现划痕及锈蚀时应更换轮缸总成。

3) 检查放气螺塞的锥面，应平滑、规整，不得有凹槽和破损，否则应予修复。

4) 用干净制动液润滑密封件和内部元件，将放气螺钉拧入，安装回位弹簧总成，将活塞装入缸筒内，装好防尘套。

注意：在更换轮缸时，同一桥上的两只轮缸的内径必须相同，以保证得到相等的制动力，防止制动跑偏。其规格必须与原车轮缸相同。

4. 制动踏板自由行程调整

制动踏板自由行程就是从踏板最初被踏下的位置，到感觉有阻力时为止的距离。一般制动踏板自由行程为10~14mm。

(1) 没有制动增力装置的踏板自由行程调整方法　通过改变推杆的长度来调整。先旋松锁紧螺母，转动推杆，推杆伸长，踏板自由行程缩小，反之增大。再测量自由行程，符合要求后，拧紧锁紧螺母。

(2) 有制动增力装置的踏板自由行程检查与调整方法

1) 制动踏板自由行程的检查。将发动机熄火，踩下制动踏板数次，直到真空增力装置内没有真空。然后，缓慢按下踏板，直到有阻力，测量自由行程。

2) 自由行程调整。自由行程调整分两步，先调整控制杆，使其移动，到与增力装置的空气阀接触为止，然后，再调整增力装置推杆与主缸活塞接触。调整结束后，应检验自由行程是否符合要求。

12.7.2 液压制动系统空气的排出

液压制动系统渗入空气后,随制动力增加,空气受到压缩,制动力减少,将造成制动的失效。液压制动系统修复安装后,应加注制动液,排出制动系统中的空气。常用的排出方法有人工法和压力法。

(1) 人工法 首先,在储液罐中加足制动液,使液面高度达到 MAX 处,然后,用一根皮管装在放气螺塞上,另一端插入盛制动液的容器中。由二人协同进行,一人在驾驶室内,踩下和放松制动踏板数次,直至踩不下去,并用力踩住踏板,另一人在车下旋出轮缸的放气螺钉的 3/4 圈,空气随制动液一起排出,当制动踏板下降到底后,立即拧紧放气螺塞,然后再抬起踏板。如此反复上述过程数次,直至放出的制动液清亮无气泡,则空气完全被排出。最后,拧紧放气螺塞。

在排气时,一般由最远的一个轮缸先进行,各轮缸的排气顺序应为:右后轮—左后轮—右前轮—左前轮。

在排气过程中,随时检查储液罐内的液面高度,不足时,加注制动液,将储液罐的液面高度加至 MAX 处。

在加注制动液之前,应清洗制动主缸和盖,防止污垢进入制动主缸储液罐。在加注制动液时,应注意各厂家生产的制动液化学成分不同,不能混合使用。

(2) 压力法 将专用加液放气装置连接在储液罐上,以一定的压力,把制动液充到制动系统中,使混有空气的制动液排出,在轮缸放气螺塞上接一软管,将排出的制动液放入容器中。然后,根据各轮缸放气顺序进行放气。最后,将储液罐的液面高度加至 MAX 处。

12.7.3 气压制动系统的检查与调整

1. 制动控制阀的检修

图 12-45 所示为并列双腔膜片式制动控制阀。在使用中最常见的损伤是密封不良、调整不当,拆检的重点是阀门与壳体接触面是否有压伤痕迹、活塞和挺杆上下运动是否灵活、橡胶零件是否老化。其检修方法如下。

1) 检查壳体,若有裂纹或螺纹损坏时,应换用新件。将塞尺和钢直尺放到上下体接合平面,检测制动阀壳体结合面平面度误差,要求不大于 0.10mm,否则进行修磨。检测阀门压痕深度,超过 0.50mm,应换用新件。

2) 检查进、排气阀和阀座,若有轻微磨损,可先清洗吹干,然后在接触面上均匀涂上细研磨膏,进行配对研磨。若有刮伤,凹痕或磨损过度,应换用新件。

3) 直观检查各弹簧,若断裂,应换用新件。检测各弹簧的技术状况,应符合要求,若变长、弹力明显减弱或倾斜,应换用新件。

4) 大修和拆解后,各种橡胶密封圈及膜片均换用新件。推杆与衬套配合松旷时,也应换用新件。

5) 检查制动信号灯开关工作是否正常。

2. 制动气室的检修

(1) 膜片式制动气室调整与装配要点

1) 如图 12-55 所示,装橡胶模片、推杆总成和回位弹簧。

2)按拆时所作记号装复壳和盖,并分两次均匀对称地拧紧盖上螺母。

3)把弹簧套在推杆上,再把推杆插入壳的孔中,装上连接叉。当把连接叉拧到推杆螺纹底部时,推杆外露部分的长度应符合技术标准。推杆外露部分不能过长,而且左、右轮应保持一致,不允许用拉动推杆的方法对准叉孔。调整连接杆叉孔与制动调整臂孔时,可转动推杆叉或制动臂蜗杆进行调整,使连接叉孔与制动调整臂孔重合。

4)装复后用压力为882kPa的压缩空气试验时,不得有漏气现象。

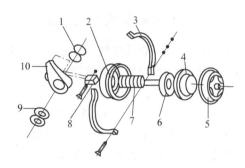

图12-55 制动气室与制动调节臂
1—垫片 2—制动气室外壳 3—卡箍 4—膜片
5—气室盖 6—推杆 7—复位弹簧 8—连接叉
9—调整垫片 10—制动调整臂

(2)膜片式制动气室的检修

1)膜片如有裂纹、变形或老化等损伤,应换用新件。

2)制动软管内径大小,膜片的厚度,同一轴上的左、右轮必须一致。否则予以调整更换。

3)左右制动气室弹簧弹力应一致,不合规定的应调整。弹簧如有明显变形、严重锈蚀或弹力减弱、断裂,应换用新件。

4)盖与壳有裂纹,可用环氧树脂胶粘接或进行焊修,推杆弯曲可进行校正,推杆孔磨损过多,可堆焊修复。

3. 空气压缩机的检修

(1)缸体与缸盖的检修 用直观法、敲击法或着色法检查缸体、缸盖,若有裂纹,应换用新件。用直尺和塞尺检测缸盖与缸体、曲轴箱与底盖的平面度误差,要求不大于0.05mm。否则,应磨平面。

(2)气缸内径磨损状况的检测 用量缸表检测气缸磨损状况。若圆柱度误差大于0.25mm,圆度误差大于0.08mm,应进行镗磨。镗磨时,应以磨损最大缸的直径确定修理尺寸,一般分五级,每一级加大0.25mm。当气缸镗磨至最后一级修理尺寸时,可重新镶套修复。进行镶套时,缸套与缸体的配合过盈量应为0.05~0.12mm。

(3)曲轴的检修 通过直观观察、着色法、磁力探伤等方法检查曲轴,若出现裂纹,应换用新件。检测曲轴轴颈与滚珠轴承配合间隙大于0.02mm,可对轴颈镀铬或堆焊修理,或换用新件。若连杆轴颈的圆度误差超过0.10mm时,应磨修或换用新件。

(4)活塞连杆组的检修 如图12-41所示为空气压缩机。若连杆出现弯曲变形,应进行校正;若有裂纹,换用新件。选用新活塞,应达到技术标准。活塞与气缸的配合间隙为0.03~0.09mm。活塞环的配合间隙见表12-1。连杆轴承与轴颈的配合间隙大于0.12mm时,应换用新轴承。

表12-1 空气压缩机活塞环的配合间隙 (单位:mm)

车 型	端 隙	侧 隙	背 隙
EQ1092	0.15~0.35	0.04~0.07	气环:0.08~1.48 油环:1.80~2.48
CA1092	0.15~0.35	0.035~0.080	—

(5) 其他零件的检修　空滤器滤芯脏污时，可用清洗剂清洗，并用压缩空气吹干，若严重脏污可换用新件。检查进、排气阀阀片及卸荷阀复位弹簧、油堵弹簧弹力减弱或折断均换用新件。进、排气阀阀座磨损出凸痕应更换阀板总成。各密封垫圈均换用新件。

(6) 空气压缩机的磨合与试验　空气压缩机装复后，应进行磨合与试验，试验可在专用试验台上或发动机上进行。

1) 在试验台上进行试验。

① 低速磨合试验，不装气缸盖，转速为600r/min，机油压力不低于147~196kPa。

② 高速磨合试验，转速为1200r/min，仍不装气缸盖，主要磨合运动副的工作表面。此时，活塞顶部不应有积油现象。机油压力为196~294kPa。

③ 充气效率试验，转速为1200r/min，装上气缸盖，并按规定扭力扭紧固定螺栓。当气压表达到一定压力时，所需时间应符合要求。东风EQ1092最高气压试验转速为1200r/min，运转15min，此时最高气压一般应达到882kPa。

2) 在发动机上试验。发动机以1200~1350r/min的转速运转，观察压力表达到一定气压所需时间和能达到的最高气压。同时检查空气压缩机有无渗油、杂音、轴承过热等现象。当发动机停止运转后，当压力为686kPa时，储气筒压力开始下降，在1min内下降不得大于19.6kPa。

若空气压缩机需要进行镗缸、磨曲轴、换活塞销及衬套等，应予以报废，换用新的空气压缩机总成。

4. 制动性能的检测

汽车制动系统检修后，应进行制动性能的检测，确保行车安全。目前，常用检测方法有路试检测和台架检测。

(1) 路试检测　路试检测是汽车在总装完毕后，在道路上行驶的过程中检查其制动效能。检测应在平坦、硬实、清洁、干燥、附着系数不小于0.7的水泥或沥青路面上进行。可进行满载或空载检验。检测时，汽车以一定速度行驶，然后滑行，当滑行到规定初速时，急踩制动踏板，进行制动，用速度表、五轮仪或其他方法测量从脚开始踩制动踏板到汽车完全停止所行驶的距离。此段时间汽车所行驶的距离称为制动距离，用此距离，判断制动效能是否达到技术标准。由于路试法直观，通常被汽车修理厂和交通管理部门广泛采用。

(2) 台架检测　台架检测科学性强，精确度较高，安全可靠，便于分析。目前台架检测主要采用惯性式滚筒试验台，反力式制动试验台。

详细内容将在汽车检测技术中学习。

12.8　制动系统的故障诊断

12.8.1　气压式制动系统常见故障诊断与排除

1. 制动失效

(1) 现象　汽车行驶中制动时，不能减速或停车；使用一次或几次后，制动阀无排气声，制动突然失效。

(2) 原因

1) 空气压缩机传动带严重打滑或断裂，压缩机损坏。
2) 储气筒内无压缩空气或气量不足。
3) 制动气管堵塞，制动控制阀或制动气室膜片破裂漏气。
4) 制动踏板与制动控制阀拉臂脱节，制动踏板自由行程过大，制动阀不能打开。
5) 制动控制阀的进气阀不能打开或排气阀不能关闭。

（3）诊断与排除

1) 先检查气压表有无指示、储气筒内有无压缩空气；若气压表指示为零，储气筒内无压缩空气，应查找出气管有无漏气之处；若无漏气，起动发动机，检查空气压缩机压气情况。若无气，则为空气压缩机故障，应检查传动带是否断裂、打滑、进气阀门密封情况、弹簧弹力等。

2) 若空气压缩机工作正常，则检查压缩机至储气筒、制动控制阀之间管路是否漏气。若气压表指示正常，储气筒有气，检查制动控制装置，看制动踏板与制动控制阀拉臂是否脱节，制动控制阀的调整螺钉是否松动。若上述都正常，则应拆检制动控制阀，疏通气道。

3) 若涉水后制动失效，应轻踩几次制动踏板，排干水分。

2. 制动力不足，制动效果不好

（1）现象　汽车行驶中，制动力明显不足，将制动踏板踩到底后，汽车减速慢，制动时间和距离增长。

（2）原因

1) 储气筒内压缩空气气压不足。
2) 制动踏板自由行程过大。
3) 制动阀调整螺钉调整不当，排气阀回位弹簧过硬、调整垫片过厚，平衡弹簧弹力过低。
4) 双管路制动系统中某一管路气管破裂或接头松动漏气。
5) 制动蹄片与制动鼓间隙过大或接触面积小，蹄片上有油污、泥水、烧焦、磨损过度。
6) 制动鼓失圆、起槽、磨损过量。
7) 制动凸轮轴或蹄片轴锈蚀，转动阻力大。制动凸轮轴转角过大。
8) 制动控制阀和制动气室膜片破裂，制动调整蜗杆调整不当，使制动气室推杆行程过大。

（3）诊断与排除

1) 先起动发动机运转数分钟，观察气压表读数是否达到技术标准。如果气压不足，应检查空气压缩机是否工作正常、管路是否漏气、空气压缩机传动带是否过松。

2) 若发动机长时间运转，储气筒内气压不升高，而发动机熄火后，气压不下降，多为空气压缩机故障，如传动带打滑、压缩机泵气不足、调压阀调压过低、储气筒安全阀放气压力过低。

3) 若发动机运转时，未踩下制动踏板，储气筒内气压不断升高，而发动机熄火后，气压又不断下降，则空气压缩机至制动控制阀之间的气道漏气。

4) 储气筒内气压符合标准，若踩下制动踏板，气压不断下降，即为制动控制阀至各制动气室之间有漏气处或膜片破裂而漏气。

5）若无漏气，则应检查制动踏板自由行程，检查摩擦片与制动鼓之间的间隙是否过大，再检查制动臂蜗杆的调整是否适当，否则应进行调整。

3. 制动跑偏

（1）现象　汽车制动时，汽车偏向制动力较大或制动较早的一侧；制动时，必须紧握转向盘，才能保证汽车直线行驶。

（2）原因　主要是汽车同轴上的左、右车轮制动力不等或制动生效时间不一致。

1）左、右车轮制动器制动力不等。左、右车轮制动器间隙不一致；左、右轮胎气压不一致；制动鼓与制动摩擦片接触面积不一致；个别制动鼓失圆，内径相差过大；回位弹簧弹力相差悬殊，制动蹄与支承销锈蚀，转动困难；个别摩擦片有油污、硬化，铆钉外露；材料不一样或质量不同。

2）左、右车轮制动操纵力不平衡。个别制动气室连接软管腐蚀、老化、破裂、堵塞或接头漏气；个别制动气室膜片破裂、老化、弹簧折断或弹力过小；推杆弯曲变形，伸张长度不一；制动凸轮转角大小不一，支架磨损、松旷或凸轮轴颈与支架锈蚀卡滞。

3）其他原因。前轮为负前束，轮胎花纹不一样，前桥两侧钢板弹簧弹力不等；车架变形，前桥位移，前后桥不平行等。

（3）诊断与排除　诊断这类故障，应先进行路试。在良好路面，若不制动，车辆出现跑偏，检查轮胎花纹、气压和磨损程度；检查前悬架弹簧有无折断；检查前后桥轴距和车架变形情况。若对车辆进行紧急制动试验，观察后轮轮胎拖印或经制动试验台检测法进行检测，确定其故障部位。

1）汽车行驶中制动时，汽车若忽左忽右跑偏，应测量前束值，检查球头销松旷程度。若车轮拖印不一致，总偏向一侧，说明相反方向制动力不足或制动较晚。

2）检查制动气室。一人踩住制动踏板，另一人检查该车轮制动气室、气管或接头有无漏气。若无漏气检查制动气室推杆伸缩情况，查看是否有弯曲、变形或卡死现象及左右推杆是否一致。

3）如果上述良好，可将车轮架起，从制动鼓检视孔查看车轮制动器技术状况。如摩擦片是否有油污，检测制动间隙是否过大等。若上述良好，可踩下制动踏板，并迅速抬起，观察制动蹄回位是否自如。若不能迅速回位，多为制动蹄回位弹簧弹力不足或凸轮轴卡死，则应进行修理或换用新件。

4）若上述情况正常，仍出现跑偏，则应检查制动器，检查制动鼓是否失圆，摩擦片是否磨损、过甚或硬化，铆钉头是否外露，以及弹簧弹力是否符合技术标准，根据具体情况进行维修或换用新件。检查凸轮轴转动是否灵活，如有发卡现象，应进行润滑。

4. 制动拖滞

（1）现象　当抬起制动踏板后，摩擦片与制动鼓仍有接触，致使汽车起步困难、行驶无力；汽车行驶一段路程后制动鼓发热，滑行距离缩短；解除制动时，制动控制阀排气缓慢、不排气或制动灯不灭。

（2）原因

1）制动踏板无自由行程，制动间隙过小，放松制动后，制动蹄与制动鼓局部摩擦。

2）制动踏板与制动阀拉臂之间传动件卡滞，回位弹簧过软，使制动踏板不能回位。

3）制动阀中排气阀开度过小，排气阀弹簧过软、折断或橡胶阀座老化，使排气阀不能完全打开，管路不畅通。

4）制动气室推杆伸出过长变形而卡死，制动软管老化不畅通，冬季积水结冰卡住。

5）制动凸轮轴与衬套锈滞或同轴度超差，使凸轮轴转动不灵活。

6）轮毂与轮毂轴承、半轴套管之间配合松旷。

7）制动鼓圆度误差过大或摩擦片破碎卡阻。

8）制动气室回位弹簧疲劳、折断或弹力过小。

（3）诊断与排除　首先应对车辆进行路试，边行驶边制动，然后停车检查各车轮制动鼓温度。用手摸试各车轮制动鼓时，若所有车轮制动鼓发热，抬起制动踏板时，制动控制阀排气缓慢或不排气，大多属于制动控制阀和制动操纵机构故障。

1）踩下、抬起踏板，观察制动踏板回位情况，如不能完全回位，则制动拉杆发卡或踏板润滑不良，应修复或润滑。

2）检查制动踏板自由行程，若自由行程过小，则制动阀的排气阀开度过小，应调整。

3）踩下踏板并快速抬起，听阀声音。若制动阀排气缓慢，拖延时间过长，应检查制动阀，如排气间隙、回位弹簧、弹簧座等。若制动阀排气迅速，则应检查车轮制动器。

若个别车轮制动鼓发热，则该车轮制动拖滞。可由一人在驾驶室内连续踩下和抬起踏板，另一人在车轮处观察制动气室推杆的动作。

1）若其回位缓慢或不回位，应检查制动凸轮轴与支架间润滑程度和同轴度。

2）若回位正常，可检测制动间隙。若架起车轮检测的间隙与落下车轮检测的间隙有变化，则轮毂轴承松旷，或半轴套管与轮毂配合松旷。

3）若上述良好，则应拆下制动鼓，检测制动器各机件，进行必要的维修或换用新件。

12.8.2　液压制动系统常见故障诊断与排除

1. 液压制动不良

（1）现象　汽车在行驶中，迅速将制动踏板踩到底，汽车不能立即减速、停车，连续制动也无明显减速作用，制动距离长。

（2）原因

1）管路或制动力传递的原因。

① 制动踏板自由行程过大。

② 机械连接部位脱落、断开、失效等。如制动主缸与制动踏板的连接松脱。

③ 储液罐无液或严重缺液，制动液中渗入空气或湿度过高形成气阻。

④ 油管凹瘪，接头松动渗油，制动软管老化、破裂或堵塞。

2）制动主缸的原因。

① 主缸内补偿孔堵塞，加液口盖通气孔堵塞。

② 主缸内皮碗破损、老化、变形或踏翻。

③ 主缸活塞与缸体磨损过量、松旷而漏油。回油密封不良，出油阀弹簧过软折断，油阀密封不良。

3）制动轮缸的原因。

① 轮缸皮碗老化、破损或顶翻。

② 轮缸活塞卡滞，活塞与缸筒磨损过量，松旷漏油，活塞的回位弹簧过软或折断。

4)制动器的原因。

① 制动鼓与制动蹄之间间隙过大或调整失误,制动蹄摩擦片磨损过量,蹄片与鼓的接触面积过小。

② 制动鼓失圆、起槽或鼓面磨损过甚。

③ 制动蹄摩擦表面沾有油污、泥水,铆钉外露或表面烧焦硬化。

(3)诊断与排除　先连续踩下制动踏板,根据踏板高度和踩制动踏板感觉进行诊断。若各车轮制动均不良,应先检查主缸皮碗、密封圈是否良好,活塞是否卡滞,否则检查各轮缸制动器工作状况。

1)若制动踏板不升高,始终到底且无力。应先检查储液罐是否缺少制动液,再检查油管接头有无破损之处或严重漏油,有则应修理或换用新件。若无漏油之处,则应检查各机械连接部位有无脱开之处。

若以上检查均好,则进一步检查主缸进油孔与储液罐通气孔是否堵塞;主缸或轮缸皮碗是否破裂、顶翻或破损。

2)若制动踏板能升高,踩住踏板进行检查。踩动踏板,踏板能升高且制动效能有好转,则检查制动踩板自由行程和车轮制动器的间隙,应符合技术标准,否则,进行自由行程或间隙调整。

若踩住踏板后,若踏板位置保持不住,明显下沉,应检查管路是否有破损或接头漏油。若无漏油,应检查主缸、轮缸的皮碗密封是否良好,检查主缸、轮缸的回位弹簧是否过软或折断,主缸回油阀和出油阀是否损伤。有损坏,则更换用新件。

3)若踩一次制动踏板高度适中,但感到硬而且制动效能差,则个别车轮制动器不良,应检查制动软管是否老化、堵塞。否则检查该车轮制动器。

4)若踩制动踏板有弹性感,则液压系统内有空气或制动液气化,应排出空气。

2. 制动跑偏

(1)现象　汽车制动时,行驶方向发生偏斜;紧急制动时,出现方向急转或车辆甩尾现象。

(2)原因　汽车制动时,左、右车轮制动力不相等或制动生效时间不一致,导致汽车向制动力较大或制动较早的一侧行驶。

1)左、右车轮轮胎气压、花纹或磨损程度不一致;左、右车轮轮毂轴承松紧不一致;存在轴承破损情况。

2)左、右车轮制动器制动间隙大小不一样,或摩擦片与轮鼓接触面积相差太大,摩擦片材料、质量、规格或新旧程度不一样。

3)左、右制动鼓内径、工作中的变形和工作面的粗糙度不一致,回位弹簧弹力相差太大。

4)个别车轮摩擦片有油污、硬化或铆钉外露,或轮缸内活塞卡滞、皮碗发胀,或油管堵塞,或制动鼓失圆。

5)车架变形,前轴外移,前后轴不平行,两前轴钢板弹簧弹力不一样。

6)前轮定位失准;转向机构松旷。

(3)诊断与排除

1)车辆正常行驶时,出现跑偏现象,先做外观检查,如检查左、右车轮轮胎气压、花纹或磨损程度是否一致；各减振器是否漏油或失效；悬架是否折断等。

2）支起车轮，用手转动或轴向推动车轮轮胎，查看车轮是否有松旷或过紧，是否有发卡或异响，如有，应重新调整或更换轮毂。

3）进行路试。汽车行驶中制动，若汽车向左倾斜，则为右轮制动性能差；反之为左轮制动性能差。

当汽车制动后，查看轮胎在路面上的拖印情况，若拖印短或没有拖印的车轮，则为制动有故障的车轮。

对车轮制动分泵进行放气，若无制动液喷出，则为制动管路堵塞，予以更换；若有气体排出，应予排气。

4）若查出有故障车轮后，先检查该车轮制动管路是否漏油，轮胎气压是否达到技术标准。若正常，再检测制动间隙是否符合技术标准，否则予以调整。若仍无效，应拆下制动鼓，逐一检查各件，特别是制动鼓的尺寸要严格检测。

5）经上述检修后，各车轮拖印基本符合要求，但制动时仍跑偏，则故障不在制动系统，应检测车架或前轴的技术状况。若出现忽左忽右的跑偏现象，则应检查前束或纵横拉杆球头销是否松旷，检查转向机构是否松旷。

3. 制动拖滞

（1）现象　在行车制动中，抬起制动踏板，全部或个别车轮制动作用不能解除，影响汽车重新起步加速和滑行，且行驶无力，制动鼓发热。

（2）原因

1）制动踏板没有自由行程，回位弹簧过软、折断，踏板轴锈滞、发卡，造成制动踏板拉杆系统回位困难。

2）制动主缸活塞变形，回位弹簧过软或折断，回油孔被堵塞，密封圈发胀，泵体卡死。

3）制动间隙过小，制动蹄回位弹簧过软、失效，制动蹄在支承销上不能自由转动。

4）制动轮缸皮碗胀大，活塞变形。

5）制动管路凹瘪、堵塞，导致回油不畅。

6）制动蹄摩擦片破裂或铆钉松动，制动鼓严重失圆。

（3）诊断与排除

1）将汽车支起，不踩制动踏板，用手转动车轮，若车轮不动，则存在车轮制动拖滞现象。汽车行驶一段路程后，用手抚摸各制动鼓，若全部发热、说明故障在制动主缸，若个别制动鼓发热，则故障在该车的制动轮缸。

2）若故障在制动主缸，应先检查踏板自由行程。如果无自由行程，则主缸推杆与活塞间隙过小或没有间隙，应进行调整。若自由行程符合标准，则拆下主缸储液罐加油螺塞，踩下踏板慢回位，看其回油状况，若不回油则为回油孔堵塞；若回油缓慢则为皮碗、皮圈发胀或回位弹簧无力；或油液太脏，黏度太大。经检查不符合技术标准，一律更换。

3）若故障在制动轮缸，顶起有故障的车轮，旋松制动轮缸的放气螺钉，并踩制动踏板，如有制动液喷出，车轮旋转自如，说明存在管路堵塞，轮缸不能回油，此时应疏通油管。若旋转车轮仍有拖滞，可检查制动间隙和回位弹簧，若正常，应检拆制动轮缸。必要时，活塞、皮碗均换用新件。

12.9 电控防抱死制动系统概述

汽车制动防抱死制动系统，简称 ABS(Anti-Lock Brake System)，其功用是保证汽车在任何路面上紧急制动时，自动控制和调节车轮的制动力，防止车轮完全抱死，获得最大的制动力，缩短制动距离，提高汽车制动性能，保证汽车安全，获得最佳制动效果。避免制动过程中的侧滑、跑偏和丧失转向操纵能力等，提高汽车操纵性能和稳定性能。

1. 制动防抱死系统的分类

目前，各厂家研制生产防抱死制动系统的形式很多，按其液压调节系统可分为整体式和分离式两种。整体式是将制动主缸与液压调节系统制作为一体；分离式是将液压调节系统独立安装在制动主缸与轮缸之间。

从结构上可分为两大类：一类是机械液压制动防抱死系统，另一类是电控制动防抱死系统。机械液压制动防抱死系统具有结构简单、安装方便、价格便宜的优点，但其性能和可靠性相对较差。当前广泛应用的是电控制动防抱死系统。

2. 防抱死制动系统的控制方式

目前，ABS 系统所采用的控制方式有预测控制和模仿控制两种方式。

预测控制是预先设定控制参数和设定值等控制条件，然后将实际检测到的参数与设定值比较，对制动过程控制。根据控制参数不同，预测控制可分为三种类型：按车轮滑移率实现控制的制动防抱死系统；按车轮角速度控制的制动防抱死系统；按车轮角加速度、减速度及滑移率实现控制的制动防抱死系统。

模仿控制方式是在控制过程中，记录前一控制周期中的各种参数，再按这些参数规定下一周期的控制条件。

3. 防抱死制动系统结构与工作原理

(1) 制动防抱死系统组成　电子控制防抱死制动系统如图 12-56 所示，主要由车轮速度

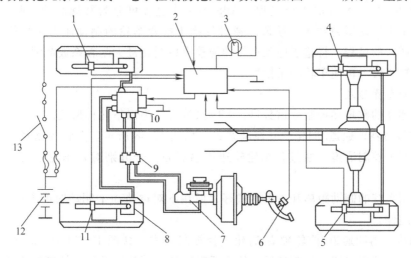

图 12-56　制动防抱死装置的基本组成

1—右前轮速度传感器　2—电控单元　3—故障指示灯　4—右后轮速度传感器　5—左后轮速度传感器　6—制动灯开关　7—制动主缸　8—制动工作缸　9—比例阀　10—液压调节器　11—右前轮速度传感器　12—蓄电池　13—点火开关

传感器、电控单元、液压调节器、制动主缸和制动工作缸等组成。

（2）制动防抱死系统工作原理　根据制动理论，有如图12-57所示制动力和车轮滑移率曲线，当汽车制动时，车轮完全抱死，滑移率为100%，汽车的侧向制动力将大幅度降低，造成汽车侧滑和转向失控；滑移率为10%~20%时，可最大限度地利用纵向附着力和一定的侧向附着力，则制动效果最佳。ABS装置可以使汽车制动时，保持10%~20%的滑移率而不抱死。其基本工作原理如下。

在ABS系统中，四个车轮各有一个车轮转速传感器，检测车轮转速的变化；液压调节器是压力控制装置，它可以控制制动轮缸的制动液压，使其变大或变小，以防4个车轮被一直完全抱死。

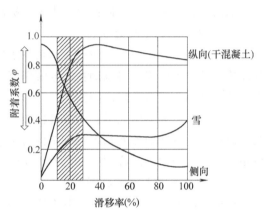

图12-57　制动力和车轮滑移率曲线

汽车在制动过程中，速度传感器不断把车轮转速信号及时输送给ABS电子控制单元（ECU），ECU对接收到的信号进行处理，计算出汽车的参考车速、各车轮转速和减速度，确定各车轮滑移率，并适时地发出指令给液压调节器。只要在制动过程中车轮没有被抱死的迹象，制动主缸中的制动液通过液压调节器调压后进入制动轮缸，ABS不工作。

当ECU从转速信号的变化中判断出车轮处于抱死运动状态时，向液压调节器发出指令，制动轮缸的制动液压力随着车轮的运动状态的变化而迅速变化，并始终将车轮的滑移率控制在20%左右，达到最佳制动效果。

若ABS出现故障，制动防抱死警告灯会点亮发出警告，ABS自动停止工作。但普通制动系统仍能照常工作，确保汽车安全行驶。

（3）制动防抱死系统的工作过程　ABS的工作过程可分为常规制动、制动压力保持、制动压力减小和制动压力增大等阶段。通过使趋于抱死车轮的制动压力循环往复地经历保持—减小—增大的过程，将趋于抱死车轮的滑移率控制在最大附着系数范围内，直到汽车速度减小或主缸压力不再使车轮趋于抱死。

4. ABS的布置形式

按照传感器的数量和控制通道数目，ABS系统可分为以下几种形式。

（1）四传感器四通道/四轮独立控制方式　如图12-58所示。此种控制系统具有四个轮速传感器和四个控制通道，通过各车轮轮速传感器的信号分别对各车轮制动压力进行单独控制。

该种控制系统的制动距离和操纵性最好，但在不对称路面上制动时的方向稳定性较差，易产生制动跑偏。

（2）四传感器四通道/前轮独立-后轮选择控制方式　如图12-58b所示。此种控制系统采用四个轮速传感器和四个控制通道，给两后轮施加相等的制动压力控制车轮转动。前轮独立控制，而后轮按选择方式控制，一般以易抱死的车轮为标准，采用低选择。此种控制方式用于X形制动管路汽车的ABS控制系统，此种形式的操纵性、稳定性较好，制动效能稍差。

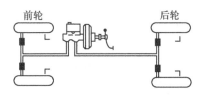 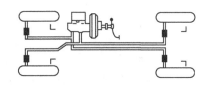

a) 四传感器四通道前后制动管路用　　　　b) 四传感器四通道X形制动管路用

图 12-58　四传感器四通道/四轮独立控制系统

（3）四传感器三通道/前轮独立-后轮低选择控制方式　如图 12-59 所示。由于采用四个轮速传感器，检测左右后驱动轮的轮速，实现低选择控制方式，其性能与控制方式 2 相同。该系统用于制动管路前后布置后轮驱动汽车，操纵性、稳定性较好，制动效能稍差。

（4）三传感器三通道/前轮独立-后轮低选择控制方式　如图 12-60 所示。前轮各有一个轮速传感器，独立控制，后轮轮速则由装于差速器上的一个测速传感器检测，按低选择的控制方式用一条制动管路对后轮进行制动控制，其性能与控制方式 3 相近。该系统用于制动管路前后布置后轮驱动的汽车。

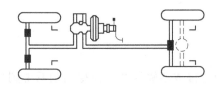 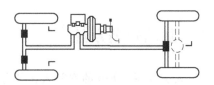

图 12-59　四传感器三通道/前轮独立-后轮低选择控制系统　　　　图 12-60　三传感器三通道/前轮独立-后轮低选择控制系统

（5）四传感器二通道/前轮独立控制方式　如图 12-61、图 12-62 所示。该种控制方式多用于 X 形制动管路汽车的简易控制系统。其后轮制动力稍有降低，制动效能稍有下降，但后轮侧滑较大。

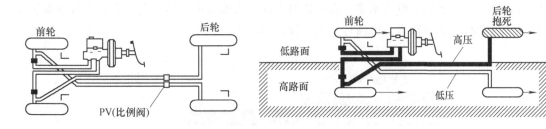

图 12-61　四传感器二通道/前轮独立控制系统　　　图 12-62　四传感器二通道/前轮独立控制情况

（6）四传感器二通道/前轮独立-后轮低选择控制方式　该系统如图 12-63、图 12-64 所示。在通往后轮的两通道上增设一个低选择阀（SLV 阀）。此种控制方式更接近三通道或四通道系统的控制效果。

（7）一传感器一通道/后轮近似低选择控制方式　如图 12-65 所示。一个传感器装于后桥差速器上，对后轮采用近似选择的控制方式。此种控制方式用于制动管路前后布置的汽车上，只对后轮进行控制，由于前轮无控制，故易抱死，转向操纵性差，制动距离较长。

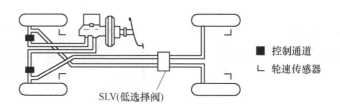

图 12-63 四传感器二通道/前轮独立-后轮低选择控制系统

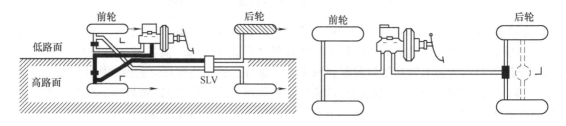

图 12-64 四传感器二通道/前轮独立-后轮低选择控制情况

图 12-65 一传感器一通道/后轮近似低选择控制系统

12.10 制动辅助系统

科研人员发现，90%的驾驶人在紧急制动时反应过慢或不够果断，使得制动系统到达最大制动力的时间变长，从而产生更长的制动距离，增加行车危险性。

制动辅助系统是对防抱死制动系统（ABS）的辅助。制动辅助系统（BAS）通过驾驶人踩制动踏板的速度和踏板力等参数的变化率探测车辆行驶中遇到的情况，判断、感知驾驶人的制动意图，当驾驶人在紧急情况下快速踩下制动踏板，但踩踏力又不足时，此系统便会发挥作用，将在不到1s的时间内把制动压力增至最大或触发ABS，以缩短紧急制动情况下的制动距离。因此，当车辆在紧急制动时，BAS能弥补驾驶人因反应滞后或制动犹豫而损失的制动时间，弥补制动踏板力不足，瞬间提升制动压力输出值，增大制动力，缩短触发ABS的时间，从而减少制动距离，提高行车安全性。如图12-66所示。

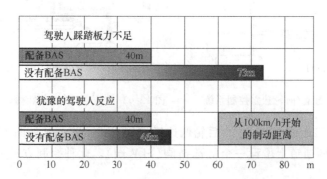

图 12-66 配备 BAS 与没有配备 BAS 的制动距离比较

制动辅助系统包括电子制动辅助系统（EBA）和机械制动力辅助系统（BAS），电子制动辅助系统由机械制动力辅助系统发展而来。

12.10.1 机械制动辅助系统

机械式 BAS，习惯上简称为 BA 装置（图 12-67），是采用纯机械结构来实现的，机械式 BA 由普通真空助力器产品改造而成。

在液压制动系统中，真空助力器是在制动过程提供踏板输入助力的关键部件，通过在真空助力器两侧的真空腔和大气腔之间的压力差推动输入杆（制动踏板）进行助力，由于其工作原理和内部结构，普通助力器对输入的助力比是固定的，无论驾驶人是慢速踩下踏板还是快速踩下踏板。其真空助力比是不会发生变化的，因此当驾驶人出现踏板力不足时，其仍是以固定的助力比进行输出并不会额外增加输出力，也就不会增加车辆制动力至最大值。

机械式 BAS 利用机械装置的惯性效识别制动踏板的踩踏速率，在传统的真空助力器的基础上改造输入端结构，增加大气阀进气调节装置。当紧急制动时，如果达到 BAS 的激发条件，如图 12-68 所示，该调节装置便会发生作用，瞬间增加真空助力器大气腔的进气口宽度，突破传统真空助力器的缓慢进气的缺点，瞬间提高助力器大气腔的压力，增加大气腔与 A 空腔的压力差，瞬间提高管路制动压力，增加车辆制动力。机械式 BAS 装置成本较低、结构简单、性能可靠，通过调节真空助力器中 BAS 辅助装置的约束弹簧即可调整 BAS 系统的工作特性，使其适用于不同型号的汽车。

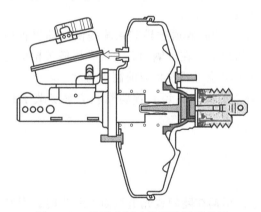

图 12-67 机械式制动辅助装置示意图

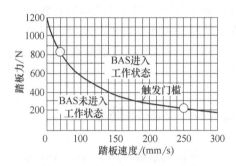

图 12-68 机械式 BAS 激发条件

12.10.2 电子控制制动辅助系统

电子控制制动辅助系统，英文全称为 Electronic Brake Assist，缩写为 EBA。在车辆行驶过程中，电子控制制动辅助系统会全程监测车辆制动过程，利用传感器及控制单元感应、判断驾驶人的制动意图。一般，正常制动时该系统并不会介入，会让驾驶人自行决定制动时的力度大小，电子控制制动辅助系统的制动加力器上有一个传感器，当驾驶人以极快的速度和力量踩下制动踏板时，传感器向 ABS 控制器输送有关踏板行程和移动速度的信息，如果 ABS 控制器判断是紧急制动，它就让加力器内螺线阀门开启，加大压力室内的气压，制动系统产生更高的制动压力使 ABS 控制器尽快发挥作用，从而使制动力快速提升，减少制动距离，让车辆及驾乘者能够迅速脱离险境。根据 ABS 的激发条件，电子控制制动辅助系统可分为 3 类：根据踏板速度判断触发；根据踏板力判断触发；以踏板速度为主，根据多项条件进行判断触发。图12-69为配备了电子制动辅助功能的真空制动助力器示意图。

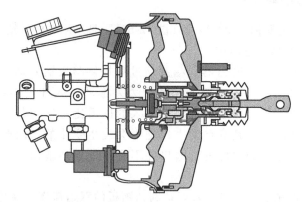

图12-69 配备了电子制动辅助功能的真空制动助力器示意图

12.10.3 新型的制动辅助系统

随着计算机技术及电子技术的发展，各大汽车公司正在研发各种新型的制动辅助系统，制动辅助系统的功能得到了极大的拓展，其中，几种比较典型的新型BAS如下。

1）预警式制动辅助系统（Pre-safebraking）。通过预先侦测可能发生的紧急情况，提供预制动，并在必要时提供较大的辅助制动力帮助缩短制动距离。

2）导航式制动辅助系统。此系统可以在紧急制动的时候通过导航系统提供制动警告信号，导航系统利用电子地图中的数据提供需要制动的地点。在车辆的后面装有摄像头拍摄地面上的制动图标，发出制动警告信号，BAS会根据车辆位置调整相应的制动力大小。

3）疲劳驾驶制动辅助系统，在提供额外制动力的同时，还有预防驾驶人疲劳驾驶的功能。

12.11 上坡辅助系统

上坡辅助系统（Hill-start Assist Control，HAC），车辆在陡峭或光滑坡面上起步时，驾驶人从制动踏板切换至加速踏板车辆将向后下滑，从而导致起步困难。为防止此情况发生，上坡起步辅助控制暂时（最长约2s）对四个车轮施加制动以阻止车辆下滑。

未配备上坡起步辅助控制时，驾驶人必须快速且准确地从制动踏板切换至加速踏板。然而，配备上坡起步辅助控制时，因为上坡起步辅助控制可以防止车辆向后下滑，所以驾驶人可以轻松驾车起步并从容操作加速踏板。如图12-70所示为上坡辅助系统示意图。

上坡辅助系统启动条件：

1）换档杆位于P位外的任何位置（自动档车型）。

2）加速踏板未踩下。

3）车辆处于静止状态。

4）驻车制动未拉起。

在满足以上基本条件的前提下，在车辆停止时驾驶人进一步踩下制动踏板的情况下，系统启动上坡辅助系统。

第 12 章　汽车制动系统

a) 未配置HAC　　　　　　　　　　　　b) 配置HAC

图 12-70　上坡辅助系统控制示意图

工作原理（图 12-71）：当汽车上坡起步时，驾驶人的脚离开制动踏板去踩加速踏板的瞬间，上坡辅助系统会自动地保持制动油压 2~3s，就相当于制动踏板还是被踩着的状态，所以车就不会往下溜。当脚踩下加速踏板时，上坡辅助系统对制动的控制就自动结束了，而且不是一下就卸掉全部制动力量，是逐步的减小制动力量，于是车也随着你踩加速踏板稳稳地起来了。如果不踩加速踏板，上坡辅助系统的自动制动控制也会在 2~3s 后结束，所以踩加速踏板的动作可以从容不迫。

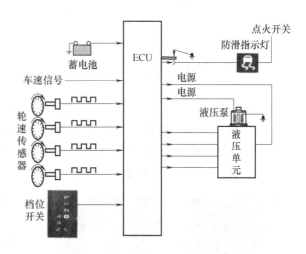

图 12-71　上坡辅助系统组成原理图

12.12　下坡行车辅助控制系统

下坡行车辅助控制系统（Down-hill Assist Control，DAC）与发动机制动的道理相同，为了避免制动系统负荷过大，减轻驾驶人负担，下坡行车辅助控制分动器位于 L 位置；车速 5~25km/h 并打开 DAC 开关的条件下，不踩加速踏板和制动踏板，DAC 可以自动把车速控制在适当水平（丰田 RAV4 约 5km/h，途锐 SUV 的下坡辅助还可以设定速度，范围为 5~20km/h）。DAC 工作时，停车灯会自动点亮。图 12-72 为下坡行车辅助控制系统示意图。

a) 未配置DAC　　　　　　　　　　　　b) 配置DAC

图 12-72　下坡行车辅助控制系统示意图

DAC 的出现能使车辆以恒定低速行驶，防止车轮锁死，同时可以大大降低车辆在坑洼路面下坡时产生的振动，从而确保了行驶的稳定性，提高了驾乘舒适性。

迈腾下坡行车辅助控制系统自动激活的条件：
1）道路坡度大于 6%。
2）变速杆位于位置 D/S 位。
3）如已关闭 GRA 或 ACC：车速低于 80km/h 或踏下制动踏板时。
4）如已激活 GRA 或 ACC：车速超过设定的巡航车速时。

迈腾下坡行车辅助控制系统自动关闭的条件：
1）道路坡度减小。
2）发动机转速超过 4500r/min，变速器切换到高速档时。
3）或如已激活 GRA 或 ACC：轿车以设定的巡航车速行驶时。

12.13　车身电子稳定系统

车身电子稳定系统（Electronic Stability Program，ESP），是汽车上一个重要的系统，通常是支持 ABS 及 ASR 的功能。它通过对从各传感器传来的车辆行驶状态信息进行分析，然后向 ABS、ASR 发出纠偏指令，使车辆在各种状况下保持最佳的稳定性，在转向过度或转向不足的情形下效果更加明显。图 12-73 为转向不足时，图 12-74 为转向过度时。

图 12-73　转向不足时
a) 无 ESP　　b) 有 ESP

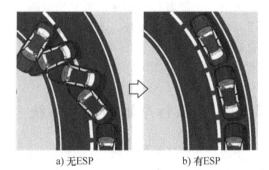
图 12-74　转向过度时
a) 无 ESP　　b) 有 ESP

1）传感器：转向角度传感器（监测转向盘的转向角度）、车轮传感器（监测各个车轮的速度转动）、横摆角速度传感器（监测车体绕垂直轴线转动的状态）、横向加速度传感器（监测汽车转弯时的离心力）、转向盘加速/制动踏板传感器等。这些传感器负责采集车身状态的数据。

2）ESP 计算机：将传感器采集到的数据进行计算，算出车身状态然后与存储器里面预先设定的数据进行比对。当计算机计算数据超出存储器预存的数值，即车身临近失控或者已经失控时，命令执行器工作，以保证车身行驶状态能够尽量满足驾驶人的意图。

3）执行器：ESP 的执行器就是 4 个车轮的制动系统，帮驾驶人踩踏板。装备有 ESP 的车其制动系统具有蓄压功能。计算机可以根据需要，在驾驶人没踩制动踏板的时候替驾驶人向某个车轮的制动油管加压，让这个车轮产生制动力。另外，ESP 还能控制发动机的动力输出。

4)仪表板上的 ESP 灯:向驾驶人反馈目前系统的工作状态。

工作过程如下。

1)当车辆左转出现转向不足的时候(就是速度太快拐不过来了)。ESP 各个传感器会把转向不足的信息告诉计算机,然后计算机就控制左后轮制动,产生一个拉力和一个扭力来对抗车头向右推的转向不足趋势。

2)左转,后轮抓地不足或者后驱车加速踏板踩猛了出现转向过度的时候。ESP 会控制右前轮制动,同时减小发动机输出的功率。纠正错误的转向姿态。

3)直线制动,地面附着力不均匀,车轮出现跑偏的时候,车身会向附着力的一边跑偏。ESP 会控制附着力强的轮子,减小制动力,让车按照驾驶人预想的行驶线路前进。

4)当一边制动一边转向时,ESP 也会控制某些车轮增大制动力或者减小制动力让车子按照驾驶人的意图行进。

有 ESP、ABS 及 ASR 的汽车,与只有 ABS 及 ASR 的车相比较,只有 ABS 及 ASR 的车只能被动地做出反应,而 ESP 则能够探测和分析车况并纠正驾驶的错误,防患于未然。ESP 对过度转向或不足转向特别敏感,例如,汽车在路滑时左拐过度转向(转弯太急)时会产生向右侧甩尾,传感器感觉到滑动就会迅速制动右前轮使其恢复附着力,产生一种相反的转矩而使汽车保持在原来的车道上。图 12-75 为 ESP 系统组成。

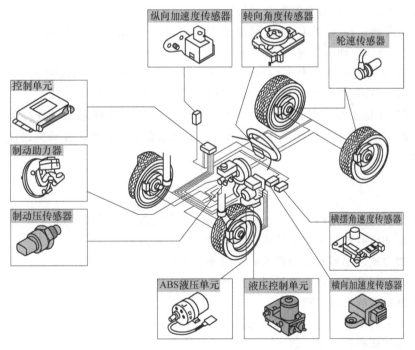

图 12-75 ESP 系统组成

本 章 小 结

1. 汽车制动系统包括行车制动、驻车制动和辅增制动。

2. 制动器有鼓式制动器和盘式制动器,它们各有特点。鼓式制动器靠制动蹄压紧在制动鼓上产生摩擦力矩,使汽车减速停车。鼓式制动器还有自增力结构,且便于进行驻车制动。盘式制动器靠制动钳夹紧制动盘产生摩擦力矩，使汽车减速停车。盘式制动器有定钳盘和浮钳盘两种结构。

3. 盘式制动器与鼓式制动器相比有四个优点：抗热衰退、抗水衰退、增加直线制动能力和间隙自动调节能力。

4. 液压制动系统利用油液作为传力介质，将驾驶人施于踏板上的力放大后传到制动器，产生制动作用。

5. 出于安全考虑汽车常用的液压制动系统是双管路双回路布置形式。

6. 真空增力液压制动系统是在人力液压制动系统的基础上，加装一套以发动机进气歧管真空度为力源的制动传动装置，以提高制动性能，减轻驾驶人劳动强度。排气是从液压制动系统中消除空气。

7. 制动间隙是指制动蹄与制动鼓和制动钳与制动盘之间的距离。制动间隙对制动性能有很重要影响。间隙过大，制动滞后不安全；间隙过小，制动拖滞阻力大，造成异常磨损。

8. 气压制动一般用于重型货车。

9. 储能弹簧制动——即"断气刹车"是驻车制动的一种形式。大多用在中大型车的驻车制动系统。

10. 电子驻车制动系统将行车过程中的临时性制动和停车后的长时性制动功能整合在一起，并且由电子控制方式实现停车制动的技术。

11. 制动辅助系统是对防抱死制动系统（ABS）的辅助，包括电子制动辅助系统（EBA）和机械制动力辅助系统（BAS）。

12. 上坡起步辅助控制能暂时（最长约2s）对四个车轮施加制动以阻止车辆下滑。

13. 下坡辅助控制系统可以在下坡时自动把车速控制在适当水平。

14. 车身电子稳定系统通过对从各传感器传来的车辆行驶状态信息进行分析，然后向ABS、ASR发出纠偏指令，使车辆在各种状况下保持最佳的稳定性，在转向过度或转向不足的情形下效果更加明显。

复习思考题

1. 汽车制动系统的作用是什么？主要由哪几部分构成？有哪些类型？
2. 行车制动器有哪几类？简述非平衡式制动器工作过程。
3. 自动增力式制动器有几种形式？试说明其工作过程。
4. 鼓式车轮制动器有哪些常见形式？各有何特点？
5. 鼓式制动器的拆装步骤如何？
6. 鼓式车轮制动器主要检修哪些部件？
7. 怎样局部调整车轮制动器？
8. 驻车制动器作用是什么？常见的有哪几种形式？
9. 怎样调整鼓式驻车制动器？
10. 盘式制动器最常见的是什么形式，有哪些基本组成？盘式制动器有何特点？
11. 盘式制动器的拆装步骤如何？
12. 怎样调整盘式驻车制动器？
13. 液压制动传动装置由哪些部件组成？

14. 为什么从液压制动系统中排除空气很重要?
15. 真空液压传动装置有哪些作用?基本组成是什么?
16. 气压制动传动装置由哪些部件组成?
17. 气压制动控制阀有哪几种类型?画图说明其基本组成、工作原理。
18. 制动系统中常见故障有哪些?
19. 液压制动失效原因有哪些?怎样诊断与排除?
20. 液压制动跑偏原因有哪些?怎样诊断与排除?
21. 简述气压制动的工作过程。气压制动失效原因有哪些?怎样诊断与排除?
22. 简述储能弹簧制动(断气制动)系统组成和工作原理。
23. 电子驻车制动系统有哪些基本功能?由哪些部件组成?
24. 上坡辅助系统(HAC)和下坡行车辅助控制系统(DAC)是如何工作的?
25. 车身电子稳定系统由哪些部分组成?是如何工作的?

实训项目　制动装置的拆装与调整

1. 实训目的与要求
1) 掌握液压制动系统的组成，了解气压制动系统的组成。
2) 掌握液压制动系统主要零部件的结构和原理，了解气压制动系统主要零部件的结构和原理。
3) 掌握制动系统的正确拆装顺序和调整内容。

2. 实训设备及工、量具
1) 桑塔纳、捷达与富康轿车整车4~5辆。确保每部供4~6人实训。液压制动系统零部件4~5套。气压制动系统零部件4~5套。
2) 常用汽车维修工具4~5套。
3) 专用夹具、工作台4~5套。

3. 学时及分组人数
4学时，其中液压制动系统2学时，气压制动系统2学时，轮换进行。分组视情况确定。

4. 实训步骤及操作方法
液压制动系统的拆装主要包括制动主缸、真空增力器、前后制动器等四个部分的拆装，本实训以桑塔纳轿车制动系统为例进行。气压制动系统零部件的拆装方法及步骤，请参考课本相关内容或相关手册进行。

桑塔纳轿车制动系统的构造如图12-76所示，前制动器的构造如图12-77所示，驻车制动手柄的构造如图12-78所示。

（1）桑塔纳轿车制动系统的拆卸
1) 制动系统管路的拆卸。制动系统管路如图12-76所示。按以下步骤拆卸。
① 真空增力器真空管路的拆卸。
② 前制动油管的拆卸。
③ 后制动油管的拆卸。

2) 制动总泵与真空助力器的拆卸。如图12-79所示，摘下卡片14，取下销钉13、卡片23、制动踏板24，从制动踏板24上冲出衬套。从真空助力器9上旋下连接叉12及锁母11。旋下螺母19，从支架29上取下连接套15。旋下螺母17，从连接套15上取下真空助力器9。旋下螺母32，从真空助力器9上取下总泵22。从总泵22上取下储液罐1。

3) 前制动器的拆卸。
① 制动钳的拆卸。如图12-77所示，首先旋下上、下导向销6和螺栓5，从下向上摆动取下制动钳1，取下外侧制动衬片和内侧制动蹄（衬片）16，再从制动钳1取下导向销塑料衬套17。

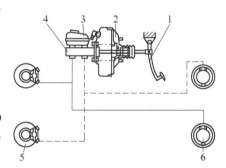

图12-76　桑塔纳轿车制动系统的构造
1—制动踏板　2—真空助力器
3—储液室　4—串联式双列制动主缸
5—盘式制动器（前轮）　6—鼓式制动器

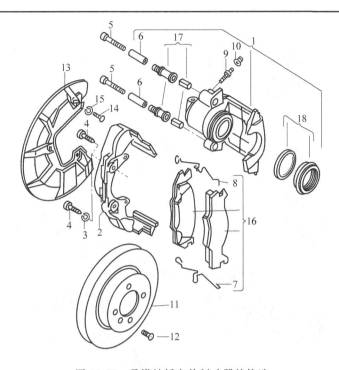

图 12-77　桑塔纳轿车前制动器的构造

1—制动钳总成　2—制动钳支架　3—垫圈　4、5—螺栓　6—导向销　7、8—防振弹簧　9—放气螺钉
10—防尘套　11—制动盘　12—制动盘固定螺钉　13—防溅盘　14—防溅盘固定螺栓
15—弹簧垫圈　16—制动蹄(衬片)　17—导向销塑料衬套　18—活塞密封圈和防尘罩

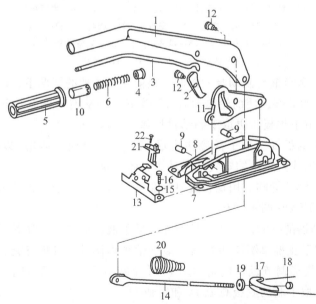

图 12-78　桑塔纳轿车驻车制动手柄构造

1—驻车制动杆　2—棘爪　3—棘爪拉杆　4—弹簧座　5—手柄　6—弹簧　7—左支架　8—右支架
9—销子　10—按钮　11—齿扇　12—螺栓　13—驻车制动指示灯开关支架　14—拉杆　15—垫圈　16—螺栓
17—拉索平衡拉臂　18—调整螺母　19—限位垫圈　20—防尘套　21—驻车制动指示灯开关　22—固定螺钉

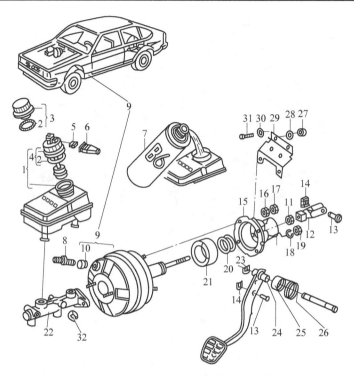

图 12-79 总泵与真空助力器的拆卸

1—储液罐　2—密封垫　3—加油口盖　4—制动液面过低指示灯开关　5、6—插接件
7—制动液　8—单向阀　9—真空助力器　10—单向阀座　11—锁母　12—连接叉
13—销钉　14、23—卡片　15—连接套　16、18、28—弹簧垫片
17、19、27、32—螺母　20—密封圈　21—密封套　22—总泵
24—制动踏板　25—弹簧定位套　26—复位弹簧
29—安装支架　30—垫圈　31—螺栓

② 制动衬片弹簧卡箍与制动盘的拆卸。在前轮不离地的情况下，旋下制动盘固定螺钉12，然后支起车辆前部，使前轮离地后拆下车轮，并从前轮毂上取下制动盘11，旋下螺栓，从转向节上取下护板，再取下制动衬片弹簧卡箍。

③ 制动钳活塞的拆卸。取下活塞防尘罩18，用木块顶住活塞（以防止损坏活塞），从制动钳总成1上油孔处用压缩空气从制动钳壳体里吹出活塞。

④ 制动钳密封圈的拆卸。用螺钉旋具从制动钳体的凹槽中，拆下密封圈18。

4）后制动器的拆卸（图12-80）。

① 后鼓式制动器的拆卸。先拆下后车轮，撬下润滑脂盖1，取下开口销2和锁止环3，旋下螺母5，取下止推垫圈4和外圆锥滚子轴承内圈6。用螺钉旋具8插入制动鼓7上的小孔，向上压楔形调节板9使制动蹄10外径缩小后，再取下制动鼓7。然后旋下螺栓13，从后桥体上取下制动底板总成14和短轴11。

② 后鼓式制动器的分解。先从驻车制动器拉杆上摘下驻车制动钢索，压下弹簧座，并转动90°后，取下销钉、弹簧座和弹簧，再从制动底板14上取下制动蹄片总成并夹在虎钳上，从其上拆下下复位弹簧、楔形调节板9的拉簧和上复位弹簧，然后将前、后制

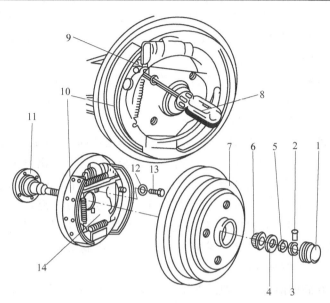

图 12-80 后鼓式制动器的拆卸

1—润滑脂盖 2—开口销 3—锁止环 4—止推垫圈 5—螺母 6—外圆锥滚子轴承内圈
7—制动鼓 8—螺钉旋具 9—楔形调节板 10—制动蹄 11—短轴
12—碟形垫圈 13—螺栓 14—制动底板总成

动蹄 10 分开,并从推杆上摘下定位弹簧,从前制动蹄上摘下定位弹簧、取下推杆和楔形调节板 9。最后旋下螺栓,从制动底板 14 上取下后制动分泵。

③ 后制动轮缸的分解(图 12-35)。先从后制动轮缸缸体 6 上取下防尘罩 1 和 9、活塞 2 和 8、回位弹簧 4。再从活塞 2 和 8 上拆下皮碗 3 和 7。

5) 驻车制动操纵杆的拆卸(图 12-78)。按下压杆按钮 10,向前松动驻车制动手柄,摘下驻车制动操纵杆护罩,取下驻车制动杆 1。旋下调整螺母 18,从拉索平衡拉臂 17 上取下驻车制动钢索。旋下螺母,从车身上取下驻车制动杆 1,并从驻车制动杆 1 上,取下棘爪 2。旋下螺栓 12,冲下销子 9 取出齿扇 11。

(2) 桑塔纳轿车制动系统的安装 按与拆卸相反的顺序进行安装,零件用制动液或乙醇清洗干净,在运动的零件上涂上制动液,不能使用其他润滑油,以免使橡胶密封件受损。要避免制动液外溢,损坏车辆表面油漆,制动液有毒,而且有较强的腐蚀性,需注意不要溅在身上。制动液应使用 DOT4 型,该制动液性能优良,低温不凝固,高温不易气化,但是对金属和橡胶有腐蚀性。为此桑塔纳轿车中有关部件用耐腐蚀材料制成,所以一定要用原装件或上海大众认可件。

1) 后制动器的安装。

① 后制动分泵的组装。将密封圈涂上制动液,并让密封唇朝向制动分泵壳体,装在活塞上,再在活塞上涂上制动液,装入壳体。然后将组装好的后制动分泵装到制动底板上,旋上螺栓。

② 后制动蹄的组装。在推杆两端涂上润滑脂,夹在台虎钳上,并装上定位弹簧和前

制动蹄片。再将推杆与后制动器前制动蹄之间插进楔形调整板。在驻车制动拉杆与后制动器后制动蹄之间涂上润滑脂后装在推杆的另一端。然后装上上复位弹簧,把驻车制动钢索连接到驻车制动拉杆上,把制动蹄总成的一端装到制动底板上制动轮缸的活塞上。把制动蹄总成另一端装到下支承上。装上下复位弹簧,在前制动蹄与楔形调整板之间装上楔形调整板拉簧。装上带有弹簧座的弹簧,从制动底板另一端装入销钉,压紧弹簧座并转90°,将销钉钩住后使制动蹄靠在制动底板上。

③ 制动底板的安装(图12-80)。将装好后制动蹄的制动底板14和短轴11一起装到后桥体上,再装上碟形垫圈12(其大支承面朝向底板14)。旋上螺栓13,力矩60N·m。装上制动鼓7,若装入困难,可用螺钉旋具向上撬动楔形调节板9。装上外圆锥滚子轴承内圈6、止推垫圈4(可用螺钉旋具移动止推垫圈(不得撬动))、旋动螺母5,调整轴承预紧力(用弹簧秤钩住轮毂上的螺栓孔,检查轮毂转动的阻力矩应在0.7~2N·m),后装上锁止环3和开口销2。全部制动系统装好后,用力踩一次制动踏板,使后制动蹄片就位。

2) 前制动器的安装(图12-77)。

① 把装有密封唇的防尘罩装到活塞上。将防尘罩18装到活塞上,并在活塞涂上制动液。

② 把密封圈装到制动钳的壳体上。将密封圈18涂上制动液,用螺钉旋具将其装到制动钳壳体的凹槽里。为此可将活塞置于制动钳壳体前方,将密封圈送入凹槽里。

③ 把活塞装到制动钳壳体里。在活塞上涂上制动液后,用活塞装配工具把活塞压进制动钳壳体里。这时,密封圈应处在制动钳壳体的凹槽里,防尘罩的外密封唇应弹入活塞的凹槽里。

④ 制动衬片弹簧卡箍和制动盘的安装。先把内制动衬片16和防振弹簧7、8装到转向节上。当装上制动盘11后装上外制动衬片16,再装上防溅盘13,旋上螺栓14。更换制动衬片时,应同时更换防振弹簧7、8,摩擦面较大的制动衬片应装在外侧。

⑤ 制动钳的安装。将制动钳支架2装到制动衬片16的外侧,压入制动钳1时,使之恰好能安装固定螺栓。如果制动钳1压入过远,则会使衬片防振弹簧变形,从而导致制动噪声。然后在各衬套涂上硅润滑脂,旋上螺栓。待制动系统全部装好后。用力踩制动踏板数次,使制动衬片16进入正常的工作位置。

3) 制动主缸(总泵)与真空增力器的组装与安装。

① 制动主缸(总泵)的组装(图12-29)。首先在制动主缸(总泵)外壳6内孔和前活塞3、密封圈(皮碗)2上涂上制动液,然后装入前活塞3。此时,弹簧1的小端要朝向前活塞3,皮碗2的刃口方向朝前,然后在泵体的前下方螺孔中旋入限位螺钉。装入后活塞9时,皮碗10的刃口方向朝前,最后在总泵后端装上止推垫圈、挡圈和防尘罩。

② 在相关零件上涂上润滑脂,按顺序组装真空增力器,其中齿环(固定环)必须使用新件。

③ 真空增力器前后壳体的组装。将真空增力器的前壳上的标记与后壳上的标记对正,逆时针转动工具上的螺杆,使前壳与后壳卡在一起。

④ 将真空助力器与制动总泵装在一起(图12-81)。旋紧螺母,在真空助力器4上装上密封套5、密封圈6,安装支架7后旋紧螺母9,力矩15N·m,调整连接叉8,使长度

为220mm，再旋紧锁紧螺母10。

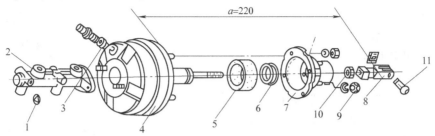

图12-81 真空助力器与制动总泵的安装

1—螺母 2—制动主缸 3—真空单向阀 4—真空助力器 5—密封套 6—支架密封圈
7—制动力助力器安装支架(连接套总成) 8—连接叉 9—螺母 10—锁紧螺母 11—销钉

4）制动管路的连接与放气。

① 接前制动器的制动管路。

② 接后制动器的制动管路。

③ 制动系统的放气。

反复踩制动踏板几次，使系统内产生压力，接好储液罐的软管，先旋松放气螺栓，再踩下制动踏板，排出制动液和气，在保持踏板位置的同时，关闭放气螺栓。多次重复该过程，直到制动液中没有气泡出现、空气完全排出。放气顺序为右后制动分泵、左后制动分泵、右前制动钳、左前制动钳。放气螺栓旋紧力矩为7~10N·m，用力过大会损坏制动钳和制动分泵。

5）制动系统的调整

① 制动踏板的安装与调整（图12-82）。制动踏板与底板的距离的调整：装上制动踏板2，用销子4与真空助力器1的连接叉3装在一起，检查总行程应在180mm以上。若达不到时应检查后制动蹄与轮毂之间的间隙、主泵与分泵的密封情况。

制动踏板的自由行程应在3~6m。自由行程的测量方法如下：关闭发动机，踩几次制动踏板，使真空增力器无真空作用后，用手压下踏板，当感到有阻力时的压下距离即为自由行程。当自由行程达不到要求时，先要消除真空增力器与总泵后活塞的间隙，再排气。

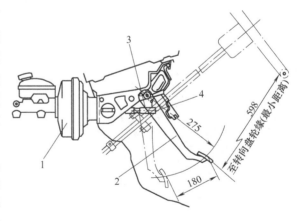

图12-82 制动踏板的总行程调整

1—真空助力器 2—制动踏板 3—连接叉 4—销子

② 驻车制动的检查与调整。上海桑塔纳LX型轿车驻车制动的传动机构为机械式，钢索传动，作用于后轮。驻车制动器检修，主要指操纵机构的检修，检查各铰接部位。磨损松旷时，应更换连接销，检查齿扇及棘爪，磨损严重或不能可靠锁止时，应换用新

件。检修后，必须调整驻车制动器自由行程，其过程如图12-83所示。步骤如下。

先放松驻车制动杆，使驻车制动解除；用力踩动制动踏板，使后轮制动，并把驻车制动拉杆拉紧两个齿；拧紧驻车制动拉杆4的调整螺母1，直至用手不能转动后轮（后轮离地），则调整完毕。

调整后以200N的力拉紧驻车制动杆时，制动杆应处于齿扇的第2齿位置。当汽车停在坡度为0.2的坡路上时，汽车停放安全可靠，不得滑移。

当放松制动杆后，两后轮能转动自如，无发卡现象，则调整合适。

5. 实习报告

简述桑塔纳轿车制动系统的组成、拆装注意事项和调整内容。

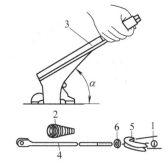

图12-83 驻车制动自由行程的调整
1—螺母 2—防尘套 3—手柄
4—拉杆 5—钢索平衡臂
6—限位垫圈

参 考 文 献

[1] 贺大松. 汽车底盘构造与维修[M]. 北京：机械工业出版社，2009.
[2] 刘汉涛. 汽车底盘构造与原理[M]. 北京：机械工业出版社，2015.
[3] 杜瑞丰. 汽车底盘构造与维修[M]. 北京：高等教育出版社，2007.
[4] 李春明. 汽车底盘电控技术[M]. 北京：机械工业出版社，2016.
[5] 张红伟，王国林. 汽车底盘构造与维修[M]. 北京：高等教育出版社，2011.
[6] 李晓. 汽车底盘构造与维修[M]. 北京：人民邮电出版社，2014.
[7] 屠卫星. 汽车底盘构造与维修[M]. 北京：人民交通出版社，2010.
[8] 幺居标. 汽车底盘构造与维修[M]. 北京：机械工业出版社，2012.
[9] 金加龙. 汽车底盘构造与维修[M]. 北京：电子工业出版社，2016.
[10] 郭新华. 汽车构造[M]. 北京：高等教育出版社，2008.
[11] 李东江，张大成. 桑塔纳2000系列教材结构与维修[M]. 北京：机械工业出版社，2004.

读者服务

机械工业出版社立足工程科技主业,坚持传播工业技术、工匠技能和工业文化,是集专业出版、教育出版和大众出版于一体的大型综合性科技出版机构。旗下汽车分社面向汽车全产业链提供知识服务,出版服务覆盖包括工程技术人员、研究人员、管理人员等在内的汽车产业从业者,高等院校、职业院校汽车专业师生和广大汽车爱好者、消费者。

一、意见反馈

感谢您购买机械工业出版社出版的图书。我们一直致力于"以专业铸就品质,让阅读更有价值",这离不开您的支持!如果您对本书有任何建议或意见,请您反馈给我。我社长期接收汽车技术、交通技术、汽车维修、汽车科普、汽车管理及汽车类、交通类教材方面的稿件,欢迎来电来函咨询。

咨询电话:010-88379353   编辑信箱:cmpzhq@163.com

二、课件下载

选用本书作为教材,免费赠送电子课件等教学资源供授课教师使用,请添加客服人员微信手机号"13683016884"咨询详情;亦可在机械工业出版社教育服务网(www.cmpedu.com)注册后免费下载。

三、教师服务

机工汽车教师群为您提供教学样书申领、最新教材信息、教材特色介绍、专业教材推荐、出版合作咨询等服务,还可免费收看大咖直播课,参加有奖赠书活动,更有机会获得签名版图书、购书优惠券。

加入方式:搜索QQ群号码317137009,加入机工汽车教师群2群。请您加入时备注院校+专业+姓名。

四、购书渠道

机工汽车小编
13683016884

我社出版的图书在京东、当当、淘宝、天猫及全国各大新华书店均有销售。

团购热线:010-88379735

零售热线:010-68326294 88379203